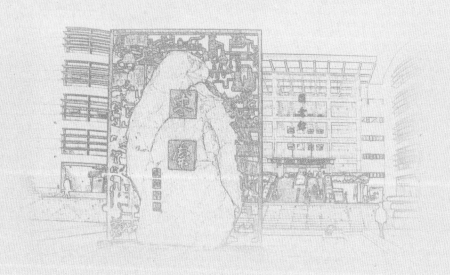

三峡大学校史系列丛书

史绩新萃

（2000—2022年）

三峡大学校史编修组 编

武汉大学出版社
WUHAN UNIVERSITY PRESS

图书在版编目（CIP）数据

史绩新萃：2000—2022 年/三峡大学校史编修组编 . —武汉：武汉大学出版社,2023.9

三峡大学校史系列丛书/何伟军主编

ISBN 978-7-307-23874-9

Ⅰ.史… Ⅱ.三… Ⅲ.三峡大学—校史—2000—2022 Ⅳ.G649.296.33

中国国家版本馆 CIP 数据核字（2023）第 141458 号

责任编辑:郭　静　　　　责任校对:李孟潇　　　　整体设计:韩闻锦

出版发行: **武汉大学出版社**　　（430072　武昌　珞珈山）

（电子邮箱: cbs22@whu.edu.cn　网址: www.wdp.com.cn）

印刷：湖北金海印务有限公司

开本:720×1000　1/16　　印张:23.75　　字数:450 千字　　插页:10

版次:2023 年 9 月第 1 版　　2023 年 9 月第 1 次印刷

ISBN 978-7-307-23874-9　　定价:98.00 元

"三峡大学校史系列丛书"编委会

三峡大学校史编修领导小组

组　长：何伟军　王炎廷

副组长：田　斌　李　红　易红武　黄应平

　　　　陈和春　黄悦华　李东升　张　锐

　　　　张　成　主　悔　李敏昌

常务副组长：张　锐

成　员：袁　洪　邵　虹　高晓红　匡　健

　　　　于庆河　李军如　龚海燕　龚裴培

三峡大学校史编修组

组　长：袁　洪

副组长：邵　虹

成　员：裴玉喜　张磊生　龚裴培　胡长贵

三峡大学求索溪畔桃花全景图（王鑫　拍摄于2018年3月26日）

2000年6月29日，三峡大学揭牌庆典

2001年12月26日，中国共产党三峡大学第一次代表大会召开

2009年12月11日，水利部与湖北省签订"共建三峡大学协议"

三峡大学召开"两代会"

诺贝尔奖经济学奖获得者蒙代尔教授来校访问，与学生交流

三峡大学校旗闪耀在中国南极长城站

2013年1月31日，三峡大学"申博"验收通过

三峡大学首届MBA毕业典礼

三峡大学"桃花节"上盛装的留学生和少数民族学生

三峡大学校园一瞥

学习延安精神，重温入党誓言

学生军训阅兵

总序　弦歌不辍的三峡大学百年风景

　　何谓三峡？三峡是自然造化神功铸就的千古奇观，是山与水相互激荡相互交融形成的人文胜景，也是时间与空间构成的地理大势。何谓大学？大学是知识的殿堂和思想的渊薮，是囊括大典、网罗众家的文化高地，也是传道、授业和解惑的学术共同体。而当"三峡"与"大学"这两个关键词神奇相遇，点面交融，并契合而成"三峡大学"时，一所享誉四方、求索八极的高等学府就此矗立于长江之滨，崛起于楚之西境，成为树立在三峡大地上的一座精神地标，一个实实在在的教育传奇。从滥觞期的筚路蓝缕，到成长期的海纳百川，到勃发期的乘风破浪，屈指算来，学校今年迎来办学 100 年暨本科教育 45 周年的重要时刻。一百年春风化雨，教泽绵长；四十五载弦歌不辍，桃李芬芳，壮哉三峡，巍哉大学，而砥砺前行、上下求索的三峡大学，可谓盛矣大矣，敦兮煌兮。

　　观今宜鉴古，无古不成今。三峡大学有着十分厚重的办学历史，最早可以追溯至 1923 年的"中国博医会创立医药技士专门学校"。迄今一百年间，根脉发达的三峡大学经历了 20 多所不同名称的办学实体，它们在历史的变迁中艰难前行，以千帆竞发之姿，以舍我其谁之势，以敢于作为之心，开辟出一片片属于自己的新天地，最终百川归海，成就了三峡大学今天的模样。可以说，正是几代人的艰苦创业和披荆斩棘，正是所有先行者的与时俱进和奋发有为，使得走过百年的三峡大学从一棵柔弱的幼苗，茁壮成长为栉风沐雨的参天大树。饮水思源，我们当永远铭记这些奠基者和拓荒者。

　　装点此关山，今朝更好看。本世纪初的 2000 年 5 月 25 日，原武汉水利电力大学（宜昌）和原湖北三峡学院合并组建三峡大学。自此，学校进入发展快车道，20 多年来，在各级领导的支持下，在社会各界的关注下，经过全校师生的共同努力，三峡大学逐步发展成为一所水利电力特色与优势比较明显、综合办学实力较强、享有较高社会声誉、具有很强发展潜力的综合性大学。目前，学校是国家水利部和湖北省人民政府共建大学，是教育部"卓越工程师教育培养计划"高校，被湖北省人民政府列为"国内一流大学建设高校""省属高水平大学"。这 20 多年，是三峡大学努力融入国家发展大局、呈现澎湃活力的重要阶段，也是学校大力实施"学术立校、需求导向、特色发展"三大战略，为实现"水利电力特色鲜明的国内一流大学"的办学目标而奋斗的关键时期。可以说，正是全体"三大"师生的负重前行和不懈努力，正是全体"三大"人勇争一流的目标追求，三峡大学才有今天的模样，才有光芒闪耀的百年办学成就。

一国有一国之史，一校亦有一校之史。三峡大学历来十分重视校史资料的挖掘、收集和整理工作。2002年，学校决定启动校史编写工作，并开始组织人员拟定编写大纲，广泛收集资料，分头撰写初稿。2004年，学校正式成立三峡大学校史编委会。在编委会领导下，2005年6月，三峡大学校史的初稿克竣，并以此为契机成立了三峡大学校史馆。

在三峡大学迎来办学100年暨本科教育45周年的大喜日子之际，学校党委决定对初稿进行修订、充实与扩编，经过大家的共同努力，"三峡大学校史系列丛书"最终完成定稿，并即将付梓，作为献给办学百年的一份厚礼。

校史以2000年为界，分为两部分，第一部分《史迹钩沉》重在追溯、廓清三峡大学组建前的历史源流，前后跨越77年之长；第二部分《史绩新萃》重在呈现、集纳三峡大学合并后的办学实绩，前后跨越22年之久，两部分合璧，正好拼接成了三峡大学的百年"史记"。一百年，其实很短，在浩瀚的历史长河中，仅为弹指一瞬；一百年，却又很长，尤其是当我们把过往积淀成未来前行的镜鉴。"三峡大学校史系列丛书"呈现的，是厚重的百年成长史、奋斗史、创业史和发展史，在此，我要向为这本书的问世付出辛勤努力的所有同仁表达由衷的敬意与感谢之情。

品峥嵘岁月，弘求索校训，谱一流华章。已历百年办学历程的三峡大学，有一股挡不住的精气神，如高峡平湖，气象泱泱；如大潮汤汤，襟怀八方。百年栉风沐雨，百年春华秋实，百年薪火相传，百年踔厉奋发，"三峡大学校史系列丛书"的问世，非惟拾掇三峡大学百年的过往记忆，也同样昭示着三峡大学下一个百年璀璨之未来。

让我们一起努力，让我们一起出发！是为序。

三峡大学党委书记　何伟军

2023年4月

前　言

　　三峡大学已走过了百年的办学历程，栉风沐雨，梅香彻骨。尤其是 2000 年 6 月合并组建以来的二十余年，是三峡大学建设的黄金时期，是三峡大学取得跨越式发展的辉煌阶段。

　　在这一历史时期，我们国家发生了翻天覆地的变化：在党的领导下，不断开创新局面，取得了举世瞩目的伟大成就，实现了全面建成小康社会的第一阶段奋斗目标。在这一历史时期，教育事业蓬勃发展、空前繁荣，高等教育实现了"大众化"；高等教育改革，尤其是管理体制改革全面启动，"211""985""双一流"建设不断推进，高等教育发展日新月异。风云际会，适逢其时，三峡大学应运而生，乘势而上。二十余年来，学校由小型、分散、逼仄的校区崛起为一座气势恢宏的大学城；办学规模由偏于一隅的千人小学校建设成为雄踞一方，拥有三万本科生、研究生的大学校；学校由学科单一的普通院校建设成为具有较为完善的学科门类，拥有学士、硕士、博士完整的学位培养体系，特色鲜明、优势突出的综合性大学。

　　几代人的梦想，正在逐步变成现实。

　　为了反映这一波澜壮阔的办学进程，我们以"史绩新萃"为题，按照编年的体例，力图记录、展现这一阶段不平凡的史实。为了便于陈述这一时期的业绩，根据其历史发展的特点和标志性成果，我们将这一时期的办学实践划分为三个阶段，即"航程新启""中流击楫""砥砺奋进"。

1. 航程新启(2000—2005 年)

　　学校合并组建伊始，千头万绪，百事待兴。学校党委带领全体教职员工抓住机遇，攻坚克难，围绕"建设一流省属综合性大学"这一中心，实施规划工程、质量工程、凝聚工程、人才工程和形象工程。在短短几年时间里，实现了集中一地办学和实质性合并，得到教育部和社会各界的肯定和高度评价，教育质量稳步提高。在教育部本科教学工作水平评估中获得"优秀"，取得"1+1>2"的突出成绩，开启了合并院校扬帆起航的新征程。

2. 中流击楫(2006—2013 年)

在新的历史阶段，学校再接再厉，继往开来。学校确立了一个目标：建设水电特色鲜明的高水平综合性大学；全面推行学科立校、科技兴校、人才强校、质量固本四大战略。下决心提高办学层次，提升学校核心竞争力，犹如中流击水、奋棹前进。经过不懈努力，教学、科研捷报频传，硕士研究生培养不断拓展，专业硕士点建设获得突破，并取得了博士学位授予权。学校建设实现跨越式发展，迈上了新台阶，站在了新起点。

3. 砥砺奋进(2014—2022 年)

前进没有止境，奋斗岂能停歇，在激烈的竞争面前，不进则退。三峡大学人决心用理想、信念开创新的事业。面对新的挑战，学校提出了"13836"的宏伟构想：即实现一个目标，把学校建设成为水电特色鲜明的国内一流大学；坚持学术立校、需求导向、特色发展三大发展战略；突出八大体系、加强三型校园、做实六项保证措施。百折不挠，砥砺奋进，学校终以优异成绩入选湖北省"国内一流"建设高校行列。但这只是万里长征的第一步，学校必将以此为契机去奋斗并迎接更美好的明天。

回顾这一段历史，我们深深感到：三峡大学合并组建的二十余年，是不断奋斗的二十余年，是不断前进的二十余年，是屡创佳绩、屡创辉煌的二十余年，值得大书特书。但由于时间紧迫，水平有限，未能对其进行深入研究、挖掘，只能将其取得的不俗业绩以"大事要略"和附录等形式予以呈现，不免挂一漏万、管窥蠡测，留待后人椽笔再书写这一壮丽华章。

编者

2023 年 3 月

求索赋

彭红卫

　　原夫求索，语出离骚绝唱，见乎屈子行藏。恐美人之迟暮，履艰路之漫长。骐骥驰骋，求三后之纯粹；凤鸟飞腾，索高丘之众芳。修能美政而不得，抱石洁身亦何伤。秉骚客高怀，革故鼎新，滋树兰蕙；承楚风流韵，励精图治，临睨乡邦。

　　城连蜀楚，景耀神夏；庠拥三峡，文华宜昌。山川形胜，睹星月垂平野；水电兴隆，闻江流泄洪荒。楚塞荆门，因其扼喉锁钥；高峡平湖，谓之通道康庄。探幽索奇，元白足迹仍在；拨云冻屦，三苏声望弥扬。至若屈子行吟，长存典则；昭君去国，远播馨香。守敬疏经，名垂青史；范缜宏论，光烁华章。摹地纪之胜景，仰风物之堂皇。看文章而炳焕，耀学府而显彰。承英华于贤哲，将求索作津梁。

　　若乃抚史华夏，着眼民生。仁人存报国赴难之心，志士求共和复兴之能。西学东渐，维新变法；外侵内乱，捭阖纵横。操干戈以待风雷，洒热血而称俊英。忧民爱国，无愧节义；奋斗自强，成就峥嵘。追源探本，求索精神世所鉴；艰苦卓绝，国家昌盛愿爱成。

　　忆昔吾校初创，筚路蓝缕，若熊绎之奋发；蓬转分合，如三户之荣兴。依势建校，高楼耸荒野；指山开林，坦道通大城。刚健有为，始启宏图逢盛世；坚忍不拔，终辟泥径步云层。慕先贤之高义，资学业以热情。乃知民族魂魄有继，大学精神能名。

　　且夫知常深邃，学而时习，贵探赜索隐；识多浩瀚，研而穷究，宜创新求真。济济名师，绛帐施教，循循以善诱；莘莘学子，登堂入室，孜孜而膏焚。教学科研携手，凭创新而立则；工医文理同心，因求真而至臻。后皇嘉树，根叶俱茂；杏坛骄子，桃李向春。噫吁！欣乎求索之不辍兮，文采事功，鸿篇壮志；琢磨切磋，敬业乐群。

　　而钟灵造化，惟楚有才；务实争先，于斯可见。此地风神，自相宜教化施仁；当世学者，更不忘栋梁举荐。雄心既感，百念垂叹。今时芝兰遗露，翠鸟栖林。芳声远畅，名士常临。青山正开绿障，溪水长流清音。品茗而吟，有风月浚疏肝胆；对花而醉，将烟霞收至衣襟。春敷冬索，景色皆成风雅；夏茂秋落，情怀流转光阴。江海鹏飞，振天俯地；梧桐凤栖，傲古睥今。于是学海探珠，得会良师益友；书山索径，更期修德立心。

宜矣昌矣！求兮索兮！惟吾三大，一壁文章之都，连城水电之府。极目九霄云，望远而歌；跋涉三峡路，登高而赋：共工触山兮，苍天折柱；夸父逐日兮，阳乌顿羽。光风霁月兮，长袖善舞；渊渟岳峙兮，翅奋翼鼓。

目　　录

上篇　航程新启（2000—2005 年）

中篇　中流击楫(2006—2013 年)

下篇　砥砺奋进（2014—2022 年）

2015 年 ……………………………………………………………………… 186

上　篇

航　程　新　启

（2000—2005 年）

借全国高等教育体制改革的东风，2000年6月，武汉水利电力大学宜昌校区与湖北三峡学院合并组建为三峡大学，这为学校的发展提供了良好的机遇，同时也带来了严峻的挑战。合并之初，面临着许多困难：职工思想不统一，对学校合并及建设、发展存在疑惑；干部、职工队伍的整合时间紧迫；原有基础薄弱，提高人才培养质量任务艰巨；校区小而多，地域分散，且交通不便，不利于资源优化配置和学科融合发展。面对这些困难，三峡大学党委迎难而上，敢做善为，很快打开局面。

2000年8月，党委召开扩大会议，统一思想，做出决策；2001年年底，第一次党代会召开，通盘规划，宏谋远猷。学校党委在邓小平理论和"三个代表"重要思想指引下，坚持科学发展观，坚持社会主义办学方向，团结带领广大师生员工把握机遇、奋力拼搏、锐意进取，以融合、改革、发展为主线，大力实施规划工程、人才工程、质量工程和凝聚力工程，经过不断艰苦努力，实现了集中一地办学、实质性合并，开启了学校建设发展的新航程，取得了前所未有的发展和进步。集中表现在以下几个方面。

第一，成功实现实质性合并，形成了综合性大学的新架构。合并以来，学校遵循"办学主体统一、领导机构统一、规章制度统一、发展规划统一、学科建设统一"的基本原则，大力推进实质性合并的工作。较好地实现了教育资源的合理配置、管理机构的组合调整、学科队伍的交叉融合，建立起"校、院、系三级建制，校、院两级管理，以院为主"的管理体制，构建起全新的综合性大学的基本框架。

第二，科学定位、明确目标，探索出一条适应学校发展的办学思路。经过5年多的改革与实践，学校形成了一套具有三峡大学特色的办学理念与发展思路。即：坚持以人为本、民主办学，依法治校、改革兴校、特色立校，科学与人文精神并重，育人为本，三位一体以及可持续发展基本理念；坚持"立足宜昌、融入三峡、服务湖北、面向全国、走向世界"。既保持服务水利电力行业的优势，又大力服务区域社会经济发展和面向"高素质、强能力、应用型"的人才培养目标；坚持以学科建设为龙头，以机制建设为重点，以队伍建设为关键，以人才培养为根本任务，以教育教学改革为核心，以科技为支撑，以质量求生存，以特色求发展的总体办学思路。成功实施了《三峡大学教育事业"十五"规划》，并在新的基础上制定了《三峡大学教育事业"十一五"规划及2020年发展纲要》，确定了未来5至15年学校发展目标。

第三，学科、队伍、校园建设取得重大进展，学校实现了跨越式发展。5年里，学校围绕"学科、队伍、校园建设"三项重点工作，着力提高学校核心竞争力，极大地提高了办学实力。学科建设方面，初步构建起水电能源工程、灾害与环境工程、电气工程与信息科学、生命科学与生物技术、三峡文化及区域经济五大学科群的框架；由合并初期的1个省部级重点学科和2个省部级重点实验室发展为1个国家野外科学观测研究站、1个教育部与湖北省共建重点实验室、5个省部级重点实验室、2个省级工程技术研究中心、1个省级人文社科基地、3个一级和9个二级省级重点学科；硕士点由合并初期的6个发展为32个，学科建设实现了历史性的跨越。队伍建设方面，按照"稳定、培养、引进、借智"的八字方针，实施"151"人才工程、青年教师硕士化工程、借智工程和百名教师出国进修计划，教师队伍的整体水平发生了质的变化。专任教师队伍中具有博士、硕士学位的比例大幅度提高；聘请4名"楚天学者计划"特聘教授；聘任了包括13名院士在内的兼职教授、荣誉教授200余人；成组引进5个以海外留学博士为主体的科技团队；新增6个省级和12个校级创新群体。通过干部人事制度改革，管理队伍和后勤队伍建设也呈现出新的面貌。校园建设方面，按照集中一地办学的要求，抢抓机遇，加快发展，用不到五年的时间，使主校区占地面积从合并初的460多亩增加到3000多亩，新增校舍近60多万平方米，一座崭新的现代化大学校园在宜昌拔地而起，学校硬件条件步入全国同类高校先进行列。

第四，人才培养质量稳步提高，科技水平实现突破性提升。学校坚持人才培养的中心地位、本科教育的基础性地位和教学改革的核心地位，以迎接教育部本科教学工作水平评估为契机，贯彻"加快建设、加强管理、深化改革、培育特色、突出成效"的工作思路，实施"本科教育教学改革工程"和"质量工程"，加大教学投入，加强教学基本建设，优化人才培养方案，深化学分制改革，强化实践教学，鼓励大学生科技创新，人才培养质量稳步提高。在教育部本科教学工作水平评估中获得"优秀"，在建设部土木工程专业评估、教育部英语专业本科教学评估中取得了优异成绩。学校坚持以人才培养为中心，在狠抓教学工作的同时，不断强化科学研究及社会服务意识，努力提升服务地方经济和社会发展、服务水利电力行业的能力，实施科技项目、科技经费、科技成果目标管理，突出纵向项目提升科研水平，拓展横向项目增强服务功能，科研项目、科技成果和科技获奖的数量和层次均创历史新高，年科技经费由合并初的700多万元增加至近1亿元，学校科技水平实现了突破性提升。

第五，党建和精神文明建设扎实推进，有力保障和促进了学校健康快速发展。学校党委坚持以发展凝聚人心，以改革促进发展，围绕中心抓党建，既保证了学校沿着正确的道路快速发展，又经受了反腐败斗争的严峻考验；既抓住并校改革及扩招的机遇实现了新的跨越，又适时地实现了学校由外延发展为主向内涵发展为主思路的转变。一是坚持以加强党的先进性建设为重点，有效开展了以实践"三个代表"重要思想为主要内容的保持共产党员先进性教育活动，并得到群众认可和上级党委的充分肯定。二是认真贯彻中共中央、国务院16号文件精神，坚持"育人为本，德育为先"的理念，构建学生党建、思想政治教育及学生管理"三位一体"的运行体系，不断加强和改进大学生思想政治工作，学生管理各项工作均取得出色成绩。三是遵循贴近师生、贴近生活、贴近实际的原则，大力加强宣传思想政治工作、师德师风建设、校园文化建设和精神文明创建活动，学校先后获得"省级最佳文明单位""全国模范职工之家"等光荣称号，学校党委获得"湖北省先进基层党组织"荣誉称号。四是重视干部队伍建设和党委自身建设，不断提高领导学校发展和拒腐防变的能力。切实加强和不断改进干部教育培训工作，不断完善干部选拔任用、考核评价与管理方式，干部队伍整体素质逐步提高。五是坚持民主办学、依法治校，推行校务公开，加强了民主政治建设。学校高度重视统一战线工作，高度重视工会、共青团、妇委会、学生会、研究生会和离退休人员工作，调动一切积极因素，促进了学校的改革与发展。富有成效的民主政治建设，在全校师生中形成了团结务实、奋发向上、努力拼搏的精神风貌。

五年来，学校各项事业蓬勃发展，社会影响力日益扩大。抓住合并办学和高校快速发展的历史机遇，实现了学校跨越式发展，书写了充满朝气与生机的三峡大学开局之篇，也在一定意义上为高校合并工作提供了成功的范例。

2000 年

三峡大学合并组建并举行揭牌庆典

2000 年 3 月 23 日，教育部在《关于同意武汉水利电力大学宜昌校区与湖北三峡学院合并组建三峡大学的通知》中，同意武汉水利电力大学宜昌校区与湖北三峡学院合并组建三峡大学。三峡大学系本科层次的综合性高等学校，以本科教育为主，适当发展研究生教育，同时继续发展专科层次的高等职业教育。全日制在校生规模暂定为 12000 人。通知说，组建三峡大学是湖北高校布局结构调整中的一件大事。三峡大学由湖北省领导和管理，经费除原武汉水利电力大学宜昌校区按国务院部门所属学校调整有关经费划转的规定办理外，其他经费由湖北省和宜昌市按适当比例共同承担。

5 月 25 日，湖北省人民政府在《关于组建三峡大学的通知》中确定：大学为省属普通高等学校，实行省和宜昌市共建、以省为主的管理体制，为正厅级事业单位。

此时，大学共有 6 个硕士专业、21 个本科专业、13 个专科专业，学科涉及理、工、医、文、经、管、法、教育八大门类，在校硕士研究生和本、专科学生11310 人。6 月 26 日，中共湖北省委发文，任命陈少岚为三峡大学党委书记，刘德富任党委副书记、副校长，主持学校教学和行政工作，杨锋任党委副书记，雷森策任党委副书记兼纪律检查委员会书记，石亚非、焦时俭、袁洪任副校长；高进仁、汪仲友、曾维强为正校级调研员。

6月29日，湖北省人民政府在三峡大学体育馆举行"三峡大学成立暨揭牌庆典大会"。校园遍布鲜花、彩旗和标语，喜庆祥和。湖北省副省长王少阶，教育部发展规划司司长纪宝成，宜昌市委书记孙志刚，宜昌市市长王振有，国家电力公司总经理助理刘忱，省委、省政府有关部门领导，市委、市政府其他领导，来自海内外的嘉宾，省内外高校和企业代表出席，800余名师生员工代表参会。大会由省政府副秘书长汤农生主持。省教育厅厅长路钢宣读《关于组建三峡大学的通知》，省委组织部副部长胡永继宣布三峡大学党政领导班子名单。王少阶代表省委、省政府热烈祝贺三峡大学成立。他在讲话中充分肯定了合并前的两所学校的办学成绩，他强调指出，合并组建三峡大学是全省高校布局结构调整的重大举措，必将为全省、特别是三峡区域经济和社会发展带来深远的影响。随后，王少阶和孙志刚为三峡大学揭牌，全场响起长时间热烈掌声。纪宝成宣读教育部的贺电并讲话，对学校的建设和发展提出了要求与希望。刘忱、王振有先后致贺辞。陈少岚代表全校师生员工表达了办好三峡大学的决心。

从此，一所以水利电力为主要特色的综合性大学——三峡大学开始扬帆远航。

召开首次党委(扩大)会

三峡大学成立后，学校始终把发展作为第一要务，并提出了"以发展凝聚人心，以发展促进稳定，以发展促进实质性合并"的工作思路。为此，根据湖北省教育厅《关于省属高校实施"二定一发展"计划的指导意见》，组织专班深入调查分析合并前两所高校的实际情况，并广泛征求校内的专家、学者意见，在进行充分论证的基础上，制定出《三峡大学2001—2010年教育事业发展规划》(讨论稿)。

2000年暑假期间，从8月8日至10日，在龙盘湖召开了学校合并组建后的首次党委(扩大)会。

会议的主要议题是讨论"三峡大学2000—2010年发展规划"、后勤社会化改革方案、学校编制方案等。与会代表发扬主人翁精神，为学校的建设和发展献计献策，围绕刘德富在开幕式上所作的报告，就学校的发展目标、学科专业调整、校院系三级管理体制、师资队伍建设、校园规划、后勤社会化改革、党建与思想工作等展开了热烈而充分的讨论，形成了共识，取得了以下成果。

1. 会议原则通过了《三峡大学2000—2010年发展规划(讨论稿)》《三峡大学

后勤社会化改革方案(讨论稿)》《三峡大学编制管理方案(讨论稿)》《三峡大学处科级领导干部管理工作暂行规定(讨论稿)》《三峡大学关于科级机构设置与干部配备的暂行规定(讨论稿)》五个文件。

2. 会议确定在三峡大学北区扩征土地 1000~1200 亩,集中办学,统一规划,分步实施,建设三峡大学新校园。

3. 为了尽快完成实质性合并,抢抓机遇,加快建设与发展,尽快出台各项改革的具体措施,改革步伐宜快不宜慢。

大家决心齐心协力,奋力拼搏,力争把三峡大学建成水电特色鲜明的一流省属综合性大学。

党委扩大会后,对发展规划作了进一步补充和完善,对各项改革制定了切实可行的实施办法。

学校在制定和落实发展规划时,提出了一系列的办学理念:

——立足宜昌,融入三峡,服务湖北,面向全国,走向世界;

——以人为本,以事为先,以和为贵,民主办学,依法治校;

——合校合心,合家合力;

——同为三峡大学人,同说三峡大学话,同做三峡大学事,同创三峡大学业;

——对外树立形象,对内理顺关系;对上寻求支持,对下请求帮助;对人宽严适度,对己廉洁自律;

——发展要加速,规划要科学,队伍要建设,学院要有权,后勤要改革,党建要加强。

在校党委领导下,学校在贯彻办学理念,落实发展规划中坚持以思想工作为先导,以畅通民主渠道为重点,以群团组织为纽带,以强化活动为载体,以讲团结为基础,以谋求更好更快发展为目的,并概括为贯彻落实"五项工程"的主要举措。这"五项工程"是:

凝聚工程——体现"合校合心,合家合力"的办学理念。首先"形合",即迅速建立统一的领导体系,在干部人事、组织机构、管理制度等方面实现统一;着力"心合",即思想上、心理上的融合,以真正实现实质性合并。为此,一是领导发扬民主,加强与教职工的沟通,密切关系、建立互信、凝聚人心、共同奋斗。包括设立校长信箱,建立校长接待日和领导班子成员联系群众的制度;建立学校重要决策与举措出台前,召开各个层面的座谈会、研讨会以听取群众意见,建立民主决策机制等。二是充分发挥基层党组织的战斗堡垒作用,共产党员的先锋模范作用和工会、共青团等组织密切联系群众的桥梁纽带作用。广泛开展谈心活动，组织以科技、文化、艺术、体育等为载体的多种形式的活动，加强接触、增进了解、融洽感情、互相接纳。三是加快新校园建设，尽快实现集中一地办学。

质量工程——以提高教学质量为核心，加强教学建设，提高办学水平。在两校合并建校的特定条件下，为有效防止教育质量滑坡，凝聚全校力量，群策群力搞好教学工作。包括组织开展"转变教育思想、更新教育理念、提高教育水平"的大学习、大讨论；制定、完善教学制度，加强教学工作制度化、规范化建设；建立、健全教学质量监控、激励机制。并先后开展"教学质量年""教学改革年"等活动。

人才工程——制定"稳定、培养、引进、借智"的一系列措施，稳定校内人才，吸引校外人才，提高师资队伍水平。

形象工程——激发、凝聚全校师生员工关爱学校、建设学校的热情，共同投身新校园的建设；在全校范围征集校徽、校训、校歌等标志性载体，形成共同的三峡大学理念；在校园建设布局、人文景观建设、学科与实验室建设方面突出特色，营造优良的育人环境；加强与新闻媒体的沟通，运用多种宣传手段报道、推介学校，同时广泛开展国内外的交流与合作，扩大学校影响，提高知名度。

规划工程——把实施《三峡大学 2001—2010 年教育事业发展规划》作为学校建设与发展的整体工程，通过广泛的教育和宣传，形成全校师生员工共同追求的办学目标。按照发展规划，高起点、高标准、全面展开建设，提升学校办学实力，实现跨越式发展。

党委扩大会后，学校建设发展步入快车道。

调整、重组学院与教学单位

三峡大学合并组建后，教学组织亟待调整、重组。

2000 年 9 月 12 日，学校出台了"学院与教学单位组建方案"。

为充分发挥综合性大学的学科优势，促进学科的交叉融合，有利于配置教育资源，有利于创建特色，营造知识创新和人才培养的氛围，并有利于学校统一领导和充分发挥各学科、各学院的积极性，提高办学质量，根据《三峡大学 2000—2010 年教育发展规划》，按照既要符合科学发展趋势，又要顾及现实、平稳过渡的原则，在广泛征求意见、反复论证的基础上，将两校合并前的各二级学院重新组建成十个学院、两个教学部、一个直属系和一个教学中心。即土木水电学院、机械与材料学院、电气信息学院、经济与管理学院、医学院、文学院、政法学院、理学院、艺术学院、成人教育学院；大学外语教学部、师范教育部；体育系和现代教育技术中心。根据教学发展的需要，后来又陆续对教学单位进行了如下调整：

2001 年 1 月，为支持新兴学科的发展，将理学院一分为二，除保留理学院外，新组建了化学与生命科学学院；2002 年 1 月，为进一步合理配置教育资源，更有利于加强外语教学，新组建外国语学院，撤销大学外语教学部，并将文学院的英语专业并入；2002 年 7 月，为积极应对师范教育综合化的新形势，探索学科交叉和融合，将撤销师范教育部而成立的教育学院并入文学院，实现一套班子，两块牌子的建制，同时将学校直属体育系改建为体育学院。

此外，为更好地为宜昌市经济建设和社会发展服务，搞好人才培养，根据同宜昌市人民政府签订的合办协议，按新的办学机制于 2000 年 9 月兴办了三峡大学宜昌分校。2002 年 8 月经省教育厅批准并报教育部备案，更名为三峡大学科技学院。按照合作兴办外联式高等职业教育的办法，2000 年 12 月，与中国葛洲坝水电工程集团有限责任公司合作举办了三峡大学职业技术学院；2001 年 5 月，又以宜昌卫生学校为基础举办了三峡大学护理学院。

为了加强临床医学的理论和实践教学，在宜昌市政府的大力支持下，报经湖北省卫生厅同意，2003 年 1 月，宜昌市中心人民医院成为三峡大学第一临床医学院；同时将学校下属的仁和医院改建为三峡大学第二临床医学院。

教学单位在 2001 年底完成主要调整、组建任务，在此基础上，直至 2003 年，共组建成 12 个直属学院、两个临床医学院、一个成人教育学院、一个按新机制办的科技学院、两个外联式高等职业技术学院以及一个现代教育技术中心。

实行干部竞聘上岗与考核

三峡大学合并组建后，干部亟须重新调整，既要适当考虑历史原因，更要建设一支精干、高效的干部队伍。学校打破常规，改革干部人事管理，以坚持公道正派为原则，着眼于机制创新，着力推行干部制度改革，按照"公开、公平、公正、公认"的要求，建立竞争上岗和年度考核制度。

2000 年 9 月 15 日，党委召开全校干部竞聘上岗动员大会，干部经由民主推荐或自我报名、竞聘答辩、组织考核、公示后，校党委批准任命。历时半月，共聘任正处级干部 49 人，副处级干部 82 人，科级干部 113 人。一批高学历、高职称、符合干部"四化"条件的年轻干部走上领导岗位。64名原正副处级干部实行了转岗分流;一批达到任职年龄线的原正副处级干部服从学校建设和发展大局的需要不再担任实职。同时,1500余名教职工通过全员竞争上岗走上各自工作岗位。

此次改革力度大,步子稳,较好地解决了学校合并初期干部队伍精简高效的问题,其方式在全省高校中亦属首创。

不仅上岗需竞聘,工作也需严格考核。2001年7月,学校党委召开处级干部年度考核情况通报会。根据干部竞聘规定,对部分正副处级干部岗位进行调整,把一部分能力较强的机关干部充实到基层;将副处级干部考核中排名前3位者调整到正处级岗位;对考核中排名后10位的正副处级干部进行诫勉,并对接受诫勉的干部采取免职、降职、调离岗位、外派学习、接受辞职等措施重新安排,在干部职工中产生了极大反响。

开展"三讲"教育

根据党中央和湖北省委的统一部署,2000年9月底至2000年12月,学校领导班子和处级干部先后开展了以"讲学习、讲政治、讲正气"为主要内容的"三讲"教育。

9月30日,校党委召开"三讲"教育动员大会。随即,在中共湖北省委派驻三峡大学"三讲教育巡视组"(组长:原武汉大学副校长刘书稳;成员:宜昌市委组织部干部监督科科长岳忠镜等)指导下,分四阶段开展教育活动。

在教育活动中,学校领导班子成员认真学习文件,理论联系实际,进行理论思考;在此基础上,开门广纳意见;针对班子和自身存在的问题,认真进行剖析,并深入交心谈心,召开民主生活会,诚恳开展批评和自我批评;针对性地拟定整改方案。整个教育活动,环环相扣,深入扎实。每个阶段,学校都要组织干部、群众进行民主测评。测评中,群众满意率都在90%以上。这次教育活动,入脑入心,使干部受到了一次深刻的党性、党风、党纪教育。

11月11日,省委"三讲"教育领导小组办公室高校组组长、省教育厅党组副书记章默英来校检查"三讲"教育工作。检查后,对学校"三讲"教育给予了高度评价。

学习、教育活动中,党委制定了《学校党委常委议事规则》《学院党政联席会议制度》《校领导班子民主生活会制度》《处级领导班子民主生活会制度》等一系列规章制度，建立了校、院党委理论学习中心组。通过建章立制，巩固学习成果，使党的思想政治教育制度化、经常化。

12月4日，学校召开三峡大学校级干部"三讲"教育总结大会，校级领导"三讲"教育历时66天，圆满结束；12月26日，学校处级干部"三讲"教育也顺利结束。

党委理论学习中心组认真组织理论学习

三峡大学党委理论学习中心组成立于2000年。根据中共中央办公厅印发的《中国共产党党委(党组)理论学习中心组学习规则》，学校党委修订了《中共三峡大学委员会理论学习中心组学习规则》。党委理论学习中心组成员包含校党委领导班子成员，校领导，党委(校长)办公室主任，纪委副书记兼纪委(监察专员办)综合室主任，党委组织部、党委宣传部、党委统战部主要负责人。根据学习内容和工作需要可扩大至校党委委员、纪委委员和其他各部门、各学院负责同志。党委理论学习中心组每月至少组织1次学习，全年不少于8次。通过集体研讨、专家报告、专题辅导报告等形式，学习总书记重要讲话和指示、批示精神、党的方针政策、党的重大成果和国家法律法规。通过学习起到了三个作用：一是有效提升了领导干部的思想理论水平；二是增强领导干部的政治意识、大局意识、责任意识，保持与党中央的高度一致；三是有效提高了领导干部的领导水平和干事创业能力。

多渠道开展经济资助

2000年7月，学校成立国家助学贷款领导小组，杨锋、李建林先后任组长，下设办公室，挂靠学生处；同时，在学生处成立了大学生经济资助中心，统一对全校困难学生的奖、贷、助、勤工作进行管理。

经多方努力，对大学生的经济资助开辟了多种渠道：

(1)国家助学贷款。

2000年10月，刘德富与中国农业银行东山支行签订了"助学贷款协议"，标志着正式启动国家助学贷款。截至2003年底，共有2354名困难学生从农行获得国家助学贷款1621万元。

2001年7月5日，刘德富与中国工商银行三峡分行行长陈刚签订"助学贷款协议"。截至2003年底，共有354名困难学生从工行获得助学贷款171万元。2003年12月，中国银行也启动了此项贷款，有500名困难学生共获得贷款330万元。

至此，形成了一校多行的助学贷款格局。

（2）商业贷款。

2001年5月，湖北省教育厅决定在三峡大学进行商业助学贷款试点工作，并拨付试点经费3万元。

2001年5月，学校出台《三峡大学商业助学贷款管理办法》，明确规定，凡在家庭所在地获得商业助学贷款的困难学生，学校给予100%全额贴息。截至2003年底，在家庭所在地获得商业助学贷款的困难学生219人，贷款125万元，学校贴息5.45万元。

11月3日，学校派专人专车前往郧县将因贫困而不能上学的吴成功同学接到学校，并以多种途径资助其完成学业。

（3）学校还大力推进勤工助学，做到制度化、规范化。

（4）设立奖学金和助学金。一是争取国家奖学金；二是争取企业、社会团体和个人的资助和捐助，设立众多的奖学金和助学金项目。

（5）为困难新生开辟"绿色通道"。

（6）采取其他特殊性的解困措施。

为西藏籍的贫困学生减免学费；为困难学生设立临时补助，以解决燃眉之急；设立困难学生医疗周转金，确保困难学生生病治疗的临时急需费用。

多渠道经济资助，有效帮助贫困学生顺利完成了学业。

开展教学改革和教学质量年活动

三峡大学合并组建之初，本科教学面临提高教学质量、确立先进的教学管理制度的紧迫问题，为此，学校于2000年12月9日至10日召开第一次本科教学工作会议，刘德富作了题为《统一思想、规范管理、推进改革，全面提高人才培养质量》的报告，确定2001年为"三峡大学教学质量年"。

2001年2月13日，学校专门发文，就三峡大学2001年教学质量年作出具体部署。本次教学质量年活动主要内容为：开展以提高教育教学水平为主题的全校性大学习、大讨论；全面制定和实施教学及其管理规范；建立健全并运行教学质量监控体系;建立健全促进教学、提高质量的激励机制;积极推进教育教学改革;逐步实施"主讲教师制";建立并实施教学工作目标责任制和教学评估制度。

2001 年 3 月 17 日,教务处、成人教育学院联合在长寿山庄召开"改革教育思想,更新教育观念,提高教育质量"专题研讨会。学校领导、部分职能部门负责人、教学单位分管教学的领导等 30 多人参加会议,刘德富作了《高等教育人才培养模式创新与改革》的主题报告。2003 年 1 月,学校召开了第二次本科教学工作会议,制定了《三峡大学本科教育改革与发展行动计划》。确定实施育人生态环境工程、新世纪本科教育教学改革工程和人才培养质量工程。2003 年 3 月 28 日—29 日学校在宜都召开教学改革研讨会,教务处处长马克雄作《关于教学工作与教学改革的报告》,各学院副院长作交流发言,石亚非作总结讲话。

第一次、第二次本科教学工作会议及教学改革研讨会,明确了本科教学工作具体思路,确定以学分制改革为突破口开展教育教学改革。学校制定了《加强本科教学工作提高人才培养质量的若干意见》和《关于进一步加强本科教学工作提高教学质量的实施办法》。

学校以学分制改革为突破口,确立"以人为本""以学生为中心"的教育理念,贯彻"加强基础、拓宽专业、突出能力、重视实践、强调综合、注重素质、因材施教"的本科教学改革方针,明确"高素质、强能力、应用型"人才培养目标。以人才培养模式改革为重点,突出本科教学中心工作,不断深化教育教学改革。

2002 年学校制定《三峡大学深化学分制教学改革实施方案》,从 2002 级学生开始全面实行学分制改革。建立了选课制、弹性学制、"二长一短"三学期制、自主选择专业制、本科生导师制、辅修双学位制等制度。落实学生"四大自主"选择权(自主选择课程、自主选择教师、自主选择专业或专业方向、自主选择学习进程)。

2004 年学校组织制定 2004 版本科人才培养方案,注重素质教育,体现"多样化、应用性、复合型"培养要求,构建"平台+模块一体化"课程体系,构建通识教育、学科(专业)基础课、专业及专业方向模块课程与实践性课程兼顾,必修与选修比例合理的人才培养方案。方案规定学生在校期间选修 10 学分的公共任选课,其中跨学科门类选修课程不低于 4 学分,以提高学生人文素质和科学素养。

学校积极探索大类招生、大类宽口径培养的人才培养模式改革,力求打破单一的专业培养界限,拓宽专业口径,增强学生的社会适应性。到 2005 年,电气信息类、机械类、经济学类、工商管理类、公共管理类等专业按专业类构建学科专业平台课程,实行专业大类各专业学科(专业)基础课统一,通过专业模块选修进行专业分流的"平台加模块"人才培养模式。

湖北省委、省政府关心、支持三峡大学建设与发展

2000年12月18日，湖北省委书记贾志杰、省长蒋祝平、副省长张洪祥在宜昌市委书记孙志刚、市长王振有的陪同下，到学校视察。

2001年3月24日，湖北省委副书记王生铁在宜昌市委副书记李佑才等的陪同下来学校考察。王生铁在考察后评价："峡区新校，霞光万道，三峡大学是非常有前途的。"

2002年6月13日，副省长王少阶来校考察，对学校工作充分肯定，鼓励学校抓住契机，争取更大发展。

2002年12月5日，为切实加强三峡大学的建设，实现三峡大学教育事业发展规划的目标，湖北省教育厅、宜昌市人民政府决定对三峡大学实行共建，并签订了共建协议。共建协议的主要内容有：

(1)湖北省教育厅、宜昌市人民政府按批准的三峡大学学生规模共同承担三峡大学教育事业经费，其中湖北省教育厅承担84%的本科生在校学习经费，研究生经费及其他各种经费。宜昌市人民政府承担16%的本专科在校学生经费以及其他有关经费。

(2)湖北省教育厅、宜昌市人民政府多渠道筹措资金积极支持三峡大学建设。湖北省教育厅在基建投资和专项经费安排上向三峡大学倾斜，支持学校教学科研用房建设及重点学科、重点实验室建设等。宜昌市人民政府负责划拨学校建设用地及市政基础建设、后勤服务设施建设资金的筹措，落实优惠政策，并负责校园周边环境的整治工作。

(3)为确保重点建设工作的开展，成立省、市有关部门共同参加的"共建三峡大学领导小组"，每年至少召开一次会议，研究落实共建条款，检查、指导学校工作，解决学校发展中的重大问题。

宜昌市委、市政府大力支持学校建设

2000年5月25日，湖北省人民政府在《关于组建三峡大学的通知》中，明确规定三峡大学实行湖北省和宜昌市共建，以省为主的管理体制。三峡大学成立后，湖北省与宜昌市签订了省、市共建协议。学校始终把"立足宜昌，融入三

峡"作为发展的基本前提，努力以培养宜昌市经济建设和社会发展需要的人才的实际行动积极争取宜昌市委、市政府的支持。

宜昌市委、市政府十分关心和支持三峡大学的建设，把三峡大学的建设与发展作为宜昌市社会发展的一个战略重点，作为推进科教兴市的重点工程，作为提高城市文化功能、建设世界级大城市的重要举措。三峡大学成立后，即成立了宜昌市支持三峡大学建设与发展领导小组，要求市直各部门对三峡大学的工作要求"急事急办、特事特办、实事办实、好事办好"，对学校需要解决的问题要逐条落实。

宜昌市支持三峡大学建设与发展领导小组多次召开领导小组会，就学校提出的征地、搬迁、校园建设、后勤社会化改革、校园周边环境整治等问题进行专题研究，做出决定；宜昌市委、市政府领导多次率领市直有关部门和西陵区负责同志到三峡大学现场办公，解决实际问题。

2000 年 12 月 14 日，宜昌市政府召开常务会议讨论三峡大学校园建设问题，会议作出如下决定：

(1)三峡大学扩建确定在三峡大学北区。

(2)"三峡大学教育事业发展规划"一经省政府批准通过，宜昌市则立即审批征地方案。

(3)基于长远，学校征地面积适当放宽。

(4)校园建设规划与宜昌市城建规划统一，把三峡大学校园建设成为宜昌市的一大旅游景观。

(5)用改革的办法处理新一轮省市共建问题，市政府要承担学校后勤社会化方面的投资与建设。

(6)市有关部门尽快制定支持三峡大学建设的优惠政策。

2001 年 2 月 9 日，宜昌市副市长贾庆生带领市有关部门负责人来学校现场办公，研究市政府支持三峡大学建设与发展的优惠政策和具体措施。

2001 年 7 月 24 日，宜昌市副市长刘旭辉带领市有关部门和西陵区、窑湾乡的负责人到三峡大学就东苑路的修建问题召开现场办公会。

2002 年 3 月 7 日，宜昌市支持三峡大学建设与发展领导小组组长、市委副书记李佑才，副组长贾庆生带领领导小组成员单位负责人到校召开第二次全体会议，听取三峡大学校园建设与发展及有关问题的汇报，并对三峡大学路建设、征地搬迁问题进行了研究，下发了《关于进一步加强三峡大学校园建设的会议纪要》。

2002 年 2 月 4 日，宜昌市人民政府出台了《关于支持三峡大学建设与发展的意见》。《意见》提出了 8 项措施，即：

(1)将三峡大学的建设与发展纳入宜昌市国民经济与社会发展的总体规划。

（2）大力支持三峡大学进行基本建设。

（3）做好三峡大学征地范围内的村民搬迁工作。

（4）支持三峡大学进行后勤社会化改革。

（5）积极支持三峡大学开展"产学研"合作。

（6）采取有效措施加大对三峡大学的投入。

（7）努力为三峡大学营造良好的办学环境。

（8）切实加强支持三峡大学建设与协调服务工作。

副市长张建一、黄利鸣，市委副书记文成国也先后主持、召开支持三峡大学建设与发展领导小组会，解决三峡大学建设中亟须解决的问题。

召开教职工代表大会、工会会员代表大会

三峡大学首次党委（扩大）会，确定了学校奋斗目标和中长期计划，提出了"民主办学、依法治校"的办学理念。据此，2000 年 12 月 21 日，学校召开了首届教职工代表大会和工会会员代表大会（简称"两代会"，下同）。与会代表认真审议通过了《三峡大学 2000—2010 年教育事业发展规划》（简称"事业发展规划"，下同）、《关于教育质量年的实施方案》《校内津贴发放办法》。明确了办学方向、发展目标，即经过十年努力，将学校建设成在国内享有较高知名度的一流省属综合性大学。为实现这一目标，实施两步走战略。即前五年为加快建设阶段，依据学科交叉、文理渗透、理工结合、突出特色的原则，进行专业结构调整，坚持以学科建设为龙头、人才培养为中心，推进科学教育和人文教育的协调发展；突出水电、三峡文化特色，充分发展灾害与环境、化学与生命科学、医学等学科。同时完成新校园建设任务，实现集中一地办学。后五年为第二步，为稳定发展阶段，进一步完善与综合性大学相适应的学科体系、教学科研服务体系和公共基础设施，营造良好的学术氛围和育人环境，培养造就和引进一批国内的知名学者，教学、科研再上新台阶。

首届"两代会"统一了认识、凝聚了人心，发挥了积极作用。自此，"两代会"也成为学校科学决策、民主决策、依靠广大教职工民主办学的重要途径。

2001 年 12 月 1 日，学校发布《关于推行校务公开的实施意见》，确定基本校情、学校办学思想、发展规划、年度工作计划、改革方案、教职工队伍建设等重大问题，学校内部管理体制改革办法、教育教学改革措施、学校财务管理等实行公开。"两代会"成为实行校务公开的重要渠道。

2001 年 12 月 14 日、15 日，一届二次"两代会"审议通过了《三峡大学预算改革方案》；刘德富在会作工作报告，校级领导和校长助理在会上述职，并接受与会代表的测评。"两代会"承担起干部民主监督的重要职能，在全省开创了先例。

2002 年 12 月 26 日、27 日，召开了一届三次"两代会"，其中重要议程是审议通过《三峡大学岗位设置和校内津贴分配实施意见》。学校重大决策和有关教职工切身利益的重大事项均提交"两代会"讨论或审议，既集思广益，又切实维护了广大教职工的合法权益，受到广大职工好评和上级工会组织的充分肯定。

成立高教学会，开展学术研讨

为了加强高等教育的研究、探索高等教育的规律，为学校建设和发展服务，学校成立了高等教育学会。2002 年 1 月 10 日至 11 日，在接待中心召开 2001 年学术年会。学会理事长、正校级调研员汪仲友作《大力开展高教研究，为实现学校发展战略目标而奋斗》的工作报告。会议表彰了 6 个先进高教分会、65 名高教研究积极分子、59 篇优秀高教科研论文以及 2001 年 6 项省级优秀教学成果获得者。大会邀请中国高等教育学会会长、原教育部副部长周远清作了《21 世纪中国高等教育改革与发展》的专题学术报告。11 日上午，周远清参加了专题座谈会，就目前高等教育改革与发展中关于学分制改革、后勤社会化、新形势下学生工作和德育、高等职业教育发展、人才稳定等问题回答了参会人员的提问，并对学校办学定位和办学目标做了充分肯定。

2004 年 4 月 18 日，周远清第四次视察学校，并为师生作了题为《建设 21 世纪高等教育强国》的学术报告。4 月 21 日至 22 日，由湖北省高等教育学会主办，三峡大学承办的湖北省"高等教育协调发展"研讨会在求索报告厅举行，来自全省 40 多所高校的 80 多名代表参加了会议。

2005 年 11 月 11 日，高教学会 2004 年学术年会及表彰大会在求索报告厅举行。教育部评估专家委员会、秘书处秘书长钱仁根教授应邀在年会上作了《正确理解评估方案，认真做好评估工作》的学术报告。报告对教育部 2004 年评估方案的指标体系作了全面分析，讲解了评估指标的内涵，解答了评估疑难问题，并对高校做好评估工作提出了六点建议：一是要认真学习评估文件，深刻理解指标内涵；二是学校重大问题要广泛讨论；三是扎实制定评估计划；四是实事求是地准备好评估材料；五是有计划地开展校内自评；六是健全评建工作机构。报告针对性强，指导性强，探索性强，对学校评建工作起到了积极推进作用。

2001 年

制定学校事业发展、校园建设规划

  三峡大学合并组建后，根据《湖北省教育厅关于省属高等学校实施"二定一发展"计划的指导意见》，着手制定《三峡大学 2001—2010 年教育事业发展规划》。三峡大学第一次党委(扩大)会经过认真讨论，确定要把三峡大学建设成为全国一流省属综合性大学，为实现这一总目标，要下定决心实行集中一地办学，推进实质性合并。学校计划实施"两步走"战略。第一步，即"十五"时期，为加快建设阶段。依据学科交叉、文理渗透、理工结合、突出特色等原则，进行学科专业结构调整，加强水电、三峡文化等重点学科建设，加强水利水电工程、旅游管理、医学影像等特色专业的建设。到 2005 年，全日制本科生规模达到 18000人(含留学生 100 人)，研究生 1000 人，成人教育学生 10000 人，同时基本完成新校园建设任务，满足学校发展的需要。第二步，即"十一五"时期，为稳步发展阶段。不断完善与综合性大学相适应的学科体系，培养造就和引进一批国内外知名学者；教学、科研再上新台阶。到 2010 年，学校远期办学规模由原来的24500(包括本科生 22000 人、研究生 2500 人)人调整为 33000 人(含科技学院，包括本科生 30000 人、留学生和研究生 3000 人)。初步形成结构合理、相互渗透、协调发展的学科和学科群，拥有 13 个省级重点学科，12 个省级重点实验室，6 个博士点，50 个硕士点，进一步完善教学科研服务体系和公共基础设施，营造良好的学术氛围和育人环境，全面实现学校发展总目标。以此为依据，学校制定了《三峡大学 2001—2010 年教育事业发展规划》。

2000 年 12 月 21 日，学校首届"两代会"认真审议并通过了《三峡大学 2001—2010 年教育事业发展规划》。2001 年 3 月 24 日至 27 日，湖北省教育厅组织的高等学校"二定一发展"计划评估专家组（"二定一发展"指定办学目标、办学规模和制定发展规划）到学校评估"教育事业发展规划"。专家组对学校发展规划给予了充分肯定，认为发展规划起点高、大手笔、富有挑战性，思路清晰、目标明确、措施具体，经过努力，可以实现。

在制定事业发展规划的基础上，校园建设规划必须迅速制定并予以实施。校园建设规划的制定原则必须服从和服务于学校事业发展规划的要求和建设全国一流省属综合性大学的奋斗目标。2000 年 9 月至 2001 年 3 月，学校组织了多项前期论证工作：组织专家召开了 10 次以上的校园规划、校园环境建设、教学设施建设、校园信息化建设研讨会，充分听取专家和学校广大师生员工的意见；学校分管副校长带队，对上海大学、江汉大学等进行考察，学习经验、交流思想。

2000 年 12 月 6 日至 9 日，湖北省普通高校校园规划与建设高级研讨班在学校成功举办。研讨班学习期间，学校抓住时机，请教省教育厅领导和授课专家，对学校校园建设规划进行咨询。经过近半年的考察、论证、学习和交流，学校拟出《三峡大学校园改扩建总体规划概念设计任务书》，对学校的现状、规划基地的环境与位置、学校的建设目标等进行了科学的分析，并对规划提出了具体的原则与布局构想。

2001 年 3 月初，学校邀请中南建筑设计院、重庆大学建筑设计院、三峡大学建筑设计院和华南理工大学建筑设计院，采用竞赛的方式进行概念性设计。2001 年 4 月 21 日至 23 日，聘请清华大学高冀生教授等 7 位专家进行封闭式评审，中南建筑设计院的方案获一等奖，其余三单位获优胜奖。

评审结束后，学校充分听取教职工意见，并吸取各设计方案的优点，对总体规划进行了多次讨论和优化。然后委托在概念性设计中获得一等奖的中南建筑设计院设计校园详细规划，2001 年 7 月，完成了《三峡大学校园扩建修建性详细规划》。

2002 年 2 月 4 日，宜昌市人民政府下文批准了学校规划，2002 年 9 月 18 日，湖北省教育厅、计委联合下文批准了学校规划。

在规划的实施过程中，由于学校教育事业实现了跨越式发展，学校党委和行政通过反复研究和论证，决定对校园改扩建详细规划进行了调整：将科技学院布置在学校规划范围内，原规划征地 2000 亩扩大到 3000 亩，建筑面积达 110 万平方米。学校委托三峡大学建筑设计研究院对原规划按调整后的规划原则进行了修编，遵循原规划的原则并在其框架内进行调整，扩大了规模、完善了功能。整个规划布局合理、环境优美、气势恢弘，深受各方面好评。

启动新校园建设

三峡大学合并组建后，原校址分布在宜昌市区中部和北部两端，大小四个校区，地域分散、空间狭小、交通不便，不利于学科布局和教育资源的合理配置，不利于交叉学科形成及发挥综合优势，不利于日常教学管理和师生的交流融合。为此，在宜昌市委和市政府的支持下，学校决定，依托北区（即武汉水利电力大学宜昌校区，位于宜昌市窑湾乡茶庵村），扩建新校园，实行集中一地办学。据此，学校制定了"教育事业发展规划"和"校园扩建总体规划"，自 2002 年 1 月开始，新校园建设逐步展开。

1. 新征用地和村民搬迁

征地及征地范围内村民搬迁、安置是校园建设的前提和基础，且新校园建设征地面积大，需搬迁的村民房屋多，乱搭乱建现象严重，经费紧张，困难很大。2001 年 2 月底，宜昌市计委、国土资源局、规划局等部门划定了三峡大学规划用地控制虚红线。根据虚红线控制区的地貌地形现实情况，学校制定科学合理的建设规划。2001 年 4 月初学校成立了由陈华成、郑金城等组成的工作专班，在宜昌市规划局、土地局、西陵区、窑湾乡、茶庵村、望洲村等单位的支持下，仔细调查、周密筹划、研究政策、开展征地。在征地过程中兼顾学校、村民的合理利益，经过两年多的艰苦努力，至 2003 年年底，相继完成首期和二期征地 2731 亩（其中：一期征地 1253 亩，二期征地 1478 亩），使校园面积达到 3000 亩以上。搬迁村民 387 户（其中：一期搬迁 182 户，二期搬迁 205 户），并采用集中建设住宅小区和货币补偿相结合的方式妥善安置村民。其中，建村民安置房两栋，共9662 平方米（A 栋 4431 平方米，B 栋 5241 平方米）。学校得到发展，村民喜得安居。为支持三峡大学建设与发展，市政府下发了［2002］92 号纪要，对三峡大学征地和建设中应缴纳的各种费用"即征即返"，返还部分作为市政府对三峡大学建设的投入，缓解了学校经费的紧张，促进了扩建工作。

2003 年 11 月，在宜昌市政府支持下，处于学校规划范围内的宜昌汽车技校整体并入三峡大学，为学校建设创造了条件。

2. 新校区建设

征地、搬迁的如期推进，为进行大规模基本建设保障了土地资源，提供了基本保证。学校基建工作也克服任务重、要求高、工期紧的困难，艰苦奋斗，经过三年努力，完成了 2 万平方米的信息技术中心、7000 平方米的行政办公楼、4 万平方米的图书馆、3 万平方米的生命科学教学楼群、2 万平方米的艺术教学楼、2 万平方米的理科教学楼、6.9 万平方米的文科楼群、20 万平方米的学生公寓、17 万平方米的教师公寓楼群的建设，总建筑面积达到 57.6 万平方米。同时，还建设了两个田径运动场，完成了相关道路、水系、供电供水项目的建设，环境的绿化、美化，老旧实验室的改造。完成基建投资 55726 万元，其中：国家、省投入 3380 万元，宜昌市投入 7709 万元（含"即征即返"7445 万元），学校自筹、贷款 442412 万元，基本实现了集中一地办学。不但解决了学校扩大后教学设施紧张的问题，还改善了学校的办学环境，提高了办学实力，与建设"全国一流省属综合性大学"相匹配的大学校园基本形成，一座崭新的大学城在峡江畔傲然崛起。

开展"天问杯"大学生辩论赛

三峡大学"天问杯"大学生辩论赛是由共青团三峡大学委员会主办、团委学生社团管理部承办的一项语言类竞赛活动。

大赛以"弘扬求索精神，塑造思辨人才"为宗旨，致力于凝聚青年力量，激发青年活力，进一步促进学校形成敏于求知、乐于思考的校园文化氛围。

自 2000 年首届"天问杯"大学生辩论赛开展以来，每年有近 20 个学院参加比赛，直接参赛和观赛的学生近万人。各学院高度重视，积极推进，从队伍组建到辩手培训，从分析辩题、搜集论据、确定方略到模拟辩论，精心做好赛前准备工作。各学院以抽签的方式确定对阵，通过预赛、复赛、半决赛和决赛四个阶段，共数十场比赛，最终决出冠亚季军。该活动已成为学校一项参与度高、覆盖面广并极具影响力的品牌活动，至今，已成功举办了二十一届。

"天问杯"大学生辩论赛以其特有的视觉性、激烈性和教育性吸引了广大学生的广泛关注和参与，让同学们在思辨中聆听中国声音，感受时代脉搏，进一步强化学生追求真理的意识，有效地拓展大学生的知识领域，对促进大学生的全面成长成才具有极为重要的意义。

举办"三峡之春"大学生文化艺术节

"三峡之春"大学生文化艺术节是学校历年持续开展的一项品牌活动，依据学生终身发展和社会发展需求的必备品格和关键能力，将党的指导方针、政策融入文化艺术节各项活动的各个环节中，构建主题鲜明、内容丰富、形式创新的文化育人体系，为培养具有"求索"精神和德智体美全面发展的高素质人才作出积极贡献。

"三峡之春"大学生文化艺术节由共青团三峡大学委员会主办，近 20 个学院通过拟写项目竞标方案、项目答辩获得承办资格，每年参与师生总数近 2 万人次。自 2001 年首届文化艺术节开展以来，学校每年深入挖掘，开拓创新，紧密结合广大青年学生的课外文化需求，精心策划一系列富有特色的精品活动，如：街舞运动宝贝大赛、大学生模特大赛、曲艺大赛、书画、宣传板制作大赛、廉洁文化手抄报比赛、主持人大赛、纪律法规宣传教育活动、校园文化产品设计大赛、校园文化衫设计大赛、"印象一分钟"短视频大赛、一站到底知识竞赛、"青年说"演讲比赛、"民族一家亲"民族歌舞大赛、外语形象大使选拔赛、健美先生大赛、中华优秀诗词朗诵大赛、校园诗词大赛、超级演说家、校园歌手大赛、校园达人秀、逻辑推理大赛等。

该活动为广大青年学子提供了一个观察美、欣赏美、体验美、创造美的广阔舞台，让每一位三大学子都能参与其中，充分发挥自身特长。在多姿多彩的文化艺术舞台上不断提高文化艺术品位，充分展示当代大学生朝气蓬勃、健康向上的精神风貌。至今，该活动已成功举办了二十一届。它已成为校园文化建设的重要组成部分，成为大学生喜闻乐见的重要的校园文化生活，且不断推陈出新、越办越好。

实施人才工程，建设高水平的师资队伍

为把学校建成一流省属综合性大学，必须建设一支高水平的师资队伍。三峡大学首次党委(扩大)会明确提出要按照"稳定、培养、引进、借智"的八字方针，着力实施人才工程，造就一支以高水平专家和学科带头人为核心的师资队伍。

在实施"人才工程"，加强师资队伍建设中，学校重视在全校教职工中树立

人才资源是第一资源的观念，在全校营造尊重知识、尊重人才、提倡创新、鼓励创业的良好氛围；提出并坚持"事业留人、待遇留人、感情留人、环境留人、机制留人"的原则；建立师资队伍的激励和约束机制，完善人才评价体系，深化职称改革和收入分配制度改革，把师资队伍建设纳入各学院的目标和考核评价中。

2001年4月13日至14日，学校召开第一次师资工作会议，制定了《2001—2010年师资队伍建设规划》《引进优秀人才暂行规定》《兼职教授聘用与管理暂行办法》等文件；2003年又制定了《2003—2006年师资队伍建设规划》。

在实施"人才工程"工作中，首先着力于现有教师队伍的稳定和培训。学校出台了《教师培训暂行规定》，提出落实硕士化工程，即通过培训使教师普遍达到硕士研究生或以上学历，提高师资队伍的整体学历层次，改善学历结构，鼓励中青年教师、职工积极报考硕士、博士研究生或以在职形式攻读硕士、博士学位。从学校合并组建至2003年底，中青年教职工参加校内的学历、学位教育者累计达335人，其中博士108人；在此期间，累计回校工作的博士、硕士137人。同时，也重视非学历培训，包括安排教师到国内外有关高校、科研院所做访问学者，进行课程进修或专项培训。

学校十分重视在教师中抓好省级有突出贡献的科学和技术专家、享受国务院政府特殊津贴人员、享受省政府专项津贴人员和新世纪百千万人才工程等人选的推荐、选拔工作，形成一批学科带头人和学术骨干队伍。

为了加强学术群体建设，造就一批思想素质好、业务水平高、适应21世纪教育科技发展的中青年拔尖人才，2001年9月，学校根据《2001—2010年师资队伍建设规划》，全面启动和实施"151"人才工程。即以学科发展、学位点建设和重点实验室建设目标为依据，组建不同类别、不同层次的教师学术群体；并通过资助、激励、引进、培训和稳定等积极措施，力争到2005年在本校教师队伍中产生或从校外特聘，实现有10名左右在国内外有一定影响的专家学者或特聘教授，50名左右高水平的学科带头人，100名左右有较大发展潜力的优秀中青年学术骨干。以特聘教授和学科带头人为核心形成一批学术群体，提高教师素质、优化师资队伍结构，发挥师资队伍整体优势，促进学校教学科研基地建设和发展，促进新兴学科的形成，促进学校科研水平的提高和创新人才的培养，创建若干个有全国一流水准的重点学科、重点实验室及博士点，创新一批省部级重点学科、重点实验室和硕士点。

2001年和2003年，按照"公平公开、竞争择优、坚持标准、保证质量"的原则，经过两批遴选，共选拔"151"人才124人。其中特聘教授5人，学科带头人80人。学校为他们创造良好的工作、学习、科研、生活条件，也制定了严格的考核评价体系。

同时，学校充分利用水电学科专业特色优势，凭借"水电之都"的地理优势，秉承"不求所有，但求所用"的借智办学理念，采用多种形式吸引国际国内优秀人才到三峡大学讲学、从事科学研究。

学校借智办学的主要做法有：一是聘请兼职教授；二是按照湖北省"楚天学子计划"申报聘请特聘教授；三是根据学校重点学科建设发展需要，实施"三峡学者计划"，即设立"三峡学者"特聘教授岗位面向海内外公开招聘。

通过几年努力，师资队伍建设卓有成效。至 2005 年，教师中享有国务院政府特殊津贴人员 13 人，享受省政府专项津贴人员 9 人，省部级有突出贡献的中青年专家 16 人，市管专家 9 人，"楚天学子计划"特聘教授 4 人，省属高校跨世纪学科带头人 16 人，学术骨干 10 人。聘任了包括 13 名院士在内的兼职教授、荣誉教授 200 余人。

同时，从美国引进了以王艳林、戴建武、赵晓勇三位特聘教授为中心的三个博士团队，共凝聚高科人才 30 多人，增强了学校的科研实力。

着力加强学科建设

在重点办好本科教育，积极发展研究生教育的办学实践中，学校始终坚持以学科建设为龙头，以人才培养为中心。2000 年 11 月，学校成立了重点学科（重点实验室）建设领导小组，学校领导任正副组长，其办公室设在研究生处。在领导小组指导下，相继制定了《校级重点学科（重点实验室）建设的若干意见》等一批规范性文件，在 2001 年至 2005 年的"十五"期间投入专项建设经费 5000 万元。

五年来，学科建设取得显著成绩：

1. 本科专业

拥有涵盖法学、教育学、文学、理学、医学、管理学等 8 个学科门类、26 个学科大类（一级学科）的 48 个本科专业（新办建设 26 个本科专业），在校本科生达到 18000 人，学校的本科专业数已具有一定规模；与学校办学特色相适应的优势学科专业建设也取得了一定成绩：水利水电工程、电气工程及其自动化、机械制造及其自动化、汉语言文学专业被省教育厅列为"省级品牌专业"立项建设。

2. 重点学科

学校防灾减灾工程及防护工程、机械制造及其自动化、免疫学、管理科学与工程、中国现当代文学等 5 个学科获省级学科立项建设、水工结构工程学科 2001 年 5 月通过省级重点学科验收。

3. 硕士学位点及立项建设的博士点

学校已有马克思主义基本原理、思想政治教育、马克思主义中国化研究、中国现当代文学、英语语言文学、应用数学、机械制造及其自动化、机械设计及理论、电力系统及其自动化、控制理论与控制工程、计算机应用技术、岩土工程、防灾减灾工程及防护工程、水工结构工程、水利水电工程、结构工程、地质工程、工程力学、免疫学、妇产科学、药理学、管理科学与工程、技术经济与管理、高等教育学、中共党史、文艺学、汉语言文学、凝聚态物理、有机化学、生态学、生物化学与分子生物学、外科学等 32 个硕士学位点，涉及法、文、理、工、医、管 6 个学科门类。另有电气工程、水利工程、机械工程、建筑与土木工程 4 个工程硕士专业学位领域，共有全日制研究生 550 人，工程硕士研究生 550 余人。

获准立项建设的博士点 8 个，即水工结构工程、岩土工程、机械设计及理论、电力系统及其自动化、管理科学与工程、免疫学、中国现当代文学、生态学。

4. 重点实验室

（1）国家级重点实验室 1 个。
长江三峡滑坡监测实验站（国家重点野外科学监测实验站）。
（2）省部级重点实验室 7 个。
水电站仿真实验室、岩土工程实验中心、防灾减灾工程综合重点实验室、三峡文化与经济发展研究中心（省人文社科重点研究基地）、水电工程施工与管理实验中心、天然药物研究与利用实验室、三峡库区地质灾害重点实验室。

加强师范教育研究

师范教育在三峡大学办学历史中，是一个重要组成部分，也是综合性大学人才培养的重要方面，面对教育改革的新趋势、新要求，需要不断探索、改进。

2001 年 5 月 19 日，学校召开了首届师范教育工作会议。宜昌市教育局局长王道本、葛洲坝教育实业集团党委书记陈至星及夷陵中学、市一中、市六中、葛洲坝高级中学的校长应邀参加会议。

2002 年 5 月 12 日，学校在接待中心七楼会议室召开了三峡大学师范教育改革研讨会；5 月 18 日，举办了师范教育改革专家论证会。省人事厅副厅长翟天山、华中师范大学博士生导师王坤庆、荆州师范学院院长、博士生导师董泽芳、湖北省教育管理培训中心主任刘居富等对《三峡大学师范教育改革论证报告》进行了充分讨论，并对人才培养模式、管理体制、运行机制、配套措施提出了意见和建议。

同时，在师范教育教学、科研组织建设上，也采取了一系列措施：

2000 年，三峡大学合并之初，学校设立师范教育部统筹师范教育；2002 年 7 月，为了加强师范教育管理，进一步提高师范教育的办学水平和人才培养质量，撤销师范教育部建制，成立教育学院；之后，受到香港著名爱国人士田家炳先生资助，于 2004 年更名为田家炳教育学院。

2000 年，学校成立了高等教育研究所，主要承担高等教育学会、教育学科建设、研究生教育以及校本研究等工作，师范教育是其研究的重点之一。2004 年以来，三峡大学高等教育研究所连续三届荣获中国高等教育学会授予的"全国优秀高等教育研究机构"称号。

成立党建与思想政治教育研究会

2001 年 6 月 28 日，三峡大学党建与思想政治教育研究会正式成立。大会讨论通过了《三峡大学党建与思想政治教育研究会章程》，选举了研究会理事会，正校级调研员高进仁任会长，杨锋任常务副会长，雷森策、石亚非任副会长，宣传部部长郑泽俊任秘书长。

2005 年 6 月 29 日，庆祝中国共产党成立 84 周年暨党建与思想政治教育研究会年会在求索报告厅隆重召开。各学院、各单位党组织负责人、先进党支部代表、优秀党员、党建与思想政治教育研究会理事、各分会会长、优秀论文作者等 250 人参加会议。

会上，35 名新党员在党旗下庄严宣誓，27 个优秀党支部、193 名优秀党员、6 名优秀组织员受到表彰，2 位同志的 6 篇论文分别获得省政府、湖北省高校工委、省教育厅、湖北省高校思想政治教育研究会的奖励，39 位同志的 28 篇论文受到学校奖励。

校长助理何伟军作了题为《扎实开展党员先进性教育活动，积极探索思想政治研究规律》的工作报告。

建立凝聚海内外校友情谊的校友会

三峡大学校友会是经湖北省教育厅批准，由湖北省民政厅注册登记，具有独立法人资格的群众性社会团体，由三峡大学及其前身武汉水利电力大学(宜昌)和湖北三峡学院的校友自愿组织而成。

三峡大学校友会的宗旨是：加强海内外校友的联系，促进科学、技术、文化的交流；发扬母校"团结、严谨、求实、创新"的优良校风，为祖国的建设和母校的发展作出贡献；为推动校友的相互联系合作、促进校友在本地区建设中发挥更大作用。

2001年6月28日，三峡大学校友会举行成立大会，学校领导、有关部门负责人和校友代表近百人参加了成立大会。会议制定了《三峡大学校友会章程》《三峡大学校友基金会章程》。会议选举曾维强为首任校友会会长，石亚非、黄利鸣为副会长，马萍、魏雪梅为秘书长。专门设立校友会办公室，挂靠党委(校长)办公室，作为办事机构。

三峡大学校友会成立后，通过多种形式加强与校友的联系：编印、发放《校友通讯录》，开放《群贤在线》校友网站，多次派人到全国各地看望校友，每年"五一""十一"长假期间开展大规模的校友返校参观、聚会活动，热情为校友服务；同时，引导校友关心、支持母校的建设。

2002年10月2日至6日，来自全国各地的300余名校友参加了三峡大学毕业20周年以上校友返校纪念活动。10月11日，由三峡大学校友、广州市恒昊综合物业顾问有限公司总经理王丹向母校捐赠50万元设立的"领军人奖学金"首届获奖学生正式产生：任再稳等10名同学获得一等奖学金，姜生涛等10名学生获得二等奖学金。

几年来，先后有多名校友返校商谈科技合作、办学等事宜：浙江校友王聪、吉林校友雷波、湖北校友王永安、深圳校友马龙军、熊柏龄等，分别向学校捐款设立了"王聪创新奖学金""雷波奖学金""东风奖学金"等奖学金项目，鼓励大学生刻苦学习、勤奋进取。校友这些义举也受到母校师生的高度赞扬。

截至2003年12月，三峡大学已在海内外成立校友会40余个，联络校友5万多人，逐步形成了国际性的三峡大学校友联络网。三峡大学各个历史阶段的校友枝蔓相连，凝聚着海内外各地校友的情谊。

建立三峡大学董事会

为了进一步建立有利于三峡大学建设和发展的办学模式，调动更广泛的社会力量参与办学，加强学校与社会的联系，2001 年 6 月 29 日，成立了三峡大学董事会，并召开了董事会第一届一次会议。53 名董事、董事代表出席了会议。大会通过了《三峡大学董事会章程》《三峡大学董事会基金管理办法》，确定了董事会人员组成名单和工作机构。

根据董事会章程规定，三峡大学董事会是由热心高等教育，关心、支持三峡大学发展的企事业单位、政府机关、社会团体、实业家和各界人士以自愿方式组成的咨询、审议、指导和监督机构。全体董事会议是董事会的权力机构，董事会由董事长、副董事长、常务董事、董事若干人组成。董事会设常务委员会，由董事长、副董事长、常务董事组成。在全体董事会议闭会期间研究决定董事会重大问题并向董事会负责。董事会下设秘书处，挂靠党委（校长）办公室，设秘书长 1人，副秘书长 13 人，在董事会领导下，处理董事会日常工作。秘书长、副秘书长由三峡大学推荐，全体董事会通过。

大会确定由全国人大常委会委员贾志杰，国务院三峡工程建设委员会副主席郭树言，国务院三峡工程建设委员会副主任、中国长江三峡开发总公司总经理陆佑楣，庄希泉基金会主席、原中国归国华侨联合会主席庄炎林，湖北省副省长王少阶为名誉董事长；湖北省副省长韩忠学为董事长；刘德富为常务副董事长。担任副董事长的还有：湖北省教育厅厅长路钢、宜昌市市长王振有、中国长江三峡开发总公司副总经理郭涛、国家电力公司华中公司副总经理牛文波、湖北清江水电开发有限公司副总经理彭根、中国葛洲坝水利水电工程集团公司副总经理陈邦峰、武汉建筑工程集团董事长邝培润；担任常务董事的有湖北省发展计划委员会副主任肖安民等 22 人，董事 27 人。同时产生了董事会基金管理委员会，由刘德富任委员会主任，副主任为杨锋（2002 年 12 月改为李建林）和中国长江三峡开发总公司副总经理郭涛；三峡大学财务处处长刘锦程等 3 人为委员。在成立大会上，各董事单位、董事向董事会基金管理委员会共捐款 470 万元。大会还确定杨锋为董事会秘书处秘书长（2002 年 12 月改为李建林），副秘书长有学校党（校）办、党委宣传部等各主要职能部门和单位负责人 13 人。

三峡大学董事会成立以后，本着"双向参与、互惠互利、全面合作、共同发展"的方针以及"自愿、平等、求实、互利"的合作原则，学校与各董事单位在多个领域进行了卓有成效的合作。各董事单位通过职工培训、人才引进、科技依托、产业发展等方面获得了广泛支持，学校也通过学生社会实践、科技成就转化、人才培养以及不同形式的联合办学和交流，促进了学校科研发展，提高了办学水平，增强了综合实力。

2004 年 12 月 5 日，三峡大学董事会在求索报告厅召开了二届一次全体会议，刘德富向大会作了三峡大学工作报告，李建林作了董事会工作报告，刘锦程作了《董事会基金管理情况说明》。董事长韩忠学发表了书面讲话（因公出差，未到会）。自董事会成立以来，董事单位由 53 家增加到 93 家，董事会基金由 506.5 万元增加到 895.5 万元，其中设立各项奖学金 42 万元，学校与董事单位共签订科技项目 139 项，科技经费达 2000 余万元。

召开第二次党委（扩大）会

2001 年 8 月 21 日至 23 日，三峡大学第二次党委（扩大）会在龙泉山庄举行，宜昌市委书记孙志刚应邀出席大会，并被聘为兼职教授。

会上刘德富作《赴澳考察和新学年改革方案》的报告。刘德富回顾了合校一年来的主要工作，着重谈了新学年的打算和主要任务。新学年工作的总体思路是：以学科建设为龙头、以机制建设为重点、以队伍建设为关键、以教育教学改革为核心、以科技为支撑、以质量求生存、以特色求发展。新学年的主要工作任务有：一是进一步落实"校院系三级建制、二级管理、以院为主"的管理体制，提高管理效率；二是增收节支，全面启动学科建设、校园建设、"151 人才工程"建设等重点工作；三是加强学校综合化、特色化、国际化、信息化"四化"建设步伐，走跨越式发展之路；四是积极稳妥地推进后勤社会化改革。

会议就刘德富的工作报告和《三峡大学学院管理职责暂行规定》《校院两级计划与预算方案》进行了讨论和大会交流。

这次会议对于深化改革、推进深度融合起了积极推动作用。

刘德富任三峡大学校长

2001 年 9 月 14 日，中共湖北省委下发鄂发（2001）78 号文，任命刘德富为三峡大学校长。刘德富成为三峡大学合并组建后的首任校长。

加强统一战线、民主党派工作

校党委高度重视统一战线工作，为凝聚各民主党派成员、党外知识分子、归侨侨眷和少数民族教职工等各方面力量，学校合并组建后设置党政机构时，设立了党委统战部。2001 年 5 月 6 日，校党委正式发布了《关于加强统一战线工作的决定》，建立、健全了工作制度。

校党委认真贯彻党的"长期共存，互相监督，肝胆相照，荣辱与共"的方针，充分尊重各民主党派，注重发挥各民主党派和无党派人士在学校民主政治建设工作中的独特优势。在学校制定长期教育事业发展规划、预算改革和以学分制为突破口的教育教学改革、学校召开党代会和各项决策性的重要会议等重大问题上，校党委通过事前或事后座谈会、情况通报会等形式，沟通情况，咨询意见，请他们为学校的建设与发展建言献策。每年的"两代会"和教学工作会、教学改革等重要会议，都安排民主党派代表参加，并聘请民主党派成员和党外人士担任学校民主管理、民主监督兼职监察员、教学视导员、校学术委员会委员，以及宜昌市特约检察员、特约监督员和特约教育监督员，充分发挥了各民主党派的作用。

学校有中国民主同盟、中国农工民主党、中国民主促进会、九三学社、中国国民党革命委员会、中国民主建国会 6 个民主党派 119 名成员。其中民盟建有 4 个支部、农工民主党建有 2 个支部、民主促进会和九三学社各建有 1 个支部。2001 年至 2002 年，学校各民主党派相继完成了基层支部(社)的调整组建工作。

2004 年 11 月 25 日，中国民主同盟在三峡大学成立了总支委员会。

为了加强民主党派和无党派人士的教育和培养，2001 年 10 月，学校党委成立了三峡大学社会主义学院。几年来，学校党委推荐了一批党外优秀人士担任三峡大学、宜昌市、夷陵区、伍家区、西陵区领导干部，市人大代表、政协常委、省政协委员。

为切实做好归侨侨眷工作。2001 年 5 月 16 日，学校成立了"三峡大学归国华侨联合会"。侨联利用侨联成员联系广泛的优势，通过各种渠道发挥桥梁作用为学校引智、引资。2004 年 5 月 21 日，三峡大学侨联被省人事厅、省侨联联合授予"湖北省侨联先进集体"称号。

积极开展学生科技活动和学科竞赛

学校十分重视大学生课外科技文化活动，把大学生科技文化活动作为提高大学生综合素质，培养学生创新精神和实践能力的重要途径。从设立专项基金、制定规章制度、强化阵地建设、开展主题活动、完善激励机制等方面促进大学生课外科技文化活动。科技文化活动的蓬勃开展，吸引了广大学生积极投身于校园科技文化活动，收到显著效果。

学校组建以来，出台了《三峡大学大学生课外科技创新活动管理办法》《三峡大学学生社团管理办法》《三峡大学课外学分管理规定》《三峡大学学生课外学术及文体活动组织与奖惩办法》等规章制度，设立了大学生素质教育基金，资助学生广泛开展课外科技文化活动。2005 年学校批准注册的学生社团组织 94 个，主办学生刊物 11 种。依托各级学生基层组织，开展了大量丰富多彩的学生课外科技文化活动。2002 年至 2004 年，学校学生校级科技创新立项达 1216 项，院级科技创新立项达到 1434 项；获省级大学生优秀科技成果奖 68 项，校级大学生科技成果奖 200 余项，其中，获实用新型发明专利 19 项。

学校每年上半年举行大学生文化艺术节，下半年举行大学生科技学术节，集中展示大学生课外科技学术文化活动成果，参与人数均在 2 万人次以上。

学校合并组建以来，在各类学科竞赛中也取得了一定成绩：

2001 年至 2005 年，在全国数学建模竞赛中获国家级一等奖 3 个，二等奖 4 个；获省级一等奖 3 个，二等奖 4 个。2004 年教师黄公瑾指导的 3 个参赛队获全国一等奖，获奖队员分别为胡璋咏、刘好斌、宋旭、梁勇、陈灯红、施荣、张学标、李伟、殷樱。

在全国电子设计大赛中获国家级一等奖 1 个，二等奖 1 个；获省级一等奖 7 个，二等奖 6 个。2001 年，张勇、李明、彭伟林制作的"自动往返电动小汽车"获全国一等奖。

在全国大学生英语演讲比赛中获特等奖 1 个；在湖北省第三届"挑战杯"大学生课外科技作品竞赛中，有 8 件作品获奖。

2005 年，在全国首届大学生结构力学竞赛中，学生制作的《索源》结构设计作品获三等奖。2003 年，在中南地区港澳特区首届大学生创新设计与制造大赛中，获三等奖 3 项；在 2005 年中南地区结构力学竞赛湖北赛区中，土木水电学院 2003 级土木工程专业学生刘红斌获得赛区第一名，共有 6 名同学进入前十名。

中国共产党三峡大学第一次代表大会召开

2001 年 12 月 26 日，中国共产党三峡大学第一次代表大会在大学生活动中心隆重举行，来自 12 个代表团的 202 名代表及特邀代表、列席代表共聚一堂，共商学校改革与发展大计，宜昌市委书记李佑才，宜昌市纪委书记余幼明，湖北省委组织部周业军、赵志平，宜昌市委组织部戴保定等出席了会议。

会上，陈少岚作了题为《高举旗帜、团结进取、加快发展，为把我校建成一流省属综合性大学而奋斗》的党委工作报告。报告回顾了合并组建以来的工作，提出了今后 10 年的发展思路及今后一个时期改革发展的对策和措施。强调要实施改革兴校，深化教育教学改革、内部管理体制改革和干部人事制度改革；突出抓好学科建设、师资队伍建设和校园建设；坚持内涵建设和外延发展并重的方针，抓住机遇、发展优势；全面加强党的建设、思想政治工作和精神文明建设，促进学校工作全面协调发展。

雷森策作了题为《努力实践"三个代表"重要思想，切实加强党风廉政建设》的纪委工作报告。

全体代表分组审议、通过了党委工作报告和纪委工作报告，并进行了大会交流。

大会通过反复酝酿，选举产生了中共三峡大学第一届委员会委员和第一届纪律检查委员会委员。

12 月 28 日，中共三峡大学第一届委员会召开全体会议，选举产生三峡大学第一届委员会常务委员会委员、副书记、书记。陈少岚、刘德富、雷森策、李建林、石亚非、焦时俭、袁洪当选为常委，陈少岚当选为书记，刘德富、雷森策当选为副书记。

同时，召开了中共三峡大学第一届纪律检查委员会，选举产生了第一届纪律检查委员会书记、副书记。雷森策当选为纪委书记，杨兴海当选为纪委副书记。

2002 年

召开第一次后勤工作会议

为了贯彻执行第三次全国高校后勤社会化改革工作会议精神，进一步推进学校后勤社会化改革，2002 年 1 月 27 日，三峡大学第一次后勤工作会议在接待中心七楼会议室召开。省教育厅领导出席会议并讲话，全体校领导、校级调研员、校长助理、学校职能处室负责人，后勤集团党委成员、后勤集团二级单位党政主要负责人，共 103 人参加了会议。

会议听取了袁洪的工作报告《抓住机遇、深化改革、扎实工作，全面推进我校后勤社会化改革进程》，分组讨论了《三峡大学关于深化后勤社会化改革的若干意见》《三峡大学后勤集团有限责任公司工作章程》《三峡大学后勤事务拨改收方案》等材料。

会议提出学校后勤社会化改革的原则是，必须始终坚持为教学、科研、师生服务的方向，遵循教育及经济规律，处理好经济效益与社会效益的关系；坚持实事求是、逐步推进、讲求效益、量力而行的原则，充分考虑到学校的各种情况，做到因地制宜、统筹兼顾各方面利益，力戒急于求成和简单化，保持学校稳定；要依靠并充分利用学校现有的后勤资源。

会议确定了学校后勤社会化改革的目标，通过改革现有后勤管理模式和运行机制，使学校逐步摆脱办社会的沉重负担，建立起符合学校高等教育特点与需要的新型后勤保障体系。

会议明确了学校后勤社会化改革的主要内容：一是改革管理体制。改革后勤现行行政管理模式，组建若干企业化管理服务中心或公司，逐步形成行业归口、服务规范、管理科学、自主经营、独立核算、自负盈亏的企业化管理格局。二是改革劳动人事制度。后勤集团人事制度按照企业化的要求，实行干部聘任制和全员劳动合同制，推行"岗位公开化、竞争择优化、选择双向化"的用人办法，实行以岗定人、定责、定酬。三是改革分配制度。后勤集团的分配制度按照现代企业管理办法运作，人员工资实行由基础工资、岗位工资、效益工资组成的企业结构工资制，按照"按劳分配、效益优先、兼顾公平"的分配原则，制定新的分配办法。

会议还对机构设置、运行机制、学校给后勤社会化改革予以扶持等内容进行了讨论。刘德富做了总结讲话。

本次后勤工作会议，学校党委和行政高度重视，对后勤社会化改革给予了政策、舆论等方面的大力支持，保证了后勤社会化改革的顺利进行，确保了学校后勤社会化改革有一个良好的环境。

2002 年 12 月 8 日，湖北省高校后勤社会化改革工作评估专家组对三峡大学后勤社会化第一步改革工作进行了检查评估。

2005 年 4 月 8 日，由湖北省教育厅组织的"高校学生后勤管理检查组"来校，对学校学生生活后勤部管理进行了检查考核。专家组对学校后勤社会化改革和后勤工作给予了充分肯定。

认真接受专业认证和评估

为加强高等学校专业建设，大力改善专业办学条件，提高教学水平，保证人才质量，2001 年 9 月，湖北省教育厅下发《省教育厅关于开展省属高校专业办学水平合格评价工作的通知》，要求学校对照《湖北省属高等学校专业办学合格评价标准》进行自查，教育厅将在学校自查的基础上重点对 1999 年以来新开办的专业与教学情况进行现场检查。

2001 年下半年，教务处组织 1999 年以来新开办的 18 个本科专业、8 个专科专业对照《湖北省属高等学校专业办学合格评价标准》进行自查。2002 年 4 月，教务处组织校内专家对新专业迎评自查工作进行了检查和评估。

2002 年 6 月 3 日至 7 日，以钱芝宇教授为组长、范良季教授为副组长的湖北省高等学校教学巡视第三小组一行 6 人对学校材料成型及控制工程、生物工程、环境工程、通信工程、城市规划和金融学等 6 个本科专业办学水平进行评估。专家组听取了刘德富、石亚非关于学校基本情况和专业建设工作情况的汇报，听取了材料成型及控制工程等 6 个专业负责人关于专业办学水平的自查报告，查看了有关专业实验室、教材和图书资料，了解了专业教师队伍建设、教学管理等情况，召开了专业教师座谈会，查阅了专业自评材料。通过评估，专家组认为，已有毕业生的材料成型及控制工程、生物工程专业完全达到本科专业办学水平合格标准；其他 4 个专业开办以来的教学状况达到了本科专业办学水平合格标准。

2003 年 4 月，教育厅通知对学校环境工程、金属材料工程、艺术设计 3 个专业进行专业办学水平评估现场检查。2003 年 9 月，以周一志教授为组长的专家组进校检查评估。2004 年教育厅发布《省教育厅关于公布 2003 年普通高等学校专业办学水平合格评价结果的通知》，学校 3 个专业全部合格。

本次专业办学水平评估，是三峡大学组建后，学校专业办学首次接受湖北省教育厅组织的检查评估。通过这次评估，各学院、各专业进一步明确了专业办学的内涵，了解了专业办学水平，对提升学校专业办学质量起到了很大的促进作用。

2002 年 6 月 9 日至 10 日，全国高等学校土木工程专业教育评估专家组一行 5 人，在组长、同济大学沈祖炎教授的带领下来校，对学校土木工程专业办学情况进行检查评估。刘德富汇报了学校办学基本情况和办学思路及土木工程专业办学定位和特色。土木水电学院院长罗先启汇报了土木工程专业 1999 年以来的建设与发展情况。专家组考察了专业实验室，召开了座谈会，查阅了学生毕业设计、考试试卷等教学档案，并随堂听课。检查后，专家组反馈了评估情况，希望学校进一步加大人才引进力度，加大毕业设计深度，加强教学研究工作，进一步拓宽专业方向。

召开第三次党委（扩大）会

2002 年 7 月 16 日至 18 日，学校党委在龙泉山庄召开扩大会议。会议听取了 7 位校领导对有关工作的专题报告，宜昌市市长王振有应邀作了关于宜昌市建设与发展情况的报告，并受聘为兼职教授。刘德富作大会总结，陈少岚就学校合并两年办学情况和基本评价、面临的基本矛盾、今后工作的基本任务及以及党委对干部的有关要求等问题作了讲话。

7 月 17 日，与会人员分四组就如何推进教育教学改革、提高人才培养质量、如何落实"一体化"战略、增强学校办学实力，如何进一步完善校、院两级管理体制，如何进一步加强党建和思想政治工作进行了讨论交流。刘德富在大会总结中强调：学校的发展目标是到 2010 年建成为一流省属综合性大学，即必须成为教学科研性大学。为此，必须以人才培养为中心，狠抓教学、科研、社会服务、成果转化等工作。为了向目标靠近，学校采取不均衡发展战略，允许不同学院有不同的发展定位。要实施"一体化"战略，进一步强化学科建设的龙头地位，统筹考虑科研、产业、研究生教育、师资队伍建设和重点学科建设工作；调整师资队伍建设管理办法和研究生教育管理办法；修订"151"人才办法，启动第二批岗位聘任工作；加强科研基地建设。要完善学院制及预算管理办法；建立学院目标考核办法；论证机关改革方案，调整机关及直属机构人员分配办法。

承办世界高校联盟(N.E.W.S.)第五次年会

2002 年 9 月 12 日至 13 日，由三峡大学承办的世界高校联盟(N.E.W.S.)第 5 次年会，在宜昌市国际大酒店举行。来自法国、俄罗斯、波兰、乌克兰、韩国、日本、英国、中国等国的 N.E.W.S.成员代表，西门子公司代表、宜昌市人民政府以及中国长江三峡开发总公司、葛洲坝集团公司、清江开发总公司等中国企业代表共 60 余人出席会议。与会代表就在经济全球化背景下，高等学校的交流与合作、高校与企业的合作、高校与区域经济发展的关系等大家关心的问题进行了广泛交流和深入讨论。刘德富和外国语学院院长田祥斌在大会上作了精彩的报告。

世界高校联盟(简称 N.E.W.S.代表东南西北四个方向，更代表全球化)于1994 年在柏林成立，旨在推动西方发达国家与发展中国家高校间的交流和合作。

N.E.W.S.秘书长，德国柏林自由大学 Park 教授在报告中称赞三峡大学是非常具有三峡精神的大学。法国西门子公司柏林代表在报告中表示，三峡大学将是该公司在全世界合作培养人才的第 17 所学校。

会议选举了新一届 N.E.W.S.学会秘书长，N.E.W.S.成员代表一致通过德国柏林应用科技大学副校长杨克教授为新任学会秘书长。吸收日本神户社会大学为NEWS 新成员。

会议期间，与会代表参观了举世闻名的三峡工程，在三峡大学刚落成的信息技术中心广场举行了象征"友谊、和平、希望"的植树活动。

与会代表共同发表了"教师互访、学生互派、信息共享"的宜昌宣言。三峡大学还与德国柏林应用科技大学、德国西门子公司柏林代表签订了《建立中德科

技转让中心合作协议》；与德国柏林自由大学签订了《跨文化能力培训合作协议》
《中德工程领域女性教育中心合作协议》；与韩国昌信大学签订了《教师互访、学
生互派合作协议》；与英国南岸大学签订了《医学学术与研究活动互换与合作协
议》。英国南岸大学每年将为三峡大学提供 2 名本科生奖学金。

9 月 14 日，学校与英国南岸大学签订了《南岸大学建筑与城市规划学院与三
峡大学土木水电学院合作备忘录》，与俄罗斯阿谬尔大学签订了两校教育合作协
议书。

这次会议是三峡大学首次承办的国际性学术会议，规格高、时间紧、任务
重、收获丰，得到了宜昌市人民政府和社会各界的大力支持，会议取得圆满成
功。这次会议为三峡大学走向国际化办学之路奠定了广泛和坚实的基础，拓展了
三峡大学国际化办学的途径和市场。

湖北省三峡文化研究会成立

湖北省三峡文化研究会是由三峡大学、省图书馆、华中师范大学历史文献所
三家共同发起，在省（市）社科联、民政（厅）局的指导和大力扶持下，于 2002 年
7 月 23 日正式发文批准成立的。为申报该研究会，三峡大学组织以文学院为主
的有关单位，进行了近两年的筹备工作。两年中，成立了三峡文化与经济发展研
究中心并召开了学术研讨会；出版了《三峡文化研究丛刊》第一、二辑及《三峡文
化研究资料目录索引》；建立了资料详备的三峡文化研究资料室；申报了一批重
要的省、部级研究项目；确定三峡文化研究为校级重点学科并在全校开设了三峡
文化选修课。

湖北省三峡文化研究会的成立，旨在团结全省有识之士对三峡文化与社会经
济发展问题进行系统有序、深刻广泛而且的明确的研究，对事关三峡库区全局
性、前瞻性、战略性的重大课题进行协同攻关，为政府决策提供服务及智力支
撑，促使理论成果向现实生产力转化。

2002 年 10 月 12 日，湖北省三峡文化研究会暨三峡文化与经济发展研讨会在
三峡大学举行，省社科联副主席张国祥向研究会授牌。研究会挂靠三峡大学，陈
少岚当选为研究会会长，文学院院长胡绍华当选常务副会长。与会代表及重庆三
峡文化研究中心、省民间文艺家协会、市社科联、市文化局、市文联、市博物
馆、三游洞管理处等单位有关同志参加了研讨；省社科院楚文化研究所、武大人
文历史学院、华中师大楚学所、市政协、市委宣传部的负责同志出席了研讨会。

2002 年 12 月，经专家评审，湖北省教育厅批准三峡大学文化与经济发展研究中心为湖北省高校人文社会科学重点研究基地。省教育厅要求：基地应坚持为湖北经济、社会发展服务的方向，在为政府部门决策提供询问服务方面发挥应有作用。

全国"合并院校经验交流暨发展战略研讨会"在宜昌召开

2002 年 10 月 20 日，以"合并院校实质性融合与可持续发展"为中心议题的全国"合并院校经验交流暨发展战略研讨会"在三峡大坝接待中心隆重举行。来自北京大学、上海交通大学、复旦大学等 22 所教育部直属高校的校长、书记和 30 多所地方综合性大学的校长及部分专家学者，教育部及省、市领导、三峡开发总公司领导和新闻单位记者 120 余人出席了会议。本次会议由中国高等教育学会和三峡大学联合主办，三峡大学具体承办，是有史以来在宜昌召开的规模最大、人数最多、层次最高的大学校长聚会，也是我国高等教育适应经济社会发展新要求的一次重要盛会。

教育部发展规划司司长牟阳春在会上做了主题报告，与会代表围绕合并院校实质性融合及效益等四大议题进行了深入探讨。会上，上海交大、复旦大学、中山大学、浙江大学、武汉大学、四川大学、郑州大学、三峡大学、江苏大学、重庆大学、上海师大、中南大学、佳木斯大学等 14 所合并院校的校长或书记及教育部发展研究中心的专家同台演讲。三峡大学校长刘德富作了《以事业凝聚人心，实现跨越式发展》的主题演讲，赢得了与会代表的高度评价，《科学时报》主编还对刘德富校长做了专题采访。

中国高等教育学会会长、教育部原副部长周远清作了总结讲话。他在讲话中盛赞会议取得圆满成功；盛赞三峡大学地处世界水电的中心，学校合并很顺利、很成功。同时，就 21 世纪如何完善合并院校体制改革谈了五点意见。

10 月 21 日，大会圆满闭幕。

创办《三峡大学学报》

三峡大学合并组建后，即成立了《三峡大学学报》编辑部，并办有三种学报，即《三峡大学学报(人文社会科学版)》、《三峡大学学报(自然科学版)》和《实用医学进修杂志》。成立伊始，编辑部提出了"一、二、三"的发展战略。即一个目标，把学报(人文社会科学版)办成国内知名、国际上有一定影响的省属综合性大学学报。两个工作侧重点，一是提高刊物的整体质量，包括学术质量、编校质量和出版质量；二是扩大刊物的社会影响，争取提高所发刊物的引用率、文摘率和复印率。学报发展目标的三个阶段：第一阶段是在一年内使学报学术水平、出版质量有明显提高，初步形成自己的风格和特色。第二阶段是在3~5年内，将学报办成在省属高校中具有较高学术水平、较为明显办刊风格和较为广泛社会影响的学术性刊物。第三阶段是在6~8年内，成为国内学术水平较高、刊物特色鲜明和社会影响广泛的学术刊物。通过不懈努力，取得了初步成果。

2002年10月27日至31日由三峡大学承办的中国人文社会科学学报学会第四次理事会在三峡大学召开，来自全国183所高校的240名代表参加了会议。《三峡大学学报(人文社会科学版)》获全国优秀社科学报荣誉称号。

2003年《三峡大学学报(人文社会科学版)》全年共有18篇学术论文被中国人民大学出版资料中心和《全国高校文科学术文摘》等重要刊物复印、转载，在全国综合性大学学报中排名第40位。

三峡大学党组织隶属关系变更

2002年11月18日，中共湖北省委组织部作出《关于变更三峡大学党组织隶属关系的批复》，决定：三峡大学党委由省委领导，归口省委高校工委管理。

获批工程硕士学位教育授予权单位

2002年11月23日至25日，全国工程硕士专业学位教育指导委员会专家组一行5人来到学校，对学校申报全国新增培养工程硕士单位进行考察。

专家组认真听取了刘德富关于学校以及水利工程、机械工程、电气工程三大工程领域基本情况汇报，参观考察了水利水电施工技术研究中心、防灾减灾综合重点实验室、水电站仿真实验室、金属材料实验室等省部级重点实验室和光纤监测实验室、水工结构厅等专业实验室；抽查了研究生培养档案，各项管理制度以及人才培养协议。

专家组在听取汇报、实地考察、座谈交流、查阅资料的基础上，形成了综合意见：一是三峡大学办学基础好、发展思路清晰、目标明确、特色突出；二是学术队伍结构合理、充满朝气，师资队伍充满活力；三是人才培养质量稳步上升，毕业生深受工程单位欢迎；四是科学研究成果显著，为地方经济和三峡工程建设提供了强有力的技术支撑和人才支持；五是实验室建设水平较高，为培养工程硕士提供了条件；六是管理到位；七是与企业建立了良好的合作关系，有一批稳定的水电工程实习基地。总之，三峡大学已具备工程硕士学位教育授予权的条件，专家组将积极向国务院学位办和全国工程硕士专业学位指导委员会推荐、汇报考察情况。同时，专家组也提出了许多建设性的意见和建议。

同年，教育部下文批准三峡大学为工程硕士专业学位教育试点单位，为全国205 所试点学校之一。

档案工作屡创佳绩

三峡大学合并组建后，加强了档案馆软件、硬件建设，档案工作屡创佳绩。

2002 年 12 月 11 日，由湖北省档案局、湖北省教育厅、宜昌市档案局有关专家组成的认定组，对三峡大学档案管理工作进行了实地考察和综合评议，同意三峡大学通过科技事业单位档案工作目标管理国家二级认定，并报湖北省档案局批准。

2003 年 9 月 23 日，省委组织部干部人事档案工作目标管理认定专家组对学校干部人事档案工作进行等级达标检查，通过逐项检查打分，最后以 99.1 分的高分顺利通过"国家一级"评估认定。

10 月 23 日至 24 日，由湖北省委组织部组织的全省高校干部人事档案目标管理工作现场会在三峡大学召开，来自全省 41 所高校的组织部部长、人事处处长、档案馆馆长和档案员 80 余人参加会议。与会人员听取了省委组织部秘书长陈绪群的专题报告，到学校档案馆现场观摩。

2004 年 5 月 15 日，由中国高等教育学会高校档案工作分会主办，三峡大学承办的全国高校档案人才战略研讨会在学校召开，来自全国 23 个省、自治区、直辖市教育行政部门和清华大学、中国人民大学、复旦大学等 82 所高校的 130多名代表参加了会议。

2004 年 8 月 4 日，三峡大学干部人事档案工作目标管理工作接受中共中央组织部信息管理中心检查组检查，顺利通过国家一级认定。

第一次团代会、学代会召开

2002 年 12 月 14 日，共青团三峡大学第一次代表大会暨三峡大学第一次学生代表大会在大学生活动中心隆重举行，学校领导、团省委副书记汪鸿雁、团市委书记范晓岚，华中科技大学等高校、中国三峡开发总公司等企业的团委书记出席了会议，团中央及北京大学等高校团委、学生会发来了贺电、贺信。来自各学院 13 个代表团的 447 名团员、学生代表齐聚一堂，共商三峡大学共青团、学生会工作大计、共谋开创三峡大学共青团、学生会工作新局面的举措。

团委副书记兼学生处副处长李红作了题为《认真学习十六大精神，把握机遇、与时俱进、努力开创我校共青团工作的新局面》的工作报告，学生李志东作了题为《团结广大同学，弘扬求索精神，秉承历史使命，努力开创我校学生会工作新局面》的报告。

各代表团认真讨论了大会工作报告、《三峡大学学生会章程》，选举产生了由 23 人组成的共青团三峡大学第一届委员会；由 21 人组成的三峡大学第一届学生会。

12 月 15 日，团委、学生会召开一届一次全委会，选举产生新一届团委常委、书记、副书记和学生会主席。学生处处长何伟军当选为团委书记，李红和学生任再稳当选为副书记；李志东当选为学生会主席。

开展大学体育教学改革

根据教育部在《普通高等学校体育与健康课程教学指导纲要》中提出的"自主选择上课时间、自主选择授课教师、自主选择学习内容"（简称"三自主"）教学要求，三峡大学以"健康第一"为指导思想，在全校推行完全学分制的前提下，于2002 年在省内高校率先对公共体育教学进行了整体改革，实施"淡竞技、重健身、突出个性发展"的体育选项课教学。教学中采取"开放式限时段教学"的组织方式，打破院、系、班级建制，重新组合上课，开设了近 20 个项目供全校学生选择，一定程度满足了不同兴趣爱好、不同运动基础学生的需要，突出了学习"三自主"。这一改革获 2005 年湖北省高等学校教学成果二等奖。

在实践中，学校坚持"健康第一"的"三自主"教学改革，初步形成了课内引领课外、课外促进课内的课内外一体化教学格局。具有三峡地区文化特色的龙舟、巴山舞进教材、进课堂、进赛事，众多时尚项目成为学生选课的热门项目；公共体育课连续 4 年教学优良率位居全校之首；大学体育课程进入校级精品课程立项建设之列；校园体育文化活动如火如荼；高水平足球队、武术队、龙舟队在国际国内重大赛事中不断取得优异成绩；10 多个校园体育协会（俱乐部）常年参加宜昌市城区的健身推广、大型庆典活动展演和竞赛活动，有力促进了本地区全民健身活动的蓬勃开展。由于学校体育课程改革为"外树三峡大学良好形象、内促学校素质教育"做出了积极贡献，得到了中央电视台、《光明日报》等多家新闻媒体的广泛宣传报道，受到校外专家和教育部、省教育厅领导的充分肯定与较高评价，因而也赢得学校领导的高度重视与支持。

改革实践结果证明，"三自主"教学模式对满足学生兴趣爱好、增进学生身心健康、培养学生体育能力和意识起到了积极的促进作用，2009 年，大学体育课程获批省级"精品课程"。

2003 年

获准为同等学力人员申请硕士学位授予单位

2003 年 1 月，国务院学位办发布《关于批准部分学位授予单位开展同等学力人员申请硕士学位工作的通知》，三峡大学获准为同等学力人员申请硕士学位授予单位。根据通知精神及《国务院学位委员会关于授予具有研究生毕业同等学力人员硕士、博士学位的规定》和学位办（1998）54 号文件要求，学校制定《三峡大学同等学力人员申请硕士学位实施细则》，启动该项工作，满足社会对高层次人才日益增长的需求。

临床医学教育基地建设迈上新台阶

2003 年 1 月 19 日，三峡大学第一临床医学院（市中心医院），第二临床医学院（仁和医院）揭牌仪式在大学生活动中心隆重举行。宜昌市人大、宜昌市政府、湖北省卫生厅、宜昌市政协及华中科技大学、武汉大学、宜昌市卫生局、宜昌市教育局等单位的领导到会祝贺，武汉协和医院，武汉口腔医院，宜昌市第一人民医院，襄樊市、荆州市、荆门市中心医院等 70 多家医院的院长、书记参加了揭牌仪式。三峡大学及临床医学院 300 多名干部、职工参加了大会。

揭牌仪式上，宣读了湖北省卫生厅、宜昌市人民政府关于组建三峡大学第一临床医学院、第二临床医学院机构设置及干部聘任的文件。市人大常委会副主任黄传林、三峡大学陈少岚为临床医学院揭牌。

三峡大学第一、第二临床医学院的率先成立，标志着三峡大学医学教育将迈上一个新台阶。三峡大学充分发挥各医院医学教学的优势，不断推进医学人才培养模式的改革，推进医学科技成果的转化，促进产、学、研相结合，不断提高医学教学和科研水平，更好地为地方经济建设和医疗卫生事业培养具有创新精神和实践能力的高素质应用型人才服务。

2004 年 12 月 18 日，三峡大学第三临床医学院成立暨揭牌庆典在求索报告厅举行。宜昌市人大常委会副主任戴丽丽、葛洲坝集团副总经理陈邦峰以及宜昌市卫生局、三峡大学领导出席了庆典。兄弟院校领导及葛洲坝集团、学校各部门负责人 200 多人参加了大会。

会上，宣读了"三峡大学与中国葛洲坝集团公司合作协议书""三峡大学关于第三临床医学院机构设置及干部聘任"文件。

陈邦峰与刘德富为三峡大学第三临床医学院揭牌。

第三临床医学院是在葛洲坝集团中心医院的基础上组建的。第三临床医学院的成立将为三峡大学医学临床教学提供更加广阔的实践基地和教学平台，为提高医学教育质量起到更为积极的推动作用。

2004 年 12 月 29 日，经宜昌市政府批准，郑州铁路局襄樊分局同意，郑州铁路局襄樊分局枝江铁路医院并入三峡大学仁和医院。2005 年 4 月 26 日，三峡大学仁和医院枝江铁路分院成立。

着力开展优质课程建设

2003 年 1 月，湖北省教育厅下发《关于表彰普通高等学校第三届省级优质课程的决定》，学校申报的人体解剖学、生物化学、生理学、高等数学、电子技术基础、马克思主义政治经济学、水工建筑物、电路、大学物理、有机化学、中国现代文学史 11 门课程获评湖北省优质课程。此批课程系原武汉水利电力大学(宜昌)、湖北三峡学院立项建设的一类课程、优质课程。

三峡大学组建后，非常重视课程建设工作。2002 年 3 月，学校发布了《三峡大学课程建设条例》，当年立项建设了 96 门合格课程。2003 年 9 月，教务处组织学校教学视导团专家对此批合格课程建设情况进行复查。通过复查，学院领导、课程建设教师进一步明确了课程建设的核心内容。

2003年11月，经各学院推荐，教务处组织专家组评审，学校课程建设委员会审核，同意理论力学等39门课程为2003年优质课程建设立项项目，建设期2年。每门课程给予建设经费1万元，分两期拨付。由此启动了三峡大学组建后的优质课程建设工作。

2003年至2011年，学校每年立项建设一批校级优质课程，评审验收一批校级优质课程。几年来，学校共验收批准了117门校级优质课程。由于工作扎实、课程建设取得显著成效。

2004年4月5日，水工建筑物、人体解剖学、有机化学3门课程被评为2003年度湖北省高等学校省级精品课程。

2005年4月，电路、高等数学、中国现代文学3门课程被评为湖北省高等学校省级精品课程。

2005年12月6日，混凝土结构学、电子技术基础2门课程被评为2005年度全省高等学校精品课程；汉语言文学被确定为2005年本科品牌专业建设项目。

学校课程建设形成了"三类"（合格课程、优质课程、精品课程）、"三级"（院级、校级、省级）局面。

中央政治局委员、湖北省委书记俞正声来校视察

2003年4月9日下午，中共中央政治局委员、湖北省委书记俞正声在省委副书记、省人大常委会主任杨永良，省委副书记、纪委书记黄远志，省委副书记邓道坤，省委常委、省委秘书长孙志刚以及宜昌市委书记郑少三等省市领导陪同下来学校视察。陈少岚、刘德富等汇报了三峡大学的发展与建设情况，俞正声对三峡大学的建设与发展给予了充分肯定，他高兴地说，三峡大学规划很好，发展前景可观，在较短的时间内发展得这么快，比我想象的要好。

学校获评"省级最佳文明单位"，学校党委获授
湖北省"先进基层党组织"称号

三峡大学合并组建后，坚持"以人为本、民主办学，依法治校"的办学方针，切实把精神文明建设放在突出地位，列入重要议事日程，常抓不懈，取得了显著成效。

2000 年，被宜昌市委、市政府命名为"市级文明单位"；

2003 年 6 月，被湖北省委、省政府表彰为"省级文明单位"；

2004 年，学校决心进一步创建湖北省"最佳文明单位"。2005 年 1 月 4 日，省级文明单位检查考核专家组来校对创建湖北省"最佳文明单位"工作进行全面检查考核。专家组认为：三峡大学齐心协力、朝气蓬勃、团结进取的领导班子令人钦佩；积极创建、勇于探索、勇攀高峰的精神令人感动；安全优美和谐的学习、工作环境令人羡慕；善抓两个效益、实现各项事业跨越式发展令人鼓舞；深入推行各项改革，取得了显著成效，令人印象深刻。专家组对学校精神文明建设工作给予了高度评价。2005 年 9 月 13 日，学校被湖北省高校工委、教育厅评为"最佳文明单位"。

三峡大学创建文明单位，教育、教学、科研及各项改革工作深入开展，得益于三峡大学党委的坚强领导。合并以来，三峡大学党委一班人坚持按照"三个代表"的要求，与时俱进、加强和改善领导党的领导，充分发挥校党委的政治核心作用，校属基层党组织的战斗堡垒作用和广大党员的先锋模范作用，勇于开拓、不断创新，在短短几年时间里，取得了实质性合并、集中一地办学等重大成绩，使三峡大学充满生机与活力。学校各方面都发生了巨大变化，得到了广大师生和社会各界的充分肯定。

2003 年 6 月，中共湖北省委授予三峡大学党委"湖北省先进基层党组织"称号，学校党委是全省高校中唯一受到这一表彰的先进党委。马克雄、赵新泽获湖北省高校"优秀共产党员"称号；何道容获湖北省高校"优秀党务工作者"称号。

召开第四次党委(扩大)会

2003 年 8 月 6 日，三峡大学合并组建后的第四次党委(扩大)会在长阳隔河岩宾馆召开。会议主题是深入学习"三个代表"重要思想，认真总结前三年工作，讨论研究 2003—2006 年发展战略。会议听取了陈少岚《学习"三个代表"重要思想，分析高等教育发展形势，研究今后三年发展思路》和刘德富《总结成绩、规划未来、走内涵发展之路，促学校全面发展之路》的报告。与会代表围绕会议主题和两个报告进行了热烈讨论。经过讨论和研究，会议确定了学校今后四大工作目标：一是全面完成集中一地办学的工作任务；二是全面提升办学水平和质量；三是全方位营造育人生态环境；四是全面巩固并深化学校改革成果，促进学校持续健康发展。

会议强调，今后三年要举全校之力，完成以下重点工作：全面完成二期征地和大规模校园建设任务；2005 年实现本科教学工作水平评估"确保良好，力争优秀"的目标；2006 年力争获得博士学位授予权，博士点达到 3 个、硕士点达到 36 个；努力提高科研经费数量和科研成果档次，2006 年科研经费达到 5000 万元以上，争取获得国家级奖励；省（部）级重点学科（实验室）达到 17 个以上，力争国家级教育部重点学科（实验室、人文社科研究基地）获得突破；创建省级最佳文明单位；深化校内各项改革。

这次会议主题鲜明、任务明确、内容丰富，体现了与时俱进、开拓创新的精神。

举办高规格的国际、国内学术盛会

2003 年 8 月 11 日，第二十二届中国控制会议在三峡大学举行。会议由中国自动化学会控制理论专业委员会、中国科学院系统科学研究所、三峡大学联合主办，三峡大学电气信息学院承办。

会议历时 4 天。会上，专家们围绕模糊系统与神经网络、随机自适应控制、通讯、网络系统等学术问题进行了广泛交流和深入探讨。大会收到国内外专家控制理论研究方面的学术论文 226 篇。

出席会议的有来自美国、英国、法国、日本及中国香港等国家或地区的代表，有清华大学、北京大学、中国科学院等 100 多个高等学校和研究单位的 200 余名代表，有中国科学院院士郭雷、卢强、陈翰馥、冯纯伯，中国控制理论专业委员会主任程代展等。这次会议是三峡大学承办的规模大、规格高、参与人数多的国际性学术会议之一。

2003 年 10 月 23 日，首届中国水电论坛暨湖北省科技论坛（第九分会场）在三峡大学学术报告厅隆重开幕。这是由中国水利学会、中国水力发电工程学会、湖北省科学技术协会、三峡大学共同发起，并联合举办的首届中国水电论坛。来自全国各大流域机构、各大水利水电集团公司、水利水电科学研究所、水利水电规划设计研究院及有关勘测设计研究院、水利水电工程局、有关水电高等院校、部分综合性大学水电学院等单位的专家学者近百人参加了会议。论坛的主题是：新世纪水电与中国经济。主要议题有：水电工程与生态环境、区域经济；现代大型水电工程建设管理模式；21 世纪水电问题；中国水电与电力市场；西部大开发与可持续发展战略。与会代表围绕会议主题在主会场和 3 个分会场进行了广泛深入的探讨和交流，会议组织了 30 余场内容精彩、质量很高的主题报告；收到 40 余篇学术论文。会议取得圆满成功，中国水利学会理事长朱尔明教授在闭幕式致词中，对三峡大学的大会组织工作给予了充分肯定和高度评价。

同年 10 月 15 日至 18 日，学校成功举办了全国"机械科技的前沿与挑战"学术研讨会，此次会议是近年来全国规模最大的一次跨地区、跨部门的机械学术盛会；2005 年 10 月 21 日至 23 日，"全国脊柱外科新技术"培训在学校顺利开展。

随着国内外学术研究的不断深入，三峡大学学术交流迈向新时期，2000—2005 年，学校共举办国内外学术会议 50 余次。相继与法国、德国、荷兰、美国、加拿大、日本、韩国、澳大利亚、英国等国家的 30 余所高校建立了教学、科研等一系列合作关系，并取得了良好进展。

获评湖北省"高校科研院所为湖北经济社会发展服务"先进单位

三峡大学合并组建后，秉承"立足宜昌、融入三峡、服务湖北，面向全国、走向世界"的办学理念，采取多种形式，坚持为地方经济建设和社会发展服务，为水电等行业服务，在服务中做贡献，在服务中求发展，在服务中谋提高，取得了显著成效。

一是着力提高教育质量，为地方和行业培养大量合格人才，为地方经济建设和发展提供智力支持。二是加强学科建设，深入开展科学研究。学校鼓励广大教师发明并申报职务专利，支持教师把专利转化为产品和生产力，几年来，全校师生共获得国家专利 30 余项。三是组建科研团队，承担国家科技攻关课题、国家"973"攻关项目、国家自然科学基金和国家社会科学基金项目，中国长江三峡开发总公司、湖北清江水电开发有限公司等行业和地方企业委托项目。同时，引进海外高水平科研团队，开展生物工程、软件开发方面的研究。四是与国内外高校和科研单位、企业联合申报高水平纵向项目，利用宜昌一批世界一流的水利水电科研和施工单位及专家学者的优势，共建实验室，联合攻关。五是与地方企业建立了一批产学研合作基地，初步实现了高校教师科研人员与企业技术人员两个进入（高校教师、科研人员进入企业生产一线，企业技术人员进入高校实验室），并与企业联合科技攻关，联合投标，既促进高校科技成果的转化工作，又提高企业的科技竞争力。学校与当地企事业单位以及政府相关部门建立了紧密合作关系，并在这些单位建立了教学科研基地。几年来，承接、共研水电方面各类项目200 余项，科研经费达 3000 多万元；与地方政府和企业合作开发的科研项目达100 多项，产生直接经济效益上亿元。

由于服务地方经济建设和社会发展成绩显著，2003 年 12 月 15 日，三峡大学被湖北省政府评为"高校科研院所为湖北经济社会发展服务"先进单位。

实行二级单位会计主管委派制

为了进一步加强学校对所属单独核算的二级单位的财务管理，健全二级单位内部财务管理监督服务机制，根据《中华人民共和国会计法》、国务院颁布的《总会计师条例》，结合学校实际，2003 年 12 月，学校出台了《三峡大学二级单位会计主管委派制暂行办法》，决定从 2004 年 1 月 1 日起，在后勤集团、产业集团和仁和医院设置总会计师，实行会计委派制。

总会计师由学校委派，实行统一调配、统一管理。学校财务处代表学校统一管理全校财务会计工作，负责总会计师的管理和业务指导。

（1）实施实时监控，及时报告重大经济事项。尤其强化事前、事中监督。有效地发现采购、收入、费用、签订经济合同等环节的问题并及时采取措施加以制止，防止资产流失及财务风险。

（2）完善内部控制制度，发挥对二级单位经营活动的监督功能。

（3）监督个人收入分配情况，兼顾学校、集体和个人利益，确保二级单位可持续发展。

（4）督促二级单位按照学校的部署，完成分配的各项目标任务。

实行会计委派制后，取得了一定成绩。

（1）财务管理水平进一步加强，现代化会计方法和技术手段在全校得到推广应用，财务管理水平和经济效益实现双提升。

（2）通过经济核算"一盘棋"，增收节支潜力得以充分挖掘，加快了资金周转速度，提高了资金使用效果。

（3）全校范围内财经纪律得到持续维护，违法行为得到持续抵制，在保护单位财产，避免遭受重大损失方面取得显著成绩。

（4）通过自上而下的层层廉政教育和责任压实，全校财经领域廉政建设持续加强，营造出风清气正的良好工作氛围。

齐心协力取得抗击"非典"的全面胜利

2003 年，非典型肺炎（简称"非典"）在全国各地爆发，根据党中央、省市政府和教育部的统一部署，学校认真开展预防和控制"非典"工作，坚决预防和阻断"非典"在学校的传播，保证师生的健康和安全，维护学校和社会稳定。

学校成立了防控"非典"工作领导小组和防治"非典"工作专班，各学院，各单位也成立了相应领导工作机构，密切配合，协同作战。学校研究制定了预防"非典"和处置紧急事件的预案，严格落实省、市关于做好"非典"防控的相关文件精神，采取了一系列措施。

广泛深入地开展防"非典"宣传教育。学校在全校各校区悬挂防"非典"大幅标语，并在校园网开辟了非典型肺炎预防和控制专栏，发布有关预防非典型肺炎的信息和措施，使学校防治"非典"工作的信息公开、透明。校医院制作了预防春季传染病及非典型肺炎展板在全校巡回展出。由校医院编发，印刷厂连夜编排、印制的 18000 本防"非典"宣传手册，当天发放到每位学生手中，让每位师生和居民对非典型肺炎有了正确、清晰的认识。

全面开展学校的环境卫生整治和消杀。学校广泛动员师生开展了校园爱国卫生运动，齐心协力做好了校园环境卫生和除四害工作。同时，后勤集团严格消毒制度，对学校办公及营业场所、学生公寓、学生食堂、家属区、车辆及餐具用品一日至少 2 次消毒，保持空气通畅，并于 4 月 18 日、4 月 25 日组织了 2 次全校卫生大检查。

为广大师生提供了"非典"预防材料。校医院负责采购预防"非典"的药物和防护用具；仅学生公寓中心就为学生发放了口罩 36000 余个，体温计 4000 余只；饮食中心在各食堂设立了发药点为全校 20000 余名学生熬制、发放了预防中药，提高了预防效果。

建立了学校师生健康状况排查制度。4 月 21 日，校医院设立了发热门诊和观察室，实行 24 小时应诊；建立了"非典"防控与监控网络，保证信息畅通；实行了"非典"疫情零报告制度，每日在校园网上公布，凡发现体温 37.5℃以上发热者，立即报告校医院；学校预设了隔离区，一旦发现疫情，立刻隔离、阻断。

严格外出及来访制度。4 月 22 日起，所有进出学校公寓、行政楼的人员必须出示工作证、学生证、校园卡等有效证件。学生家长及来访人员设专门接待室接待并严格履行登记手续；在校外学习、外出联系工作返校的学生经校医院专项检查同意后方可进入学校及学生公寓。在"非典"疫情防治期间，谢绝校外单位来校访问和考察，谢绝校外单位借用校内场地举行群体活动。

在校防治"非典"领导小组的领导下，在全校师生员工的共同努力下，三峡大学"非典"防治工作做到了组织完善、措施得力、效果突出，疫情期间无一例感染非典型肺炎病例，取得了抗击"非典"全面胜利。

成立三峡大学妇女委员会

为了加强妇女工作，充分发挥"半边天"的作用，2004年2月13日，三峡大学成立了"妇女委员会"。党委统战部部长魏雪梅兼任妇女委员会主任，三峡大学成为全省高校中第一个成立妇女委员会的学校，也是群团工作的创新。

2月18日，学校妇女委员会召开第一次工作会议。会议强调，今后学校妇女工作要加强协调、整合资源、形成合力，教育、团结广大女职工、女学生，发扬自律、自爱、自主、自强的精神，积极投身学校教育教学改革，使妇女工作在学校改革发展的新形势下，做出新成绩。

妇委会成立后，依托各种教育阵地，开展学习实践、理论研讨等活动，切实增强女工干部的责任心和使命感，不断增强女工干部服从大局、开拓创新的能力。

妇委会始终把全心全意为女职工服务作为工作的出发点和落脚点，在实际工作中认真贯彻"主动、科学、依法"的维权观，关注女职工生活，关爱女职工健康，为广大女职工办实事，做好事，积极维护妇女权益。

精心组织丰富多彩的女教职工活动，开展健康知识讲座和文化交流活动等。关心大龄女青年的婚恋问题，并多次组织单身教职工参加联谊活动。

学校各级工会女职工委员会积极引导女教职工，努力营造女教职工建功立业、奋发向上的良好氛围，促进女职工学习、创新和竞争能力的提高，在"三育人"中发挥"半边天"作用，涌现了一大批先进女职工集体和个人。

三峡大学妇委会在关注女职工的同时，也积极帮助女大学生的成长成才，联合学校及社会相关部门开展多种系列宣教活动，反响良好。

开展"十大杰出青年"评选活动

三峡大学"十大杰出青年"评选是由共青团三峡大学委员会联合党委组织部、党委宣传部、党委学生工作部、校工会、人事处共同主办，旨在树立政治进步、品德高尚、贡献突出的优秀青年典型的一项表彰活动。评选对象包括青年学生和青年教师、职工，具有广泛群众基础。该活动已成功举办了十九届，涌现出了一批又一批的优秀青年代表，他们是青年学习的楷模，是青年奋斗成才的榜样。如今，"十大杰出青年"评选活动对进一步在全校范围内优化青年成长成才环境，营造学习先进的良好氛围产生了积极的推动作用，已成为我校最具影响力的校园文化建设品牌活动之一。

自2004年首届"十大杰出青年"评选活动开展以来，学校高度重视、统筹安排，成立专项工作小组，确保评选结果的权威性与公正性。该活动于每年3月初正式启动，各单位推选出一批德才兼备、品学兼优的楷模。通过推荐人答辩介绍、评审打分，共选出20个候选个人或团队，以宣传板、DV短片等形式对候选人的先进事迹在学校官方新媒体平台进行展示及投票，每年观众访问量达10万余人次，总投票数达8万余人次。最后，根据评审小组打分及线上投票结果，评选出三峡大学"十大杰出青年"8~12人，并在"五四"表彰大会暨"十大杰出青年"颁奖典礼现场揭晓评选结果。同时，对"十大杰出青年"的先进事迹通过主题团日、观看视频、报告宣讲等形式广泛宣传，充分发挥先进典型的示范带头作用，激发广大青年在校园范围内形成"以榜样为镜，向榜样看齐"的良好局面。

深入进行大学英语教学改革

进入21世纪后，全国大学英语教学存在着教学思想相对滞后，教学模式、教学方法相对单一和陈旧，师资队伍建设亟待加强，与中小学教学相对脱节等问题。大学英语教学改革迫在眉睫。

三峡大学组建之初，迫切需要进行公共课教学改革。2002年学校实行大学英语分级教学。2004年1月教育部发布《大学英语课程教学要求（试行）》，学校积极申请成为大学英语教学改革试点单位，2004年2月被教育部确定为全国大学英语教学改革180所试点单位之一。2004年11月学校发布《三峡大学本科大学英语教学方案》，实行分级分块教学，全面培养学生的英语听说读写能力，强化学生的英语综合应用能力。

大学英语教学分为2个阶段、6个级次。第一阶段为基础阶段：开设1~4级课程，为必修课。每一级64学时，其中口语32学时，阅读16学时，写作翻译16学时，听力安排32个课外学时。第二阶段为提高阶段：5级为较高要求，6级为更高要求。第二阶段为选修课程模块。

教学模式实行分级别、分模块教学。大学英语教学按4个模块组织：听力课、口语课、阅读课、写作翻译课。各级别中任一模块通过后，即可进入该模块高一级别学习；某一级别各模块通过后，方可认定该级别通过。

学生进校后，依据测试情况进行分级。未达到标准的进入预备级学习，达到标准的进入1级学习，超出标准的进入2级学习。学生最低需完成1~4级共16个模块的课程学习。

为配合大学英语教学改革，2004年年底学校投资1300余万元，建立了面积达8000平方米、功能前卫的语言学习中心。该中心充分发挥现代信息技术的优势，在校园内营造"沉浸式"大学英语学习环境，构建三维个性化的大学英语教与学环境体系，彻底改变了传统的大学英语教学手段和学生的英语学习环境。

在改革实践中，构建了选课制、分级制、模块化、大小班制(阅读课、写作翻译课班额80人，听说课班额40人)和1、2、3课堂统筹规划、全面辅导的"四制一体"教学模式。

学校此次大学英语教学改革得到了教育部、教育厅的肯定。2007年6月，教育部正式批准三峡大学为全国大学英语教学改革第二批示范点项目学校，成为65所大学英语改革示范高校之一。2007年省教育厅在学校召开全省大学英语教学改革经验交流会。2008年学校"语言学习中心"被湖北省教育厅批准为当时省内唯一的省级英语学习示范实验中心。学校大学英语自主学习中心的建设方案成为教育厅"英语语言学习示范中心建设规范"方案蓝本。

此次大学英语教学改革成果"大学英语教学改革研究"获三峡大学第三届(2006年)教学成果特等奖。

湖北省岩崩滑坡研究所整体并入三峡大学

2004年4月，湖北省岩崩滑坡研究所并入三峡大学。

岩崩滑坡研究所创建于 1970 年 10 月，最初为湖北省西陵峡岩崩调查所；1988 年 5 月成为湖北省岩崩滑坡研究所；2001 年 12 月，湖北省岩崩滑坡研究所—长江三峡滑坡监测试验站列入国家重点野外科学观测试验站，并于 2006 年通过科技部的评估认证。

4 月 23 日，学校隆重举行湖北省岩崩滑坡研究所并入三峡大学暨三峡大学地质灾害防治工程研究中心揭牌仪式，湖北省科技厅、教育厅、宜昌市委、市政府领导李涛、郑春白、郑年春、文成国、王传豪等出席了揭牌仪式。

揭牌仪式上，省教育厅领导宣读了《湖北省教育厅、科技厅、财政厅关于同意湖北省岩崩滑坡研究所并入三峡大学的批复》，李涛讲话并强调，湖北省岩崩所并入三峡大学不仅有利于岩崩所争取更多的发展途径及学科上层次、上水平；也有利于三峡大学凸显优势与特色，提高学校学科建设和科研水平，对于优化资源配置、深化科技体制改革、提升湖北省科技竞争实力都具有重要作用。

湖北岩崩所并入三峡大学后，学校整合资源、集成优势，组建了"三峡大学地质灾害防治工程研究中心"，并列入省级工程技术研究中心的建设计划，促进高水平的防灾减灾及防护工程学科的建设，从整体上提升学校防灾减灾学科水平。

研究生教育初有成果

三峡大学于 2001 年正式设立硕士点，至 2004 年，共有水工结构工程、中国现当代文学、防灾减灾工程及其防护工程、免疫学、应用数学、生物工程等 18 个硕士点，并招收、录取了第一批研究生共 68 名。本着"以人为本"的原则，为培养德智体全面发展、具有创新精神、能独立从事科学研究的高级专门人才，学校制定了科学合理的培养方案。采取指导教师与研究生双向选择的方法确定各研究生的指导老师，因材施教，理论联系实际，取得了良好效果。

2004 年 6 月 25 日，三峡大学首届硕士研究生顺利毕业，学校举行了毕业典礼及学位授予仪式。会上，为程天等 68 位同学授予硕士学位，并公布 2004 届优秀硕士论文和 2004 年度研究生科研成果，对 2004 年度优秀硕士研究生指导老师，优秀毕业研究生进行了表彰，这标志着学校研究生培养工作取得初步成果。

2005 年 3 月 31 日至 4 月 1 日，湖北省高校研究生培养条件评估专家组对学校研究生培养条件进行了实地考察和核查性评估。经考察评估，专家组认为学校在研究生培养条件建设方面取得了显著成绩：

（1）学校坚持服务地方和水利电力行业优势，以学科建设为龙头，凝练学科方向，努力提高学科水平，部分学科或研究领域已形成特色和优势，为培养高质量研究生提供了良好平台。

（2）学校树立人才资源是第一资源的观念，通过大力推行"151"人才工程、实施"三峡学者"特聘教师岗位制度、利用社会资源开门办学、完善学术梯队等形式加强师资队伍建设，形成了结构比较合理的研究生导师队伍。

（3）学校通过多种渠道筹措资金。在办学经费紧张的情况下，重点加强对研究生教室、寝室、实验室、图书馆、图书资料等硬件条件建设，逐年加大对研究生培养经费和学生奖助学金经费的投入力度，确保了研究生培养的必要经费，有较好的研究生培养条件。

（4）学校不断完善研究生培养方案，重视教学内容、教学方法的改革。充分利用地处三峡的地理优势，强化实践性教学环节，通过让研究生参加实际问题的研究，提高研究生的科研创新能力。

（5）学校高度重视研究生教育管理工作，机构健全、制度完善、工作规范，形成了较为完善的研究生培养体系和质量保障体系。

工程硕士教育巧夺先机

工程硕士专业学位设立于 1997 年，是与工程师职业背景密切相关的硕士学位，旨在培养高层次的工程技术和工程管理人才。由于该专业直接面向企、事业单位，针对企业高层次专业人才紧缺又长期得不到补充的问题，有的放矢地培养高级专业人才，使企业、个人主动参与办学，减轻了国家对教育直接投资的负担，因而受到社会各界的欢迎，发展很快。学校抢抓机遇，于 2002 年底获得工程硕士学位教育授予权；巧打"工程硕士"牌，2003 年开始面向全国招生，在教育部限制名额的前提下招生达 60 多人。2004 年，抓住"自定计划、自主划线"的良好机遇，利用暑期时间组织有关人次分赴福建、广东、四川、河南等地调研、宣传、开拓生源，使报考三峡大学工程硕士的考生达 400 多人，比 2003 年增长110.8%。此举产生了良好的社会反响，省外一些地方院校也纷纷要求学校到他们那里开设工程硕士班。2004 年 3 月 18 日，三峡大学首届工程硕士研究生班正式开学，6 月底，还在福建开办了工程硕士班。

2004 年，全国共有 168 个工程硕士专业学位培养单位，三峡大学居第 68 位。

加入中国教育国际交流协会，并签署1+2+1中美学分互认协议

中国教育交流协会(CEAIE)成立于1981年7月，是中国教育界开展民间对外教育合作与交流的全国性组织，旨在积极推动中国教育界同世界各国、各地区的交流与合作，促进教育、科技和文化事业的发展，增进各国和各地区人民之间的了解和友谊。2001年，《1+2+1中美人才培养计划》启动，这是中国教育国际交流协会(CEAIE)、中教国际教育交流中心(CCIEE)和美国州立大学与学院协会(AASCU)共同合作与管理的中美高等教育双向交流与合作项目。2004年，三峡大学加入中国教育国际交流协会，并签署1+2+1中美学分互认协议。

被评为"优秀学士学位论文评选组织工作先进单位"

2004年湖北省学位委员会办公室组织开展了湖北省首届学士学位论文评选工作。2004年12月14日，湖北省学位委员会办公室发布《关于对"湖北省优秀学士学位论文及评选组织工作先进单位和先进个人"名单进行公示的公告》，经各学士学位授予单位推荐，省级专家评审，评选出湖北省2004年优秀学士学位论文一等奖382篇、二等奖577篇、三等奖1063篇、提名奖2836篇。评选了武汉大学教务部等15个先进单位和张国忠等27名先进个人。我校共有90篇学士学位论文获奖，其中一等奖14篇，二等奖28篇，三等奖48篇。2005年3月24日，湖北省政府学位委员会和省教育厅在武汉联合表彰2004年度优秀学士学位论文和先进组织单位、先进个人。三峡大学教务处获授"湖北省优秀学士学位论文评选组织工作先进单位"。

"第八届全国大学生羽毛球锦标赛"在学校举行

2004年7月21日至26日，"蓝星电脑杯"第八届全国大学生羽毛球锦标赛在三峡大学举行。此届大赛由中国大学生体育协会主办，三峡大学承办，中国大学生羽毛球分会协办。同历届大学生羽毛球大赛相比，此次大赛具有三大特点：一是规模最大，包括港、澳、台地区在内的全国43所高校共340多名选手报名

参加比赛；二是首次进行市场化运作；三是大赛在世界水电旅游名城宜昌市举办，而且是第一次在地级市举办。经共同努力，大赛取得了圆满成功。

第五次党委(扩大)会召开

2004年8月16日至18日，三峡大学合并组建后的第五次党委(扩大)会在龙泉山庄召开。会上，刘德富作了《以科学发展观为指导，树立正确的政绩观，大力推进学校改革、建设和发展》的主题报告，报告全面总结了学校一年来取得的成绩和经验，深刻分析了学校面临的形势和存在的问题，明确提出了2004年至2005学年度的几项重点工作：一是迎接本科办学水平评估；二是申报博士点；三是征地和校园建设；四是创建省级最佳文明单位。报告要求完善三个规划：学科建设，队伍建设，校园建设规划；推进三项改革，一是加强干部和学院的考核，二是改革预算和分配制度，三是实行全员聘用合同化管理制度。石亚非、胡翔勇分别做了关于学校本科教学水平评估工作和关于学校改革工作的报告。与会人员围绕三个报告，就迎评、申博、校园建设、队伍建设、"一体化"建设、创建省级"最佳文明单位"、国际化战略进行了广泛讨论和大会交流，取得了共识，这是迎接本科教学水平评估前夕的一次总结分析会、战前动员会、纵深推进会。

定期举行"求索恳谈会"，创新民主管理办法

2004年11月11日，学校举行首次"求索恳谈会"，刘德富和校长助理何伟军及相关部门负责人与学生代表进行面对面的交流。此后，学校每年定期召开"求索恳谈会"，至今已举办了18年。

求索恳谈会包括学生求索恳谈会和教职工求索恳谈会。学生求索恳谈会分为新生求索恳谈会和毕业生求索恳谈会，分别于秋季学期和春季学期举行。学生求索恳谈会由党政办公室、学生处组织；教职工求索恳谈会从2012年开始，一般每学期举办一次，由党委宣传部、党委教师工作部组织。

会上，校领导与师生沟通交流，听取师生代表对学校人才培养、学科建设、科学研究、教学质量建设、队伍建设、现代大学制度建设、文化建设、对外合作交流、校园建设、后勤保障、学生管理等各方面工作提出的意见和建议，以及其

他师生关心的热点、难点问题。各职能部门现场对相关意见和问题进行答复和说明，会后跟踪、落实、督办和反馈。

求索恳谈会是校领导深入基层一线，密切联系群众的一项重要举措，是师生有序参与学校管理和决策的有效途径，对畅通民主管理、民主监督渠道，促进干部师生沟通交流，提高学校民主化、科学化管理水平具有重要作用，也推动了学校高质量发展，深受广大师生支持和好评。

党委理论学习中心组获授"全省高校理论学习先进单位"称号

根据中央和省委的统一部署，全省高校兴起了学习"三个代表"重要思想的新高潮。三峡大学党委紧密联系改革、发展、稳定的实际，紧密结合加强和改进党的建设的实践，认真组织专题学习和讨论，认真撰写学习文章，进一步解放了思想、开阔了视野、拓宽了思路、明确了办学思想，取得了明显效果。2004年11月11日，中共湖北省委高校工作委员会授予三峡大学党委理论学习中心组"全省高校理论学习先进单位"称号。

留学生教育得到新发展

三峡大学合并前，原武汉水利电力大学（宜昌）于1996年获得招收外国留学生的资格，主要同法国瓦朗谢纳大学互派留学生。三峡大学合并组建后，留学生教育得到新发展，一是招生规模上，由原来几人增加到上百人；二是互派留学生的学校，扩展到韩国昌信大学、法国克莱盟大学等高校；三是招生类别，由原来单一的交流生发展到自费生；四是招生专业由原来仅有的工科发展到文、理、工、医兼有。尤其是2004年，成规模地在印度和尼泊尔招收临床医学专业本科留学生182名，当年9月30日，在信息技术中心学术报告厅举行了隆重的开学典礼，入学留学生及其家人、外方合作伙伴参加了开学典礼。学校留学生教育开启了新的篇章。

2005 年

召开科技工作会，推动科学研究的深入开展

三峡大学合并组建至 2005 年，学校先后召开了两次科技工作会，推动科技工作深入开展。

2001 年 7 月 16 日，学校召开第一次科技工作会，刘德富作了《提高认识、振奋精神、开创科技工作新局面》的工作报告。他在认真总结成绩的基础上，提出 5~10 年的科技工作目标：在科研立项及科研经费上，争取省、部级项目 20 项，国家级项目 3~4 项；年科研经费达到 5000 万元。在科技成果上，"十五"期间，年均发表学术论文 1000 篇，出版学术专著（含教材）10 部以上，每年有论文进入国际三大检索，获省、部级及以上奖年均 5 项以上；争取每年实现科技成果转化和新技术产业化 5~6 项。在科研基础建设方面，至 2010 年，在现有基础上争取建成建筑结构、三峡天然药物等 10 个省级实验室。会上，公布了《三峡大学关于加强科学研究，促进科技发展的若干意见》。

2004 年 12 月 16 日，学校召开第二次科技工作会，会议强调：要千方百计促进科技工作再上新台阶。经过不懈努力，科技工作取得了突出成绩。

据统计，几年来，学校老师共承担和完成各类科研项目 1075 项，其中包括国家攻关项目、"973"计划项目、国家自然科学基金项目、国家哲学与社会科学基金项目及其他部委重大专项等。累计获得科研项目经费 2 亿元，获得省部级以上奖励 29 项。其中：获国家科技进步二等奖 1 项，获建设部科技进步二等奖 1

项，获湖北省科技进步特等奖 1 项，获湖北省科技进步一等奖 4 项，获中国电力科学技术奖 1 项。2000 年以来，教师共发表学术论文累计 6327 篇，其中在核心学术期刊上发表论文 1326 篇，被 SCI、EI、ISTP 收录 213 篇。在 2002 年全国高等院校内外刊物发表学术论文的排序中位居第 88 名。

2004 年 3 月，经各学院推荐、校内外专家评审、团队成员公开答辩、学校审定，三峡大学第一批科技创新团队诞生，他们是：

李建林为负责人的《岩体卸荷非线性力学特性研究》团队；

柴军瑞为负责人的《高坝工程固、液耦合非线性仿真分析》团队；

王斌为负责人的《电磁兼容应用研究》团队；

赵新泽为负责人的《机械系统动力学与控制》团队；

黄应平为负责人的《三峡区域生态与环境科学研究》团队；

刘红美为负责人的《网络拓扑结构的理论研究及其应用》团队。

获授全省"高校安全文明校园先进单位"称号

三峡大学合并组建之初，学校安全管理、文明创建面临严峻而复杂的局面：校区分散、管理难度大；主校区处于扩建阶段，学校规划范围内的居民尚未完全搬迁，村舍、校舍交错并存，村民师生杂然相处，社会人员、车辆随意、频繁出入；乱搭乱建，阻碍建设的事时有发生；学生宿舍用电管理方面也存在隐患。

针对存在的问题和困难，学校采取综合治理的办法，齐抓共管，在艰苦条件下建设安全文明校园。一是领导高度重视。学校成立了校园综合治理委员会及其办公室、"维护稳定工作领导小组"等六个组织机构；先后制定了《三峡大学校园综合治理暂行规定》《三峡大学安全工作责任规定》等 20 多项安全管理制度，修编了《三峡大学突发公共事件处理预案》及 13 项分预案，为建设安全文明校园提供组织、制度保证。学校每年与各学院、各单位签订综合治理责任书，任务到单位，责任到人，并实行"一票否决"制。二是各单位各司其职，形成合力。发展规划处抓紧征地、搬迁和校园建设，与市区、乡政府有关部门联系，及时拆除违章建筑，遏制乱搭乱建现象，为学校建设安全文明校园创造良好物质条件；保卫处加强校园巡逻、交通管理，及时处理突发事件，消除各种安全隐患；后勤集团加强教学设施、生活设施、食堂、学生公寓的安全、卫生管理，与学生处、保卫处配合，加强宿舍安全检查，消除火灾隐患；各学院加强学生教育，引导学生自觉遵守校规校纪，同时，了解学生、关心学生，及时开展思想教育和心理疏导；

宣传部等单位加强校园文化建设，开展文明创建活动，营造良好氛围。

在全校师生共同努力下，学校政治稳定、安全有序、秩序井然。2004 年 4 月和 6 月，学校被授予全省"高校安全文明校园先进单位""湖北省高校综合治理先进单位"等荣誉称号。

校工会获评省级、全国"模范职工之家"

2005 年 5 月，中华全国总工会作出表彰决定，授予三峡大学工会"全国模范职工之家"光荣称号，这是工会继 2005 年 1 月荣获湖北省总工会授予"省级模范职工之家"之后的又一殊荣，同时，也是三峡大学组建以来校工会第一次获得全国性的集体荣誉奖项。

创建"职工之家"，是全国总工会在基层工会推进的一项基础性工作。旨在基层工会通过不断加强自身的改革和建设，促进企事业单位的发展，维护职工的权益，使工会成为融职工维权、生产工作、生活保障、文化娱乐、团结互助为一体的组织形式，成为职工可依靠、可信赖的"家"。

校工会在创建"职工之家"活动中，不断加强自身建设，增强教职工的凝聚力。颁发了《三峡大学工会关于开展建设职工之家活动的实施意见》，围绕学校发展目标不断充实创建职工之家的内容，使"职工之家"常建常新。且建家活动方案及验收标准在《湖北教工》刊发，在全省高校推广。

校工会还在各分工会广泛开展创建"职工小家"活动，围绕学院发展"建家"，发挥工会职能"兴家"。以提高教职工队伍素质为前提，创建职工"教育之家"；以维护职工合法权益为重点，创建职工"民主之家"；以关心群众利益、为职工办实事为落脚点，创建职工"信赖之家"；以群众性文体活动为载体，加强校园精神文明建设，创建职工"文明之家"。在"职工之家"创建活动中，牢固树立"建家就是建校"的观念，搭建起党联系群众，学校联系职工的一座坚固桥梁。

举行田家炳教育学院揭牌庆祝大会

2005 年 4 月 14 日，田家炳教育学院揭牌庆祝大会在文科楼广场隆重举行，学校领导、香港田氏化工有限公司董事长、田家炳基金会董事会主席田家炳及随行人员、湖北省教育厅副厅长张继年、华中师范大学原校长王庆生、宜昌市侨联主席牟敦莉等出席了揭牌庆典大会。会上，田家炳发表了热情洋溢的讲话，并向三峡大学捐赠 300 万元。

在此之前，4 月 13 日下午，田家炳在求索报告厅举行报告会。会上，田家炳就事业成功的经验，如何做人与做事以及他对慈善事业和教育事业的发展所做的努力等与在场的同学进行了对话和交谈，使在场的师生受到了一次生动的人生观、价值观的教育，受到与会人员的热烈欢迎。

干部制度改革见成效

三峡大学合并组建以来，学校党委坚持公道正派，着眼机制创新，大力推进干部制度改革。在更新选人观念、开阔选人视野、完善工作制度、构建运行机制等方面不断创新，取得了一定成效，为学校的建设与发展提供了强有力的保证。

在干部制度改革的过程中，学校党委努力营造公道正派的选人用人氛围和环境，树立"公道正派地选人、选公道正派的人、由多数人选人、在多数人中选人"，干部"能上能下"的观念。

学校合并组建以来，先后三次在全校范围内采用竞争上岗方式选拔干部。2000 年 9 月合并组建初期，学校推行了干部竞争上岗；2001 年 6 月干部试用期满，对空缺的岗位实行了竞争上岗；2003 年 6 月，干部任期届满，部分岗位推行了竞争上岗。在具体操作中，做到坚持正确处理"三个关系"，即正确处理干部队伍建设与师资队伍建设的关系，兼顾两支队伍的协调发展；正确处理选拔任用与聘后管理的关系，把任用与管理放在同等重要的位置；正确处理干部竞争上岗与后备干部队伍建设的关系，把后备干部的管理与现任干部的管理放在同等重要的地位。实行"四个结合"，即制定实施方案与执行党的干部政策和学校实际情况高度结合、民主推荐与综合评议相结合、组织考察与群众监督相结合、选拔任用与合理分流相结合。

学校在干部队伍建设中实行了干部培训制、任期制和目标责任制，建立了干部考核制度。对青年干部、初任职干部，处、科级干部，分别针对不同情况，进行上岗培训、履职培训或廉政教育。通过实行干部年度考核、试用期满和任期届满考核，初步形成了适合校情的"两级考核、三级测评、定性与定量相结合"为主要形式的"三结合"考核办法。

干部制度改革的大力实施，促进了学校党的建设，推进了学校的建设与发展。

探索以人为本、依法治校新模式

2005年5月20日，教育部依法治校评估专家组对三峡大学依法治校进行了全面检查评估并给予了高度评价。著名法学家吴汉东教授说："三峡大学依法治校工作可用三句话概括，领导同志，志在法中；管理有章，章依法出；运作有序，序有法程。"这是对三峡大学注重依法治校的形象描述。

1. 依法治校与民主办学相结合

2000年三峡大学合并之初，学校党委就提出了"以人为本，以事为先，以和为贵，民主办学，依法治校"的办学思路。学校领导、处级干部每年进行述职，接受群众评议和监督；学校重大决策公开透明，集思广益。学校教师、干部和工人招聘都在校园网上公告，报名条件、考核程序一目了然，考核结果进行公示。学校依章办事，形成了浓厚的民主氛围。民主办学、校务公开，保持了三峡大学决策层与广大教职工的良好沟通，为学校的改革发展增添了活力。

学校在依法治校和民主办学的结合中，特别重视发挥教代会的主渠道作用。在每年一次的教职工、工会会员代表大会上，学校建设发展的大事，如学校发展规划，重点学科建设，职工津贴分配方案，财务状况等教职工关心的热点问题都要经教代会审议或表决通过。学校还积极推进二级教代会制度，二级教代会召开率达到100%。

经过办学实践，三峡大学在民主办学过程中总结了"四个真正"，即"真正的参与是源头参与，真正的监督是群众监督，真正的公开是权力公开，真正的维权是维护发展权"。

2. 依法治校体现维护师生权益

学校始终坚持"以学生为主体，以教师为主导"的办学思想，围绕这一办学思想，为维护师生权益形成了一系列规章制度。学校对教职工最为关注的权益，如职称评选、人事调动、财务管理、劳酬津贴、后勤改革等实行依法管理，照章办事，公开透明，建立了科学考评制度和竞争激励机制。

"一切为了学生，为了一切学生，为了学生的一切"，学校强调要增强为学生服务的意识，实行奖、贷、助、勤、减、免六法并举，为6819名困难学生签订国家贷款合同，贷款总额达4639万元，学校贴息5.45万元。学校在完善奖学金制度的同时，还积极争取企业、校友和社会友好人士在学校设立优秀、困难学生奖助学金 10 余种，仅 2004 年，学校就争取到社会奖助学金近 90 万元，受奖励和资助的学生 393 人。

3. 营造良好的校园法治环境

学校将法治宣传教育作为依法治校的重要工作议程，结合"三五""四五"普法要求和学校改革发展制定了普法规划，广泛开展有组织、有领导、有计划、有活动、分层次、多样化的法治教育活动，不仅在校内开展法治教育活动，还向社会开展法治宣传服务。与地方和社区、农村法治教育交融互动，既推动学校依法治校的深入发展，又营造了良好的校园周边环境和法治环境，推动学校改革发展走上创新之路。

三峡库区地质灾害实验室被确定为省部共建教育部重点实验室

2005 年 8 月 1 日，三峡库区地质灾害实验室被确定为省部共建教育部重点实验室。

三峡大学进行三峡库区地质灾害的研究起步较早，原葛洲坝水电工程学院 1978 年成立时，其地质教研室及岩土教研室即从事三峡库区重大崩塌滑坡研究，包括链子岩危岩体、黄腊石滑坡、新滩滑坡的研究。1994 年水工结构工程被列为湖北省重点学科，1995 年岩土工程研究中心被列为国家电力工业部重点建设的实验室，地质灾害是其主要研究方向之一。1996 年，水工结构工程及岩土工程研究中心成为武水（宜昌）"211"重点建设的项目，并开始水工结构工程和岩土工程两个专业的硕士研究生培养工作。1998 年新增防灾减灾工程及防护工程硕士点，1999 年开始博士研究生的培养工作。三峡大学合并组建后，2001 年防灾减灾工程及防护工程被列为湖北省重点建设学科；2004 年为湖北省具有突出成就的创新学科；2002 年防灾减灾综合重点实验室被列为湖北省重点实验室。

2004 年 3 月湖北省岩崩滑坡研究所整体并入三峡大学，以此为契机，当年，学校成功申报湖北省工程技术研究中心——湖北省地质灾害防治工程技术研究中心。

2005 年 8 月 1 日，经学校申报，三峡库区地质灾害实验室被确定为省部共建教育部重点实验室。

2005 年 10 月，湖北省教育厅受教育部委托，组织专家组对拟建的"三峡库

年

区地质灾害省部共建教育部重点实验室"建设计划任务进行了现场论证,并获得一致通过。

2005 年 12 月 27 日,学校党委发文,将三峡库区地质灾害省部共建教育部重点实验室、湖北省岩崩滑坡研究所(湖北省西陵峡岩崩调查工作处)、湖北省防灾减灾重点实验室、三峡大学地质灾害防治工程研究中心、国家重点科学野外监测实验站(试点站)以及土木水电学院岩土与环境工程系等单位合并成立三峡大学地质灾害防治研究院,列为学校直属机构。

三峡大学参与的科研项目获省科技进步特等奖

2005 年 4 月 25 日,三峡大学刘德富、蔡德所、田斌参与研究的《长江三峡水利枢纽工程蓄水通航发电技术研究与实践》获得湖北省 2004 年科技进步特等奖。

自三峡大学组建以来,从 2000 年至 2005 年,共获得省科技成果奖 8 项,其中:省科技进步特等奖 1 项,一等奖 2 项,二等奖 2 项,三等奖 3 项。获得省社会科学优秀成果奖 3 项。

庆祝三峡大学组建五周年

2005 年 6 月 29 日,是三峡大学组建五周年纪念日。

为纪念组建五年不平凡的创业历程,5 月 25 日晚,学校举行了三峡大学组建五周年暨第五届大学生文化艺术节闭幕晚会;6 月 29 日,召开了庆祝三峡大学五周年座谈会。在会上,大家回顾了五年里取得的巨大成绩,查找了存在的差距和不足,规划了未来的发展。刘德富在大会上指出,五年的发展过程中,三峡大学突出了依靠地方、依靠三峡、依靠观念、依靠改革、依靠人心的"五依靠";实现了校园面积、学生、办学经费、科技项目立项和获得奖项五个"翻番"。经过五年的发展,三峡大学形成了精简高效、规范有序的内部管理运行机制;实现了集中一地办学,形成了综合性大学的办学格局;通过深化教学改革,实施教学质量工程,提高了人才培养质量;学校整体科技水平迈上了新台阶;学术交流与合作日益广泛,推进了校园文化交叉和融合,学生综合素质进一步提高;坚持依法治校,各项管理工作日趋规范;党建与思想政治工作也取得新成绩,如学校先后被评为省级最佳文明单位，全国模范职工之家，学校党委获评湖北省先进基层党组织等。在这五年发展过程中，学校始终贯彻以人为本、以事为先、以和为贵、民主办学、依法治校的办学理念，使两校的合并实现了强强联合、优势互补，两支涓涓细流也因此而汇成为一股强劲的发展之潮，使得三峡大学有了更厚实的发展潜力、更辉煌的成就和更广泛的影响。

《宜昌日报》《三峡晚报》《楚天都市报》等媒体对三峡大学合并组建五年来建设与发展成就作出系列报道。

根据湖北省社情民意调查中心和湖北省统计局开展的全省万户民意调查资料显示，三峡大学在师资力量、教学水平、学校学风和氛围等方面的满意度名列前茅且综合满意率为 97.98%，属于湖北地区美誉学校。

三峡大学科技学院办学获评"较好"

三峡大学科技学院是按照国家《中华人民共和国高等教育法》《中华人民共和国民办教育促进法》和湖北省教育厅《关于采用新的办学机制试办普通分校的意见》，由三峡大学和宜昌市人民政府合作兴办的。三峡大学成立后，报经教育部备案、湖北省教育厅批准，于 2000 年 9 月成立三峡大学宜昌分校，是当时全省首批被批准的 5 所大学分校之一。2002 年 8 月，经省教育厅批准，更名为三峡大学科技学院。办学层次为本科、专科兼办。学校具有独立法人资格，毕业生授予三峡大学科技学院全日制普通高校本、专科文凭；本科毕业生中符合三峡大学学士学位条件者，可授予三峡大学学士学位。

三峡大学科技学院以三峡大学的学科优势为基础，在充分考虑未来地方经济、社会和现代科学技术发展趋势的基础上设置专业，共设有 16 个本科专业和13 个专科专业。学院依托三峡大学丰富的教师资源，科学地制定人才培养计划，在大学统筹指导下实行相对独立的教学管理。学院得到湖北省教育厅和宜昌市人民政府、宜昌市企事业单位的关心和支持。在三峡大学的领导下，坚持规范办学、保证教育质量、积极探索创新、不断开拓发展，在党建、教学、行政、学生管理和思想教育等方面的工作都已规范化，并逐步形成了自己独特的办学思想和鲜明的办学特色，取得了良好的社会效益。学院成立以来，先后三次通过了教育部及省教育厅组织的教育教学检查评估，获得好评。

2005 年 1 月 12 日至 14 日，科技学院接受教育部独立学院办学条件和教学工作专项检查组检查评估，获得评估最高等级"较好"。

召开第六次党委(扩大)会

2005 年 8 月 2 日至 4 日，学校在三峡坝区召开党委(扩大)会。

本次会议的主题是：讨论审定《三峡大学教育事业"十一五"规划及 2020 年发展纲要》；审定《三峡大学本科教学工作水平评估自评报告》；贯彻落实《中共中央、国务院关于进一步加强和改进大学生思想政治教育的意见》；研究部署开展保持共产党员先进性教育的相关工作。会议听取了刘德富所作的《继往开来、奋发有为，为实现学校发展和跨越而努力奋斗》的主题报告，与会代表围绕会议主题和 5 个报告进行热烈讨论和大会交流。

刘德富在主题报告和总结讲话中对学校当前和下一阶段四项主要工作任务提出了明确要求。一是全力以赴，实现本科教学评建"创优争先"目标。二是科学论证、实施学校"十一五"发展规划。三是扎实建设、提高内涵发展水平。将以人为本落到实处，坚持育人以学生为本，办学以教师为本，管理以学院为本。四是务求实效，开展保持共产党员先进性教育。要以党员先进性教育为契机，大兴学习之风，纠正不正之风，树立良好的党风、政风、教风、学风和工作作风。要将党员先进性教育活动与学校本科教学评建工作统筹兼顾，合理安排，做到"两手抓，两不误"。

开展保持共产党员先进性教育

在全党开展以实践"三个代表"重要思想为主要内容的保持共产党员先进性的教育活动是中华人民共和国成立以来，参加人数最多、规模最大的一次党内集中教育活动。根据党中央、湖北省委的统一部署，学校分别于 2005 年 8 月 22 日和 9 月 1 日召开了教职工党员和学生党员的动员大会，拉开了先进性教育的序幕。

在教育活动中，全校应参加学习的在职职工、在籍学生党员 3413 人，实际参加 3395 人，参学率为 99.5%；应参加学习的离退休人员中的党员 430 人，实际参加 401 人，参学率为 93.3%。经过学习动员，分析评议及整改提高三个阶段的实施，至 2005 年 12 月，顺利完成了先进性教育各阶段的工作任务。在先进性教育活动中，省委副书记黄远志、副省长郭生练亲临学校指导工作，省教育厅厅长路钢在宜参加会议期间听取了学校先进性教育工作汇报。省委先进性教育活动领导小组办公室高校指导组副组长李绿夏、省委先进性教育活动第三督导组组长刘献君、督导员姜丽华、周国政自始至终对教育活动过程进行督导并作学习辅导讲座。11 月 15 日，学校领导班子召开了为期一天的民主生活会，省委先进性教育指导组、督导组领导参加了会议，邀请党外副校长列席会议。会后进行满意度测评，校党委领导班子群众满意度为 94%。

2005 年 12 月，学校先进性教育结束集中教育，着力巩固扩大整改成果，建立长效机制，永葆共产党员的先进性。

学校党委班子带头整改、带头创新、带头执行学校制定的建设节约型、学术型校园的一系列规章制度。对涉及学校改革发展稳定的重大问题进行重点整改，加强班子建设，完善了科学决策机制。3 月 16 日下午，学校召开整改方案落实情况汇报会，各职能部门负责人就先进性教育活动中涉及本部门问题的整改情况进行了汇报，绝大多数问题得到整改并落实到位，尤其是涉及职工切身利益的七大问题全部进行整改，得到师生认可，初见成效。

此后，学校进一步突出重点、分级落实、注重特色、讲求实效，持续巩固整改成果，推动学校建设与发展。

本科教学工作水平评估被教育部评为"优秀"

教育部开展本科教学工作水平评估，是在新形势下加强本科教学基本建设、深化教学改革、推进教育创新、提高人才培养质量的一项重大举措。是对高等教育教学工作一次大检查、大检阅，是一项促进本科教学工作上质量、上水平的战略性工程，是推进学校发展的一次难得机遇。2003 年 9 月，学校成立了三峡大学本科教学工作水平评估领导小组和评建专班，学校本科评建工作全面启动。

2003 年 12 月起，学校在全校师生中广泛开展评建动员，形成人人了解评估，人人关心评估，人人参与评估的氛围。

2004 年 2 月，学校正式出台了《三峡大学迎接 2005 年教育部本科教学工作水平评估工作方案》，认真贯彻"以评促建、以评促改、以评促管、评建结合、重在建设"的 20 字方针，提出"加强建设、加强管理、深化改革、培育特色、突出成效"的评建工作思路，明确了本科教学评建工作的主要任务与步骤。2004 年 3 月至 4 月，对照教育部《普通高等学校本科教学工作水平评估（试行）方案》的指标体系，分解指标任务，落实责任到人。各学院及机关职能部门成立评建工作机构，落实工作专班，摸家底、找差距、提计划、抓整改。2004年10月组织校内自评专家组对学院进行本科教学工作水平试评与互评；2005年4月，组织开展了人才培养工作业绩考核与评建工作考评；2005年7月，接受由湖北省教育厅组织的专家组对学校进行本科教学工作水平咨询评估。2005年10月29日至11月4日，接受教育部本科教学工作水平评估专家组实地考察评估。2006年4月7日，教育部发文公布，三峡大学本科教学工作水平评估为"优秀"。此次参评学校75所，共有43所学校评估结论为优秀，29所为良好，4所为合格。其中湖北省5所高校参评，2所优秀，2所良好，1所合格。

15个学科获得高等学校副教授任职资格评审权

为了扩大高等学校办学自主权，增强办学活力，国家教委、人事部于1986年和1988年先后分两批下放部分高等学校教授、副教授任职资格评审权。在此基础上，为适应高等学校改革和事业发展需要，两部委继续对领导班子健全、办学指导思想明确，学术、科研水平较高，师资队伍力量较强，举办本科、研究生教育时间较长(十年以上)的学校，下放评审权。

2003年12月，学校水利工程、土木工程、基础医学、临床医学4个学科取得高校副教授任职资格评审权。

2005年11月，经教育部批准，电气工程、工商管理、化学、机械、工程力学，数学、体育学、外国语言文学、物理学、政治学、中国语言文学11个学科获得高等学校副教授任职资格评审权。

至此，学校已有15个学科获得副教授任职资格评审权。

后勤集团获授"湖北五一劳动奖状"

2005年，为深入贯彻落实党的十六大、十六届三中、四中全会以及全国人才工作会议精神，全面提升湖北省职工队伍素质，推动全社会形成全民学习、终身学习的学习型社会，湖北省十厅局联合下发《关于在全省开展"创建学习型组织，争做知识型职工"活动的实施意见》，三峡大学后勤集团积极参与，并申报湖北省"创建学习型组织，争做知识型职工"先进单位。

三峡大学后勤集团于2000年6月组建，承担着为教学、科研、师生生活提供后勤保障的任务，在全国高校后勤中首次提出了建设学习型后勤的思路并付诸实践。建立了规范的服务质量管理体系，组织学术研讨，积极探索后勤改革，总结提炼出了"忠诚在心、责任在肩、细节在手、敬业在行、团队在先、开拓在前"的企业文化理念。

后勤集团积极响应省创争活动领导小组的号召，在集团范围内掀起了以读书活动为主线，通过开展主题读书活动、举办读书心得交流及演讲比赛、文艺晚会、趣味运动会等丰富多彩的形式，向全体员工灌输集团的文化理念和先进管理理念，掀起了人人爱读书、人人要读书的读书热潮。同时，加强职工培训，全面提升后勤员工的学习能力、创新能力、企业的核心竞争力和服务师生员工的能力；集团还坚持为社会和企业服务的方向，累计为社会培训实用性人才 2000 余人，并在全省高校率先获得中质协 ISO9001 质量管理体系认证。

自省创争活动领导小组发出考核评价通知后，后勤集团开始了申报工作。经过初审，后勤集团进入了全省 100 名创争先进单位预备行列。11 月中旬，省创争活动领导小组考核组来校进行了实地考核，经过听汇报、看材料和实地参观，考核组认为集团的创争活动成效显著，纳入创争活动前 20 名。2005 年 12 月 28 日上午，在湖北省"创建学习型组织，争做知识型职工"表彰推进大会上，三峡大学后勤集团被湖北省总工会授予"湖北五一劳动奖状"。三峡大学是湖北省唯一一所获此殊荣的高校。

"湖北五一劳动奖状"的获得，进一步激发了三峡大学后勤集团广大职工的工作热情和创新活力，激发了广大后勤员工学知识、练技能、争一流、作贡献的积极性和创造性，增强了后勤员工为学校教学、科研和师生生活服务的意识，提高了服务水平。

中　篇

中　流　击　楫

（2006—2013 年）

三峡大学组建后，抢抓机遇、克难攻坚，经过全校师生的共同努力，到 2005 年，已顺利实现集中一地办学及实质性合并。通过实施"五大工程"，增强了学校的办学实力和核心竞争力，提高了人才培养质量，在教育部组织的本科教学工作水平评估中获得"优秀"。完成了三峡大学合并建校的第一阶段的奋斗目标，犹如一艘巨轮，顺利开启了团结奋进的新的航程。

在新的征程中，三峡大学人不忘初心、团结一致、击棹向前。在改革的洪流中，敢做弄潮儿；在前进的道路上，勇攀新高峰。

2007 年，学校召开第二次党代会。在会上，确立了"突出一个目标、着力两个提高、创建三型校园、实施四大战略"的发展思路。2009年，学校党委又与时俱进地提出了提升"双服务"能力的发展思路，进一步明确了服务面向。几年来，在上级党委的正确领导下，校党委带领全校广大党员和干部群众，同心合力，砥砺奋进，取得了学校发展史上多个标志性成果："申博"迈出了关键性一步，成为国家博士学位授予权单位；省部共建取得突破，成为水利部和湖北省人民政府共建大学；科研成果的数量、质量大幅提升，实现了国家级科技进步奖零的突破；教学成果实现国家级精品课程和国家级教学团队零的突破；招生批次实现部分专业部分省份一本招生；学生学科竞赛成绩优异，获奖数量和排名大幅提高；对外合作与交流快速发展，成为湖北省属高校留学生人数最多的学校。

学校取得的成绩，有以下特点：

（1）学科建设取得突破性进展。打造优势学科，着力提高学科专业建设水平：2008 年，学校成功进入"博士学位授予权立项建设单位"行列，2011 年顺利通过"申博"中期检查，2013 年 8 月，学校被增列为博士学位授予权单位，获批博士学位授权一级学科 2 个。"增硕"工作成绩突出，一级学科硕士点由 1 个发展到 20 个，覆盖二级学科硕士点 130多个，专业硕士学位点由 1 个类别 5 个领域增至 3 个类别 12 个领域。省级重点学科由 6 个二级学科发展到 4 个一级学科，29 个二级学科。省级优势特色学科从无发展到 4 个，省部级及以上重点实验室由 10 个发展到15个，以水电为特色的学科框架基本形成，学科布局更加合理。

（2）队伍建设取得明显成效。实施人才强校战略，在队伍、规模、结构、拔尖人才引进与借智等方面都取得较大成绩。博士学位教师所占比例由10.5%（172人）提高到22.97%（450人），专任教师中教授人数达到359人，博士生导师33人。新增省部级以上专家中，2人获国家杰出青年基金，1人入选国家"新世纪百千万人才工程"，2人获国务院政府特殊津贴。"楚天学者计划"设岗学科由7个增至31个，到岗45人。实施"151"人才工程，学术团队建设稳步推进。省级创新群体、科技创新团队逐年增加。初步构建起教师继续教育体系。

（3）人才培养呈现新气象。几年来，学校本科专业由49个增至63个，国家精品课程、国家级教学团队实现零的突破。研究生培养质量稳步提升。初步构建起校、省、国家三级学科竞赛体系和创新实验教学平台。在全国有影响的学科赛事中，成绩优异。招生、就业工作实现重大突破，取得自主招生资格，部分专业在12省份实现一本招生。本科毕业生就业率保持在92%，就业质量稳中有升。不断加强学生教育管理，坚持学生党建、思想政治教育与学生管理"三位一体"的运行体系，开展大学生创新、创业实践和文化活动，促进大学生全面发展。培养出了"全国自强奉献优秀大学生"侯海燕，"全国自强自立大学生"吴春红，大学生村官、"全国五四青年奖章"获得者高金磊为代表的一批优秀学子。

（4）科学研究获得重大进展。建立了促进科技工作快速开展的制度机制，学术科技事业得到较快发展，连创历史最好成绩。获得一大批科研项目和重要科技奖励。三大检索收录论文和公开出版专著、教材及专利数量不断攀升，影响力明显扩大。

（5）社会服务步伐加快。学校推行"共建研发平台、项目联合攻关、对口科技服务、人员双进互兼"等一系列服务举措，服务行业和地方合同经费5年超过4亿元，启动了大学科技园建设，城乡互联和扶贫工作取得新的进展，得到地方政府的充分肯定，社会服务成效显现。

（6）对外合作走上快速发展轨道。坚持开放办学，加强对外合作交流，校园国际化趋势加快。省部共建取得成功，2009年促成水利部和湖北省人民政府共建三峡大学。已与30个国家和地区的80余所高校建立了校际合作关系，在美国举办了孔子学院和孔子课堂。积极发展留学生教育，留学生人数在湖北省属高校中位居第一。董事会、校友会工作迈上新台阶，全国各地校友会基本建立，社会参与办学的平台初步搭建。

同时，学校采取了一系列改革措施，有力地促进了学校发展。

（1）目标管理改革成效显著。学校自2007年开始实施目标管理，构建了覆盖学院、机关、直属单位和经济独立核算单位的目标任务和考核体系。在实施过程中，不断调整完善，分类确定目标、分类评价考核；将目标管理与学院预算、资源配置相结合；将目标考核与干部任用相结合。目标管理的实施激发了干部职工的积极性和创造性。

（2）干部人事制度改革不断深化。在推行干部任期制、竞聘制基础上，实行差额考察制度，干部考核与目标考核相结合，年度考核结果与聘任挂钩，完善了干部激励和退出机制，增强了干部队伍活力。加大了干部培养培训力度，多渠道、多途径、多方式培养年轻干部。全面推行岗位设置与聘用工作。干部人事制度的改革为建设一支德才兼备、敬业爱校、充满活力的教师队伍、管理队伍和服务队伍提供了保证。

（3）学科专业得到合理调整。遵循学科发展规律和"双服务"要求，不断调整学科专业结构。2007年以来，通过不断加强水利工程和土木工程及其支撑学科建设，为申博工作取得突破奠定了坚实学科基础。2010年实施部分学科专业布局结构调整，为增强学校核心竞争力完善了学科组织结构。学校又新上了水文与水资源，能源动力系统及自动化、核工程与核技术、新能源材料与器件等一系列与国家战略新兴产业相关的专业，进一步改善了学科专业结构。

（4）人才培养模式改革探索不断深入。完善了学分制及其配套体系建设。实施了以"质量工程"为核心的"本科教育教学改革工程"，开办了多种人才培养"实验班"。承担了5项国家和省高等教育综合改革试点项目，获批教育部第二批卓越工程师教育培训计划。成立了大学生创新创业基金，建立了大学生创新创业教育基地，促进了学校人才培养质量的持续提升。

此一时期，坚持党的领导，党的建设不断加强，为学校又快又好发展提供了坚强的政治保证。

(1)党的思想建设不断加强。坚持以中国特色社会主义理论体系武装师生头脑，开展学习型党组织建设，健全党委、分党委(党总支)"三级学习制度"，规范学习内容、创新学习方式、提高学习实效。坚持每年召开党委(扩大)会和务虚会，集中学习、研讨学校重大改革和重大决策。学校党委中心组 2010 年被省委评为全省党委中心学习组先进单位，学习经验在全省推广。认真开展学习实践科学发展观活动，党员的思想政治素质和科学发展能力明显增强。

(2)组织建设不断完善。以"创先争优"活动为抓手，基层党组织建设不断加强，基层组织活力和创造力、凝聚力、战斗力得到明显增强。2010 年被省委评为全省基层党建工作先进单位，人民网对学校打造"三级联动、创先争优"平台进行了专题报道。修订完善并认真执行校党委常委会和校长办公会议事规则、领导班子落实"三重一大"制度。制定了二级单位运行实施意见，规范了二级单位决策机制。教授治学制度进程加快，对校学术委员会进行了重大调整，校领导(除分管领导外)不再担任学术委员会委员、主任委员职务，主任委员由知名教授担任，教授治学得到推进。

(3)干部队伍建设成效显著。深入开展五好领导班子创建活动，学校领导班子的办学治校能力持续增强，五好领导班子试点创建成效受到省委组织部好评，并在全省创建动员会上作了典型发言。深化了处科级干部管理制度改革，推进了年轻干部成长，圆满完成了全校处科级领导干部任期届满考核和换届工作，一批德才兼备、年富力强的干部走上了管理岗位。扎实开展"两访两创"，建立了联系基层党组织工作制度和长效机制，党群干群关系更加密切，受到省督导检查组和省委高校工委的充分肯定和表彰。

（4）党风廉政及民主政治建设取得成效。认真开展廉政宣传教育和学习活动，学校基本形成了风清气正、廉洁自律的良好氛围。在近几年的教代会代表和处级干部参加的无记名廉政测评中，校领导班子成员的平均优秀率在70%以上，在2010年开始的干部选拔任用工作测评中，总体评价满意率为80.7%。切实推进民主建设，党代会和教代会制度认真实施并逐步完善，党务、校务公开全面推开，2010年被评为全国校务公开先进单位。反腐倡廉建设不断加强，惩治和预防体系和制度不断完善，"一岗双责"落实力度得到加强。民主党派参政议政平台不断拓展，各团体和群众组织的作用得到发挥。

（5）大学文化建设全面推进。通过广大师生的积极讨论和深入研究，确立了校园文化建设的理念和思路，"求索"作为学校文化建设和大学精神的灵魂，已成为广大师生的共识。积极开展文化建设，培育以"求索"精神为内核三峡大学文化，实施以践行"求索"精神为主题的实践活动，逐步形成了"求索论坛""文化艺术节""天问杯"大学生辩论赛等具有自身特色的文化品牌。培育了"师德标兵""十大杰出青年"等一批践行"求索"精神的模范，典型引路作用得以显现。积极开展三峡文化研究，参与了区域非物质文化保护，出版了三峡文化研究系列著作，产生了丰富的理论成果，大学文化引领功能得到增强。大力开展精神文明建设结出硕果，2008年、2010年连续被评为省最佳文明单位。

2006年至2013年，是学校承前启后、继往开来的历史阶段，也是学校不断实现跨越，取得突出业绩的历史时期。它所取得的成绩，为学校进一步发展奠定了坚实基础。

2006 年

启动"申博"工作

学校的"申博"工作伴随着学校的快速发展、进步而起步。早在 1996 年,学校开始培养硕士研究生;2000 年,与武汉大学、中国科学院等单位联合培养博士生;2005 年,学校本科教学工作水平合格评估获得"优秀",这不仅标志学校合并组建取得阶段性成果,也为学校发展提出了更高要求。为进一步提高办学层次和水平,把学校建设成为"水电特色鲜明的高水平的地方综合性大学",学校决心再接再厉,力争通过艰苦不懈的努力,取得"博士学位授予权单位"。为此,决定启动"申博"工作。

2006 年 8 月 21 日至 23 日,学校召开第七次党委(扩大)会。

会上,刘德富作了题为《加快建设步伐、加大改革力度,为确保"申博"成功而努力奋斗》的主题报告。报告全面总结了学校的工作成绩和经验,分析了当代世界和中国高等教育改革与发展的趋势,明确提出了以下工作任务:一是围绕"申博",大力开展学科建设、队伍建设和科研工作;二是进一步加强"高素质、强能力、应用型"人才的培养工作;三是全面推行目标管理;四是大胆探索有利于创新的基层学术组织;五是完善学校内部控制,探索高校风险管理;六是进一步构建学术型、和谐型、节约型校园。

李建林、胡翔勇分别在会上作了学科建设与"申博"工作和本科教育教学工作的专题报告。12 个学院、3 个立项建设博士点学科负责人作了汇报。与会代表围绕"申博"及目标管理展开了热烈讨论，提出了很多建设性的意见和建议。

2006 年 9 月 6 日，学校正式成立"三峡大学申博工作领导小组"及其办公室，召开了"申博领导小组"专题会议，研究"申博"方案及工作安排。"申博"工作专班集中力量，深入调研，拟定了"三峡大学博士点立项建设五年规划"。"申博"工作正式启动。自此，"申博"成为三峡大学人的奋斗目标，成为三峡大学的中心任务。

这项工作也得到湖北省教育厅的高度重视与支持。2007 年 5 月 10 日，教育厅长路钢来学校调研，在座谈会上，他明确表示，省教育厅将全力以赴支持三峡大学的"申博"工作，力争"申博"目标早日实现。

2007 年 8 月 23 日至 24 日，学校在求索报告厅召开第八次党委(扩大)会。会议的主题就是，进一步落实三峡大学第二次党代会精神，积极推进四大战略，努力实现"申博"目标，为建设水电特色鲜明的高水平地方综合性大学而努力奋斗。

大会明确了以下工作重点：实现一个目标，即"申博"成功，获得博士学位授予权，取得 2~3 个博士点；落实两个考核，即各单位目标完成情况考核和教师年度考核；完善三个规划，即学科建设规划、人才队伍建设规划、科技发展规划；推进四项工作，即推进重点学科建设和机制的完善、推进学术团队的构建、推进新的一年的目标管理、推进校园环境的整治。

以上要求为"申博"工作的开展奠定了坚实基础。

2008 年 3 月 26 日，学校召开了立项建设博士点学科方向特色研讨会。会上，副校长、重点学科办公室主任谭志松认真分析了学校面临的"申博"形势，提出了学科建设的基本思路和对策。岩土工程等 8 个立项建设博士点的学科负责人对本学科立项建设情况作了分析汇报并接受专家咨询和答辩。刘德富作了总结讲话。他强调，"申博"工作要科学规划、整合资源、狠抓建设、突出特色，抓建设是各个博士点的根本任务。在抓建设中，各个学科要进一步凝练方向、汇集队伍、搭建平台、展示形象。他要求各学科负责人和广大教职员工都要增强责任意识和危机意识，树立竞争和机遇意识，开放和合作意识，为实现"申博"贡献智慧和力量。

这次会议进一步明确了"申博"的主攻方向和工作重点，使之更具针对性和操作性。

新增 13 个硕士学位授权学科

2006 年 2 月，经国务院学位委员会学位(2006)3 号文批准，三峡大学中共党史等 13 个学科、专业为硕士学位授权的学科、专业点，取得招收、培养硕士研究生以及授予学位的资格。另按国务院学位办（2005）4 号文精神，原有的马克思主义理论与思想政治教育学科拆分为两个二级学科，至此，学校共有 32 个学位点，学科建设又上了一个新台阶。

本次批准的 13 个硕士点名单如下：中共党史（含党的学说与党的建设）、马克思主义中国化研究、高等教育学、文艺学、汉语言文字学、凝聚态物理、有机化学、生物化学与分子生物学、生态学、工程力学、结构工程、地质工程、外科学。

重点实验室建设取得新成绩

在加强重点学科建设的过程中，学校重点实验室建设也取得可喜成绩。

2006 年，三峡大学"湖北长江三峡滑坡国家野外观测站"获科技部批准，被正式纳入国家野外科学观测研究站序列进行管理；2008 年，科技部召开"特殊环境、特殊功能观测研究站体系建设"项目 2007 年年会，会上，"湖北长江三峡滑坡国家野外观测研究站"建设被纳入"十一五"国家基础行动计划。"十一五"期间，国家发改委投入 500 万元，用于更新监测预警重大仪器设备、改善观测研究条件、完善监测数据资源共享平台、加强应急监测防灾技术研究，使观测研究站实力大为增强，服务经济建设和社会发展的能力大为提高。

2006 年 12 月，建设期满三年的省级重点实验室——水电工程施工与管理实验室通过了省教育厅、科技厅组织的专家组的评估验收。

2008 年 3 月，学校申报的"水库移民研究中心"经湖北省教育厅组织专家评审，被批准为湖北省高校人文社会科学重点研究基地。

2008 年 6 月，经湖北省文化厅批准，"湖北省非物质文化遗产研究基地"在学校成立。

2008 年 12 月，根据鄂教高（2008）24 号文件，学校新增电工电子实验教学示范中心、生物实验教学示范中心、英语语言学习实验教学示范中心和基础医学实验教学示范中心 4 个省级实验教学示范中心。

2009 年 1 月，第一临床医学院中医药实验室获"国家二级中医药实验室"称号。

2012 年 11 月 9 日，"水电机械设备设计与维护湖北省重点实验室"列入省级重点实验室建设计划。

2013 年 1 月，学校首个省级协同创新中心"三峡地质灾害与生态环境湖北省协同创新中心"获批建设。

11 月 3 日，学校获批"国家体育总局文化发展中心体育文化研究基地"。

11 月 29 日，"三峡大学—安琪酵母股份有限公司国家级工程实践教育中心"在学校揭牌成立。

截至 2013 年，学校拥有国家野外科学观测站 1 个，省部级重点实验室 8 个，省级自主创新重点基地 1 个，省部级工程研究中心 3 个，省级人文社会科学研究基地 3 个。

这些成绩的取得，标志着学校重点实验室建设进入了新阶段。

国际合作与交流异彩纷呈

1. 诺贝尔化学奖获得者艾伦·麦克德尔米德来校讲学

2006 年 6 月 16 日至 20 日，诺贝尔化学奖得主、美国高分子化学家艾伦·麦克德尔米德抵达宜昌，在三峡大学进行了一周的学术活动。在此期间，麦克德尔米德教授举办了专题学术报告，与专家、学者交流座谈，并成立了"三峡大学艾伦·麦克德尔米德再生能源研究所"。这是首次有诺贝尔奖获得者来湖北省属高校讲学。6 月 17 日上午，在行政楼一楼会议室举行了麦克德尔米德教授、美国得克萨斯州达拉斯分校副校长冯达旋博士见面会，就人才培养、科学研究、大学教育和能源建设等方面展开了讨论。见面会结束后，麦克德尔米德教授和冯达旋博士参观了校史馆并题词。艾伦·麦克德尔米德题词：科技以人为本，三峡——世界能源未来的中心。冯达旋博士题词：三峡大学，百年树人。6 月 18 日，"三峡大学艾伦·麦克德尔米德再生能源研究所"正式揭牌，由黄应平教授任所长。艾伦·麦克德尔米德、刘德富、冯达旋等出席了揭牌仪式。

2. 2006 年 11 月 8 日，由艾伦·麦克德尔米德教授倡导，三峡大学承办的首届国际再生能源科技论坛在学校举行

会上，美国农业部西部研究中心资深专家、生物制品化学与工程研究学术带头人 William J. Ores 博士，巴西农业部资深专家、巴西战略委员会成员、巴西农业部中心主任 Ladislav Marti-Netin-Neto 教授、新西兰通讯研究所主席、国际能源有限公司主席 Jom Ruther-ford 博士、三峡大学艾伦·麦克德尔米德再生能源研究

所副所长龚大春博士、三峡开发总公司计划发展部副主任赵建强、安琪酵母股份有限公司高级工程师李志军、浙江大学王启东教授等作了 11 个专题报告。这是一次高层次、高规格交流、探讨再生能源开发的一次盛会。会上，来自巴西、爱尔兰、新西兰、美国等国家的与会代表共同签署了《国际再生能源科技论坛白皮书》。论坛取得了圆满成功。

3. 蒙代尔教授访问学校

2006 年 10 月 11 日，诺贝尔经济学奖得主、哥伦比亚大学教授、被誉为"欧元之父"的罗伯特·蒙代尔来校访问。当晚，在大学生体育馆，面对 3600 多名师生、热情的听众，他作了题为《诺贝尔奖与经济发展中的中国》的学术报告。报告中，他纵横捭阖，纵论世界经济，盛赞中国发展，内容丰富、数据翔实、语言精辟、分析独特，受到大家的热情欢迎和赞许。次日，他还与经济与管理学院的部分师生进行了座谈。

4. 世界高校联盟(N.E.W.S.)年会在三峡大学召开

2006 年 10 月 24 日至 25 日，以"大学人力资源发展中的作用"为主题的 N.E.W.S.2006 年年会在学校举行，这是三峡大学第二次承办该会。学校于 1998 年首次参加联盟年会并正式加入该组织，高度重视并积极参与该联盟的合作与交流活动。

来自俄罗斯、乌克兰、德国、日本、韩国等国家近 20 名 N.E.W.S.成员代表参加了会议。会议代表介绍了近几年的合作成果，就 N.E.W.S.成员之间全球实习计划与夏季短期培训、跨文化研究等进行了广泛交流和探讨。包括三峡大学文学院党委书记张朔在内的 5 位代表作了专题报告。

2011 年 9 月 20 日，世界高校联盟第八次年会在三峡大学求索报告厅举行。来自美、德、法、俄、韩、日、丹麦、奥地利等 15 个国家和地区的 30 多所高校、政府、企业、科研院所共 80 余名校长、官员、专家、学者、企业家、新闻记者出席了会议。会议围绕"知识经济中的高等教育和高等教育国际化的发展走向"这一主题展开，并举办了 14 个专题的学术报告，李建林在会上作了题为《搭建平台、消除壁垒、推进合作、引领高等教育国际化健康发展》的主题报告。这是学校第三次举办世界高校联盟年会，会议推选三峡大学党委书记李建林为联盟主席。会上，与会代表共同签署了《中国宜昌宣言》，致力于教师交流互访、学生交流互换、校际间课程学分互认、学位互授联授。此次宣言新增了包括为合作院校提供语言与文化课程、实施全球高校联盟的寒暑假大学项目等。寒暑假大学项目的首次启动意味着在寒暑假里，三峡大学学生可到 19 所高校交流学习。宣言的签署标志着全球高校联盟新起点的开始，为推动中国高校走在国际化办学的前列搭建了广阔的发展平台。

三峡大学还与各国大学代表签署了合作办学协议。

5. 第一届三峡库区地质灾害国际学术会议在学校举行

2006 年 8 月 18 日，第一届三峡库区地质灾害国际学术会议在三峡大学举行。来自美国地质调查局、日本京都大学、国际滑坡研究协会、三峡库区地质灾害防治工作指挥部、中国地质调查局宜昌地质矿产研究所、502 研究所、上海交通大学、北京工业大学等 10 余个单位的 50 余名专家学者参加了研讨会。

代表们围绕"三峡库区地质灾害防治"的主题，对三峡库区部分工程岸坡崩滑灾害进行了研究，对三峡库区滑坡形成机制和灾害进行了预测。三峡大学郑宏、罗先启等作了学术报告。会议期间，与会专家学者参观了三峡库区地质灾害教育部重点实验室，并对新滩滑坡、链子岩危岩体、树坪滑坡等正在治理监测的三峡库区典型滑坡防治工程进行了现场考察。

除了召开国际学术会议，学校还与全球 30 多个国家和地区的 80 余所高校建立了交流合作关系；一些国家的政要、驻华使节也曾到学校访问。2009 年 5 月和 11 月，印度驻华大使拉奥琦、马尔代夫驻华大使艾哈迈德·拉蒂夫先后访问学校。同年 3 月 30 日，联合国大学文化与环境研究网第一次工作会议在学校召开。

重点学科建设结硕果

学科建设是学校办学之基、发展之本，全校上下都高度重视学科建设，各学院也积极组织力量，整合资源，狠抓学科建设，积极申报重点学科，在"十一五"规划的开局之年，学校重点学科建设便捷报频传，结出丰硕成果。

2006 年 7 月，湖北省人民政府学位委员会、省教育厅以鄂学位（2006）13 号文下发了《关于公布省级重点学科和立项建设学位点名单及硕士点评估结果的通知》，学校在省教育厅新一轮省属高校省级重点学科评选、省政府学位委员会开展的第四轮拟增学位点立项建设和硕士学位授权点评估中取得了优异成绩：有 12 个学科被评为省级重点学科（含 3 个一级学科），立项建设博士点 7 个，立项建设硕士点一级学科 9 个，二级学科 19 个，6 个硕士学位授权点均通过评估。它们是：

12 个省级重点学科。其中，3 个一级学科：土木工程、水利工程、管理科学与工程；9 个二级学科：马克思主义中国化研究、文艺学、应用数学、生态学、机械制造及其自动化、电力系统及其自动化、计算机应用技术、免疫学、药理学。

7 个立项建设博士点：管理科学与工程、生态学、电力系统及其自动化、岩土工程、防灾减灾工程及防护工程、水工结构工程、免疫学。

9 个立项建设一级学科硕士点：马克思主义理论、中国语言文学、物理学、电气工程、计算机科学与技术、土木工程、水利工程、基础医学、工商管理。

19 个立项建设二级学科硕士点：区域经济学、民俗学、教育技术学、体育教育训练学、中国古代文学、美术学、运筹学与控制论、微生物学、机械电子工程、材料学、模式识别与智能控制系统、水力学及河流流动力学、生物化工、环境科学、内科学、儿科学、影像医学与核医学、中西医结合临床、行政管理。

6 个硕士学位点评估合格：机械设计及理论、电力系统及其自动化、岩土工程、防灾减灾工程及防护工程、水工结构工程、管理科学与工程。

2012 年 11 月 5 日，湖北省教育厅公布"十二五"省属高校重点学科和省级重点(培育)学科名单。学校水利工程与土木工程两个学科获省优势学科；电气工程、中国汉语言文学、基础医学、管理科学与工程、生态学 5 个学科获省特色学科；计算机科学与技术、机械工程、物理学、外国语言文学 4 个学科获省重点(培育)学科。

全面推行目标管理

学校第七次党委(扩大)会明确提出，要全面推行目标管理。这是在学校完成实质性合并，取得阶段性巨大成绩的基础上，努力实现管理工作的规范化、科学化，大力促进学校内涵发展的重要举措。

2006 年 9 月，学校成立了目标管理领导小组，下达了《三峡大学教育事业"十一五"规划主要发展目标年度分解计划》，制定了《三峡大学目标管理办法(试行)》《三峡大学目标管理考核办法(试行)》，并于 2007 年 1 月正式实施。8 月，进行中期检查，检查结果表明，目标管理的导向性和效能在实际工作中逐步显现。年底，分别对学院及科研单位，机关和直属、附属单位进行考核，任务完成情况良好。经过一年的运行，目标管理工作循序渐进，不断深入推进，逐步构建起覆盖学院、机关、直属单位和经济独立核算单位的目标任务及其考核体系。在几年的实践中，根据不同类型单位的工作特点、任务要求，对目标确定、考核机制不断调整完善，使之更科学合理。同时，将目标管理与学院经费预算、资源配置相结合；将目标考核与干部任用相结合。目标管理的实施，激发了广大干部职工的积极性和创造性，推动了学校事业的迅速发展。

凝心聚力，做好民族团结工作

三峡大学面向全国招生，拥有本科以上学生近3万人，其中来自藏族、维吾尔族、回族、苗族、土家族等33个少数民族的师生3400余人。2004年起，面向湖北省招收少数民族预科生，2009年开始面向新疆等少数民族自治区招收预科生，2012年成立民族学院。由于少数民族师生众多，做好民族工作，促进民族团结，便成为学校工作的重要内容，成为统一战线工作的重要组成部分。

学校对民族工作十分重视，决定由统战部牵头，宣传部、学生工作(部)处，各学院党委共同配合，并主动争取湖北省民族宗教事务委员会和宜昌市民族宗教事务局的帮助和指导，"上下联动、横向沟通"，形成了民族工作的网络和工作机制。

学校注重民族工作的制度化、规范化和经常化，把民族团结教育纳入学校工作计划；多次举办民族政策及民族知识专题讲座，使党的民族理论、民族政策、民族法律法规的教育进课堂；开辟"民族宗教专栏"，加强民族知识和民族政策宣传；关注少数民族师生的思想状况，经常对少数民族师生的学习、生活、思想进行调查摸底。与代表人物交心谈心，倾听他们的心声，及时反映他们的呼声，并加以正确引导。

及时为少数民族学生排忧解难。几年来，学校从奖学金、助学贷款、社会资助、学杂费减免、办好清真食堂等几个方面解决少数民族特困生的困难，形成了"奖、贷、助、减"的资助体系。统战部主动与民营企业家联系，一对一资助藏族困难学生，解决他们的生活困难，让他们安心学习。每年资助藏族学生的学费达5万多元。在招生、管理、奖学金发放等方面都注意少数民族学生的特性，切实保障他们的权益。

截至2010年，学校在校少数民族学生中有435名学生加入了中国共产党，超过了少数民族学生总数的10%。学校鼓励、支持各部门、各学院结合少数民族文化特点，开展具有浓郁民族特色的文化活动，并取得了可喜效果。由国际合作交流处与团委共同举办的"桃花节"，深受师生、市民欢迎；土家族学生组成的

"三妹子合唱组"演唱的《唱支山歌甩过来》获"第四届全国大学生艺术节"铜奖。95%的少数民族学生都能实现稳定就业。

学校坚持定期了解少数民族骨干教师的教学、科研情况和思想状况，对少数民族代表人士加以培养。先后送到中央、省社会主义学院和市委党校学习的有15人次，推荐省人大代表1人，市政协委员3人，区人大代表、政协委员3人。校领导班子中有1位少数民族副校长，副处级以上少数民族干部18人，他们在各自工作岗位上为学校教育事业发展作出了积极贡献。

由于民族团结工作成绩突出，2010年2月26日，在湖北省第三次民族团结进步表彰大会上，学校党委统战部被授予"湖北省民族团结进步模范集体"称号，这是在鄂高校中唯一获此殊荣的单位。

全国政协原副主席钱正英视察学校

2006年10月3日，全国政协原副主席、中国工程院院士钱正英在湖北省政协副主席张荣国、水利部科技司原司长戴定忠、国家"勘测大师"徐瑞春等陪同下来学校视察，受到学校领导、专家教授及师生们的热烈欢迎。

座谈会上，钱正英听取了刘德富等校领导的汇报，对学校取得的成绩给予了充分肯定。会谈中，钱正英关切地询问了学校学科建设、科技创新、人才培养和学生就业等方面的情况。座谈会后，钱正英一行兴致勃勃地参观了校史馆、水工厅、仿真实验室和语言语音教学中心。

钱正英十分关心学校建设与发展。早在学校合并之初，时任全国政协副主席的钱正英就热情鼓励：三峡大学是很有前途的。多年来，钱正英一直关注学校的发展，对学校的进步给予了充分肯定和高度评价。2006年3月，刘德富、许文年、陈芳清三人专程赴中国工程院，向钱正英、潘家铮、徐乾清三位院士汇报"三峡库区消落带植被的生态恢复与重建"方面的研究工作，获得了三位院士的赞许。

主持制定、参编行业标准

2006年11月，由三峡大学主编的《水利水电工程施工通用安全技术规程》和《水利水电工程金属结构与机电设备安装安全技术规范》两项行业标准通过了由水利部、中国电力企业联合会组织的评审验收。

2013年11月，中国地质灾害防治工程协会正式确定地质灾害防治行业标准规范编制的主编和参编单位，其中三峡大学主编2项，参编13项，主要涉及地质灾害监测技术、监测工程施工、监测工程竣工验收、监测资料整理归档、监测预警预报信息发布治理工程设计、治理工程质量评定检验、地质灾害数据库及信息系统建设等方面内容。

主持制定或参编行业规范，进一步提高了学校的知名度，促进了相关学科建设、科学研究和社会服务。

"质量固本"扎实推进

2005年在教育部本科教学工作水平评估中，学校获得"优秀"，学校办学质量得到充分肯定。"十一五"期间，学校更把提高教育质量放在重要位置，三峡大学第二次党代会明确提出实施"质量固本"战略。为落实党代会要求，学校先后于2006年12月和2010年12月，召开第三、第四次教学工作会议，扎实推进教学工作。

第三次教学工作会提出，要根据"十一五"规划的总体目标，以巩固评建成果为契机，大力加强教学工作，保证教学投入，强化教学管理，深化教学改革，切实提高教学质量，努力开创教学工作的新局面。经会议认真讨论，学校制定了《关于深化教学改革，全面提高本科教学质量的意见》《关于大力推进大学生文化素质教育的若干意见》《关于加强学生创新精神和创新能力培养的若干意见》《关于加强实践教学工作的若干意见》《关于建立教学质量监控与保障长效机制的若干意见》《关于进一步推动教学改革工程的若干意见》《关于大力推进教育技术现代化的若干意见》等7个文件，就教学及教学改革等方方面面作了全面部署，这为"质量固本"工作奠定了坚实、雄厚的基础。

第四次教学工作会议则是认真贯彻国家、湖北省《中长期教育改革和发展纲要(2010—2020)》的精神，精心策划"十二五"教学工作，营造优良的教学环境，全面实施"三峡大学本科教育教学振兴计划"，推动本科教学工作再上新台阶。会议还就教务系统、保障系统、学工系统展开了专题讨论，以把会议精神落到实处。这是"质量固本"工作的新突破。

香港知名人士汤恩佳捐赠孔子铜像

2006 年 12 月 12 日，三峡大学举行了简短的孔子铜像揭幕庆典。这座青铜铸成的孔子像高 3.3 米，重 1 吨，由香港知名人士汤恩佳捐赠。香港孔教学院、湖北省政协和学校的领导出席了揭幕式。

汤恩佳自 1992 年接任香港孔教学院院长以来，以弘扬孔子之道为己任，受到社会各界人士的赞许。他在揭幕庆典上说，儒学不仅为人类的政治活动，同样也给经济活动勾画了一个基本的价值方向和行为规范。儒学伦理的现代价值，要求从商者或者企业管理者遵照儒家的社会伦理、经济伦理，发扬儒家关切社会和谐、文化教育的精神，在商务活动中，要做到儒家接人待物力求公平公正的风范。

湖北省政协副主席王少阶在揭幕式上强调，中国要建立一个和谐社会，孔子及儒家思想是一个伟大的宝库。作为一种哲学思想，儒家所崇尚的"和合"思想，不仅为中国，也为世界解决争端、化解矛盾提供了更加合理的方式。汤恩佳慷慨惠赠的孔子铜像揭幕，对三峡大学不断完善育人体系，建设和谐校园文化提供了新的发展空间。

香港知名人士对三峡大学的支持和捐赠还有：

邵逸夫捐赠 400 万港元，支持学校修建艺术教学楼；2007 年邵氏基金赠款第 16 批大学项目评审中，该项目获得一等奖。

田家炳捐赠 300 万元，支持学校兴办了田家炳教育学院。

2007 年

"学科立校"写新篇

三峡大学第二次党代会明确提出要实施"四大战略",其一即"学科立校"战略。这是在长期办学实践中,逐步树立起的办学理念和经验:办学要"以学科建设为龙头、以科技为支撑、以队伍建设为根本、以质量求生存、以创新求发展",学科建设是学校工作的重中之重。

党代会闭幕不久,2007 年 1 月 15 日,学校第一次学科建设工作会议在求索报告厅举行。会议以"进一步提高认识、统一思想、明确任务、加大力度,以'申博'工作为重点,认真落实'十一五'学科建设规划,全面提高学校学科建设水平"为主题,围绕李建林的报告及会议下发的《三峡大学关于加强重点学科建设的若干意见》《三峡大学重点学科建设管理暂行办法》《三峡大学学术梯队建设与管理暂行办法》《三峡大学重点科研基地建设与管理暂行办法》等文件,展开了热烈的讨论和交流,提出了很多宝贵的意见和建议。

这次会议目标明确、内容丰富、措施具体,标志着学校新一轮学科建设全面启动。

2007 年 4 月,学校《关于加强重点学科建设的若干意见》正式出台。意见明确提出"三个坚持"的指导思想,即重点学科建设必须坚持以科学发展观为指导;坚持"优化资源、突出特色、鼓励交叉、开拓创新、系统推进、注重绩效";坚持以人为本。《意见》要求在"十一五"期间,按照构建水电能源工程、灾害与环境、电气工程与信息科学、生命科学与生物技术、三峡文化与区域经济五大学科群的思路，初步形成 1 至 2 个优势突出、特色鲜明、覆盖面广，并对学校发展有重大推动作用的学科群；重点建设 3 个一级省级重点学科和 9 个二级省级重点学科，使其中 2 至 3 个学科特色鲜明、优势突出，达到国内先进水平并有一定国际影响；1 至 2 个达到国家级重点学科水平；硕士点达到 30 个左右（一级学科硕士点达到 6 个），专业硕士学位授权点达到 8 个；实现博士授权单位的突破，并达到 3 至 5 个博士点。《意见》还提出了一系列措施。

2008 年 6 月，学校再次召开学科建设工作会议，要求扎实抓好学科建设，把"申博"工作落到实处。

几年来，各学院按照学校的统一部署，科学制定学科建设规划，加大投入力度，不断凝练学科优势和特色，强化学科内涵发展，使学科建设取得了可喜的成绩，不仅推动了学校跨越式发展，也为"申博"奠定了坚实基础。

学生学科竞赛成果丰硕

为了培养学生创新意识、创新能力，提高学生综合素质，推动学生积极参加学科竞赛，2007 年 3 月学校发布了《三峡大学大学生学科及科技作品竞赛的组织和奖励办法（修订稿）》。明确"学科及科技作品竞赛的范围"为"由国家或省（部）级主管部门公开组织的，由在校大学生参加的常设性学科竞赛，如大学生电子设计大赛、数学建模竞赛、结构设计竞赛、全国计算机仿真大奖赛、英语演讲比赛等"，"由国家或省有关部门组织的'挑战杯'大学生课外学术科技作品竞赛"。2010 年 12 月，三峡大学第四次教学工作会上通过的《三峡大学关于进一步加强本科教学工作的若干意见》中提出："继续抓好数学建模、电子设计大赛、机械创新设计大赛、结构设计大赛等省级以上学科竞赛活动；继续加强校级学科竞赛活动，完善数学建模等校级学科竞赛活动的实施方案；继续坚持每个学院至少有一项学科竞赛项目，扩大学科竞赛的参与面，将校级学科竞赛和省级以上学科竞赛有机结合起来，形成完整的学科竞赛体系。"

这一时期，学校组织和参加的学科竞赛项目逐步增加，2008 年学校组织的学科竞赛有力学竞赛、结构设计竞赛、电子设计竞赛、数学建模竞赛、机械创新设计竞赛、广告艺术设计大赛、英语演讲竞赛、英语竞赛、化学实验技能竞赛、证券模拟投资竞赛共 10 项。到 2013 年学校举办校级学科竞赛 20 项，参与的学生也逐渐增多。

学校积极组织学生参加全省、全国的相关学科竞赛，取得了不错的成绩。

2006 年，获全国大学生电子设计大赛省级一等奖 2 个。获大学生电子设计 ALTERA 杯—SOPC 专题竞赛省级二等奖 1 个。获全国大学生数学建模大赛省级一等奖 1 个，二等奖 3 个。获全国大学生机械创新大赛省级二等奖 3 个，三等奖 2 个。

2007 年，获全国大学生英语竞赛国家级一等奖 2 个，二等奖 8 个，三等奖 14 个。获全国大学生电子设计大赛国家级一等奖 1 个，省级一等奖 4 个，二等奖 3 个，三等奖 2 个。获全国大学生数学建模大赛省级一等奖 1 个，三等奖 1 个。获全国周培源大学生力学竞赛省级二等奖 1 个，三等奖 1 个。获全国大学生飞思卡尔杯智能车竞赛省级三等奖 1 个。获全国大学生广告艺术大赛省级三等奖 2 个。获全国英语演讲大赛省级三等奖 1 个。

2008 年，获全国大学生电子设计大赛省级特等奖 1 个，一等奖 2 个，二等奖 3 个。获全国大学生机械创新大赛国家级一等奖 1 个，二等奖 1 个，省级一等奖 2 个，二等奖 3 个。获全国大学生飞思卡尔杯智能车竞赛国家级三等奖 1 个。获全国大学生英语竞赛国家级一等奖 3 个，二等奖 9 个，三等奖 19 个。获全国第二届大学生结构设计竞赛国家级二等奖 1 个。获全国大学生数学建模大赛省级一等奖 2 个，二等奖 2 个。

2009 年，获全国大学生电子设计大赛国家级一等奖 1 个，二等奖 2 个，省级一等奖 2 个，二等奖 6 个。获全国大学生数学建模大赛国家级一等奖 2 个，二等奖 1 个，省级一等奖 2 个，二等奖 2 个，三等奖 2 个。获首届全国大学生水利创新设计大赛国家级特等奖 1 个，一等奖 1 个，二等奖 2 个。获第二届"高教杯"全国大学生先进图形技能与创新大赛国家级一等奖 3 个，二等奖 7 个，三等奖 2 个。获全国大学生飞思卡尔杯智能车竞赛国家级三等奖 1 个。获全国周培源大学生力学竞赛省级三等奖 1 个。获全国大学生英语竞赛国家级特等奖 2 个，一等奖 3 个，二等奖 15 个，三等奖 27 个。

2010 年，获全国大学生数学建模大赛国家级一等奖 4 个，二等奖 4 个，省级一等奖 4 个，二等奖 6 个，三等奖 8 个。获全国大学生电子设计大赛省级二等奖 2 个，三等奖 4 个。获全国大学生机械创新大赛国家级一等奖 2 个，三等奖 1 个，省级一等奖 3 个，二等奖 4 个，三等奖 1 个。获第三届"高教杯"全国大学生先进图形技能与创新大赛国家级一等奖 3 个，二等奖 9 个。获第四届全国计算机仿真大赛国家级一等奖 1 个，二等奖 1 个。获全国第四届大学生结构设计竞赛国家级三等奖 1 个。获全国大学生飞思卡尔杯智能车竞赛省级二等奖 1 个，三等奖 2 个。获全国大学生英语竞赛特等奖 2 个，一等奖 2 个，二等奖 13 个，三等奖

25 个。

2011 年，参加全国赛事 26 项，获国家级奖 57 个，其中，特等奖 1 个，一等奖 15 个，二等奖 23 个，三等奖 9 个。获省级奖 38 个，其中，一等奖 11 个，二等奖 15 个，三等奖 12 个。由王怀春老师指导，朱磊兵、余得水、向妩思队组获第六届"科讯杯"国际大学生影视作品大赛特等奖。

2012 年，参加全国赛事 29 项，获国家级奖 130 个，其中，特等奖 1 个，一等奖 24 个，二等奖 57 个，三等奖 48 个。获省级奖 72 个，其中，一等奖 18 个，二等奖 24 个，三等奖 30 个。由陈慈发、丁晓波老师指导，陈星宇、惠述俊、夏权队组获第八届全国大学生嵌入式物联网设计大赛特等奖。

2013 年，参加全国赛事 27 项，获国家级奖 96 个，其中，特等奖 1 个，一等奖 23 个，二等奖 51 个，三等奖 21 个。获省级奖 79 个，其中，一等奖 21 个，二等奖 32 个，三等奖 26 个。由孙坚、张秀芝、郭贵莲、王仁明老师指导，谢桐、童梅获得西门子杯全国大学生工业自动化挑战赛国家特等奖。

专业评估屡获佳绩

专业评估是高等学校深化教学改革，提高人才培养质量的重要措施，也是学校办学水平的重要体现。学校对专业评估工作十分重视，继在教育部本科教学工作水平评估获得"优秀"后，进一步加强了各专业教学工作的改革、提高。

2006 年 6 月教育部高教司下发了《关于做好 2007 年高等学校英语专业本科教学工作评估的通知》，确定三峡大学等 44 所高等学校参加 2007 年英语专业本科教学工作水平评估。本次评估教育部委托高等学校外语专业教学指导委员会具体实施。

2007 年 5 月 8 日，以解放军外国语学院李绍山教授为组长，南京大学刘海平教授为副组长，四川外国语大学严启刚教授、西北大学李建利教授、山东大学李杨教授、湖南师范大学秦裕祥教授为成员的教育部专家组到校开展英语专业本科教学工作水平评估。专家组听取了英语专业办学情况汇报，检查了课堂教学情况、调阅了学生考试试卷和毕业论文、考察了实验室及其他公共教学设施。2008 年 1 月教育部发文，学校英语专业本科教学工作评估结果为良好。

此次评估系学校本科教学工作水平评估后，学校首个专业接受教育部组织的专业办学水平评估。

2006 年 5 月 29—31 日，受建设部高等教育土木工程专业教育评估委员会派遣，以中国建筑第六工程局朱华强教授级高工为组长，中国铁路工程部总公司三局吴仁友教授级高工、长安大学沙爱民教授、哈尔滨工业大学邹超英教授为成员的评估视察小组对学校土木工程专业教育情况进行了评估考察。2006 年 8 月，建设部高等教育土木工程专业教育评估委员会发文通知：评估合格，合格期自 2006 年 6 月起至 2011 年 6 月止。

2011 年 5 月、2016 年 5 月住建部高等教育土木工程专业教育评估委员会分别派遣专家组进校对土木工程专业教育情况进行评估（认证）考察，结果均为合格。

土木工程专业评估始于 1995 年，由住房和城乡建设部高等教育土木工程专业评估委员会针对全国高校开设的土木工程专业实施专门性评估。自 2016 年开始，土木工程专业评估被纳入全国工程教育认证的整体框架，采用了工程教育认证标准，同时获得《华盛顿协议》认可。"土木工程专业评估"更名为"土木工程专业评估（认证）"。

学校土木工程专业评估始于 1999 年，是学校第一个接受国家部委专业教育评估的专业，为学校其他专业进行专业评估（认证）提供了经验。

2012 年 5 月 22—24 日，受住房和城乡建设部高等教育工程管理专业教育评估委员会派遣，以西安建筑科技大学刘晓君教授为组长，中国建筑业协会副会长徐义屏、同济大学陈建国、中国建筑股份有限公司王立为成员的工程管理专业教育评估视察专家组对学校工程管理专业教育情况进行评估考察。专家组听取了学校办学情况和工程管理专业办学情况汇报，考察了学校图书馆、语言语音教学中心、结构实验室、水工厅、工程管理专业实验室、专业实习基地，深入课堂了解专业课授课情况，召开师生座谈会，审阅专业文件，抽查学生试卷、作业、实习报告、课程设计和毕业设计等教学资料。2012 年 6 月，住房和城乡建设部高等教育土木工程专业教育评估委员会发文，学校工程管理专业评估合格，合格期自 2012 年 5 月起至 2017 年 5 月止。

2017 年 5 月工程管理专业再次接受高等教育土木工程专业教育评估委员会的评估考察，结果为合格。

2008 年 12 月，湖北省教育厅下发《省教育厅关于印发〈湖北省普通高等学校本科专业教学合格评估方案〉（试行）的通知》，决定对省属普通本科院校、独立学院中除教育部特色专业建设点、省品牌专业点和立项建设的品牌专业点外的所有普通本科专业开展专业教学合格评估工作。

为做好本次专业教学合格评估迎评工作，2009 年 4 月 2 日，学校在求索报告厅召开了本科专业教学合格评估动员大会。刘德富、李建林、胡翔勇以及学校本科专业教学合格评估领导小组全体成员、各学院教学负责人和全校 56 个本科专业负责人等参加了会议。胡翔勇作动员报告，要求大家高度重视，扎实工作，认真细致，确保所有参评专业都能通过省教育厅组织的合格评估。李建林在主持会议时强调要通过迎评工作建立人才培养长效机制。刘德富总结讲话要求，通过评估使我校本科教学工作再上新的台阶。

学校成立评建办公室，制定《三峡大学本科专业教学合格评估专项评建工作安排表》，要求各专业根据《湖北省普通高等学校本科专业教学合格评估指标体系》做好自评自建工作。39 个迎评专业形成了专业自评报告，所有本科专业填报专业建设数据，并完善专业建设文件。

2009 年 12 月，教育厅组织 3 个专家组进校分别对广播电视新闻学、教育技术学、公共事业管理专业进行现场评估考察。

通过此次评估，学校全面、客观地了解了本科专业的教学情况。各专业进一步明确了专业办学内涵，进一步提高了专业办学水平。

科技学院办学再上新台阶

三峡大学科技学院依托三峡大学，充分利用其优质教育资源，坚持质量为本，不断提高办学水平，一步一个新台阶。

2008 年 2 月 21 日至 22 日，湖北省教育厅专家组一行 5 人，对科技学院的办学条件进行了全面检查，对科技学院人才培养质量给予了充分肯定。

2012 年 5 月 6 至 7 日，湖北省学位办专家一行 6 人，对科技学院新增学士学位授权审核进行实地评审。专家组成员通过听取自评汇报、查阅评审资料、实地考察硬件设施、随机听课、召开教师和学生座谈会等形式，对科技学院教学工作进行了全面评审。经过认真研究和讨论，专家组一致认为：三峡大学科技学院依托三峡大学母体办学力量，坚持正确的办学方向，办学定位比较明确；以教学为中心，以服务水利水电行业和地方经济培养应用型人才为目标，办学质量较好；毕业生就业情况较好，符合新增学士学位授予条件，本次实地评议结果为"合格"。

同年 5 月，经湖北省人民政府学位委员会审核，下发了鄂学位（2012）3 号文，同意三峡大学科技学院为学士学位授权单位。20 个本科专业为学士学位授权专业。这标志着三峡大学科技学院具备独立颁发学士学位资格。这是三峡大学科技学院办学水平、教育质量的一个重要标志，对推动学院持续、健康发展，进一步提高教育质量具有十分重要的意义。

请进来、走出去，开展国际、国内艺术交流活动

　　2007 年 5 月 18 日至 24 日，"莱里斯国际音乐周"在学校顺利举行，这是由三峡大学主办，艺术学院、国际合作交流处承办的，也是继 2004 年、2006 年成功举办两届国际音乐周后开展的第三次国际文化交流活动。活动中，美国著名钢琴家特鲁、庞斯、苏克、珍妮·邓和著名女高音歌唱家富勒、小提琴家西斯沃斯分别举办了六场钢琴、声乐、小提琴讲座和音乐会；著名作曲家、原沈阳音乐学院院长秦咏诚教授(曾创造《我为祖国献石油》《我爱我的祖国》等名曲)，结合自己的创作经验，举办了一场歌曲创作专场学术讲座。音乐周期间，美国音乐家还同音乐系的师生进行了座谈。

　　除举办国际音乐周活动外，自 2011 年到 2021 年，艺术学院连续九次承办或协办中国宜昌"长江音乐钢琴节"。2011 年，16 项主题活动精彩纷呈。来自全国九大音乐学院及众多高等院校的院长共聚三峡大学，举办"音乐学院及高校院长高峰论坛"；第三届"唱响神州"全国高校钢琴展演半决赛、决赛和中国音协普通高校音乐联盟 2011 年年会也在学校举办。著名作曲家徐沛东、钢琴家刘诗昆、钢琴教育家谢哲邦来校作专题学术报告并受聘三峡大学"荣誉教授"。2012 年"长江钢琴"全国中小学音乐教师基本功比赛在校举行，除台湾地区外，来自全国 30 个省、自治区、直辖市的近 500 所中小学校的音乐教师作为参赛选手在橘颂音乐厅一展身手。

　　不仅请进来，而且走出去，2007 年 11 月 26 日至 12 月 7 日，三峡大学艺术学院民族乐团赴韩国昌信、崇实、高神、济州等 4 所大学进行了 5 场交流演出。具有中国民族特色的高质量演出，深受韩国师生欢迎。

　　这些国际、国内的艺术交流活动，不仅营造了良好的校园学术氛围，而且促进了学校的中外文化交流。

省长罗清泉视察学校

　　2007 年 5 月 20 日上午，湖北省省长罗清泉在省政府秘书长段轮一、宜昌市委书记李佑才陪同下来学校视察。

　　罗清泉一行参观了校史馆、重点实验室，与师生亲切交谈，了解学校教学、科研情况，询问学校建设发展中存在的困难与问题。他对学校建设与发展取得的成绩给予了充分肯定，他高兴地说，三峡大学面貌变化大，发展速度快，学校软、硬件条件都不错，比我想象的要好得多！罗清泉指出，三峡大学发展要立足三峡区域，进一步增强服务三峡区域经济建设和社会发展的能力；要充分利用宜昌水电地利条件，进一步发扬传统优势，突出学校的水电特色。当听到三峡大学正抓紧申请博士学位授予权单位时，罗清泉表示：办好三峡大学，进一步提高办学质量和层次，将会更好地为世界水电名城的建设和区域经济、社会发展提供科技和人才支持，省政府将全力支持三峡大学的"申博"工作，希望宜昌市政府、学校和省政府一道为把三峡大学办成水电特色鲜明的高水平地方综合性大学而努力。

"人才强校"成绩斐然

　　学校办学要提质量、出人才，关键是要有一支素质高、能力强的师资队伍，因此，三峡大学第二次党代会提出要实施"人才强校"战略。实施"人才强校"，一是要向内使劲，着力调动学校内教师的积极性，二是要向外借智，积极引进、借力于国际、国内高水平人才。

　　"十五"期间，学校实施"151"人才工程，取得了良好效果。在总结"十五"人才工作经验的基础上，2007年6月，学校推出了新的《"151"人才选拔及管理办法》（简称《办法》，下同）。《办法》旨在进一步建立、健全优秀人才脱颖而出的激励机制和人尽其才的用人机制，进一步调动人才的积极性和创造性，造就一支适应学校发展的高素质人才队伍。《办法》提出："十一五"期间，学校将选拔、造就占教师总数1%左右的在国内外有一定影响的"三峡学者"；占教师总数5%左右的学术基础扎实和具有创新能力的高水平"学术带头人"；占教师总数10%左右有发展潜力的优秀中青年"学术骨干"（简称"151"人才），形成结构合理的学术梯队，为学校内涵发展提供强有力的保证。

　　根据学校《办法》规定的选拔原则、条件、程序，"十一五"期间，学校共选拔、动态管理"三峡学者"15人，学术带头人71人，学术骨干143人。

　　2010年，根据党的十七大提出的实施人才强国战略的总体要求，中共中央、国务院印发了《国家中长期人才发展规划纲要（2010—2020）》，并着手实施各项人才计划。根据国家、省人才计划要求，学校积极选聘优秀人才，截至2013年，共选聘"百人计划"特聘教授 3 人，楚天学者讲座教授 20 人，楚天学者特聘教授 18 人，楚天学子 8 人，三峡学子特聘教授 39 人。推荐、入选湖北省新世纪高层次人才工程 14 人，教育部新世纪优秀人才计划 2 人。

在此背景下，为进一步加强教师队伍建设，尤其为青年人才脱颖而出创造良好氛围，建立"绿色成长通道"，以增强学校科研创新能力，提高人才培养质量，提升学校学术地位和综合实力，学校启动、实施了"青年拔尖人才培育计划"。

2013 年 6 月，学校出台《三峡大学"青年拔尖人才培育计划"管理办法(暂行)》(简称《暂行办法》，下同)。《暂行办法》对青年拔尖人才培育的目标和层次、选拔条件和程序、培育措施、考核评价等作出了具体规定。从 2013 年起，每年选拔一次，以 3 年为一个培育期。学校专门设立"拔尖人才培育基金"，在培育期内，将给予 10 万~50 万元的经费资助。通过建立导师制度、支持团队建设、搭建政策平台、给予学术假期、海外培育等措施，积极为"青年拔尖人才培育计划"培养对象营造良好的工作环境和氛围，促使其迅速成长，实现预期目标。

按照《暂行办法》，2013 年 11 月 26 日，学校进行首次"青年拔尖人才计划"培育对象的公开选拔工作，16 位初选合格的申报者参加答辩。经校学术委员会评议、投票，选拔第一层次 6 人，第二层次 10 人，均获得通过。

由于学校人才工作指导思想明确，措施有力效果显著，在 2013 年 1 月 16 日举行的湖北省人才座谈会上，学校获得"湖北人才工作十强高校"称号。

李建林任三峡大学校长

2007 年 6 月 21 日，中共湖北省委组织部发出《关于李建林同志职务任免的通知》，任命李建林为三峡大学校长、党委副书记。

召开第二次党代会

2007 年 6 月 26 日，中国共产党三峡大学第二次党员代表大会在求索报告厅隆重举行。会上，刘德富代表中共三峡大学第一届委员会作了《坚持科学发展观，构建和谐校园，为把我校建设成为水电特色鲜明的高水平地方综合性大学而努力奋斗》的工作报告。会议提出：今后 5~10 年是学校承前启后、继往开来的关键时期，要认清形势，科学定位，努力奋斗，实现一个目标，着力两个提高，创建三型校园，实现四大战略。即：

(1)突出一个目标：把学校建设成为水电特色鲜明的高水平地方综合性大学。

(2)着力两个提高：一是提高培养应用型人才的能力，二是提高科技创新水平和服务地方经济社会发展的能力。

(3)创建三型校园：创建学术型、节约型、和谐型校园。

(4)实施四大战略：实施学科立校、人才强校、科技兴校、质量固本战略。

会议听取和审议了中国共产党三峡大学第一届委员会工作报告和中国共产党三峡大学第一届纪律检查委员会工作报告。选举产生了中国共产党三峡大学新一届委员会和中国共产党三峡大学新一届纪律检查委员会。

随后，中共三峡大学第二届委员会召开第一次全体会议，选举产生了中国共产党三峡大学第二届常务委员会委员、副书记、书记。书记：刘德富；副书记：李建林、石亚非、何伟军；常务委员会委员：刘德富、李建林、石亚非、何伟军、谭志松、焦时俭、邹坤。中国共产党三峡大学第二届纪律检查委员会第一次会议选举石亚非任书记，刘望洲任副书记。

董事会工作不断深入

2007年7月7日，三峡大学董事会三届一次全体会议在求索报告厅举行。来自全国14个省市的70多家董事单位160余位代表齐聚一堂，共商新形势下学校发展大计，探讨如何进一步发挥董事会作用，促进学校与董事单位互利共赢，共同发展。

李建林在会上作了学校工作报告。报告总结了二届一次董事会以来，学校主要工作与成绩及未来5至10年的发展目标、发展战略和今后一段时间的主要工作。他指出，当前，学校改革与发展进入了提升办学层次和办学实力的关键时期，希望大家一如既往关心、支持三峡大学的建设与发展，为三峡大学建设发展增添新的动力。

刘德富作了董事会工作报告。报告总结了学校两届董事会的工作情况，提出了今后一个时期董事会的工作思路。

2001年6月董事会成立以来，各董事单位和董事关心、支持三峡大学的发展和进步，不仅在学校与政府、企事业单位、社会各界之间搭起了广泛合作的桥梁，同时，为学校跨越式发展作出了重要贡献。董事单位由成立之初的53家增加到128家，前两届募集基金513万元，接受捐赠物资价值约70万元；本届董事会募集基金总额 300 万元，签订科技合作项目经费 280 万元。

几年来，各董事单位与学校广泛开展合作与交流，卓有成效。一是整合多方资源，联合办学有成效。学校共为董事单位累计培养本专科学生近 400 人，培养工程硕士 400 多名；二是开展产学研合作，进一步拓宽科技合作领域。学校先后与各董事单位签订科技合作项目 400 余项，科技合作经费达到 4528 万元；三是育人用人相结合，人才培养质量不断提高；四是爱心捐资助学，共圆贫困学子大学梦；五是聘请兼职教授，借智办学上台阶。学校从各董事单位聘任专家、学者、兼职教授 18 人；六是加强交流互访，发挥桥梁纽带作用。

董事会三届一次全体会议还举行了董事会论坛，与会代表就董事会良性运行机制、企业对高校的要求、学校与企业科技合作的空间与方式等方面进行了深入探讨和交流。

2010 年 6 月 25 日，在三峡大学橘颂音乐厅举行了董事会四届一次会议，120 余家董事单位的 260 余名代表出席了会议。水利部部长陈雷发来贺电。与会代表还参加了学校举办的"新能源与水电可持续发展论坛"。

本次董事会共收到董事单位捐赠 500 余万元，签订科技开发、人才培养等合作协议 10 余项。

被评为"湖北省语言文字工作先进集体"

2007 年 9 月，湖北省语言文字工作委员会、湖北省教育厅联合发文，表彰认真贯彻落实《中华人民共和国国家通用语言文字法》和《湖北省实施〈中华人民共和国国家通用语言文字法〉办法》精神，积极开展语言文字规范化、标准化工作的一批先进集体和先进个人。其中，三峡大学被评为"湖北省语言文字工作先进集体"，学校国家级普通话测试员章光华被评为"湖北省语言文字工作先进个人"。

作为一所综合性大学，尤其是有着师范教育悠久历史的高校，学校十分重视语言文字工作。一是加强工作机构和队伍建设。成立了语言文字工作委员会，安排了专门经费，配备了设施；建设了一支由 5 名国家级测试员、29 名省级测试员组成的普通话测试队伍。二是出台了《关于进一步加强语言文字工作实施方案》等文件和规章制度，语言文字法律法规的贯彻落实工作不断深化。三是教学培训双管齐下，提高语言文字工作质量。四是普通话水平测试工作稳步推进，形成了"以测促训、以训推普、以点带面、稳步提高"的普通话培训测试工作机制。

5 年来，共测试学生 10492 人、教职工 1891 人、社会人员 448 人。学校教师普通话测试二级乙等通过率保持在 92% 左右；学生二级乙等通过率保持在 93% 左右，一级乙等通过率达到 3.5%。五是以活动为载体形成了良好的校园语言环境。

2007 年 12 月 12 日，三峡大学顺利通过了湖北省高校语言文字工作评估。

两外籍专家获"编钟奖"

2007 年 10 月，2007 年度湖北省政府"编钟奖"颁奖仪式在武汉举行，10 名为我省经济建设社会发展作出突出贡献的外国专家获此殊荣。三峡大学外籍教师 Peter KeIIy 和 VaKuI ishyna ViK 名列其中，这是学校外籍专家首次获得该奖项，也是全省唯一有两位专家获奖的单位。省长罗清泉出席颁奖仪式，并亲自为获奖专家颁奖。

"编钟奖"是由湖北省政府为在鄂工作并作出突出贡献的外国经济技术、文教专家设立的最高奖励项目。

Peter KeIIy 是英国人，教授、博士生导师。1999 年起来校任教，主要从事研究生教学。他能流利地说英语、法语、波兰语等多国语言，著有《Turn In Words》《英语词汇轻松学习法》等著作。他治学严谨、关爱学生、热爱学校，近几年来，共向学校捐赠英文图书资料近 500 册，为英语专业的学科建设、师资队伍培养和图书资料建设作出了贡献。

VaKuI ishyna ViK 是乌克兰人，博士研究生，自 2005 年 9 月被聘为艺术学院钢琴教师以来，工作认真负责、充满爱心、乐于奉献，受到师生们一致好评，在评教活动中，多次名列前茅。

学校首所孔子学院在美国达拉斯揭牌

2007 年 11 月 3 日至 5 日，刘德富率团参加了美国得克萨斯大学达拉斯分校孔子学院（以下简称 UTD 孔子学院）成立庆典。这是学校在海外成立的首所孔子学院。

活动期间，UTD 安排了专场文艺晚会，弘扬中国文化，展示汉语魅力。文艺晚会上，三峡大学代表表演了具有浓郁中国地方特色的节目，受到观众一致好评。

5日下午,举行揭牌仪式。中国驻休斯敦总领事乔红、教育参赞查卫平以及达拉斯地区市长和社会各界名流200多人出席了揭牌仪式。刘德富和UTD校长丹尼尔共同为孔子学院揭牌。刘德富发表了热情洋溢的讲话,表示要将孔子学院建成两校乃至中美两国人民交流、理解和友谊的和谐桥梁。

揭牌仪式上,三峡大学代表团向孔子学院赠送了各类书籍,书法、绘画和纪念品共112册(件),以供孔子学院图书室和阅览室使用。

会议期间,德州各大媒体采访了学校代表团,并对UTD孔子学院进行了全方位报道。

UTD孔子学院成立后,开展了广泛的教育、交流活动。

2008年,UTD孔子学院创办了沙龙,每月最后一个周日定期开展活动。

2008年11月7日,谭志松出席UTD孔子学院举办的中国文化周暨周年庆典活动。UTD常务副校长威尔顿托尔,德州参议员、美籍华人陈晓玲及来宾等80多人参加庆典。庆典组织了丰富多彩的活动。

2009年4月6日至8日,UTD孔子学院成功举办了"中外翻译国际高层研讨会"。

2009年9月11日,学校为华为公司美国总部开办了第二期中国语言文化培训班。

9月12日,由美国弗里曼基金会提供赞助,UTD孔子学院和北得州大学共同举办的亚洲课程教师培训项目正式启动。

9月28日,UTD孔子学院再次举办中国文化周活动,刘德富应邀作专题报告。

2010年6月,UTD孔子学院与HEB学区两所高中,科贝尔高中学区4所学校签订了合作建设孔子课堂的协议。孔子课堂开设汉语语言和中国文化课程,很受学生欢迎,听课学生达到12个班、126人。在达拉斯地区共申请建设了11个孔子课堂。

自UTD孔子学院投入运作以来,作为中方合作院校,三峡大学一直把孔子学院的建设及汉语推广工作作为学校国际化发展的重要工作。每年派校级访问团赴美参加UTD孔子学院理事会,商榷第二年孔子学院的重点工作。先后派遣数名优秀教职工赴UTD孔子学院担任中方院长、汉语教师和志愿者。为了进一步提高汉语教师的教学质量和个人素质,积极加强本校的对外汉语教学专业的建设和专题研究,经过不懈努力,UTD孔子学院在达拉斯地区创立了自己的品牌,三峡大学很好地履行了孔子学院中方合作院校的职责,在开展汉语教学、传播中国文化、增进两国人民友谊方面做了很多工作,取得了较好的成效。

国务委员陈至立视察学校

2007 年 11 月 6 日，国务委员陈至立在教育部部长周济、国家发改委副主任张茅、湖北省副省长郭生练、省教育厅厅长路钢，省财政厅副厅长周顺明、省发改委副主任刘兆麟和宜昌市领导李佑才、郭有明、杨万贵、张永红等的陪同下视察学校。

李建林向陈至立汇报了学校近几年发展的基本情况。校领导陪同陈至立参观了校园。

陈至立仔细询问了学校的历史沿革、办学规模、师资队伍、人才培养、学科建设、科学研究等方面的情况，肯定了学校在三峡区域水电开发和水利水电建设行业中发挥的重要作用，并鼓励学校进一步发挥优势，为发展祖国水利水电事业和三峡经济建设作出贡献。

陈至立还饶有兴致地参观了校史馆、三峡地区地质灾害教育部重点实验室、水电仿真省部级重点实验室，给予了充分肯定。

水利部部长陈雷来校视察

2007 年 11 月 8 日，水利部部长陈雷、副部长矫勇、水利部总工程师刘宁等一行视察了学校。

陈雷等在校领导的陪同下参观了校史馆、水工厅、三峡地区地质灾害教育部重点实验室和三峡文化研究中心，详细了解了学校历史沿革、办学规模、师资队伍、人才培养、学科建设、科学研究等情况。李建林向陈雷重点汇报了学校坚持"依托三峡、突出水电"的发展战略，努力打造水电特色和优势，积极参与三峡工程、小湾、溪洛渡、锦屏、向家坝等大型水利水电工程建设并取得一批高水平研究成果的情况。陈雷对学校合并组建以来所取得的突出成绩给予了肯定，并鼓励学校要进一步加强水电领域学科建设和科学研究，不断提高科技创新能力，在三峡区域水电开发和水利水电建设行业中发挥更为重要的作用。

"科技兴校"成效显著

"科技兴校"是三峡大学第二次党代会提出的"四大战略"之一。根据党代会的要求，2007 年 11 月 23 日，学校召开第三次科技工作会，对科技工作进行总结、规划和部署。

会上，李建林回顾了近年来科技工作取得的成绩：国家基金项目取得重大突破，共获得 30 项国家基金项目，经费总计达 528.7 万元。其中获国家自然科学基金项目 24 项，2 项为重点专项；获国家社科基金项目 5 项，实现了学校艺术学科和教育学科国家项目的零的突破。同时，对今后学校科技工作提出了十点思路：

（1）进一步提高认识，强化科技意识。（2）加大科研经费投入，为科研工作加速发展奠定物质基础。（3）改革和创新科技管理体制，充分发挥科研政策的导向作用。（4）加强人文社会科学科研工作，全面提升学校科研工作的整体实力。（5）加大投入、鼓励创新，促进科研基地的健康发展。（6）鼓励学科交叉和融合，促进学术团队建设。（7）继续推行一体化发展战略，加快科研工作发展步伐。（8）制定学术道德规范，加强学术交流，努力营造良好的学术氛围。（9）重视知识产权保护工作，大力推进科研成果的转化。（10）充分发挥学校董事会、校友会的作用，争取社会各界的支持。

与会代表对李建林的科技工作报告及新制定、修订的 18 个科研管理文件进行了讨论，大家认为，这次会议对学校今后的科技工作具有指导意义。

学校力倡并践行科技兴校，科技工作取得了突出成绩。

2007 年 8 月，学校主持并完成的 10 项科技成果在"2006 年度湖北省科技奖励大会"上受到表彰。其中：获科技进步奖一等奖 1 项，二等奖 2 项，三等奖 4 项；自然科学奖三等奖 2 项；科技成果推广奖二等奖 1 项。

2008 年 1 月 8 日，中共中央、国务院举行国家科学技术奖励大会，三峡大学两项科技成果获国家科技进步二等奖。

此次奖励大会共颁发国家科技进步奖 225 项，湖北省包括三峡大学和武汉大学在内 7 所高校的项目获二等奖。其中：李建林和重庆大学科研人员共同完成的"岩体开挖力学效应及锚固工程质量检测新技术"项目，戴会超与中国长江三峡开发总公司等单位科研人员共同完成的"紊流模拟技术及其在水利水电工程中的应用"项目获此殊荣。

在 2007 年全国高校科技奖励项目排序中，三峡大学高居第 26 位。这一年，学校共获得各级各类纵向项目 138 项，合同总金额 5200 万元，其中国家科学基金 15 项；共签订横向项目 300 余项，合同金额 4800 万元。

2009 年 2 月，湖北省政府发布《关于 2008 年科技进步奖的决定》，三峡大学共获得省、部级科学技术进步奖 11 项。其中，特等奖 2 项，一等奖 3 项，二等奖4项，三等奖2项。这是继2007年后又一次取得科技成果大丰收。刘德富、李建林等参与完成的"水布垭面板堆石坝筑坝技术"和"溪洛渡水电站大坝拱肩槽开挖精细爆破技术研究与应用"2项成果分别获得湖北省和中国爆破协会"科学技术进步"特等奖。

2009年，学校科技工作再获重大突破。获得国家科学基金项目26项，国家基金项目经费达829.4万元，创学校历史纪录。特别是，获得国家杰出青年基金项目2项，这在省属高校中是唯一的，在全国高校中也不多见。还获得国家科技支撑计划项目5项，863军工项目1项，国务院三建委科研项目3项，教育部重点项目1项，国土资源部科研项目2项，水利部科研项目1项，湖北省社会科学基金项目9项，各类开放基金10项，科研项目多且分布广泛。全年科技合同经费1.3亿元，科研经费首次过亿；各类科研项目到账经费7024万元，首次突破7000万元，科研项目及经费均创历史新高。

"十一五"期间，学校科研事业突飞猛进。

获得一批重大科研项目和重要科技奖励。和"十五"相比，承担国家级项目由13项增至132项，其中国家基金项目由6项增至104项；有85项科技成果获省、部以上奖励，其中获国家级科技进步二等奖3项；三大检索收录论文1393篇。"十一五"期间，年科技经费突破亿元大关，2009年、2010年连续突破1.5亿元。科研创新平台建设成绩斐然，教育部工程中心获得零的突破，省、部级重点实验室达到15个。

"十二五"期间，学校科技工作由重规模转向调结构、重质量，成果更为显著。以2011年为例，国家自然科学基金项目总数达到46项，国家科学基金项目总数达到56项，位列省属高校第一。项目总数较2010年增加28项。

建设省级精品课程

精品课程是指具有一流教师队伍、一流教学内容、一流教学方法、一流教材、一流教学管理等特点的示范性课程。2003年5月教育部办公厅印发《国家精品课程建设工作实施办法》。2003年11月，学校发布《三峡大学精品课程建设工作实施办法（试行）》。2007年3月学校发布《三峡大学课程建设管理办法》，进一步明确精品课程建设内容，要求"建立精品课程支撑网站，及时将与课程有关的电子资源上网，并有计划地将课程的教学录像全程上网"。

2004年2月学校启动第一批校级精品课程建设立项，机械原理、电路、电子技术基础、生理学、高等数学、中国现代文学、马克思主义政治经济学等 7 门课程获批立项建设。截至 2011 年共立项建设校级精品课程 103 门。校级精品课程立项建设周期为两年，在建设周期内，严格按照"半年初评、一年中期检查、两年合格验收"的步骤进行建设与管理。

2007 年 12 月学校评审三峡大学第一批精品课程，三峡文化等 12 门课程获"首批三峡大学精品课程"称号。截至 2014 年，学校共批准三峡大学精品课程 99 门。

2003 年湖北省教育厅启动开展省级精品课程评审，学校积极推荐省级优质课程，组织校级精品课程参与遴选。2004 年 4 月省教育厅发文，学校水工建筑物、人体解剖学、有机化学等 3 门课程获 2003 年度湖北省精品课程称号。截至 2011 年，学校共有 20 门本科课程获"湖北省精品课程"称号，精品课程名单为：

2003 年：水工建筑物、人体解剖学、有机化学；

2004 年：高等数学、中国现代文学、电路；

2005 年：电子技术基础、混凝土结构学；

2007 年：三峡文化、分析化学及实验、电力系统分析；

2008 年：医学免疫学、水利工程施工；

2009 年：古代汉语、机械工程控制基础；

2010 年：人力资源管理、大学体育、大学物理实验；

2011 年：经济学、机械工程测试技术。

2010 年 7 月，"三峡文化"获国家精品课程称号。

代省长李鸿忠关心学校建设发展

2007 年 12 月，代省长李鸿忠来宜昌调研，听取了三峡大学的汇报。李鸿忠说：三峡大学的建设与发展，进一步说明湖北是一个教育大省，三峡大学发挥学科、人才优势，为区域经济和社会发展提供了智力支撑。希望三峡大学在学科建设、人事管理等方面进一步以改革的精神推进各项工作，促进学校又快又好发展。

李鸿忠在与宜昌市委、市政府领导座谈时再次强调："三峡大学突出水利水电特色，又是一个综合性大学，文理兼有，我看相当不错，这就是我们宜昌市支撑经济和社会发展的重要智力平台。"

2008 年

师生积极参加迎奥运活动

2008 年，第 28 届夏季奥林匹克运动会在我国举行，全国人民欢欣鼓舞，以极大的热情投入迎奥运的活动。2008 年 4 月 9 日，以"迎奥运、学礼仪、讲文明、树新风"为主题的三峡大学"文明礼仪月"教育活动拉开帷幕；2008 年 5 月 30 日，奥运圣火抵达宜昌，经过层层选拔，学校土木学院教师彭辉、政法学院 2006 级硕士研究生高大权和体育学院 2004 级本科生李占阳作为"火炬手"，代表湖北省高教系统在宜昌城区圆满完成了近 300 米的火炬传递。湖北省共有 7 所高校，18 名师生在湖北省境内参加了这一盛举。

建设省级品牌专业

品牌专业建设是为了进一步提升湖北省属高校专业办学水平和综合实力，加快高素质、创新型人才的培养步伐，满足湖北省经济建设与社会发展对高级专门人才的需求而采取的重要举措。根据"湖北省高等学校人才培养质量与创新工程"的总体要求，2003 年 11 月教育厅发布了《省教育厅关于启动"湖北省高等学校人才培养质量与创新工程"本科品牌专业建设项目的通知》。品牌专业建设目标为"思想先进、目标明确、改革领先、师资优化、设备精良、教学优秀"，在专业教学条件、师资队伍力量、人才培养模式、教学计划设置、课程体系与教学内容、教学方法与手段诸方面形成优势和特色，在省内高等学校明显领先，部分专业在国内高等学校中处于先进水平。

学校根据教育厅关于在学校国家管理专业点和本校优势特色专业中遴选的要求，申报了水利水电工程、电气工程及其自动化两个专业参加遴选。2003 年 12 月两个专业均获批湖北省第一批品牌专业建设专业。2004 年至 2010 年，学校机械设计制造及其自动化、汉语言文学、化学、医学影像学、工程管理、临床医学、生物工程、土木工程等 8 个专业获批湖北省品牌专业建设专业。

2006 年 2 月至 2010 年 10 月，教育厅组织专家组，分别对立项建设的水利水电工程、电气工程及其自动化、机械设计制造及其自动化、汉语言文学等品牌专业建设进行中期检查和现场验收检查。

2008 年 3 月，水利水电工程、电气工程及其自动化专业获批湖北省第一批本科品牌专业；2009 年 2 月，机械设计制造及其自动化专业获批第二批湖北省品牌专业；2010 年 12 月，汉语言文学专业获批第三批湖北省本科品牌专业。

一片真情，支援汶川等地震灾区

2008 年 5 月 12 日，四川省发生震惊中外的"汶川大地震"，造成了极大的财产损失和人员伤亡，牵动着全国人民的心。三峡大学师生在学校组织下，立即行动起来，以实际行动支援灾区：广大师生为地震灾区捐款 81.2 万元，教职工党员交纳特殊党费 37 万元；1700 多名学生参加了为灾区义务献血；学校领导到学生公寓看望来自灾区的 116 名学生，并给家庭受灾严重的学生送去了慰问金和生活用品。10 月 5 日，根据八所涉水（利）院校援助地震灾区水利院校工作协调会精神，电气学院副教授、硕士研究生导师陈贤堂赴四川水利职业技术学院报到，进行为期半年的援教工作。

2013 年 4 月 29 日，四川雅安发生 7.0 级地震，学校师生十分关注地震灾情，通过多种方式向灾区人民表达自己的关心、支持和祝福。5 月 2 日，《中国教育报》头版报道了三峡大学学子为雅安灾区献爱心的活动。

校友会——联系校友的桥梁、纽带

大学的办学总宗旨是立德树人、求是求新、载文载道、为国为民。培养千千万万德才兼备的建设者和接班人，是大学的根本任务。从这个意义上说，大学既是学生成长的摇篮，又是学生远航、锚泊的港湾；学生自始至终是母校牵挂的游子和亲人。三峡大学成立以来，就十分重视校友和校友会的工作。

2001 年 6 月 28 日，三峡大学校友会正式成立，时任三峡大学正校级调研员曾维强担任首任会长；曾维强离任后，会长由三峡大学党委书记李建林担任。2006 年 7 月，学校专门设立了董事会、校友会办公室，增加了工作人员。

三峡大学校友会成立以来，采用多种形式，加强与校友的联系：在全国各地陆续成立了校友分会，现有分会近 80 个；定期编辑《三峡大学校友通讯录》；2005 年，党委宣传部与校友会联合出版了《求索》一书，全面介绍三峡大学校友在各条战线工作、学习和生活的情况；2006 年 9 月，面向校友和理事单位的《求索报》正式发行，每年十期，在介绍学校情况的同时，还介绍校友的工作、生活。开办的栏目有校园时讯、合作交流、校友风采、理事单位介绍、学校建设发展介绍等。目前，已出版 64 期，受到广大校友和理事单位的好评。学校领导和相关部门的同志每年还要分赴祖国各地，看望、联系校友。

2002 年，三峡大学校友会网站开通，2006 年，网站在原有基础上修改、补充，2010 年又再次进行网站升级。现在，学校与校友联系日益紧密，校友关心学校建设发展，学校以校友们的成长进步为荣。

2011 年 12 月 19 日至 20 日，学校邀请 2008 届校友，2011 年度"感动中国"候选人高金磊回校访问，并为在校学生作了题为"求索青春"的事迹报告。

2012 年 12 月，学校邀请 2008 届校友，"感动甘肃 2011 年十大陇人骄子"肖玉川回校作报告。

2012 年，三峡大学校友、吉林大通集团有限公司董事长雷波向母校捐赠 199 万元，用于建设三峡大学"雷波新能源电力变换研究所"；2013 年 6 月 20 日，校友王硕朋向母校捐赠 100 万元，设立奖学金，首批 50 名学子获得奖励。

学校与校友间像这样的动人事例层出不穷，赓续绵延。

深入进行大学英语教学改革

进入新世纪后，全国大学英语教学存在着教学思想相对滞后，教学模式、教学方法相对单一和陈旧，与中小学教学相对脱节，师资队伍建设亟待加强等问题。大学英语教学改革迫在眉睫。

三峡大学组建之初,迫切需要进行公共课教学改革。2002 年学校实行大学英语分级教学。2004 年 1 月教育部发布《大学英语课程教学要求(试行)》,学校积极申请成为大学英语教学改革试点单位,2004 年 2 月被教育部确定为全国大学英语教学改革 180 所试点单位之一。2004 年 11 月学校发布《三峡大学本科大学英语教学方案》,实行分级分块教学,全面培养学生英语听说读写能力,强化学生英语综合应用能力。

大学英语教学分为 2 个阶段、6 个级次。第一阶段为基础阶段:开设 1~4 级课程,为必修课。每一级 64 学时,其中口语 32 学时,阅读 16 学时,写作翻译 16 学时,听力安排 32 个课外学时。第二阶段为提高阶段:5 级为较高要求,6 级为更高要求。第二阶段为选修课程模块。

教学模式实行分级别、分模块教学。大学英语教学按 4 个模块组织:听力课、口语课、阅读课、写作翻译课。各级别中任一模块通过后,即可进入该模块高一级别学习;某一级别各模块通过后,方可认定该级别通过。

学生进校后,依据测试情况进行分级。未达到标准的进入预备级学习,达到标准的进入 1 级学习,超出标准的进入 2 级学习。学生最低需完成 1~4 级共 16 个模块的课程学习。

为配合大学英语教学改革,2004 年底学校投资 1300 余万元,建立了面积达 8000 平方米、功能前卫的语言学习中心。该中心充分发挥现代信息技术的优势,在校园内营造"沉浸式"大学英语学习环境,构建三维个性化的大学英语教学环境体系,彻底改变了传统的大学英语教学手段和学生的英语学习环境。

在改革实践中,构建了选课制、分级制、模块化、大小班制(阅读课、写作翻译课班额 80 人,听说课班额 40 人)和 1、2、3 课堂统筹规划、全面辅导的"四制一体"教学模式。

学校此次大学英语教学改革得到了教育部、省教育厅的肯定。2007 年 6 月,教育部正式批准三峡大学为全国大学英语教学改革第二批示范点项目学校,成为 65 所大学英语改革示范高校之一。2007 年省教育厅在学校召开全省大学英语教学改革经验交流会。2008 年学校"语言学习中心"被湖北省教育厅批准为当时省内唯一的省级英语学习示范实验中心。学校大学英语自主学习中心的建设方案成为教育厅"英语语言学习示范中心建设规范"方案蓝本。

此次大学英语教学改革成果《大学英语教学改革研究》获三峡大学第三届(2006 年)教学成果特等奖。

创建国家特色专业

专业是人才培养的基本单元，是建设高水平本科教育、培养一流人才的"四梁八柱"。要提高办学质量，就必须抓好专业建设。学校在实施"质量固本"的战略中，致力于全面夯实专业建设基础，创建校级、省级品牌专业，在此基础上打造国家特色专业。

特色专业是指充分体现学校办学定位，在教育目标、师资队伍、课程体系、教学条件和培养质量等方面，具有较高的办学水平和鲜明的办学特色，获得社会认同并有较高社会声誉的专业。特色专业是经过长期建设形成的，是学校办学优势和办学特色的集中体现。

2007 年 1 月教育部下发了《教育部、财政部关于实施高等学校本科教学质量与教学改革工程的意见》，指出"高等教育质量还不能完全适应经济社会发展的需要，不少高校的专业设置和结构不尽合理，学生的实践能力和创新精神亟待加强，教师队伍整体素质亟待提高，人才培养模式、教学内容和方法需要进一步转变。"为全面贯彻落实科学发展观，切实把高等教育重点放在提高质量上，教育部、财政部决定实施"高等学校本科教学质量与教学改革工程"。提出"大力加强本科专业建设，按照优势突出、特色鲜明、新兴交叉、社会急需的原则，择优选择和重点建设 3000 个左右特色专业点，引导各级各类高等学校发挥自身优势，努力办出特色。"

2008 年 10 月教育部印发《关于加强"质量工程"本科特色专业建设的指导性意见》，提出在"十一五"期间遴选 3000 个左右本科专业点进行重点建设。并在"特色专业的内涵和建设目标、特色专业建设的基本原则、人才培养方案的制定与优化、课程建设与改革、实验实践教学建设与改革、师资队伍建设、教学管理制度的改革与创新、特色专业建设的领导和管理"等 8 个方面提出了指导性意见。

学校在品牌专业建设的基础上，积极申报建设国家特色专业。2007 年 12 月水利水电工程、电气工程及其自动化专业获批第二批高等学校特色专业建设点。2008 年 9 月机械设计制造及其自动化获批第三批高等学校特色专业建设点。2009年 9 月医学影像学专业获批第四批高等学校特色专业建设点。2010 年 7 月工程管理专业获批第六批高等学校特色专业建设点。

根据教育部的要求，5 个获批国家特色专业建设点的专业获批后均及时制定了《高等学校特色专业点建设任务书》，确定建设目标、建设方案、进度安排、预期成果等内容。国家特色专业建设点的建设为后期卓越工程师、国家一流专业建设打下了基础。

博士学位授予权单位获立项建设

2008 年 11 月，国务院学位委员会在教育部网站发布《关于做好新增博士、硕士学位授予单位工作的指导意见》和《关于做好 2008—2015 年新增博士、硕士学位授予单位立项建设规划的通知》，正式开启国家新一轮新增博士、硕士学位授予单位立项建设工作，也标志着三峡大学申报博士学位授权单位工作进入了实质阶段。

2008 年 12 月 19 日，以华中农业大学张端品教授为组长的省新增博士学位授予权单位立项评估专家组一行 6 人来到学校，对三峡大学申报新增博士学位授权单位立项建设进行检查。专家组考察后，对学校学科建设、人才培养和科学研究工作取得的成绩给予充分肯定，也提出了许多建设性的意见和建议。

2010 年 3 月，经国务院学位委员会第 27 次会议评议通过，国务院学位委员会正式下发《关于同意实施 2008—2015 年新增博士、硕士学位授予单位项目建设规划的通知》，批准三峡大学新增博士学位授予单位项目建设规划，这标志着学校的申博工作取得了重大进展。

根据文件精神，学校决心进一步加大学科建设力度，按照规划做好项目建设工作，力争尽早通过博士学位授予单位立项建设验收，获得水利工程、土木工程两个一级学科博士学位授予权。

王尚庆应邀赴南极考察

2008 年 12 月 5 日，三峡大学地质灾害防治研究院的王尚庆教授应中国南极测绘研究中心和湖北省南北极科学考察学会的邀请，启程赴南极参加"探索南极环境与全球气温变化关系项目"的科学考察。

在为期 20 天的考察中，王尚庆把一面印有"三峡大学"的校旗和一面印有"三峡大学地质灾害防治研究院"的院旗插上我国南极长城站，让这两面旗帜在南极上空高高飘扬。

2009 年

全国地方综合性大学协作会第 21 次年会在宜昌举行

2009 年 6 月 2 日，全国地方综合性大学协作会第 21 次年会在宜昌召开。教育部高教司助理宗毅、湖北省教育厅高教处处长张建军、宜昌市副市长张永红、三峡大学校长李建林等出席了会议并致辞。

刘德富在会上作了《以改革创新精神推动学校科学发展》的主题发言。苏州大学、西北大学、山西大学、湘潭大学、河南大学、宁夏大学、吉首大学等高校也分别在大会上作了学术交流发言。

与会代表紧紧围绕"突出特色、发挥优势、服务地方经济社会建设，推动学校科学发展"的主题进行了讨论。就"在新的历史时期，地方高校如何进一步提高办学质量，提高服务行业和地方经济社会发展的能力""如何进一步推进会员学校之间在人才培养、队伍建设、科学研究等方面的实质性合作"等议题开展了充分研讨和交流。

深入开展学习实践科学发展观活动

根据中国共产党十七大的部署，中共中央决定，从 2008 年 9 月开始，用一年半的时间，在全党分批开展学习实践科学发展观活动。按照省委的安排，三峡大学自 2009 年 3 月开展学习实践活动。

学校对学习实践科学发展观活动十分重视，认为这是用马克思主义中国化最新成果武装干部、党员头脑的重大举措，是推动学校教育事业又好又快发展的迫切需要，是加强领导班子、干部队伍建设，培养合格接班人的必然要求和战略任务。根据学习实践活动的要求，学校成立了书记、校长任组长的领导小组，精心制定了"实施方案"。将整个学习实践活动分为三个阶段六个环节。即学习、调研阶段(3 月 21 日至 4 月 29 日)；分析、检查阶段(4 月 30 日至 6 月 10 日)；整改、落实阶段(6 月 11 日至 7 月 15 日)。

2009 年 3 月 27 日，学校召开动员大会，对学习实践活动作了全面部署。湖北省高校学习实践活动指导检查组第一组组长、武汉工程大学原党委书记何定雄出席会议并讲话。

动员会后，学校党委领导班子采用个人自学、党委中心学习小组集中学习等多种形式，认真学习科学发展观理论；在认真学习的基础上，深入校内，召开座谈会、研讨会，进行网上交流，广泛听取教职工、学生、民主党派和党外人士的意见。同时，赴北京、成都、贵阳、昆明、长沙等相关单位调研。围绕坚持科学发展，建设水电特色鲜明的高水平地方综合性大学这一主题，找准问题、分析原因、厘清思路、明确方向，做到真正解放思想，认真思考，突破瓶颈，促进学校科学、全面、协调发展。边学习、边检查、边改进。

2009 年 6 月 1 日，学校领导班子召开学习实践活动专题民主生活会，就查找的八个方面的突出问题，进行深刻剖析，坦诚交换意见，开展批评与自我批评。校教代会民主监督专委会成员列席了会议，并提出了中肯意见。会议归纳形成了四个方面的整改措施。何定雄出席会议，对专题民主生活会作了充分肯定，希望进一步广泛听取意见，解放思想，破除难题，形成高质量的分析检查报告，推动学校科学发展。

6 月 20 日，学校领导班子学习实践科学发展观分析检查报告评议会在求索报告厅举行。学校"两委"委员、处级干部、党代会和"两代会"部分代表，省、市人大代表和政协委员、民主党派、离退休人员、学生代表等 200 多人参加了会议并进行了不记名的书面测评。

6 月 25 日，学校深入学习实践科学发展观活动领导小组部署整改落实工作，要求以分析检查报告为依据，制定具体的整改落实方案，方案中要有明确的整改落实项目、目标、措施、责任和整改落实公开承诺。并围绕促进发展、改善民生、改进作风等三个方面，集中解决一批突出问题。

9 月 10 日，学校召开深入学习实践科学发展观活动总结及测评大会，对 5 个多月学习实践活动进行全面回顾。何定雄代表省学习实践活动检查组对学校学习实践活动给予了充分肯定。他认为，整个学习实践活动主题鲜明、特色突出、内容充实、措施得力，学校各级党组织坚定有力，广大党员干部积极认真参与，取得了一批实实在在的成果，赢得了全校师生员工和广大党员的普遍认同。学习实践活动结束后，2009 年 10 月中旬，学校再次组织整改落实"回头看"，把整改落实任务与推动学校中心工作结合起来，促进学校又快又好发展。

学习实践活动期间，6 月 1 日，湖北省委学习实践办宣传组和省属高校学习实践办组织的"科学发展院校行"新闻采风团，就三峡大学学习实践活动中的特色做法和工作经验作了专题采访报道。6 月 9 日，湖北电视台《新闻联播》节目以《在服务地方经济中彰显大学社会价值》为题，对三峡大学加强校企合作，促进地方经济发展的相关情况作了专题报道。6 月 15 日，由中央学习实践活动领导小组办公室主办，人民网、中国共产党新闻网承办的深入学习科学发展观活动网站——《学习实践》网站作了同样报道。6 月 19 日，《学习实践》网站还以《三峡大学创新载体、丰富形式，开展学习实践活动》为题，对学校广大学生开展学习实践活动的成效作了报道。

建设研究生创新基地和实训基地

2009 年 5 月至 10 月，学校与多个单位合作，建设了多个研究生创新基地和实训基地。

2009 年 10 月 31 日，学校与三峡办移民管理咨询中心合作，共建研究生教育创新基地。

2009 年 10 月 12 日，化学与生命科学学院与宜都市科技局签订科技合作协议。

2009 年 10 月 15 日，机械学院与夷陵区达成"产学研"合作意向。

2009 年 10 月，电气信息学院与荆州供电公司刘家场变电站共建实训基地。

2009 年 10 月，学校与神农架林区人民政府签署战略合作协议。

以上研究生创新基地和实训基地的建立，加强了大学与地方的合作与交流，推进了"双服务"的开展，也为研究生教育提供了良好的实践条件。

携手合作，共建临床医学教学基地

2009 年 6 月 26 日，三峡大学与宜昌市人民医院签订协议，共建三峡大学人民医院。宜昌市副市长王国斌、市卫生局局长董美阶、人民医院院长刘先哲,三峡大学校领导刘德富、李建林等及相关职能部门和医学院负责人参加了签字仪式。根据协议,三峡大学人民医院的教学队伍建设将统一纳入学校师资队伍建设规划,三峡大学人民医院将设立相应学科建设和教育教学组织,承担相应的教学、研究生培养、学科专业建设、课程建设、学位点建设与申报等相关任务。

2010年9月16日,三峡大学与宜昌市中医院签订协议,共建三峡大学中医临床医学院,并举行了揭牌仪式。

2010年9月19日,三峡大学与宜昌市卫生疾病控制中心共同合作建立三峡大学卫生研究中心,双方共同举行揭牌仪式并签订合作协议。

2013年3月9日,三峡大学与宜昌市妇幼保健院合作,共建三峡大学妇女儿童临床医学院。

2013年10月24日,三峡大学与宜昌市第二人民医院签订协议,共建三峡大学第二人民医院,并举行揭牌仪式。

召开党委(扩大)会,提出"坚持开放办学,推进两个服务"的要求

2009年8月27日至29日,学校召开党委(扩大)会。

会上,李建林作了《坚持开放办学、推进两个服务,为全面建设水电特色鲜明的高水平地方综合性大学而努力奋斗》的主题报告。报告指出,坚持"以服务为宗旨,在贡献中发展"的思想,切实提高自主创新能力,加速科技成果转化,积极参与创新型国家建设,推动、引领地方经济社会文化的发展与进步,是高等教育大众化时期赋予地方综合性大学的历史使命。

报告提出了8项提高"双服务"能力的举措:一是认识、了解、研究行业和地方,掌握行业和地方经济社会发展的主动权;二是加强学科建设,提升学科水平,构建服务行业和地方的学科体系;三是加强队伍建设,提高队伍水平,建设一支为行业和地方发展服务的高水平师资队伍;四是提高人才培养质量,为行业和地方经济社会发展提供人才支撑;五是积极推进科技引导,加大超前研究投入,提供科技支撑服务;六是健全校地、校企合作新机制,创新服务新模式;七是完善校内管理机制,营造良好的服务氛围;八是分类指导、突出重点、分类推进。

胡翔勇、校长助理田斌分别作了《主动适应水利电力行业及地方经济社会发展需求,优化专业结构,深化人才培养模式改革,着力提高人才培养质量》和《加强学科建设,创新科研发展模式,努力提高服务水利电力行业及地方经济社

会发展能力》的专题报告。

与会人员围绕三个报告和《关于提高服务水利电力行业和地方经济社会发展能力的若干意见(征求意见稿)》进行了深入讨论,提出了许多宝贵的建设性意见和建议。

此次会议,对学校办学及服务经济社会发展具有重要指导意义。

服务经济与社会发展大有可为

三峡大学自合并组建以来,以"立足宜昌、融入三峡、服务湖北"为己任,"以服务求支持、以贡献求发展";2009年党委(扩大)会,更明确提出"坚持开放办学,推进两个服务"的指导思想。

在服务中,学校着力健全校地合作新机制,创新服务地方新模式,主要采用了以下形式:

(1)以项目研究和成果转化为纽带,搭建平台、无缝对接。

(2)校企共建合作研发中心、基地,成为伙伴关系。

(3)建立学科交叉平台,同台共舞。

(4)签订校企全面合作协议,做好政策支持,构建校地互动、互兼平台,深化沟通的协商机制。

(5)创新机制、培育品牌。

(6)争取地方的了解、认识、支持。

(7)充分论证,启动技术预见计划,在水电、旅游、文化、科技等方面广泛合作。

几年来,学校先后与宜昌市、神农架林区、宜都市、西陵区、点军区、夷陵区等市、区人民政府和宜昌市委组织部签订了"战略合作协议";与中国三峡集团公司、中国葛洲坝集团公司、湖北兴发化工集团、安能集团、安琪酵母股份有限公司、台湾固纬电子(苏州)有限公司、上海睿信玻璃技术装备工程有限公司、黑旋风锯业股份有限公司等大中型企业签订了"产学研战略合作协议";与武汉大学、长江大学、中国水利电力科学研究院、北京市农林科学院、宜昌市电力勘测设计院等院校、科研院所签订了"支持与合作协议",在服务经济与社会发展中互相促进,取得了丰硕成果。

2007年10月,学校代表团44人参加了在武汉举行的"第三届中国·湖北产学研合作项目洽谈会",会上,与康正药业、神农架聚能药业、宜昌市劲森照明电子有限公司等多家企业达成了 7 个项目的合作意向，合同总金额达 970 余万元，并获得"最佳组织奖"。

2008 年 9 月 19 日至 20 日，学校参加"第四届中国·湖北产学研合作项目洽谈会"，获"最佳组织奖"。

2012 年 4 月，湖北省科技厅发布 2011 年度湖北省高校服务湖北经济社会发展前十名排行榜，三峡大学名列第十位。

2013 年 3 月 27 日，学校被省委组织部、团省委授予"博士服务团工作先进单位"，水利与环境学院王从锋博士被评为"首批博士服务团工作先进个人"。

同年 4 月 17 日，《光明网》刊发《"接地气"成就"大学梦"》的文章，介绍学校近年来抢抓机遇，在服务经济社会发展建设中求发展的经验和成绩。

10 月 16 日，李建林在《中国教育报》发表署名文章《地方高校要担负起促进区域发展的重任》，介绍学校"双服务"的体会和做法。

2013 年 12 月 30 日，在省科技厅召开的湖北省促进科技企业创业与培育工程大会上，学校获授"高校服务科技创业联络站"牌。

"开放办学"成效显著

2010 年，《国家中长期教育改革和发展规划纲要》正式颁布，《纲要》第 16 章，专门阐述了开放办学的重要性和目标任务，并对高等教育国际化办学提出了明确要求，也为高校大力推进开放办学指明了方向。早在 2002 年学校一届二次"两代会"的校长工作报告中，首次提出学校教育事业发展的"综合化、特色化、国际化、信息化和后勤社会化"的"五化"战略构想，并在对外开放办学的道路上迈出了坚实步伐；2009 年，党委(扩大)会议更明确提出"坚持开放办学、推进两个服务"，开放办学进一步深入发展，取得了显著成效：

1. 积极引进国外的先进理念、管理经验、科研思想、前沿科技，快速提升了学校办学水平和国际化视野

学校邀请国际知名专家来校讲学，每年接待 50 个左右的国外专家访问团，2005 年至 2011 年，累计有 274 个团队 2500 人次到访，为学校师生作学术报告 100 多场次；共邀请国(境)外知名学者 76 人为学校兼职教授或荣誉教授。

2005 年以来，学校积极申报并获得省政府和省教育厅设立的"世界著名科学家来鄂讲学"项目 25 项，拨专款 80 多万元。用这笔专款，请来 18 位世界级学术

大师，其中包括艾伦教授和蒙代尔教授两位诺贝尔奖获得者和 16 名院士。艾伦教授来校后，帮助建立了"艾伦·麦克德米尔德再生能源研究所"，举办了"再生能源国际论坛"使得学校国际知名度迅速提高。

学校成功引进了 5 个科研团队，提高了学校科研水平，促进了学校科研工作。

2. 引进优质教育资源，为培养国际化人才作出努力

学校与英国高校开办了"2+2"互认学分交流项目 1 个，与国外高校开办中外合作办学项目 5 个，承办国家留学服务中心"3+1"高等文凭项目(HND)1 个。

经过几年的教学实践，学校引进了英国的教学模式和教材，培养了自己的教师，双语或英语授课比例大幅度提高。到 2011 年，学校培养具有国际教育背景的教师 300 多人，互派交换生 700 余人次，送到国外攻读本科或硕士学位的学生 200 多人，绝大部分毕业回国工作。

为满足教学需要，每年延聘、新聘外教达 40 多人次，保证常驻学校的外籍教师 29 人以上。

3. 积极发展留学生教育

来华留学生教育粗具规模，现有来华留学生人数达到 600 余人，且生源国别和所学专业更趋多元。学校留学生规模在湖北省高校中仅居武汉大学、华中师范大学、华中科技大学之后，成为湖北省进入全国留学生教育管理学会 5 个常务理事单位之一，是湖北省属高校中国家设立的唯一一所汉语水平考试(HSK)考点。2007 年获得教育部华人、华侨、港澳台学生联招资格，为学校步入国际化办学拓宽了渠道。

4. 积极开办孔子学院

三峡大学是全国高校中首批在国外开办孔子学院的大学之一。2007 年，在美国得克萨斯大学达拉斯分校率先建立孔子学院后，2010 年又在美国建立孔子课堂 6 所。孔子学院和孔子课堂的成功建立，使学校汉语推广工作取得了实质性进展，这是国家投资、学校在美国搭建的一个重要的对外合作和交流的平台。

5. 在服务经济社会发展中，加强与各级政府、企业、科研单位的合作

学校与各级政府、企业、学术科研单位签订战略合作协议，建立了大学生教学实践基地 154 个，研究生创新基地 32 个。双方在人才培养、科研成果开发与

转化，共同申报重大科技课题、大型仪器设备共享、教授工程师互访等方面达成共识，共同开发、合作、交流，走出了一条合作共赢的良性发展之路。

2010 年 5 月，湖北省扩大开放工作会议在武汉召开，湖北省委、省政府表彰"十一五"时期 70 个单位为"全省扩大开放先进单位"，三峡大学与武汉大学、华中科技大学等并列为 4 所受表彰的高校之一。

获授"湖北省绿化模范单位"等称号

2009 年 8 月，湖北省绿化委员会下发鄂绿发（2009）5 号文，表彰一批"湖北省绿化模范单位"，三峡大学获此殊荣。

三峡大学合并组建后，在规划、建设新校园及维护老校区中，高度重视校园绿化环境工作。将其视为构建和谐的育人环境，创造美好的校园文化氛围的重要举措。发展规划处在编制校园建设规划中，精心制定了校园绿化规划，并在新校园建设中切实落实；后勤集团按照绿化规划，加强建设与管理；广大师生积极参与。经过数年努力，三峡大学校园及其美好的绿化环境已成为宜昌市环境建设中的一道靓丽风景，不仅得到社会各界广泛好评，而且成为广大市民、摄影爱好者的打卡地。

2007 年 1 月，学校获"湖北省园林式单位"称号。

2008 年 3 月，根据《省爱卫会关于命名湖北省卫生社区、村先进单位的通知》，学校获 2007 年度"湖北省卫生先进单位"称号。

2010 年 10 月，学校再次获"湖北省绿化模范单位"称号。

发展特色体育项目——五人制足球

湖北省是五人制足球强省，有 3 所高校具备招收高水平足球运动员资格，三峡大学是其中之一。建设一支成绩优异、体育特长突出、敢打胜仗、能打胜仗的高水平足球队，正是三峡大学发展特色体育项目的一种追求。

2005 年 8 月，学校招收了 26 名省十运会足球队队员进入体育学院学习，并成立了三峡大学足球队。为了培养好学校首批招录的高水平足球运动员，学校制定了专门的人才培养方案：加大文化课教学力度，并将成绩与外出比赛挂钩；开辟专用宿舍与训练场地，将体教结合在一起；聘请高水平的教练员，抽调德才兼备的青年教师任助理教练、辅导员；开展高强度的训练，并积极组织参赛，以赛代训。经过几年的努力，也经受过失利的挫折，终于获得回报。2007 年三峡大学足球队冲出湖北，第一次夺得"李宁杯"中国大学生足球赛冠军，2008 年和2009 年，又两度蝉联该项赛事冠军，成为继北京理工大学足球队后第二支该项赛事的三连冠队伍。

2009 年后，学校适时转型，将三峡大学足球队的重心从"大场地"十一人制转移到"小场地"五人制足球中。2010 年 6 月，与浙江黄龙体育中心签订了"五人制足球战略合作协议"，组建了浙江黄龙三峡大学足球俱乐部，发挥双方资源优势，开创了校企合作新篇章。

校企合作方式取得了极大成功，2010 年三峡大学足球队获得 2009—2010 中国大学生室内五人制足球联赛湖北赛区第二名；此后两年又连续获得中国足球协会室内五人制足球甲级联赛的亚军；到 2012 年，双方单位先后为中国五人制足球国家队输送了 9 名队员。

2012 年 12 月 28 日，中国足协五人制足球研究中心在学校正式成立，中心的成立，为推进五人制足球运动的社会化、职业化、国际化提供咨询和服务迈出了重要一步。

党委理论学习中心组受到省委检查组好评

2009 年 12 月 2 日，以省委宣传部副部长余立国为组长的省委理论学习检查组来到三峡大学，检查 2008 年至 2009 年学校党委中心组学习情况。

刘德富作了题为《以建设学习型领导班子为目标，努力提高领导科学发展的能力》的汇报。检查后，检查组成员、省教育厅思政处副处长何泽云用"四个不"（不容易、不松懈、不张扬、不简单）称赞学校党委中心组理论学习扎实、成绩显著。检查组组长余立国肯定了学校党委理论学习中心组所取得的成绩，指出有四个特点：一是学校党委高度重视，长期坚持；二是学习到位、制度健全、形式多样；三是学习紧密联系实际，围绕科学发展观，突出实践性；四是学习效果实在，成果丰硕。

切实加强辅导员队伍建设

辅导员是高校日常思想政治教育和管理工作的组织者、实施者和指导者，是开展大学生思想政治教育的骨干力量，加强辅导员队伍建设是学校办学和师资队伍建设的一个重要方面。为了进一步贯彻落实《中共中央、国务院关于进一步加强和改进大学生思想政治教育的意见》，切实加强辅导员队伍建设，推动辅导员队伍职业化、专业化发展，学校采取了一系列措施，开展了一系列富有学校特色的活动：

（1）2006 年 9 月 26 日，学校组织开展评选"十佳辅导员""十佳班主任"活动，且评选"十佳辅导员"活动持续近十年，评选出 50 名优秀辅导员，树立先进典型，发挥了激励、示范、引领作用。

（2）2013 年 10 月，举办首届辅导员职业技能大赛。大赛分初赛、复赛、决赛三个阶段，设立了基础知识测试、博文写作、自我介绍与展示、主题班会、案例分析、主题演讲、谈心谈话等六个环节，重点考察辅导员从事学生工作所必备的相关学科知识储备、政策法规以及组织策划各类活动、演讲所必备的语言表达、沟通技巧、解决问题能力。经过辅导员职业技能大赛的历练，进一步营造了全体辅导员加强学习、增强素质的良好氛围，促进和推动了学习工作，形成了比学赶超的新局面。

参加教学竞赛，取得较好成绩

学校重视教师教学能力培养，积极组织教师参加各类教学比赛，提高教师教学水平。除由工会组织参加的湖北省青年教师教学竞赛外，学校还组织教师参加其他各类教学比赛，取得了一定的成绩。

2009 年 8 月 15 日至 8 月 17 日，由中国水利教育协会、教育部高等水利学科教育指导委员会主办的首届全国大学生水利创新大赛和全国水利学科专业青年教师讲课竞赛在河海大学举行。水利与环境学院赵春菊获水利水电工程专业一等奖，董晓华获水文与水资源专业二等奖。

2009 年 10 月 7 日至 9 日，教育部高等学校力学教学指导委员会、力学基础课程教学指导分委员会主办的第五届全国结构力学和弹性力学青年教师讲课竞赛在西南交通大学举行，水利与环境学院刘章军、叶永获得三等奖。

2010 年 7 月至 8 月，由中国水利教育协会、教育部高等学校水利学科教学指导委员会联合主办，全国水利学科青年教师教学竞赛分别在合肥工业大学、福州大学、重庆交通大学和西北农林科技大学举办。水利与环境学院刘冀获水文与水资源专业一等奖、姚惠芹获水利水电工程专业二等奖。

2010 年 8 月 27 日至 29 日，由中国土木工程学会教育工作委员会主办的全国第十一届混凝土结构教学研讨会暨第一届全国混凝土结构青年教师教学比赛在烟台大学举行。土木与建筑学院王青获得教学比赛二等奖。

2012 年 11 月 5 日，第十二届全国混凝土结构教学研讨会暨第二届全国青年教师混凝土结构教学竞赛在南京理工大学举行。土木与建筑学院周万清获得教学比赛二等奖。

2012 年 3 月至 10 月，中国土木工程学会教育工作委员会主办，武汉理工大学承办第二届全国高等学校土木工程专业多媒体教学课件竞赛。土木与建筑学院彭艳周、徐港分别获得二等奖，土木与建筑学院雷进生、王青分别获得三等奖。

2012 年 7 月 31 日至 8 月 1 日，第三届全国水利学科青年教师教学竞赛在吉林大学举行。水利与环境学院黄耀英获得水利水电工程专业一等奖，水利与环境学院彭云枫获得农业水利工程专业二等奖，水利与环境学院李英海获得水文与水资源工程专业二等奖。

2012 年 8 月 14 日，由教育部高校工程图学教学指导委员会主办，东华大学承办的首届全国高等学校中青年教师图学与机械课程创新教学法观摩竞赛在东华大学举行。水利与环境学院张兰华获得一等奖。

2013 年 10 月，教育部全国高校教师网络培训中心公布首届全国高校教师微课教学比赛获奖名单，艺术学院曾燕婷经过学校初选、省级复赛、全国决赛，最终获得二等奖。

学校工会也积极组织教师参加湖北省教育工会主办的教学竞赛。2012 年 8 月，在湖北省第三届青年教师教学竞赛中，理学院杜晓超、文学院高玮分别获得理科组和文史组三等奖，外国语学院王莉获得外语组优秀奖。三峡大学工会荣获最佳组织奖。此次竞赛共有 3 万多名青年教师参加，41 所高校的 85 名选手入围决赛。

连续三届获评"湖北省最佳文明单位"

2009 年 9 月，湖北省人民政府授予三峡大学"2007 至 2008 年度省级最佳文明单位"称号。这是继 2005 年后，学校再次获得这一称号。

高校是教书育人的重要阵地，肩负着培养社会主义建设者和接班人的重任，承担着人才培养、科学研究、服务经济建设与社会发展、文化传承创新四大职能。创建文明校园、文明单位应是高校办学题中之义。学校十分重视文明创建，在文明创建中，学校围绕中心，服务大局，着力抓好五好领导班子建设，抓好党建和思想政治工作。学校注重师德、师风教育和学生德育工作，并通过丰富多彩的文化、科技、艺术、体育活动，营造良好的校园文化氛围；凝练大学精神，开展"求索"精神大讨论，提升文化品位，提高师生文明素质；加强学科建设，不断提高教育质量；美化校园环境，搞好生态保护，以美好环境育人。通过采取一系列措施，校园内逐步形成了先进的办学理念，培育了鲜明的学科特色，提高了人才培养质量，取得了丰硕的科研成果，构建了和谐的校园，学校一派欣欣向荣、蓬勃向上的景象。

2011年9月，学校再次获评"2009—2010年度湖北省最佳文明单位"。

2013年9月，学校蝉联"2011—2012年度湖北省最佳文明单位"。

同心同行，做好统一战线工作

高校党外知识分子相对集中，汇集着党外各方面的人物和民主党派成员，把各方面统一战线成员团结起来，为学校中心工作服务，是高校统战工作的重要任务。几年来，学校党委积极推进统一战线"同心工程"，积极开展"同心建支点，同行促跨越"为主题的教育实践活动，为党外干部、群众搭建起同心同行平台。其做法是：

围绕中心，坚定信念。学校以"永远跟党走"为主题，组织开展了一系列活动。召开了"传承进步，共谋发展"座谈会，举办了"同心咏"征文比赛，"携手行"书法绘画摄影展，"重温历史，同心同行"赴革命圣地开展红色教育活动。成立了"三峡大学社会主义学院"，并先后组织了5期党外知识分子培训班，参加培训200余人次。各学院党委也通过开展各类活动，围绕"同心"，凝聚共识。

服务发展，献计出力。一是建言献策和双岗建功取得了优异成绩。自2002年起，学校坚持每年召开民主党派自身建设座谈会，交流各民主党派基层组织建设经验，探讨民主党派组织自身建设的新途径、新方法。从2009年开始，学校在民主党派成员中开展以"爱岗位、想大局、献良策、作贡献"为主题的双岗建功活动，涌现出一批先进个人。二是发挥统一战线联系广泛的优势，与香港田家炳基金会、方树福堂、香港孔子学院及民营企业家等联系，为学校引资700多万元，并先后引荐多位海外学者来校开讲座或交流。三是在参政议政和服务地方经济建设中发挥重要作用。现学校统战成员已成为宜昌市参政议政的骨干力量；在服务经济社会发展中，统战成员承担了国家、省(部)科研课题18项，项目经费

4000 万元，为地方和行业发展作出了突出贡献。

着眼长远，建好队伍。学校十分重视党外干部队伍的建设，自 2001 年起，学校领导班子中一直配有党外副校长；在全校处级干部中，党外干部一直占总数的 10% 以上。学校还积极向省、市、区推荐党外干部，先后有 5 人分别担任宜昌市副市长、人大常委会副主任和副区长职务。在党外人士政治安排上，有 2 人分别当选全国、省人大代表，4 人被推选为省政协委员，16 人被推选为市政协委员，其中常委 5 人。

凝心聚力，促进和谐。学校先后成立了侨联、留学人员联谊会。学校侨联自 2001 年成立至 2012 年，连续 11 年被市侨联授予"侨联工作先进集体"，2 次被授予"湖北省侨联工作先进集体"。学校引进 5 个海外科研团队，在学校教学科研层次上水平中发挥了重要作用。王艳林被中国侨联、国务院侨办授予"全国归侨先进个人"称号，获得"中国侨界（创新人才）贡献奖"。

由于统战工作成绩突出，2006 年 9 月，学校党委统战部获"湖北省统战系统先进集体"称号。

抓好外事工作，推进教育国际化

"教育要面向现代化，面向世界，面向未来"，邓小平同志的讲话，言简意赅地揭示了教育国际化的核心和重点。教育不是闭门造车，教育必须走出国门，必须与社会发展和需求相统一。在这一思想指导下，学校重视教育国际化工作，并取得了可喜成绩。

2009 年 9 月 12 日，学校召开外事工作会议，对外事工作及教育国际化作了初步总结。近年来，外事工作的成绩，主要体现在以下几个方面：

（1）邀请国际知名专家到校讲学 90 多场，聘请国（境）外兼职教授或荣誉教授 70 多人。

（2）开办了两个交流项目，4 个中外合作办学项目，为培养具有国际竞争力的新型人才、引进国际优质教育资源搭建了有效平台。

（3）每年聘请外籍教师 20 人以上，保证了教学需求。

（4）通过多方筹集资金和开展留学生教育，为学校增资近 4000 万元，为学校人才培养和可持续发展作出了积极贡献。

（5）抢抓机遇，使来华留学生教育获得突破，规模达到 500 人，2009 年招收孔子学院奖学金生 14 人，跻身来华留学生教育"国家队"行列。

(6)对外汉语推广成果丰硕,率先建立了国外孔子学院;设立了国家汉语水平考试考点(HSK)。

(7)获得港澳台学生招生资格。

(8)搭建学生交流平台,使 120 多名优秀本科生和研究生受惠于学校国际化战略。

(9)近 5 年来,接待国外大学生短期文化学习团 800 多人,初步形成了校园国际学术和多元文化氛围。

积极开展创先争优活动

继深入开展学习实践科学发展观活动后,党中央决定,进一步开展以创建先进基层党组织,争当优秀共产党员为主要内容的创先争优活动。这是深入开展学习实践科学发展观活动的拓展和延伸,是加强基层党组织建设的需要。

根据党中央和湖北省委的统一部署,三峡大学自 2009 年 9 月起开展创先争优活动。8 月 31 日,学校召开动员会,会上,刘德富代表学校党委作了动员报告。他强调,扎实开展创先争优活动,一要全面理解和准确把握创先争优活动的总体目标和要求。创先争优活动的主题是:"深入学习实践科学发展观,推动教育事业又好又快发展。"主要内容是:创建"五好"基层党组织,即领导班子好,党员队伍好,工作机制好,工作业绩好,师生反映好。争当具备"五个模范"的共产党员,即教师党员要争当学习钻研、为人师表、自主创新、爱岗敬业、关爱学生的模范;学生党员要争当信念执着、品德优良、知识丰富、本领过硬、勇于担当的模范。要以党组织的五个基本(基本组织、基本队伍、基本活动、基本制度、基本保障)、七个体系(组织领导体系、服务群众体系、宣传教育体系、民主管理体系、和谐稳定体系、激励保障体系、考核评价体系)为载体,通过创争活动,充分发挥"四个作用",即学校党委的领导核心作用,二级党委的政治核心、监督保证作用,党支部的战斗堡垒作用和共产党员的先锋模范作用。二要统筹推进党的建设各项工作,促进党建工作科学化。三要在"创争"上下功夫,激发基层党组织和广大党员的积极性和创造性。四要把党组织的创争活动和各单位的创先争优活动结合起来,与目标管理、年度考核等有机结合起来。

为扎实、有序推动创先争优活动的深入开展,学校成立了"创争活动"领导小组,制定了"创争活动"实施方案。各单位按照党委的统一要求,认真展开了"创争活动"。

2011 年 3 月 2 日，学校党委召开了全校基层单位党建暨创先争优交流会。会上，党委组织部部长黄浩通报了学校基层党组织"五个基本""七个体系"建设的基本情况，土木与建筑学院、电气与新能源学院、化学与生命科学学院、文学与传媒学院等四个学院党委书记作了交流发言。

石亚非代表学校党委对下一步基层党建暨创先争优工作提出要在三个方面下功夫，突出三项工作，实现三级联动。一是在结合上下功夫，要与学校中心工作、党务工作、党员本职工作相结合；二是在系统化上下功夫，要以"五个基本""七个体系"建设为载体，进一步促进学校党建工作系统化、规范化；三是在创争上下功夫，创建党员先锋岗，开展支部创新活动，努力培育身边典型、模范，培育党建工作的品牌和阵地。在工作重点上，要突出抓规范、抓主体活动、抓宣传三项工作。在工作布局上，要实现校党委、二级党委、党支部三级联动，立足工作实际和本职工作，分级公开承诺，把创先争优活动的要求公开化、具体化、制度化；同时，要大力开展"五亮五比五创"活动，通过活动，进一步体现党员的先进性、带动性、推动性。

2011 年 3 月 5 日，以省委高校工委委员、省教育厅副厅长张金元为组长的高校基层党建考评小组来学校检查基层党建工作。检查组对学校基层党组织建设及创先争优活动给予了充分肯定。

2011 年 3 月 22 日，中国共产党新闻网以《打造"三级联动"创先争优平台，引领学校又好又快发展》为题，报道了三峡大学在创先争优活动中的做法。

2010 年获评全省"学习型党组织先进单位"；

2011 年 6 月，学校党委获评"高校党建工作先进集体"；

2011 年获评全省"基层党建支部创新案例征集优秀组织单位"；

获得湖北省高校自主招生资格

自主招生又称自主选拔，是高校选拔录取工作改革的重要措施。

2009 年 3 月，根据湖北省教育厅文件，三峡大学成为湖北省 2009 年自主招生新增学校。由此，2009 年湖北省二本院校参加自主招生试点的高校由原来的 4 所增加到 7 所。此举进一步扩大学校招生自主权，为特殊专长的学生提供深造机会，也进一步推动学校人才培养水平和质量的提高。

2010 年，学校继续在湖北省范围内开展本科生自主招生选拔工作，录取人数为 2010 年招生计划总人数的 5% 以内，文理兼收。

水利部与湖北省签订"共建三峡大学协议"

2009 年 12 月 11 日,"水利部、湖北省共建三峡大学协议"签字仪式在北京湖北大厦三峡厅隆重举行。水利部副部长胡四一、湖北省副省长郭生练,水利部、湖北省相关部门负责人以及宜昌市副市长张永红,三峡大学校领导刘德富、李建林、何伟军、邹坤、田斌出席了签字仪式。

签字仪式由湖北省副秘书长黄国雄主持,胡四一、郭生练分别代表水利部和湖北省政府在协议上签字。

胡四一和郭生练分别发表了讲话。

胡四一讲话时充分肯定三峡大学合并组建以来所取得的办学成就。他说,水利是经济社会发展的重要支撑和基础保障,当前,迫切需要培养水利人才,解决重大水利科研问题。此次省、部合作共建三峡大学,对于我国水利事业高层次人才培养具有重要意义。要通过共建,把三峡大学建成水利特色鲜明的高水平综合性大学。

郭生练代表湖北省人民政府感谢水利部长期以来对湖北省尤其是三峡大学给予的关心和支持。他说,湖北是一个水利水电大省,水利水电资源丰富,三峡大学具有鲜明的水电学科特色,省、部共建有利于促进三峡大学培育水电特色,发挥学校科技创新和人才培养优势,为推动水利事业科学发展提供人才保障和智力支持。

刘德富代表学校向水利部和湖北省政府表示衷心感谢。他表示,学校一定以此次省部共建为契机,不断提高人才培养质量和办学水平,发挥优势、凝聚特色、抢抓机遇、乘势而上,为我国水利建设事业和地方经济社会发展作出重大贡献。

双方商定的内容主要包括:把三峡大学发展纳入水利部人才培养与科学研究等方面的总体规划统筹考虑,将三峡大学纳入水利科技创新体系;鼓励三峡大学申报建设三峡库区生态环境、水库移民、水电工程施工和管理方面的工程技术研究中心和实验室;保障学校教育事业费、基建经费和专项补贴,逐年增加对学校的投入;进一步提升三峡大学服务水利水电行业、服务地方经济社会发展的能力和水平等。

2010 年

获"省经济资助工作先进高校"荣誉称号

2010 年 1 月 7 日，全省高校家庭经济困难学生资助工作总结表彰大会在咸宁学院举行。三峡大学荣获"湖北省经济资助工作先进高校"称号，覃俊波荣获"湖北省经济资助工作先进个人"称号。

为了帮助每个学生，特别是家庭经济困难的学生完成学业，学校采用多种形式开展资助工作。

2008 年起，中国乡村发展基金会在三峡大学设立的"新长城助学金"共捐赠221.88 万元，资助 947 名困难学生。

2008 年至 2013 年，三峡大学后勤集团出资 60 万元，设立"学子阳光助学金"，共资助困难学生 650 人。

2008 年至 2012 年，校友雷波捐赠 34 万元，在三峡大学设立"雷波水电学生奖助学金"，奖励资助水利水电相关专业学生 172 人。

2009 年起，浙江大学潘家铮水电科技基金理事会在三峡大学设立"潘家铮水电奖学金"，用于奖励水电水利相关专业品学兼优、勇于创新的学生，共评选出潘家铮水电奖学金 53 人，共计发放奖励 34.8 万元。

2010 年起，中国四海工程公司重庆有限公司在学校设立"三峡奖学金——英才奖"，共捐赠 115 万元用于奖励 115 名专业排名名列前茅的优秀学生。

2010 年起，中国长江电力股份有限公司在三峡大学设立"长江电力奖助学金"，共捐赠 240 万元用于 821 名学生奖助学金发放。

2012 年，宁波市天普橡胶科技有限公司捐赠 20 万元，在三峡大学设立"天普橡胶奖助学金"，分两年共奖励资助 200 名学生。

2013 年起，宁夏燕宝慈善基金会在三峡大学设立"宁夏燕宝奖助学金"，共捐赠 360.8 万元，资助 902 名困难学生。

2013 年，中交第二航务工程局有限公司捐赠 30 万元，在三峡大学设立"中交二航奖助学金"，分三年共奖励资助 150 名学生。2013 年起，清华大学张光斗科技教育基金会开始在三峡大学设立"张光斗优秀学生奖学金"，用于奖励水利水电相关专业品学兼优的在校生，共评选出张光斗优秀学生奖学金 30 人，发放奖励 24 万元。

突破第一批招生，打造"求索"英才班

2010 年 5 月底，三峡大学水利水电工程专业与土木工程专业率先在湖北、江西、安徽三省列入第一批本科招生；2011 年 7 月，又新增贵州、黑龙江、西藏三省(自治区)；2012 年 6 月，再新增青海、广西、宁夏、河南、吉林、辽宁等 6 省(自治区)列入第一批招生。这是学校为提高办学层次、改善生源质量，在招生批次上的重大突破。

为了保证该类学生的培养质量，学校将第一批本科招生进校的学生组建为"三峡大学'求索'英才班"，实施拔尖人才培养计划。

英才班实施独立的人才培养方案，在人才培养方案中充分体现对学生基础理论、创新能力的培养。老师可采用多种灵活的教学模式，在教学方法、教学手段等方面进行改革，切实落实拔尖人才培养计划。

各专业英才班采用单独编班上课，其中：公共课，所有英才班可以按类打通选课；外语课，实行分级教学；公体课，与全体学生一起选课；专业基础课与专业课采用自然班方式上课。

各学院选派优秀教师为英才班学生上课；以学校相关文件为依据，每年对英才班据情单独下达推荐免试攻读硕士学位研究生计划；英才班学生修读双学位(第二学位)或辅修专业不另收取费用；英才班评比比例及各等级奖学金的人数比例在当年原有基础上上浮 10%。

组织编制三峡大学《"十二五"及中长期发展规划》

制定好"十二五"及中长期发展规划，是党的十七届五中全会提出的一项战略任务，学校对此十分重视。

2010年4月2日，学校召开"十二五"及中长期发展规划编制第一次会议，李建林作了动员讲话。他指出，学校各单位要在科学发展观指导下，立足学校发展现状，准确把握国内外高等教育发展面临的形势和任务，深入了解国家中长期教育改革和发展规划纲要的基本要求，仔细分析学校"十二五"及中长期发展规划的编制背景，认真总结学校"十一五"规划实施的成效、经验和不足，重点从提升层次、优化结构、增强实力、突出特色、改革创新、保障措施等方面深入研究，编制出具有前瞻性、科学性、指导性、创新性、可持续性的学校发展蓝图。

刘德富对"十二五"及中长期发展规划的编制工作提出了希望和要求。

会上，就《三峡大学"十二五"教育事业发展规划工作方案（征求意见稿）》等文件作了说明。自此，三峡大学"十二五"及中长期发展规划编制工作正式启动。

2010年8月20日至22日，三峡大学召开党委（扩大）会，专题研究制定"十二五"总体规划暨2020年远景发展纲要以及学科、队伍、科技、教学、信息化及校园文化建设等专题规划，全面推进学校教育事业科学发展。

会上，李建林作了《科学规划、明确目标，推进学校事业又好又快发展》的主题报告。报告中，他提出了三峡大学"十二五"规划的主要思路、任务与措施。主要思路：明确一个目标、坚持两个服务、推进三项工作、实施四大战略、实现五个突破、协调六种关系。对于奋斗目标，学校将"水电特色鲜明的高水平地方综合性大学"进一步调整为"水电特色鲜明的高水平教学研究型综合性大学"；要始终坚持服务于水利水电行业和服务于地方经济社会发展两个服务面向；要推进提高层次、优化结构、提升内涵三项工作。提高层次就是要尽早获得博士学位授予权，尽快实现第一批招生，取得博士后流动站，促成省、网共建等。要进一步优化学科、队伍、生源等结构，进一步全面提升学科建设、科学研究、队伍建设、人才培养的内涵；要实施特色发展战略、开放办学战略、文化引领战略、改革创新战略四大战略，为提高学校核心竞争力提供坚强保证和动力源泉；要在获得博士学位授予权，一级学科博士点5个以上，博士后流动站或博士专业学位，国家级重点学科、国家级重点实验室、国家级教学成果奖和国家级名师五个方面实现突破；要处理协调好六种关系，即处理协调好人才培养、科学研究和社会服务的关系，规模、结构、质量和效益的关系，特色学科、传统学科、一般学科、新兴学科的关系，教师、管理、后勤三支队伍的关系，年度目标、任期目标、规划目标的关系，学校、学院、系部三个层次的关系。

会议向与会代表发放了《三峡大学教育事业"十二五"规划暨 2020 年远景发展纲要(征求意见稿)》以及学科建设、队伍建设、质量建设、科技发展、信息化及文献档案建设、校园文化建设规划(征求意见稿)等书面材料。

与会代表进行了热烈的讨论，提出了许多建设性意见和建议。

经认真修订，2011 年 11 月，学校发布了《三峡大学教育事业"十二五"规划暨 2020 年远景发展纲要》《三峡大学学科建设与研究生教育"十二五"规划暨 2020 年远景发展目标》《三峡大学"十二五"队伍建设规划》《三峡大学"十二五"本科教育发展规划》《三峡大学"十二五"及中长期科学与技术发展规划》《三峡大学"十二五"校园建设规划》《三峡大学"十二五"信息化建设发展规划》等 7 个子规划一并发布。

"十二五"期间，学校发展将着力培育和弘扬"求索"精神，以人为本、民主办学、依法治校，以培养"高素质、强能力、应用型"高级专门人才为根本，以学科建设为龙头，以队伍建设为支撑，以"双服务"为导向，拓展外延、提升内涵、优化结构、办出特色，使学校在人才培养、科学研究、社会服务、文化引领四个方面实现突破，提升学校发展的核心竞争力，努力把学校建设成为水电特色鲜明的高水平综合性大学。总体目标是，经过 5～10 年的努力，进入全国地方高校排名前 100 位。到 2015 年，将学校建设成为办学实力稳居省属高校前列、在水利水电行业及中部地区有影响力的水电特色鲜明的综合性大学，到 2020 年，将学校建设成为综合办学实力全面提升，在全国有较高知名度的水电特色鲜明的高水平综合性大学。

对部分学科专业布局结构进行调整

2010 年 1 月，按照"调整结构、突出特点、扬优扶新、全面规划、协调发展"的思路，学校出台了《三峡大学部分学科专业布局结构调整实施方案》(以下简称《方案》)，对部分学科专业布局及学院组织进行了调整。

此次结构调整以做强一级学科，增强服务水利、电力行业和地方经济建设与社会发展为目的，整合资源、均衡学院任务、明确学院发展定位，加快建设与发展步伐，为建成水电特色鲜明的高水平地方综合性大学打下坚实的学科组织结构基础。

依据《方案》，学校对土木水电学院、经济与管理学院、化学与生命科学学院、机械与材料学院、电气信息学院、文学院、信息技术中心、地质灾害防治研究所、三峡文化发展研究中心等教学、科研单位的学科布局进行了调整，撤销了产业集团，新建或重组了水利与环境学院、土木与建筑学院、机械与材料学院、电气与新能源学院、计算机与信息学院、经济与管理学院、文学与传媒学院（田家炳学院）、化学与生命科学学院、长江三峡发展研究院、信息技术中心、勘测设计研究总院等11个教学科研单位。理学院、政法学院（马克思主义学院）、医学院、艺术学院、外国语学院、体育学院本次未做调整。

这次调整，符合学校合并之初制定的"两定一发展"规划，切合学校面临的变化的外部形势及学校正处于发展初期阶段的实际，促进学校的建设和进步。

新增2个工程硕士授权领域

2010年4月，国务院学位委员会办公室下发《关于批准2010年工程硕士培养单位新增工程领域的通知》（学位办（2010）9号），三峡大学新增控制工程、地质工程2个工程硕士授权领域，至此，学校工程硕士领域达到7个，研究生招生结构得到进一步优化，为扩大专业学位研究生教育和应用型全日制硕士研究生招生增加了新的平台。

湖北省干部培训高校基地揭牌

2010年8月24日，鄂西生态文化旅游圈旅游发展专题研讨班在三峡大学求索报告厅举行，来自襄樊、宜昌、十堰、荆州、荆门、随州、恩施及神农架林区的122名学员参加了开班仪式。中共湖北省委组织部副部长陈绪群、省旅游局局长张达华等出席了开班仪式。

开班仪式上，陈绪群发表讲话，并与张达华一起为三峡大学"湖北省干部培训高校基地"揭牌，标志着三峡大学干部教育培训基地正式启动，也为学校切实推进服务地方经济社会发展提供了又一平台。

此次研讨班的举办是省委深入贯彻"重点培训一批干部"决策部署和"两圈一带"总体战略的重要体现。年初，为全面贯彻落实全国、全省干部教育培训工作会议精神，中共湖北省委组织部、湖北省教育厅在全省确定武汉大学等 7 所高校为首批全省干部教育培训高校基地，三峡大学作为唯一一所省属高校位列其中。主要承担对鄂西地区干部在经济管理、生态旅游等相关业务知识的培训。

承办"国培计划"研修项目

2010 年 10 月 9 日，2010 年教育部、财政部"国培计划"——湖北省农村骨干教师置换培训项目开学典礼在三峡大学举行。首批来自夷陵区 29 所小学、初中的 100 名骨干教师齐聚逸夫楼橘颂音乐厅，喜迎开学第一天。胡翔勇出席典礼并讲话。

"国培计划"全称"中小学教师国家级培训计划"，是教育部、财政部从 2010 年开始联合实施的旨在进一步加强教师培训，全面提高教师队伍素质的系统工程。三峡大学田家炳教育学院承担了其中农村中小学教师置换脱产研修项目，具体方式是由夷陵区选派语文、英语、体育三个学科的 100 名中小学教师来校培训学习 3 个月，学校对应派出 100 名四年级优秀师范生前去顶岗实习。脱产培训的骨干教师的费用全部由教育部、财政部按标准拨付；顶岗实习的学生食宿由学校负责。较好地解决了工学矛盾，保证了研修项目质量。

2011 年 1 月 7 日，"国培计划"——湖北省农村骨干教师置换培训项目(2010)顺利结业；2011 年度"国培计划"置换培训于 2011 年 9 月至 12 月举行。

2013 年 6 月 18 日，三峡大学"国培计划"工作在国家第三方测评中排名全省第一。

积极投身"三万活动"

"三万活动"是湖北省委、省政府开展的以农村发展为主题的活动。从 2011 年 2 月至 2015 年 6 月，先后进行了五轮万名干部"入万户、挖万塘、洁万家、惠万民"的工作。三峡大学高度重视"三万活动"，将它看作创新管理、巩固党的执政基础的重大举措；看作服务地方经济社会发展，为地方经济社会发展做贡献的重要工作；看作密切联系群众、转变干部作风的一项重要措施。学校积极响应省委、省政府的号召，按照省、市统一部署，领导干部带头，发挥学校自身优势，先后赴秭归县茅坪镇贵店村、五峰县采花乡宋家河村、长茂司村、大树村、前坪村等驻点村，深入开展"送科技、送文化、送卫生、送温暖"等活动；投入经费20多万元，帮助驻点村新建、改建村级公路6.3公里；向驻点村捐赠10万元；为采花中学、长茂司小学赠送电脑、书包、文具、图书、体育器材和常用药品等一批物资；为当地解决了一些急需解决的困难和问题。"三万活动"成效显著，深受当地群众欢迎。

2013年、2014年、2015年，三峡大学"三万活动"工作组多次受到省委、省政府表彰，被评为"三万活动"先进工作组。

副省长田承忠一行来校调研

2010年11月18日，湖北省副省长田承忠带队，省移民局局长汪元良、省教育厅副厅长欧阳建平、省住房和城乡建设厅副厅长占世良等一行7人，在宜昌市市长李乐成陪同下来到三峡大学，召开《湖北省中长期教育改革和发展规划纲要》编制工作专题调研座谈会并视察学校。

调研座谈会上，三峡大学党委书记刘德富、神农架林区党委副书记谢登峰作了工作汇报，三峡大学周宜红、李敏昌两位教授和神农架林区3位教师作了发言。

田副省长听取汇报、发言和视察后，对学校近几年的建设发展成就给予了充分肯定。他说，三峡大学明确提出了提高服务水利水电行业和地方经济社会发展能力的战略举措，很好地坚持了"以服务求支持，以贡献求发展"的基本办学方针，学校水电特色日益凸显，服务能力大幅提升。目前，三峡大学已成为湖北省建设鄂西生态文化旅游圈、宜昌市建设省域副中心城市的一支不容忽视的力量，正为我省经济社会发展作出积极贡献。希望大家继续努力，认真贯彻落实国家和省中长期教育改革和发展规划，为推动我省教育改革和发展做出更大贡献。

贯彻"规划纲要"精神，精心策划"十二五"教学工作

2010年12月20日至2011年1月29日，三峡大学召开第四次教学工作会议。

李建林在会上作了动员报告。他强调，要充分认识高等教育教学改革的重要性和必要性，全校师生员工要进一步解放思想、大胆改革创新、深入推进本科教

学质量工程，精心策划"十二五"本科教育发展规划，全面实施"三峡大学本科教育振兴计划"，促进本科教学水平和人才培养质量显著提高，使学校教学工作迈上新台阶。

胡翔勇作了题为《精心策划"十二五"本科教育发展规划，实施"三峡大学本科教育教学振兴计划"》的专题报告。在总结成绩、指出不足、分析机遇与挑战的基础上，对"十二五"时期本科教育发展的整体战略、实施策略和振兴计划作了全面解读。

整个会议分三个单元进行讨论。

第一单元，学习国家、湖北省《中长期教育改革和发展纲要（2010—2021）》和《三峡大学"十二五"本科教育发展规划》等文件，研讨学院规划。

第二单元，讨论《三峡大学"十二五"本科教育发展规划》《三峡大学教学团队建设与管理办法（试行）》，研究制定学院教学团队建设计划、相关保障制度等。

第三单元，讨论《三峡大学学院本科教学工作年度目标与管理考核评价方案》《三峡大学现有本科专业改造实施意见（草案）》等，明确学院"十二五'期间教学建设目标，研究制定完成学院现有本科专业改造计划与措施等。

机关、直属和附属单位结合本部门实际，组织了学习和讨论。会议期间，还召开了教务、学工、保障系统及学生专题讨论会，就教学保障与条件建设等问题进行了专题研究。

重视实训基地建设

学校重视实习实训基地建设，2006 年 12 月召开的第三次本科教学工作会通过的《三峡大学关于加强实践教学工作的意见》中提出"各学院要做到每个专业都有 2 个以上学生实践（实习）教学基地，校级以上的品牌、特色专业都要有一个产、学、研实习基地。各学院要建设 1~2 个实习示范基地。"2010 年 12 月召开的第四次本科教学工作会通过的《三峡大学关于进一步加强本科教学工作的若干意见》中提出："积极推进学校与企事业单位之间的合作，有计划地建设一批相对稳定的校外实践、实习基地。"2012 年 3 月学校发布了《关于开展"大学生校外实践教育基地"建设工作的通知》。2015 年 6 月学校制定了《三峡大学校外实习基地建设与管理办法（试行）》。2010 年学校建设了校外实习实训基地 172 个。

在此基础上，学校积极申报建设省级、国家级实习实训基地。2012 年 12 月 17 日，湖北省教育厅发布《省教育厅关于公布湖北高校省级实习实训基地名单的通知》，学校依托中国长江三峡集团公司建设的"三峡集团实习实训基地"获批省级示范实习实训基地。2013 年 11 月 27 日，省教育厅发布《省教育厅关于公布2013 年度湖北高校省级实习实训基地名单的通知》，学校依托安琪酵母股份有限公司建设的"安琪酵母股份有限公司实习实训基地"获批省级实习实训基地。

2012 年 6 月 7 日，教育部发布《教育部等部门关于建设国家级工程实践教育中心的通知》，学校申报的"安琪酵母股份有限公司工程实践教育中心"、学校与武汉大学共同申报的"中国长江三峡集团公司工程实践教育中心"获批国家级工程实践教育中心。

2013 年 5 月 7 日，教育部发布《关于公布地方所属高校"本科教学工程"大学生校外实践教育基地建设项目的通知》，学校申报的"三峡大学·安琪酵母股份有限公司工程实践教育中心"获批国家级大学生校外实践教育基地。

着力实施教学名师培育计划

2010 年 10 月，学校专门发文，提出实施"教学名师培育计划"。旨在培养和建设一支师德高尚、教学水平高、教学效果好、富有创新精神的高素质教师队伍，形成一批标志性的教学科研成果。

"教学名师培育计划"自 2010 年开始实施，培育期 4 年，目标是培育省级"教学名师"和国家级"教学名师"。

教学名师培育工作以学院为主体，学校与学院及入选者分别签订《三峡大学"教学名师"培育计划责任书》，规定目标任务和职责，制定个性化的培育方案。学校将教学名师的培育与精品课程建设、教材建设、品牌专业建设、教研项目立项、科研项目立项、教学成果奖和科研成果奖等结合起来，积极为入选者创造条件，支持和帮助入选者多出成果、快出成果。各学院、教务处、科技处、人事处、工会等部门按照职责范围，分别承担相应的培育工作。

学校设立"教学名师培育基金"，为教学名师的培育给予相应的经费支持。

入选"教学名师培育计划"的教师按照培育方案规定的目标、任务和职责，积极主动开展教学、科研工作，尽早取得标志性成果。年末，提交培育项目年度工作总结报告，并就下一年度的工作提出建设性的意见，由所在学院考核。

学校根据《三峡大学本科教学奖励实施办法》对获得国家级或省级的"教学名师"称号的教师和学院予以奖励。

获"全国厂务公开民主管理先进单位"称号

厂务公开是广大企业和职工根据党的"扩大基层民主，保证人民群众直接行使民主权利，依法管理自己的事情"的要求，在深化改革中创造的一种实现职工参与企业民主决策、民主管理和民主监督的有效制度，也是基层民主政治建设的好形式。厂务公开的主要载体和基本形式是职工代表大会。学校秉持"民主办学、依法治校"的理念，十分重视发挥教职工代表大会和工会会员代表大会的作用，凡学校重大决策和事关职工切身利益的大事均交由"两代会"讨论、审议。同时，结合学校实际，2007 年 4 月，制定了《三峡大学校务公开民主管理控制程序》，进一步扩大校务公开范围、充实校务公开内容、规范校务公开程序和办法，并于同年 9 月，在全省高校中率先有计划、有步骤地组织实施。在实施中，建立、健全了"党委统一领导、行政实施公开、纪委监督检查、工会组织协调、专门小组各负其责、职工群众主动参与"的校务公开领导体制和工作机制，在健全校务公开机制上取得突破。

《三峡大学校务公开民主管理控制程序》在内容上突出廉政建设的"关键点"、民主监督的"重难点"、教职工关心的"热焦点"，积极推行"阳光工程"。把学校需要公开的内容分为 14 类 57 项，并逐一明确了公开的形式、范围、时间、责任单位、考核方式。

通过全面推行《三峡大学校务公开民主管理控制程序》，建立和完善民主参与、民主管理、民主监督的校务公开管理体制和运行机制，促进了校务公开的规范化、制度化建设，切实发挥了校务公开在促进民主管理、依法治校过程中的作用。

由于校务公开工作成绩显著，2010 年 12 月，学校被评为"全国厂务公开民主管理先进单位"。

启动"五好"领导班子创建活动

2011 年 4 月 1 日,学校召开全校各分党委(党总支)书记及机关党务部门主要负责人参加的动员大会,就在全校开展"政治素质好、工作业绩好、团结协作好、作风形象好、清正廉洁好"为重要内容的"五好"领导班子创建活动进行部署,并研究进一步加强领导班子建设的思路和举措。

会上,石亚非介绍了《中共三峡大学委员会开展"五好"校领导班子创建活动的实施方案》。他强调,全校各分党委(党总支)要按照创建活动的具体目标,结合本单位实际,在巩固学习实践科学发展观活动成果的基础上,结合学校"十二五"规划的主要思路和总体部署,制定相应的活动实施方案,有重点地开展"抓学习、谋发展、创文明、建机制、强责任"五项主题实践活动。

刘德富在讲话中强调,创建"五好"领导班子活动要注意四个结合:一是与学校中心工作相结合;二是与提高管理水平相结合;三是与提高领导干部的执行力相结合;四是与创建文明单位相结合。

学校"五好"领导班子创建活动经历了准备动员、组织实施、自查总结、接受考核四个阶段,于 2012 年 5 月圆满结束。

博士学位授予权立项建设接受中期检查

2011 年 5 月 23 日,在湖北省教育厅副厅长徐金山带领下,由中国地质大学姚书振教授任组长，华中师范大学邓宗琦教授、武汉理工大学杨明忠教授、武汉工程大学喻九阳教授、省学位办主任韩习祥等一行 8 人组成的专家组来到三峡大学进行新增博士学位授予权单位立项建设工作中期检查。专家组通过听汇报、实地考察、查阅档案资料等环节，对学校博士学位授予权立项建设执行情况进行了全面检查，给予了充分肯定。专家组一致认为：三峡大学博士学位授予权立项建设成效显著，已具备培养博士研究生的能力和条件。

获批电气工程及其自动化专业中外合作办学本科项目

2011 年，学校获批与莱斯特大学合作举办电气工程及其自动化专业中外合作办学本科教育项目。

多年来，学校积极探索实现电气工程及其自动化专业与国际工程教育接轨，为适应电力行业发展需求，提出并实践了具有国际视野的工程应用型电气工程及其自动化人才培养途径。2001 年至 2011 年这十年间学校与国外 70 多所高校建立了密切的合作关系，如英国的莱斯特大学、斯旺西大学、伦敦南岸大学、美国的孟菲斯大学、法国的瓦朗谢纳大学、克莱蒙二大、奥地利维也纳大学、维也纳科技大学、韩国济州大学、崇实大学等，教育合作形式主要为中外合作办学、校际学分互认和校际学生对等互换。该项目获批，进一步拓展了中外合作办学的形式和内容。

留学生教育蓬勃发展

开展留学生教育是学校教育国际化的重要组成部分。三峡大学的来华留学生教育起步于葛洲坝水电工程学院时期，当时主要是基于学校与国外院校的合作关系，接受欧美学生来校实习或作毕业设计，同时也接受韩国等国家和地区的交换生来校学习汉语。三峡大学组建后，学校紧抓机遇，迎接挑战，利用自身优势，积极开拓，发展来华留学生教育。2004 年，学校开始有规模、成建制地招收中英文双语授课临床医学专业本科层次来华留学生，学生主要来自印度、尼泊尔等国。同时，学校成为湖北省高校率先举办留学生教育的学校之一。自此，规模不断扩大，专业日趋多样，生源日趋多元，留学生人数稳定在 600 人以上，积累了丰富的办学经验。

2011 年，获教育部本科临床医学（英语授课）来华留学生招生资格。

2013 年，获招收中国政府奖学金来华留学生资格。

2014 年，获批成为国家来华留学生示范基地建设单位。

李建林任三峡大学党委书记

2011 年 7 月 3 日，中共湖北省委发文，调刘德富同志任湖北工业大学校长、党委委员、常委、副书记，免去三峡大学党委书记、常委、委员职务。

2011 年 10 月 21 日，中共湖北省委发文：李建林同志任三峡大学党委书记，免去其三峡大学校长职务。

入选"卓越工程师教育培养计划"

卓越工程师教育培养计划是教育部贯彻落实《国家中长期教育改革和发展规划纲要（2010—2020 年）》和《国家中长期人才发展规划纲要（2010—2020 年）》的重大改革项目。2010 年 6 月 23 日，教育部在天津大学召开"卓越工程师教育培养计划"启动会，联合有关部门和行业协（学）会，共同实施"卓越工程师教育培养计划"。

2011 年 9 月教育部发布《教育部关于批准第二批卓越工程师教育培养计划高校的通知》，三峡大学入选卓越工程师教育培养计划高校。2012 年 4 月教育部下发《教育部办公厅关于公布第二批卓越工程师教育培养计划高校学科专业名单的通知》，学校水利水电工程、机械设计制造及其自动化、电气工程及其自动化等 3 个专业入选卓越工程师教育培养计划专业。2013 年 10 月教育部下发《教育部办公厅关于公布第三批卓越工程师教育培养计划高校学科专业名单的通知》，学校土木工程、材料成型及控制工程、计算机科学与技术、生物工程等 4 个专业入选。

卓越工程师教育培养计划是促进我国由工程教育大国迈向工程教育强国的重大举措，旨在培养造就一大批创新能力强、适应经济社会发展需要的高质量各类型工程技术人才，为国家走新型工业化发展道路、建设创新型国家和人才强国战略服务，对促进高等教育面向社会需求培养人才，全面提高工程教育人才培养质量具有十分重要的示范和引导作用。

学校入选卓越工程师教育培养计划的 7 个本科专业均按要求制定新的培养方案，培养适应经济社会发展需要的高质量工程技术人才。

学校入选"卓越工程师教育培养计划"，是继学校获批湖北省拔尖人才培养试验计划和省战略性新兴(支柱)产业人才培养计划之后获得的又一项国家级人才培养模式改革计划。

新增 3 个一级学科硕士点

2011 年 11 月，国务院学位委员会下文，批准三峡大学生态学、软件工程和马克思主义理论 3 个一级学科增列为硕士学位授权学科。

至此，三峡大学已有 20 个一级学科硕士点及 4 个二级学科硕士点，总体覆盖 130 个二级学科硕士点，学科布局得以进一步完善，为实现学校"十二五"学科建设与研究生教育规划奠定了良好基础。

首次召开研究生教育工作会议

2011 年 11 月 25 日至 28 日，三峡大学首次召开研究生教育工作会议。

湖北省学位办主任韩习祥出席会议并讲话。讲话中，他对学校研究生教育的发展给予了充分肯定，就博士点建设及研究生教育提出了指导性意见，并希望学校抓住机遇，协同创新，切实提升研究生教育水平。

谭志松作了题为《强化质量意识，理顺体制机制，努力提升学校研究生教育水平》的工作报告。与会人员紧紧围绕工作报告和有关文件进行了讨论和交流发言。

闭幕式上，李建林作了总结报告。他指出，这次研究生教育工作会议是在我国学位制度建立 30 年，我校"十二五"规划开局伊始，即将迎来博士学位授予单位最终检查验收、学校研究生教育进入新阶段之际召开的，意义十分重大，希望大家提高思想认识，强化质量意识、创新意识、市场意识及道德意识，推进学校研究生教育又快又好发展。

这次会议是三峡大学合并组建十一年来首次召开的研究生教育工作会议，会议总结了学校研究生工作的经验和不足，明确了学校研究生教育的重要任务，为今后研究生工作指明了方向，对促进学校研究生教育规模、结构、质量、效益的协调发展，开创研究生教育工作新局面，推进学校整体发展具有里程碑意义。

获"湖北省学习型先进单位"称号

2011 年 12 月，湖北省创争活动领导小组发文表彰"创建文明学习型组织、争做知识型职工"活动先进单位和先进个人，学校被授予"湖北省学习型先进单位"荣誉称号，全省高校中仅三峡大学获此殊荣。

"创建学习型组织、争做知识型职工"活动是实施职工素质工程的重要载体，是全面提高职工队伍素质、大力实施科教兴国和人才强国战略、造就高素质劳动者和专门人才的必然要求。学校在开展"创争"活动中，始终坚持以人为本，紧密结合学校实际，通过有效措施，在教职工中树立了"工作学习化、学习工作化""全员学习、终身学习"的学习理念，推进了教职工队伍知识化进程，提高了教职工队伍素质，为把学校建设成为水电特色鲜明的高水平综合性大学的奋斗目标提供了人才保证和智力支持，获得了上级主管单位的高度肯定。

开展教学研究，取得突出成绩

教学是一门科学，是一门艺术，要提高教育质量，必须开展教学研究。教学成果则是教学科研成效的直观反映，它是指反映教育教学规律，具有独创性、新颖性、实用性，对提高教育质量和教学水平，实现培养目标产生明显效果的教学方案。湖北省政府 1989 年就设立省级教学成果奖，2006 年又颁布了《湖北省教学成果奖励办法》，鼓励教师开展教学研究。

三峡大学组建后积极推进教学改革，实施"新世纪教育教学改革工程"，组织教学研究项目立项，开展校级教学成果奖励并遴选、推荐省级教学成果。2000年以来推荐教学成果参加 6 届湖北省教学成果奖评选，共获得湖北省高等学校教学成果奖 82 项。其中，特等奖 1 项，一等奖 28 项，二等奖 20 项，三等奖 33 项。获得湖北省基础教育教学成果奖 2 项。

何伟军教授主持的《新文科卓越人才"五共相长"协同育人体系创新与实践》获"湖北省第九届高等学校教学成果"特等奖。

学校获各届湖北省高等学校教学成果奖情况如下：

第四届(2001 年)获奖 6 项。其中：二等奖 1 项，三等奖 5 项。

第五届（2005 年）获奖 10 项。其中：一等奖 5 项，二等奖 2 项，三等奖 3 项。

第六届（2009 年）获奖 15 项。其中：一等奖 3 项，二等奖 6 项，三等奖 6 项。

第七届（2013 年）获奖 13 项。其中：一等奖 6 项，二等奖 2 项，三等奖 5 项。

第八届（2018 年）获奖 22 项。其中：一等奖 7 项，二等奖 7 项，三等奖 8 项。

第九届（2021 年）获奖 16 项。其中：特等奖 1 项，一等奖 7 项，二等奖 2 项，三等奖 6 项。

获湖北省基础教育教学成果奖情况如下：

2022 年获二等奖 2 项。

"两访两创"活动全面展开

根据湖北省委的要求，2011 年 9—11 月，全省 120 余所高校全面启动"两访两创"活动，即"高校管理干部（重点是学院和机关中层以上领导干部）访谈所有老师，教师访谈所有学生；创基层党建工作先进，争做优秀共产党员；创教育事业发展先进，争做优秀人民教师"。这是我省加强高校群众工作的新创举，受到教育部的关注和肯定。

为了更好地开展这一活动，学校成立了以李建林为组长、全体校领导参加的领导小组，制定了《中共三峡大学委员会"两访两创"活动实施方案》，于 9 月 15 日召开动员部署大会，拉开了活动序幕。在整个活动中，以"访谈师生、解剖校情、促进和谐、推动发展"为主要内容，以交流思想、立德树人、尊师爱生、促进和谐、创先争优、推动发展等六项工作为主要任务，按照宣传发动、访谈交流、收集意见、整改提高、总结评价五个环节稳步推进。

这次活动是新形势下高校群众工作的有效载体，是加强、改进大学生思想政治教育的有效手段，是提高教育质量、促进科学发展的重要抓手，学校和各学院、各部门都十分重视，力争做到"两访两创"活动全覆盖。大家紧紧围绕学校改革发展和学生成才两大主题，真诚相待，深度访谈"五种群体"，着力建立解决问题的长效机制，促进学校工作，收到了良好效果。

2012 年 5 月 11 日，中共湖北省委办公厅召开第十二次全省高校党的建设和大学生思想政治工作会议暨高校"两访两创"活动总结表彰大会。三峡大学获"两访两创"活动先进学校称号；理学院党委、土木与建筑学院党委获"两访两创"活动先进集体称号；机械与材料学院方子凡、理学院张爱华"两访两创"活动先进个人称号；机械与材料学院方东升获"优秀教师"称号；外国语学院彭骥获"优秀班主任、辅导员"称号；化学与生命科学学院吴春红、电气学院覃金彩获"优秀大学生"称号。

加强党风廉政建设，为学校建设发展提供坚强的政治保证

纪律检查工作是抓好党的政治建设、思想建设、组织建设、作风建设的有力武器，是加强党风廉政建设的重要手段，是学校建设发展的坚强保证。学校党委十分重视纪检、监察工作，2006—2013 年，纪委与学校监察处合署办公。纪委坚持"标本兼治、综合治理、惩防并举、注重预防"方针，按照围绕中心、服务大局、改革创新、统筹推进、重在建设的基本要求，整体推进教育、制度、监督、改革、纠风、惩处六项工作，学校党风廉政建设不断取得新的进步，为学校科学发展提供了坚强的政治保证。

一是以腐败风险预警防控体系建设为切入点，不断完善惩防体系建设。

持续两年先后在各部门、各单位开展了腐败风险预警防控工作。共排查 323 个风险点，出台了 377 项防控措施，制定和完善了《关于贯彻落实〈中纪委、教育部、监察部关于加强高等院校反腐倡廉建设意见〉的实施细则》《关于实行处级领导干部问责的暂行办法》《贯彻中央"八项规定"和省委"六条意见"检查工作方案》等 160 余项配套制度。

二是以规范各类办学行为为契机，强化权力运行监督。

强化重点领域和关键环节的监督工作，重点做好学校干部人事管理、招标评标、招生、财务管理以及校务公开民主管理等监督工作，取得明显成效。

三是以来信来访和案件查处工作为抓手，严肃查处违纪违规行为。

信访处理做到 100%，实名举报做到 100% 回复。通过信访件的认真处理和案件查处，严肃了党纪政纪，震慑了违法犯罪，维护了党章的权威，保障了党员的权利。

四是以廉政活动和廉政文化研究为载体，积极营造风清气正的氛围。

组织开展了"作风建设年"活动、"学习廉政准则、争做勤廉表率"专题学习、"以人为本，执政为民"干部廉政警示教育活动、"保持党的纯洁性、助推跨越发展"廉政教育活动、"坚持群众路线，争做清正表率"等一系列党风廉政建设宣传教育活动。

2011 年 6 月，在全省高校率先成立了三峡大学廉政文化研究所。2012 年三峡大学进入"具有马克思主义理论、法学、政治学、社会学等相关学科国家重点

学科和博士学位授予权的教育部直属高校以及设有教育廉政研究基地的全国 99 所高校之列",具备了教育部人文社会科学研究"教育廉政理论"专项申报资格。学校纪委连续 3 年开展了廉政文化征文评选活动。先后有 4 篇论文在中国监察学会和中央纪委监察部廉政理论研究中心论文评选中获奖;彭红卫教授在 CCTV-12《法律讲堂》(文史版)栏目主讲 5 集历史反腐专题片《朱熹查贪》。先后有《文化视阈下的廉政心理养成》等 30 多篇学术研究成果获湖北省高校纪检监察研究会奖励。

获"全国高等教育自学考试三十周年先进集体"称号

2011 年,教育部主持开展的全国继续教育工作会议暨高等教育自学考试制度建立 30 周年总结表彰工作中,学校获"全国高等教育自学考试三十周年先进集体"称号。

高等教育自学考试是我国高等教育的一项基本制度。经过 30 年的发展,自学考试为改革开放和现代化建设培养了大批人才,为加快我国高等教育大众化进程,构建我国终身教育体系,建设"学习型"社会发挥了重要作用。

三峡大学是湖北省高等教育自学考试最早的主考学校之一,在湖北省教育考试院的指导下,坚持贯彻依法办学、规范管理的方针,不断提高教育教学质量。学校在建立健全自学考试管理组织,履行主考学校职责,做好自学考试的专业设置、教材编写、命题考试、实践环节等方面做了大量细致的工作,为社会培养了大量的专业人才,得到了上级教育主管部门和社会各界的广泛认可。

首届 MBA 班开学

2011 年 10 月 1 日,三峡大学举行首届 MBA 班开学典礼。李建林、谭志松出席了典礼仪式,首届 MBA 班 42 名学员参加了开学典礼。

典礼仪式上,李建林强调,承担 MBA 教育的经济与管理学院和 MBA 教育中心要秉承"立足区域管理实践,培养本土管理精英,推动组织与社会进步"的使命,以"成为三峡区域与水利电力行业最具特色的 MBA 项目"为愿景,高质量地培养适应企事业单位需要的务实型、复合型的高级管理人才。同时,鼓励新同学珍惜学习机会,实现自我超越,取得人生和事业的更大成功。

三峡大学于 2010 年 9 月获批 MBA 专业学位授权。为搞好 MBA 教育工作，学校投入近百万元进行教学条件、师资队伍建设，设立了 MBA 教育中心，逐步形成了自己的办学特色和优势。

MBA 教育立足区域管理实践，培养企业管理精英。MBA 教育中心为学员提供全方位的管理课程，并鼓励学生弹性灵活地搭建超越培养方案预定目标的知识体系；教育中心开展形式多样的国际交流，与英国、美国的知名高校合作，开办双硕士学位的国际 MBA 项目；设置专用教室，选择周末或晚上上课，方便在职人员学习；对学员达到一定规模（30 人）的企业，集中开班授课，并针对企业需要设置个性化课程模块；与众多知名企业合作建立 MBA 实习就业基地，为学生提供全面周到的就业指导和服务。

省委第三巡视组来校巡视

2011 年 10 月 25 日至 11 月 8 日，湖北省委第三巡视组副组长张家林、张七一等一行 5 人来校，对学校 2008 年贯彻落实科学发展观、执行民主集中制和《中国共产党高等学校基层党组织工作条例》、党风廉政建设、领导班子建设、选拔任用干部、作风建设等方面的情况进行巡视。

巡视组听取了李建林代表学校党委作的汇报，对校领导班子和班子成员、干部选拔任用工作进行了民主测评。同时还通过个别谈话、召开座谈会、查阅资料、接待来信来访等方式，广泛听取意见和建议。

11 月 24 日上午，省委巡视组在行政楼二楼会议室召开意见反馈会。巡视组成员、学校领导及校"两委"委员参加了反馈会。

反馈会上，副组长张七一代表省委巡视组反馈巡视意见。巡视组对三峡大学领导班子和干部队伍建设、各项事业的改革发展，反腐倡廉建设和作风建设等方面的工作成绩给予了充分肯定。同时指出了存在的不足，提出了整改建议。李建林代表学校党委表示，学校将按照省委巡视组的要求，认真研究分析存在的问题和不足，制定和落实整改方案，确保整改成效，促进学校快速健康发展。

2012 年 2 月 14 日，学校党委召开专题会议，督办落实省委第三巡视组巡视整改意见。与会人员紧紧围绕省委巡视组提出的班子和队伍建设、事业发展以及党风廉政建设等三个方面存在的不足和《三峡大学关于落实省委第三巡视组巡视情况的反馈意见的整改方案》提出的 24 条整改内容，对照整改措施汇报落实情况，并进一步明确了责任和整改任务。

2012 年 9 月 11 日至 13 日，省委第三巡视组来学校开展巡视督查工作。督查结束后，李子林代表巡视组反馈督查意见。巡视组认为，学校领导对上次巡视组的意见高度重视，在人才培养、科学研究、社会服务以及文化引领方面取得了较大成绩，在班子建设方面有了新的变化和探索，增强了班子团结与合作，在建设长效机制上有了新的进展，希望学校增强各项建设，巩固整改成果，保持学校可持续发展。

举办首届"我心目中的好老师"评选颁奖典礼

2011 年 12 月 29 日晚，学校在橘颂音乐厅举行首届"我心目中的好老师"评选颁奖典礼，20 位老师和 3 个优秀组织单位受到表彰。李建林在会上发表了热情洋溢的讲话。他指出，开展评选"我心目中的好老师"活动，不但是师者人格魅力的集中反映，同时也是文化人格的一次升华和提炼。受表彰的 20 位"我心目中的好老师"是我校教师队伍的"群芳谱"的一个缩影。他们在平凡的岗位上有着不平凡的表现，因为责任、奉献、激情，赢得了学生们最崇高的敬意和最诚挚的祝福。他们的先进事迹集中反映了我校教师的整体素质和精神风貌，体现了广大教师追求理想、忠于事业、德高为师、身正为范的人格魅力和牢记责任、情系学生、甘为人梯的奉献精神。他真诚地希望广大教师进一步树立以生为本的思想，立足讲坛、爱岗敬业、真诚爱护学生，将自我实现与教书育人完美结合；进一步树立以德育人的理念，以身作则，以良好的精神风貌和职业道德教育和感化学生；进一步加强业务学习，提高学术造诣，不断创新教学方法，严谨笃学、诲人不倦，以崇高的人格魅力传授知识薪火，把育人的宗旨自觉渗透到日常的教育教学和科研实践中去，努力做学生爱戴的老师，为人才培养质量的提高和学校的和谐发展做出更大的贡献。

三峡大学首届"我心目中的好老师"评选于 2011 年 9 月正式开始，历时 3 个多月。通过宣传发动、班级推荐、院级初评、事迹展示、网络投票、公开答辩、校内公示、学校审核等程序产生，严谨公开。

首届"我心目中的好老师"名单如下：

李德莹、陈军、徐守志、杨俊、吴江锋、萧真、刘天旭、涂娟、郑小玲、程江洲、刘波、覃太贵、张春玲、郭祖胜、张兆祥、肖劲松、屈琼、甘子东、赵志君、邵灵红。

2012 年

开展"喜迎十八大，争创新业绩"主题实践活动

2012 年 3 月 6 日，学校召开"喜迎十八大，争创新业绩"主题实践活动动员大会。

李建林作了动员讲话。他强调，开展"喜迎十八大，争创新业绩"主题实践活动，是推动科学发展、跨越式发展的重要举措，是贯彻中央要求，以优异成绩向党的十八大献礼的重要行动。要围绕"推动科学发展、促进校园和谐、服务师生群众、加强基层组织"活动总体目标，紧紧抓住党的十八大召开的重大机遇，动员组织广大师生"提精神、创业绩、增活力、造氛围"。按照省高校工委、省教育厅要求，结合学习实际，主要开展以下四项主题活动：一是继续开展"两访两创"活动，抓好"访、学、建、创"，建立健全党员干部联系群众的长效机制；二是以"五亮五比五创"为重要载体和抓手，深入开展创先争优活动；三是开展学习型组织建设活动，建设良好的校园文化和安全稳定的育人环境；四是开展发展成就、先进典型宣传展示活动，营造"学习先进、崇尚先进"的良好氛围。

主题活动从 2012 年 3 月开始，至 12 月底结束。具体分为学习动员（3 月初）、组织实施（3 月至 10 月）、巩固提高（11 月至 12 月）三个阶段。

2012 年 11 月 8 日至 14 日，中国共产党第十八次全国代表大会成功召开。

十八大以后，学校于 2013 年 3 月，继续深入开展"学习贯彻党的十八大精神，争创新业绩"的学创活动。

开展延安精神学习活动

2012 年 3 月 16 日，学校召开延安精神研究会成立及研讨会。

会上，党委宣传部传达了湖北省延安精神研究会和高校工委延安精神研究会教育分会的相关会议精神，宣读了学校延安精神研究会成立文件，布置了延安精神研究会的任务。与会人员紧紧围绕延安精神进校园开展了认真研讨。大家认为，延安精神是我们党最宝贵的精神财富，尤其是在新时期，推进延安精神进校园，对加强和改进大学生思想政治教育，增强爱国、爱校意识，发扬实事求是、艰苦奋斗精神具有十分重要的意义。在推进延安精神"进教材、进课堂、进头脑"方面，大家提出要把延安精神与求索精神、校园文化建设、大学生理想信念教育、教师职业道德教育有机结合起来，培育师生共同的道德精神和价值取向。

2012 年 8 月 22 日，三峡大学全体校领导带领学校各单位主要负责人专程来到延安。在延安，邀请延安大学资深延安精神研究专家杨延虎教授作《中共中央在延安的十三年》的专题报告，参谒了宝塔山、延安革命纪念馆、杨家岭，重温入党誓词，观看《延安颂》，通过系列活动，使大家深受教育。

10 月 27 日下午，由湖北省延安精神研究会教育分会主办，三峡大学承办的"弘扬延安精神，实现伟大梦想"报告会在三峡大学大学生活动中心举行，来自三峡大学、三峡大学科技学院、湖北三峡职业技术学院、三峡电力职业技术学院等 5 所高校的近千名师生聆听了高长舒、杨杰、王金华三位老专家的报告。

同年，中国延安精神研究会在湖北举办延安精神进校园现场会，三峡大学是湖北省几所重点开展延安精神进校园的学校之一。

举办首届"桃花节"

每年三四月，三峡大学求索溪畔桃花盛开，游人如织。

为繁荣校园文化，丰富师生生活，由国际合作交流处和团委共同举办的首届"桃花节"于 2012 年 4 月 7 日在求索溪滨举行。节会中，开展了"学雷锋、讲文明、树新风、观桃花、品文化、促和谐"的各国、各民族系列文化活动。学校内，来自英国、美国、印度、日本等 14 个国家的外籍教师、留学生和白族、藏族、朝鲜族、傣族等 34 个民族的师生，分别用文字、图片、服饰、音乐等文化元素展览的形式，展示外教、留学生代表之国和我国各民族风土人情、民俗生活及文化。活动增进了师生、市民对各国、各民族文化的了解，促进了中外和国内各民族之间的大团结。

学校师生和广大市民闻讯纷纷前来观赏、品味、交流。

自此，别具特色的"桃花节"就成为了学校和宜昌市民一年一度的盛会，成为校园文化建设的一张靓丽的名片。

启动"基层党组织建设年"活动

2012 年 4 月 10 日，学校党委下发文件，正式启动"基层党组织建设年"活动。通过这一活动，进一步加强学校基层党组织建设，为建设"水电特色鲜明的高水平地方综合性大学"提供坚强组织保证。

三峡大学"基层党组织建设年"活动以"强组织、增活力、创先争优迎十八大"为主题，按照"抓落实、求实效、受欢迎"的工作要求，以实施党支部分类定级为抓手，着力解决基层党组织建设中的突出问题，进一步完善基层党组织机制和体制建设。

为确保"基层党组织建设年"活动有序开展，学校党委将活动分为调查摸底、分类定级；对标整改、晋位升级；学习先进、创先争优三个阶段进行。在各基层党组织的共同努力下，活动开展得扎实有效，使大家都受到了一次深刻的教育。

何伟军任三峡大学校长

2012 年 4 月 19 日，中共湖北省委组织部副部长、中共湖北省委老干部局局长陈绪群来校，在全校处级干部会上宣读省委决定，任命何伟军为三峡大学校长；7 月 11 日，中共湖北省委组织部正式行文，何伟军任三峡大学校长。

"三峡讲坛"开讲

2012 年 4 月 19 日下午，由学校党委宣传部和图书馆联合主办的"三峡讲坛"开坛仪式暨首场讲座在图书馆学术报告厅举行。三峡大学讲师团成员、马克思主义学院院长李敏昌教授为与会 200 名师生作了题为《大国崛起的烦恼——十八大之前的国际、国内形势》的开坛报告。

"三峡讲坛"主要由学校讲师团成员担任主讲,同时还聘请国内外知名专家学者作主讲嘉宾,成为引领校园文化的新品牌。

启动"高等学校创新能力提升计划"工作

高等学校创新能力提升计划,也称"2011 计划",是继"211 工程""985 工程"之后,中国高等教育系统又一项体现国家意志的重大战略举措,它对于大力提升高等学校的创新能力、全面提高高等教育质量,深入实施科教兴国、人才强国战略,都具有十分重要的意义。

"计划"以人才、学科、科研三位一体创新能力提升为核心任务,通过构建面向科学前沿、文化传承创新、行业产业及区域发展重大需求的四类协同创新模式,深化高校的机制、体制改革,转变高校创新方式,建立起能冲击世界一流的新优势。

2012 年 5 月 7 日,教育部正式启动该计划。2020 年 9 月 15 日,教育部将"高等学校创新能力提升计划"等重点建设项目统筹纳入"双一流"建设。

三峡大学于 2012 年 5 月 10 日启动"高等学校创新能力提升计划"工作。学校制定了《三峡大学协同创新培育与建设管理办法》,并从 2012 年 12 月 1 日开始实施。三峡大学第三次党代会和 2012 年党委(扩大)会都将积极推进协同创新确定为学校重要工作。

2012 年 10 月 14 日,《中国教育报》发表李建林理论文章《"2011 计划":高校协同创新的战略指针》。文章全面阐述了"2011 计划"对于高校尤其是地方高校的重要意义,着重介绍了三峡大学未来五年分层推进"2011 计划"的重要构想。

2012 年 10 月 20 日,"三峡地区灾害与环境协同创新中心"揭牌成立。这是学校与清江水电开发公司、中国长江三峡电力有限公司、中国葛洲坝集团股份有限公司等单位共同创建,首个省级协同创新中心,为学校实施创新能力计划开了先河。

2013 年 5 月,经评审,学校审定了 4 个校级协同创新中心。它们是:法学院"宜昌市社会管理法治化三峡大学协同创新中心"、医学院"鄂西特色中(草)药现代化三峡大学协同创新中心"、化学与生命科学学院"鄂西特色生物产业链技术三峡大学协同创新中心"、理学院"湖北省中西部磁产业三峡大学协同创新中心"。

举行新一届学术委员会聘任仪式

2012 年 6 月 5 日下午,学校举行新一届学术委员会聘任仪式。聘任仪式上,谭志松宣读了《关于调整三峡大学学术委员会成员的通知》,何伟军向各位委员颁发了聘书。学校新一届学术委员会由 29 名教授组成,学术委员会主任委员由机械与材料学院李东升教授担任。

李建林作了总结讲话,他指出,校领导退出学术委员会,是学校改革的重要举措,是积极探索"党委领导、校长负责、教授治校、民主管理"的有效形式。他希望新一届学术委员会认真履行《中华人民共和国高等教育法》赋予的权力和职责,保障学术委员会公开、公平、公正地工作,充分发挥其在学校学科决策、民主管理以及学科建设、队伍建设、人才培养、社会服务等方面的积极作用,在创建学术型校园,促进学风、教风和校风方面做出更大的贡献。

李东升在讲话中表示,学术委员会一定弘扬科学精神,恪守科学道德,反对学术腐败,展示学术风范,引领和坚持学术风气,在学术工作中实事求是、公平公开、秉公办事,同时接受教职工的监督。

聘任仪式后,新一届学术委员会举行了第一次会议,讨论《三峡大学学术委员会章程》《三峡大学学术委员会条例》。

召开第三次党代会

2012 年 7 月 4 日,中国共产党三峡大学第三次代表大会在橘颂音乐厅隆重召开。湖北省委高校工委、教育厅副巡视员王庆金,湖北省委高校工委组织处处长肖慎钢,宜昌市委常委、宣传部长廖达凤,组织部副部长李柏红出席了会议。

李建林代表中共三峡大学第二届委员会作工作报告。报告题为《凝心聚力、改革创新、以质图强、加快水电特色鲜明的高水平综合性大学建设步伐》。

他指出,过去的五年,是不平凡的五年;是全校上下克难攻坚,不断实现跨越,创造辉煌的五年;是学校办学实力提升最快,核心竞争力增强最明显的五年。同时,他指出,学校改革和发展还存在七个方面的问题和困难,为此,要直面风险,抓住主要矛盾,再创事业发展的美好明天。

在报告中,他提出了今后 5 到 10 年学校发展的基本思路,就是要同心同德、振奋精神、改革创新、以质图强，从强调规模增长的发展理念和发展模式转变为以提高人才培养质量和提升科技创新能力为核心的发展战略上来。加快内涵发展，大力实施四大战略、突出四大工程、建设五型校园，推进六项改革，再创事业辉煌。

四大战略：特色发展战略、开放办学战略、文化引领战略、改革创新战略。

在四个方面取得标志性突破：一是办学层次的突破，要以获得博士学位授予权为标志，形成学士学位、硕士学位、博士学位三级完整的学位授权体系；二是"2011 计划"的突破，实现学校进入国家"2011 计划"协同创新中心牵头或主要参与单位行列；三是教学质量的突破，在国家教学成果奖、重点学科和重点实验室建设方面取得突破；四是招生批次的突破，要争取所有专业在全国实现第一批招生。

四大工程：大力实施人才强校工程、质量提升工程、协同创新工程、文化创新工程。

五型校园：必须坚持不懈地在原有"三型校园"建设的基础上，推进建设学术型、和谐型、开放型、节约型和智慧型的五型校园。

六项改革：一是探索学校顶层制度设计；二是推进人才培养模式的改革；三是探索学科建设体系改革；四是进行人事分配制度的改革；五是继续深化目标管理的改革；六是探索学校科技成果转化的机制改革。

王新祝代表三峡大学第二届纪律检查委员会向大会作了题为《深入推进党风廉政建设，为加快建设水电特色鲜明的高水平地方综合性大学提供坚强的政治保证》的报告。

大会听取并审议了两个工作报告，选举了中国共产党三峡大学第三届委员会和中国共产党三峡大学第三届纪律检查委员会。

7 月 5 日，中共三峡大学第三届委员会召开第一次全体会议，选举产生第三届委员会常务委员会委员、副书记、书记。书记：李建林；副书记：何伟军、石亚非、田斌；常委：李建林、何伟军、石亚非、邹坤、王新祝、田斌、黄应平、王炎廷。中共三峡大学第三届纪律检查委员会第一次会议选举王新祝任纪委书记，王耀辉任纪委副书记。

召开 2012 年党委(扩大)会

2012 年 8 月 23—24 日，学校 2012 年党委(扩大)会在延安召开。

何伟军在会上作了题为《积极推进协同创新,进一步增强我校人才、学科、科研一体化创新能力》的主题报告。

在报告中,他重点提出并明确下一步工作:一是全面贯彻第三次党代会精神,认真落实特色发展、开放办学、文化引领、改革创新四大战略,着力实施人才强校、质量提升、协同创新、文化创新四大工程,扎实推进"五型校园"建设;二是要以推进协同创新为突破口,不断提升学校创新能力和核心竞争力,通过校内协同创新中心,以及省级或国家级协同创新中心的培育和建设,在 3~8 年内,实现我校创新能力的"5 个突破"和"3 个转变"。"5 个突破",即实现聚集和培养院士、"杰青"、"长江学者"等高水平领军人才的突破;实现省属高校国家重点实验室、国家重点学科零的突破;实现协同创新体制机制改革的突破;实现省属高校特色发展、质量提升上的新突破;实现重大标志性成果产出上的新突破。"3 个转变",即科学研究、人才培养等工作从学科导向逐步向需求导向为主转变;组织管理从个体、封闭、分割方式向流动、开放、协同的方式转变;创新要素与资源配置从孤立、分散的状态向汇集、融合的方向转变。三是要以推进协同创新为轴心,进一步提升人才、学科、科研三位一体的创新能力;要加强学科建设,提升学科实力;进一步加强队伍建设,着力提高师资队伍水平;以人才培养模式改革为突破口,提升人才培养质量;以协同创新为突破口,推进科研水平再上新台阶;加强制度机制建设,推进各项事业科学有序发展;坚持开放办学,进一步加强对外交流与合作。四是要加强师德师能和员工能力和素质建设,提高队伍整体水平。五是要加强党建和思想政治工作。

与会代表认真讨论了校长主题报告和三个专题报告,15 个单位的主要负责人在大会上作了交流。

暑期"三下乡"社会实践活动多次受到表彰

2012 年暑期,三峡大学近两万名大学生,多支社会实践团队在学校团委及各学院分团委指导下,积极深入基层,用自己所学知识服务农村、服务社区、奉献社会,开展"三下乡"社会实践活动。活动主题突出,形式新颖,在实践中受教育、长才干、作贡献,展现了三峡大学学子良好的精神风貌,涌现了一大批优秀团队和个人,产生了较好的社会反映。学校也被省委宣传部、文明办、教育厅、团省委、省学联授予"2012 年湖北省大中专学生志愿者暑期'三下乡'社会实践活动"优秀组织单位。这是继 2009 年、2010 年后再次获此殊荣。

大学生创新创业工作屡获佳绩

学校重视大学生创新创业工作，2012 年 4 月 5 日，建立了"三峡大学大学生创新创业教育基地"，成立了"宜昌市大学生创业者协会"。积极组织大学生参加国家、省"挑战杯"大学生创业计划大赛，屡获佳绩。组织学生申报创新创业专利，仅 2012 年，就有 63 个具有较高水平的作品获得了宜昌市高新区高新技术产业局颁发的发明专利，实用性专利以及外观设计专利，专利申报总金额达 20.79 万元。

获得全国"高等教育信息化先进单位"称号，并成为教育部
第一批教育信息化试点单位

三峡大学信息化工作起步较早，1997 年就开设了第一张校园网，2002 年开通了校园卡。经过十年的发展，于 2008 年建立了数字校园建设模型，提出了基于流程再造理论的信息化平台及应用系统建设理念，确定了面向服务"1234N"（1 套标准、2 个保障体系、3 大支撑平台、4 类基础设施、N 个业务系统）的建设路径，所提出的架构奠定了后续 10 年学校信息化发展的基础和方向。在 2008—2010 年实施的信息化建设二期工程中，建成门户、身份认证、交换共享 3 大支撑平台，建成覆盖教务、科技、人事、财务、资产、图书、后勤、OA、邮件等业务管理系统。2008 年，学校成为中国教育和科研计算机网三峡地区城市节点，开辟了学校服务社会的新途径。二期建设后续几年，学校信息化建设取得了一定成果，在全省高校乃至华中地区引起广泛关注，全国 50 余所高校相继组团来校考察交流。

2012 年 9 月至 11 月，教育部首次牵头，组织评选"2011 年高等教育信息化先进单位"，全国共有 215 所高校参与评选，30 所高校受到表彰，湖北省仅华中科技大学和三峡大学获得此次表彰。

2012 年 11 月，教育部下发《关于公布第一批教育信息化试点单位的通知》，正式批复了第一批教育信息化试点单位。全国 66 所本科院校成为首批试点单位，其中湖北省 3 所，即华中科技大学、华中师范大学和三峡大学。

教育信息化试点工作是在新形势下推动教育信息化深入开展的新举措，是贯彻落实《教育信息化十年发展规划》的重要内容。根据教育部要求，试点将围绕教育部改革发展的中心任务，坚持应用导向，探索机制与模式创新，着重推进信

息技术与教育教学的全面深度融合。

首批试点包括区域试点，专项试点及中小学、职业院校和本科院校试点等多种类型。本科院校试点将侧重在信息技术创新培养人才模式、智慧校园建设机制、信息化条件下教育教学模式改革等方面进行探索。三峡大学教育信息化试点的内容为"数字校园可持续发展机制探索"。这次试点使学校信息化工作再上新台阶。

举办纪念土家族确认五十五周年暨三峡大学民族学院挂牌仪式

2012年12月15日，学校举办"纪念土家族确认五十五周年学术研讨会暨三峡大学民族学院挂牌仪式"。来自中央民族大学、中南民族大学等高校的专家学者，以及湘、鄂、渝、黔、川边区土家族自治地方的领导和研究人员150余人参加了会议。

省、市政协、省民宗委、九三学社中央宣传部的领导李佑才、李亚隆、胡祥华、彭官章出席了会议。

会上，专家学者们对土家族的历史文化、经济社会发展取得的辉煌业绩、存在的现实困难进行了深入交流，对民族学院为主承编的《土家大辞典》进行了认真探讨。大家一致认为，编撰《土家大辞典》对推动民族文化大发展、大繁荣意义重大，是一件功在当代、利在千秋的浩繁文化研究工程，大家要团结一心、攻坚克难、力争在规定的时间内完成任务。

会议共收到论文60余篇，涉及民族研究的广泛课题。

三峡大学仁和医院获批"宜昌市红十字医院"

2012年12月27日，三峡大学仁和医院隆重举行宜昌市红十字医院揭牌仪式，何伟军出席并讲话。邹坤和宜昌市副市长、红十字会会长王国斌，共同为"宜昌市红十字医院"揭牌。

仁和医院是一所集医疗、教学、科研、预防保健、康复于一体的综合性三级医院。多年来，仁和医院贯彻"人道、博爱、贡献"的红十字精神，主动承担自然灾害救治、突发事件应急处理、医疗救援、疫情防控等社会职能，赢得了广大群众和社会各界的赞誉和信赖。为了进一步弘扬人道主义精神，更好发挥医院的公益性，省红十字会批准三峡大学仁和医院为"宜昌市红十字医院"。

2013 年

被人民网评为"2011—2012 年度基层党建宣传示范单位"

2013 年 5 月 3 日，三峡大学被人民网评为"2011—2012 年度基层党建宣传示范单位"。

该项评选活动由人民网、中国共产党新闻网和七一社区组织开展。依据各单位在七一社区发帖数、党建频道和创先争优网采稿数、参加中国共产党新闻网网上网下活动情况等，确定出"基层党建宣传示范单位"推荐名单 100 家，三峡大学在 100 家候选单位中居第 91 位。主办单位对 100 家进行综合审定，票决 80 家基层党建宣传示范单位和 20 家基层党建宣传示范提名单位。

"三峡库区生态环境教育部工程研究中心"通过专家验收

2013 年 5 月 22 日，由华中科技大学张勇传院士担任专家组组长，来自华中科技大学、武汉大学、清华大学、中国水利水电科学研究院、中国科学院水工程生态所等单位的 7 名专家学者组成的专家组对三峡大学"三峡库区生态环境教育部工程研究中心建设项目"进行评估验收。

专家组考察、评估、讨论后，一致认为：工程中心主要围绕三峡库区污染控制与水华应急、库岸防护与生态恢复技术研究方向开展了一系列应用研究和平台建设，拓展了工程影响鱼类保护与过坝技术新的研究方向，并开展了卓有成效的研发，取得了一批高水平研究成果和工程应用技术。在工程化技术研究方面主要进行了水体污染控制、水库生态调度、边坡生态恢复、工程扰动区域恢复等技术的研究与工程示范，取得了很好的经济与生态效益。

专家组认为，工程中心具备了解决当前大型水库生态环境问题的能力，全面完成了可行性研究报告规定的建设任务，实现了预期建设目标，一致同意通过验收。

新增博士学位授权立项建设工作顺利通过验收

2013年1月31日，根据国务院学位办《关于做好立项建设博士、硕士学位授予单位验收工作的通知》要求，受国务院学位委员会委托，湖北省人民政府学位委员会组织专家组对三峡大学博士学位授予单位立项建设工作进行了整体验收，获得专家组充分肯定和高度评价，顺利通过整体验收。

专家组由武汉大学副校长李文鑫教授任组长，华中农业大学原校长张端品教授、湖北大学副校长顾豪爽教授、华中师范大学副校长王恩科教授、武汉大学李义天教授、武汉理工大学化学工程学院院长郑化教授、武汉科技大学研究生院常务副院长刘静教授等7人组成。

通过听取汇报、实地查看、查阅资料等方式，专家组深入了解了学校博士学位立项建设工作，他们认为学校高度重视、规划合理、目标明确、保障有力、建设效果显著。

巡视员徐金山代表湖北省学位委员会、教育厅作了总结讲话。他指出，学校获得博士学位授予单位是学校发展的一件大事，具有里程碑的意义。他希望学校以此为契机，在新的层次、新的起点上再创新的辉煌。他强调学校要进一步强化优势特色学科，提高学校影响力；要进一步重视科研工作，搭建大平台、组建大团队、产出大成果；要进一步加大人才培养模式的改革，依托三峡工程，打好三峡牌，培养特色人才，为国家水利电力行业和湖北经济社会发展再立新功。

省学位办主任韩习祥对学校博士学位授予单位检查验收工作圆满完成表示祝贺，对专家组的辛苦工作表示衷心感谢，并希望学校以本次检查验收为契机，进一步加强优势、特色学科建设，进一步提高服务经济社会发展的能力，全力支持学校向水电特色鲜明的高水平综合性大学的目标迈进。

李建林表示，今天是全校4万名师生和20余万名校友共同期盼的日子，独立培养博士研究生，形成学士、硕士、博士完整的学位培养体系，是三峡大学全体师生的夙愿，也是学校十余年求索奋进、深化改革、凝聚力量、攻坚克难的强大精神动力。我们将借此东风，认真总结发展经验，学习贯彻专家组指导意见，以更大的智慧和勇气，更加饱满的热情，更加昂扬的斗志，更加坚定的信心，发现机遇、抢抓机遇、用好机遇，求索创新，进一步改善办学条件，加强学术队伍建设，大力提升人才培养质量和办学水平，努力开创学校事业发展新局面。

历史性跨越：学校获批博士学位授予单位

2013年7月9日，国务院学位委员会正式发文，三峡大学被增列为博士学位授予单位，水利工程、土木工程两个学科获批博士学位授权一级学科，这标志着学校发展实现了历史性跨越。

学校学科发展和申博工作大体历经了三个阶段。第一阶段：1996—2006年，初步建立了研究生学位授权体系。学校拥有1个一级学科、17个二级学科硕士点，5个工程硕士专业学位点。第二阶段：2006—2008年，获得国务院博士学位授权立项建设单位。2006年，国务院学位委员会启动学位授权审核办法的改革，校党委正确分析形势，把握机遇，集中优势力量，精心组织申报工作，2008年12月，学校获批为博士学位授权立项建设单位，申博工作取得关键性突破。第三阶段：2009—2013年，申博工作进入立项建设阶段并取得突破性成就。学校建立了较为完善的学科体系，形成了鲜明的学科特色和优势。2010年，学校拥有了20个一级学科、4个二级学科硕士点、3个硕士专业学位类别、12个硕士专业学位点；2011年5月，学校通过博士授权单位立项建设中期检查；2013年1月，学校顺利通过博士学位授予单位整体验收；2013年7月，学校正式获批博士学位授予单位。

学校的申博工作始终强化学科的龙头地位和优先发展思路，坚持在国家重大工程实践和区域经济发展需求中凝练学科方向，形成学科特色；始终坚持人才是学校发展第一资源的理念，坚持以领军人才为核心，打造学术团队。自博士点立项建设以来，学科建设水平和综合实力得到显著提升，师资队伍更加优化，育人成果更加丰硕，科研业绩更加突出，服务能力更加强大，国际交流更加广泛，在人才培养质量、标志性成果、学科支撑平台和公共服务体系建设等方面取得了显著成绩。

博士学位授予单位的获批，实现了学校全体师生的夙愿，形成了学士、硕士、博士完整的学位培养体系，是学校十余年求索奋进、深化改革、凝聚力量、

年

攻坚克难的结晶，在学校发展历史上具有里程碑的意义。学校获得博士学位授予单位，提高了学校的办学层次和办学水平，扩大了学校的社会知名度和影响力，增强了学校发展的后劲和核心竞争力，对进一步提升学校服务水利电力行业和区域经济社会发展的能力，满足国家和区域高层次人才培养的需要必将发挥更大的作用。

《三峡大学 2014 年博士招生简章》及考试专业目录发布

2013 年 10 月 31 日，学校正式发布《三峡大学 2014 年博士招生简章》及考试专业目录，标志着学校首批博士研究生的招生工作正式启动，首批计划在水利工程和土木工程 2 个博士学位点招生 6 人。

随着学校首届博士研究生的正式招生，标志着三峡大学办学层次跨上了一个新的台阶，形成了"本、硕、博"完整的学位培养体系，为学校发展注入新的活力，学校站在新的起点，向着更高的目标迈进。

各大主流媒体赞扬三峡大学用微博传递正能量

三峡大学 2012 年初开通官方微博。一年以来，发布微博 1200 多条，吸引粉丝 5 万余人。尤其是官方微博"光荣榜"报道了《学校毕业生杨铭入选解放军百名好班长新闻人物》《两次走进央视〈法律讲堂〉的教师高玮》《智救落水儿童的"90后"大学生闰成良》《在〈非你莫属〉求职成功的 2012 届学生林丽芝》等，产生了极大反响。2013 年 3 月，《湖北日报》以《三峡大学用微博传递正能量》为题，报道三峡大学官方微博宣传校园名人，传递正能量的好做法。

人民网、中国时报、网易、搜狐等主流媒体网站对此文进行了转载。全国人大代表、湖北省统计局副局长对学校官方微博表示赞赏。

电气与新能源学院稳步推进"试点学院"改革工作

根据《教育部关于推进试点学院改革的指导意见》和《省教育厅关于推进高校试点学院改革的意见》，2013 年 5 月 23 日，省教育厅公布了第一批湖北省高校改革试点学院名单，三峡大学电气与新能源学院入选。自入选、立项建设以来，电气与新能源学院制定并完善了"一总四分"改革方案,即改革总体方案、学生招录与选拔方式改革方案、人才培养模式改革方案、教师遴选考核与评价制度改革方案、学院治理结构改革方案,各项改革工作稳步推进。

1. 改革学生招录、选拔及培养模式

(1)按照电气信息类进行大类招生。(2)全面实行"一制三化",即导师制、小班化、个性化、国际化。(3)建设校内外实践教学体系和以需求导向为主的人才培养模式。(4)开展个性化类别人才培养方案的优化创新与试点。

2. 改革教师遴选、考核与评价制度

(1)改革教师聘任考核制度。(2)加大教师发展培训力度。(3)创新教学质量评价机制。

3. 完善学院治理结构

(1)学院对系(中心)实行目标考核。(2)充分落实教授治院、教授治学。

4. 保障措施

(1)学校成立了以校党委书记和校长为组长、教务处牵头各相关职能部门与学院参加的三峡大学试点学院改革领导小组。(2)为大力支持试点学院改革与发展,学校出台了 17 条支持保障措施。

经过改革,初步达到了形成人才培养新模式、培育学科专业新优势、激发高校改革发展新活力、构建高校与社会协同发展新机制的改革发展目标。

开展党的群众路线教育实践活动

围绕党的先进性和纯洁性,在全党开展以务实清廉为主要内容的党的群众路线教育实践活动(简称"教育实践活动"),是十八大作出的一项重大部署。三峡大学党委认真落实中央和省委的要求,以聚焦除"四风"、激发正能量、实现大学梦为主题,以办人民满意的大学为最终目标,坚持真学真查真改,扎实推进教育实践活动的开展。

2013 年 6 月 18 日,中央党的群众路线教育实践活动工作会议召开后,学校立即召开党委常委会,认真学习习近平主席讲话,并结合学校实际研讨,为开展

年

教育实践活动做好思想、理论准备。

7月8日，学校领导班子召开专题会议，对开展群众路线教育实践活动进行了研究和部署。成立了领导小组，制定、下发了《三峡大学群众路线教育实践活动实施方案》。

7月14日，学校召开动员会；会后，各单位细化工作目标任务，进行再动员。

教育实践活动共分为三个阶段，即学习教育、听取意见；查摆问题、开展批评；整改落实、建章立制。

学习阶段：采取个人自学、专家导学、集中研学等多种形式，突出重点抓学习教育，并充分发挥领导班子的带头示范作用。

听取意见阶段：坚持开门搞活动，广泛听取意见。在找准查实"四风"问题上下功夫，并把"走出去、沉下去、接地气"作为排查问题的突破口。走出去，到行业、地方、用人单位听取意见，为学校办学把脉；沉下去，深入基层，耐心倾听群众呼声，为端风肃纪问诊；接地气，采取座谈、恳谈、问卷等方式，通过专题网站、QQ群、微信、微博等渠道收集意见。共收集意见772条，归纳整理为6类104条意见和建议。

8月底，党委召开扩大会暨教育实践活动研讨会，对各类意见进行分析研究，形成了4个专题报告、2个调研报告和2个建议方案，并从人才培养、学科布局、队伍建设、科研工作、社会服务、内部改革、党建和思想政治工作7个方面制定了改进工作的具体措施，提出了整改的三要求。

一要围绕中心"改"，切实推进学校建设与发展。

二要聚焦作风"改"，学校列出"学风不正、工作不实、不思进取、不敢担当、玩风盛行、服务意识不强"等16类作风具体问题，要求全体党员特别是领导干部在认真反思的基础上深入整改，形成清廉之风、进取之风、创新之风。

三要建立机制"改"，优化资源配置，严格经费、设备、用房等管理，建立节约型校园的长效机制。

通过真学、真查、真改，教育实践活动取得明显成效。

11月11日，三峡大学党委领导班子召开专题民主生活会，省委常委、宜昌市委书记黄楚平、省委教育实践活动第十五督导组全程参加并指导。

会上，李建林代表党委班子进行了对照检查，党委班子成员一一作了对照检查。大家紧扣主题、突出重点、联系自己思想、工作实际，深入查摆"四风"方面存在的突出问题，深刻剖析原因，严肃认真开展批评和自我批评，并提出了下一步整改措施和努力方向。

湖北省委常委、宜昌市委书记黄楚平、督导组长刘田喜对学校群众路线教育实践活动和党委专题民主生活会给予了充分肯定。他们认为,民主生活会准备充分、气氛民主、剖析及批评坦诚,质量很高。

督导组还通报了学校领导班子民主测评情况。民主测评满意率为 99.45%,位于省属高校前列。

11 月 15 日,学校党委召开会议,通报民主生活会情况及下一步整改措施和努力方向,决心以"钉钉子"精神确保群众路线教育实践活动善始善终,善作善成。

美籍华人李瑜捐赠珍贵水利文献

2013 年 9 月,北美宜昌同乡会会长李瑜向三峡大学捐赠了一份珍贵的水电工程文献资料——"萨凡奇计划"报告原件。

20 世纪 40 年代,国民党政府曾委托美国农垦局对三峡工程进行勘探设计。1944 年,美国农垦水利局设计总工程师、世界著名坝工专家萨凡奇到三峡实地勘探后,提出了《扬子江三峡计划的初步报告》,即"萨凡奇计划"。这份报告是三峡工程第一次以图纸、文件形式的科学表达,也是"三峡梦"的一个里程碑。

据李瑜先生介绍,这份报告是他从一位农垦水利局退休的工程师处得到的。当年,农垦水利局将报告打印了 10 多份,其中 6 份交给了国民党政府,美国政府档案部门留下若干份,参加这个项目的工程师们也存有若干份。

李瑜先生是宜昌人,1991 年移居美国,多年来,始终关注家乡的建设和发展。2013 年上半年,李先生通过微博主动联系学校,表达了捐赠报告原件的愿望。他表示:"三峡大学地处三峡工程所在地,又以水电工程专业闻名,是收藏这本与三峡工程有关历史资料的最佳机构。"

李建林表示,"萨凡奇计划"对于研究水利史和三峡史具有重要的文献资料价值,对于三峡的开发、利用和保护具有重要的参考意义。

建立爱国主义教育基地

2013 年 11 月 7 日,三峡大学爱国主义教育基地在秭归屈原祠正式挂牌。

屈原是著名的爱国主义诗人、政治家。宜昌市秭归县,即屈原的故乡。三峡大学校训"求索"出自屈原著名诗句"路漫漫其修远兮,吾将上下而求索"。为缅怀屈原而修建的屈原祠原建在秭归归州东五里的"屈原沱",唐代始建,元丰三年(公元 1080 年)更名为"清烈公祠"。1976 年 7 月，因兴建葛洲坝水利枢纽工程，迁建于归州镇向家坪，更名"屈原祠"。如今，因建设三峡工程，屈原祠再次迁建至凤凰山文物保护区。

2013 年 12 月 4 日，三峡大学爱国主义教育基地在湖北红安县黄麻起义和鄂豫皖苏区纪念园揭牌，这是继秭归屈原祠后，学校挂牌的又一爱国主义教育基地。

黄麻起义和鄂豫皖苏区纪念园位于湖北省红安县。红安是黄麻起义策源地和鄂豫皖革命根据地的摇篮，从这里走出了红四方面军、红二十五军和红二十八军三支红军主力部队。为了中国革命的胜利，14 万优秀儿女献出了宝贵生命。

两大爱国主义教育基地从历史和现实两方面展示了伟大的爱国主义精神、革命英雄主义情怀，为激发广大师生爱国热情，引导师生为实现"中国梦"而共同奋斗提供了生动而丰富的教材。

何伟军教授任教育部高等学校经济学类专业教学指导委员会委员

2013 年 7 月 18 日，教育部召开 2013—2017 年高等学校经济学类专业指导委员会成立大会，三峡大学何伟军教授被聘为指导委员会委员。

何伟军教授长期承担本科生《微观经济学》《宏观经济学》、专业型硕士生《管理经济学》、学术型硕士生《中级微观经济学》《中级宏观经济学》、博士研究生《高级微观经济学》《高级宏观经济学》和留学生 Economics 的教学任务；组建了三峡大学经济学课程群教学团队；构建了"本科生、专业型硕士生、学术型硕士生、博士生"四个层次及留学生的经济学课程体系；他主持的《经济学》课程获批首批国家一流本科课程、湖北省精品课程、湖北省精品资源共享课；主持教育部首批新文科研究与改革实践项目 1 项和湖北省教研项目 2 项，获得湖北省教学成果特等奖和一等奖各 1 项，主编出版《微观经济学》《宏观经济学》教材，在《光明日报》《中国教育报》发表教研论文 10 余篇，牵头建立经济学教学互动网络平台、实验室和实践教学基地。

教育部高等学校教学指导委员会是教育部领导的指导高等学校本科教育教学工作的最高专家组织，专家组以习近平新时代中国特色社会主义思想为指导，贯彻落实全国教育大会精神，落实新时代全国高等学校本科教育工作会议要求，接受教育部委托，开展高等学校教育教学研究、咨询、指导、评估和服务等工作。何伟军在担任委员期间，遵循"四个回归"，围绕教育部提出的重点任务，出席经济学类专业教指委会议，行使审议权和表决权，参加教指委的各种调研、评估、评审、评议、咨询等活动，对高等教育相关工作提出意见和建议，并积极组织和开展经济学领域的理论与实践研究，参与高等学校的经济学学科专业建设、教材建设、教学实验室建设和教学改革等工作，制定经济学专业规范或教学质量标准，承担经济学专业评估和本科专业设置的评审任务，组织经济学教学工作的师资培训、学术研讨和信息交流，为深化产教融合校企合作、聚合行业企业资源、推进教育教学改革、加强教育科研和队伍建设、提高人才培养质量等方面贡献了力量。

2018—2022年，何伟军连续第二届受聘教育部高等学校经济学类专业指导委员会委员。

获得对香港地区免试招收本科生和研究生资格

2013年，学校获得对香港地区免试招收本科生和研究生资格。

多年来，学校十分注重加强与港澳台地区的联系，积极开展互动交流，寻求多层次、多领域合作。学校自2007年获准招收港澳台及华侨学生以来，与香港的5所中学保持紧密的合作关系，并与京港学术交流中心和香港中国研究生会等组织达成了多项合作意向。免试招生资格的获得，进一步加强和密切与香港地区的教育交流与合作。

原中共中央政治局常委、国务院副总理李岚清为学校题词

2013年12月，原中共中央政治局常委、国务院副总理李岚清为三峡大学题词"德智体美"，勉励学校坚持社会主义办学方向，为祖国培养德智体美全面发展的社会主义建设者和接班人。

1995年，时任国务院副总理的李岚清不顾国务繁忙，亲笔为学校写下"办好三峡学院，为更好促进三峡地区经济和社会发展作贡献"的题词。2013年8月，三峡大学接到国务院学位委员会文件，正式成为博士学位授权单位，李岚清获悉学校实现了办学层次的提升，再次欣然命笔。

李岚清的题词为学校发展指明了方向，学校以获得博士学位授权单位为契机，进一步加强内涵发展，不断提高人才培养质量，为早日实现"水电特色鲜明的高水平地方综合性大学"目标而努力奋斗。

下 篇

砥 砺 奋 进

（2014—2022 年）

教育强国、科技强国、人才强国战略已成为实现中华民族伟大复兴的先手棋。面对百年变局，在进入高等教育普及化阶段，高等教育事业深化内涵发展、高质量发展成为必然选择。为实现"两个一百年"奋斗目标和实现中华民族伟大复兴的中国梦提供有力支撑，提升中国高等教育综合实力和国际竞争力，在高等教育领域继"211 工程"和"985"工程之后，党中央和国务院作出推进"双一流"建设的重大战略决策。学校党委敏锐地认识到这个决策的意义所在。自组建三峡大学以来，四次党代会都把建设"高水平大学、省属一流、一流大学"作为坚定不移、矢志不渝的奋斗目标，认定这是时代赋予我们的历史使命。当前，高等教育面临着"发展中的挑战""开放中的博弈"等复杂局面。对于省属地方高校而言，国家实施"双一流"战略既是一次难得的机遇，也是一场严峻的考验。学校在"双一流"建设中应该充分发掘自身优势，延续传统，突出特色，扬长补短，主动作为，精准制定对接"双一流"建设规划方案，奋力在"双一流"建设中博得一席之地。学校党委要求全校上下深刻认识形势，直面挑战，守正创新，砥砺奋进。

在争创"双一流"的征程中，学校始终坚持：

党的全面领导。落实党委领导下的校长负责制，充分发挥党委总揽学校"十二五""十三五"事业发展全局、协调各方的核心作用，为学校改革发展提供坚强的政治保障和组织保障。

立德树人。把这一要求全面融入思想道德教育、专业文化教育、社会实践教育各环节，切实增强学生的理想信念、政治品格、家国情怀和良好修养。

学术立校。重视学术条件建设和学术氛围营造，支持教师积极开展学术研究，加强学术交流，取得高水平研究成果，切实提升学校的学术水平。

需求导向。既重视学术逻辑，也重视社会需求逻辑。密切关注国际人才需求的变迁走势，根据社会需求不断优化调整学校的学科专业设置，主动对接现代水利电力行业发展需求，注重"宜荆荆恩"城市群高质量发展的人才需求和科技攻关。

在"咬定青山不放松"的坚持之下，学校十年来花大力气，下狠功夫，持续不断地推动改革创新。

在建设一支高水平的教职工队伍方面：系统实施求索人才工程，实施"三峡学者计划""青年拔尖人才培育计划"和"博士后创新人才资助计划"，构建面向全球人才引进体系，完善人才培养和稳定体系；改进教师考核方式，探索年薪制、预聘制改革；稳步推进编外用工合理改革。

在教育教学改革和教学建设方面：大力推进按大类招生和人才培养模式改革；积极推进教育评价改革、破除"五唯"顽瘴痼疾；统筹推进课程思政教学研究与改革；筹措1.1亿元资金建设本科人才培养实验室；不断推动一流本科专业建设和一流本科课程建设；成立创新创业教育学院，推进大学生创新创业教育工作。

在学科建设和科学研究方面：进一步加强传统优势学科建设，加快培育新兴特色学科。实施服务行业和服务地方的"两条腿走路"战略，一方面贴紧行业，努力提升站位，保持高远辽阔的国际视野；一方面深耕地方，结合区域发展需求，促使各学科全面繁荣。坚持以服务国家和区域发展为出发点，突出需求导向，通过科教融合、产教融合、医教协同等，将实际需求和创新发展结合，不断扩大与深化和行业产业、地方经济文化的紧密联系，实现共生共荣。

博观而约取，厚积而薄发。三峡大学人"十年磨一剑"，圆满完成第三次党代会提出的目标任务，学校成功入选湖北省"国内一流大学"建设高校，正式成为博士学位授权单位，学校办学综合实力不断增强，社会影响力不断扩大。国内一流大学建设的宏伟蓝图正展现出生动的现实图景。

在三峡大学办学100周年，本科教育45周年的历史节点，回眸远眺前辈的艰辛，披肝沥胆、栉风沐雨的征程历历在目。放眼未来，清流晨露，新桐初引，前面是辽阔无垠的星辰大海。

我们深刻认识到，国内一流大学之间在高端人才、优质生源、重大项目等方面的竞争日益激烈。教育评价等改革进入深水区，以学科为基础、以绩效为杠杆的多元化、差异化发展的导向更趋明显。加强目标导向，追求一流育人质量、一流学术成果、一流社会贡献，成为国内一流大学建设的主基调。紧紧围绕把学校建设成为"水利电力特色鲜明的国内一流大学"这个大目标，我们必须筑牢学术立校战略、深化需求导向战略、突出特色发展战略，加快建成国内一流大学。为此，三峡大学全体师生员工，以"功成不必在我"的胸怀和"功成必定有我"的担当，在学校党委的领导下，团结一心，在加快建成水利电力特色鲜明的国内一流大学的征途上，续写无愧于伟大时代的辉煌篇章。

2014 年

获授"高校服务科技创业联络站"牌

2014 年 1 月，省科技厅在武汉召开"湖北省促进科技企业创业与培育工程"大会，包括三峡大学在内的 31 所高校获授"高校服务科技创业联络站"牌。按照省科技厅相关文件规定，对于授予"高校服务科技创业联络站"牌的高校，科技厅在 2014 年按各高校服务科技创业企业的业绩，从自然科学基金中安排一定额度经费资助其自然科学研究。

加强社会服务与对外合作

2014 年 1 月 14 日，学校工作组赴五峰采花乡开展新一轮"三万"活动。根据脱贫攻坚与乡村振兴国家战略，学校先是对口帮扶五峰土家族自治县采花乡苦竹坪村，先后派出三批驻村工作组，在 2020 年圆满完成定点帮扶五峰土家族自治县采花乡苦竹坪村脱贫。驻村期间，学校领导多次到村内现场调研，指导该村疫情防控、防汛救灾、稳岗就业、基础设施建设、特色产业发展、消费扶贫等工作。2021 年 7 月至今，学校对口帮扶长阳土家族自治县高家堰镇佑溪村乡村振兴工作，派出驻村工作队，帮助该村发展畜牧业、种植业，改善入村交通、文化广场、边坡治理。学校主要领导多次调研，指导该村巩固脱贫攻坚成果、发展特色产业等工作。2021 年开始，学校承担了对口帮扶点军区联棚乡楠木溪村的工作。根据上级部门安排，学校还承担了对口援藏任务，先后派出援藏干部 6 人。伴随学校社会服务工作进入规范化、专业化的发展轨道，校地校企合作持续深化。2018 年，学校设立社会服务办公室，主要完成校地校企合作的洽谈、落实等任务；2022 年，改设社会服务与对外合作办公室，在原社会服务办公室的基础上，整合职责，充实人员。

围绕"双服务"，深度投入水利、电力行业及区域发展，学校先后与长江水利水电开发总公司（湖北）、长江电力股份有限公司、湖北省水利厅、浙江水利电力学院、中国葛洲坝集团电力有限责任公司、青岛特锐德电气股份有限公司、广东水电二局股份有限公司、中国葛洲坝集团股份有限公司、深圳水务规划设计院股份有限公司、长江水利委员会长江科学院、国网综合能源服务集团有限公司、国网宜昌供电公司、长江三峡通航管理局、长江航道工程局、中广核新能源湖北分公司等签署协议，深化服务特色行业的能力。同时，先后与宜都市、云阳县、兴山县、随州市、西陵区、南漳县、竹山县、远安县、中国科学院紫金山天文台、宜昌市水利和湖泊局、宜昌市烟草公司、凌云科技集团、宜化等签署协议，加强互访，深度对接，取得了良好的成绩。

多名学生获得省部级表彰

2014 年 1 月 17 日，学生黄愉婷获评"中国大学生自强之星"。

学校高度重视"中国大学生自强之星""向上向善好青年""优秀共青团员"等活动的报送工作，精心筹备、扎实推进。同时，对选树出来的青年典型，通过主题团日、观看视频、故事分享、报告宣讲等形式广泛宣传，影响和带动更多青年学子自觉向身边的榜样学习，形成见贤思齐、争当先进的生动局面。

自 2014 年以来，学校获评"中国大学生自强之星"提名奖 3 人、"中国大学生自强之星"10 人、"湖北省大学生自强之星标兵"1 人、"湖北省大学生自强之星"9 人，获评"全国向上向善好青年"1 人、"湖北省向上向善好青年"4 人，获评"全国优秀共青团员"1 人、"湖北省优秀共青团员"2 人。

三峡大学新闻网获评"全国高校百佳网站"

2014 年 1 月 26 日，由教育部思政司指导、中国大学生在线主办，面向全国高校开展的第六届全国高校百佳网站网络评选结果揭晓，"三峡大学新闻网（索源网）"（http：//syw. ctgu. edu. cn/）获全国高校百佳网站称号。此次评选活动共有 27 个省、直辖市、自治区的 289 家高校网站参评，评选工作从 2013 年 9 月启动至 2014 年 1 月中旬结束，历时近半年，经线上入围、线上推荐、线下终评，最终产生 100 家"全国高校百佳网站"。

三峡大学新闻网（索源网）于 2013 年 9 月完成改版建设，新开设多个专题与栏目，更加全面、及时地反映学校教学、科研、社会服务等方方面面的发展与成就，提供新闻资讯与信息。网站新闻信息量大、更新速度快，已成为学校师生和社会各界了解学校、展示学校良好形象的重要窗口和开展思想政治教育的有效载体，充分发挥了新闻传播、舆论引导、信息服务、思想教育主阵地的作用。目前，月均访问量保持在 60 万次左右。

三峡大学研究生院成立

2014 年 2 月 24 日，三峡大学研究生院成立大会暨揭牌仪式在研究生院会议室举行。校党委书记李建林、校长何伟军共同为研究生院揭牌。

何伟军代表学校致辞。他对三峡大学研究生院的成立表示祝贺，就进一步做好学位与研究生教育工作提出了几点意见：希望研究生院尽快理顺研究生教育管理机制；加强研究生教育信息化建设和国际化建设；进一步扩大各类研究生招生规模，创新研究生思想政治教育方式，注重创新精神和人文精神培育，提高培养质量；强化重点学科建设，促进各学科协调发展。李建林讲话时强调，研究生院的成立标志着学校在办学层次、办学实力、办学水平方面将迈向新的台阶。研究生院要在学科、学生、学习、学籍、学位"五学"方面统筹协调好，着力培养和教育研究生正确处理好做人、做事及做学问的关系，做到以德为先，立志高远，引导研究生健康成长。研究生院全体员工要加强学习，规范管理，提高服务水平。

研究生院的成立，标志着学校学位与研究生教育进入一个新的发展阶段，开启了学校学位与研究生教育新篇章。

三峡大学技术转移中心获评"国家技术转移示范机构"

2014 年 2 月 28 日，科技部公布了"第五批国家技术转移示范机构名单"，三峡大学技术转移中心被评为国家技术转移示范机构。

三峡大学技术转移中心成立于 2006 年 6 月，主要负责学校成果转化及知识产权等管理工作。中心自成立以来，坚持围绕区域产业结构调整和企业技术创新工作需求，充分利用学校的科技成果及智力优势为地方经济建设和社会发展服务，取得较好成绩。

召开中层干部大会部署全面深化改革

2014 年 3 月 12 日的会议上，何伟军简要回顾了学校上一任期主要工作，并就未来四年学校工作思路及 2014 年学校重点工作进行部署。他指出，过去四年，在全校师生的共同努力下，学校实现了办学层次的重大突破，办学关键指标和核心竞争力不断提升。当前，面对新的形势和要求，学校要进一步理清办学思路，以社会需求为导向，先落实、再深化，在全校范围内深入讨论，达到思想上的统一。他要求全体中层干部要紧绷学校事业发展的弦，把握科学发展的基调，永不停止发展步伐，勇于迎接挑战，不断推进事业发展再上新台阶。要加强对学校已出台和即将出台的一系列改革措施的学习、宣传和解释工作，在全校范围内营造支持改革、参与改革的良好氛围。为实现"水利、电力特色鲜明的高水平综合性大学"而努力奋斗。

李建林全面总结了干部换届工作，并对广大中层干部提出八点希望：一是加强学习，切实提高履职能力；二是立足岗位，勤奋工作，努力做出新业绩；三是不断解放思想，更新观念，推进学校改革步伐；四是不断思考，加快推进学校内部治理体系和治理能力现代化建设；五是不断增强化解矛盾、解决问题的能力，加强和谐校园建设；六是围绕中心，加强"五好班子"建设；七是按照好干部的"五条标准"严格要求自己，自觉遵守各项规定，争做好干部；八是巩固教育实践活动成果，全面落实教育实践活动整改任务。

统一战线成员中开展学习实践活动

2014 年 3 月 13 日，学校召开统一战线情况通报会暨坚持和发展中国特色社会主义学习实践活动动员会，会议通报了学校群众路线教育实践活动开展情况和 2014 年学校干部换届情况。校长助理陈和春在会上介绍了中共湖北省委统战部组织的坚持和发展中国特色社会主义学习实践活动骨干读书班学习情况，重点解读了中共湖北省委书记李鸿忠及省委八位常委授课要点，以及学习实践活动的目的和意义。在统一战线成员中开展坚持和发展中国特色社会主义学习实践活动，是由各民主党派中央、全国工商联和无党派代表人士提议开展的。在学校统一战线成员中开展的学习实践活动，引导广大民主党派成员和无党派人士继承优良传统、巩固政治基础、提高政治素质、发挥积极作用。学校统一战线深入开展坚持和发展中国特色社会主义学习实践活动，围绕学习贯彻习近平总书记系列重要讲话精神，不断加强自身建设，稳步推进学习实践活动。活动开展一年多以来，成效显著，2015 年 5 月获《新梦网》专题报道。

社会各界资助贫困生

2014 年 3 月 19 日，鑫鼎集团为三峡大学少数民族学子捐赠助学金。学校持续加强与毕业校友、行业企业、基金会等社会资源的沟通联系，围绕学校重点工作，积极争取社会捐赠，建立国家资助、学校奖助、社会捐助、学生自助"四位一体"的发展型资助体系。截至 2022 年 10 月，10 余家基金会、企业或校友个人共捐赠 1294.38 万元在三峡大学设立奖助学金，奖励资助 4414 名学生，服务学生成长成才。

其中，2014 年，湖北省宜昌思源慈善基金会设立"思源励志助学金"，用于资助民族学院困难学生，已资助 30 名学生。2015 年，校友王硕朋设立"王硕朋励志奖学金"，已资助困难学生 350 人。2022 年，湖北希望工程设立"湖北希望工程英子姐姐助学金"，已资助困难学生 31 人。2020 年，河海大学教育发展基金会在三峡大学设立"钱正英奖学金"，用于奖励水利水电及相关专业优秀学生。

《科技日报》发文报道学校建设发展情况

2014 年 4 月 4 日，《科技日报》发表署名文章《突出水电、立德树人、实现跨越发展》。文章说："三峡大学为国家水利电力行业及地方经济社会发展服务的科研项目'复杂卸荷岩体工程关键技术及其应用'获省科技进步一等奖。这是三峡大学立德树人加强校企协作和区域协同，不断提升科研创新与服务社会功能，以特色发展增强学校人才培养对经济社会的适应度，在水电研究领域取得的又一硕果。"文章从立足三峡服务水电、胸怀未来协同创新和以研促教跨越发展等三个方面详细介绍了学校自 2000 年组建合并以来的发展。文章指出：学校以学科建设作为立校之基，把水利电力学科作为优势特色学科。按照"搭建平台、汇聚队伍、凝练方向、出人才、出成果"的思路科学制定规划，不断凝练学科方向，调整学科结构，促进学科交叉，逐步形成学科结构相对合理，优势明显，主干学科与新兴学科、交叉学科、基础学科协调发展的学科结构体系，增强了学科的整体优势。学校根据国家和湖北省重点建设的需要，主动调整学科及科研方向，积极参与三峡水利枢纽工程、葛洲坝水利枢纽工程、清江流域梯级水电开发等国家与地方重大水利水电工程的科技攻关，解决了许多水电工程建设关键技术难题，形成了特色鲜明的学科优势，居国内领先水平。三峡大学用特色学科服务地方经济，围绕立德树人强化实践教学，推进校企合作。伴随着协同创新的推进，校企、校地的合作不仅提升了企业、地方的科技创新能力，而且也为学校培养高素质复合型人才拓展了空间。三峡大学在建立起"本科—硕士—博士"完整的学位培养体系，实现了历史性跨越之后，以"研究方向—学术带头人—学术团队—平台与条件建设—人才培养—科学研究"为主线，以国家经济社会的重大需求和行业发展的需要为导向，大力开展学科内涵建设，正在新的起点上向着建设水利电力特色鲜明的高水平综合性大学迈进。

成为世界高校联盟(N.E.W.S.)常设秘书处单位

2014 年 4 月 23 至 24 日，世界高校联盟(N.E.W.S.)第十一届会议暨"校际合作策略：回顾与展望"论坛，在三峡大学图书馆二楼学术报告厅召开。来自中国、法国、德国、意大利、日本、韩国等 20 个国家和地区的 56 名代表参会，主要围绕"校际合作""校企合作""高校与社会合作"的主题开展讨论和交流。联盟主席李建林向全体成员单位做了工作报告。与会代表还与三峡大学相关专家学者进行了交流座谈并参观了校园。本次会议表决通过了《全球高校联盟章程》和下届会议主办单位，决定将联盟秘书处常设于三峡大学，并成功签署了 19 份校际合作协议。

首届工商管理硕士(MBA)毕业

2014 年 5 月 19 日，学校举行首届工商管理硕士(MBA)毕业典礼。典礼上，何伟军充分肯定了 MBA 教育的模式及发展方向，认为它与学校"双服务"的理念、建设研究教育型高校的发展思路高度一致。在首批毕业的学员中，有来自企业的高管，有政府部门管理人员，还有自主创业的企业经营者。随着管理知识的丰富和管理能力的提升，数位同学在职业发展上迈上了更高的台阶。学员郭景博从中电投河南分公司的一名工程师已经成长为公司副总经理，学员胡毅刚则创办了自己的律师事务所，学员刘卫东作为主要负责人之一，利用所学的战略管理知识，推动襄阳航天四十二所进行企业改制。

学校于 2010 年获批 MBA 专业学位授权点，2011 年首批招生 26 人。随着办学规模逐年扩大，截至 2014 年，已招收 MBA 学员 180 余人，成为三峡区域政府及企事业单位经营管理人才成长、拓展、深造的重要平台。

在湖北省整体进入第一批本科招生

2014 年 5 月 26 日，湖北省招生办公室通知，从 2014 年起，学校所有文史、理工类专业在湖北省获批进入第一批本科招生。目前学校进入一本招生省份已达到 25 个，其中整体进入一本招生省份 4 个，分别是宁夏、陕西、湖北、辽宁；学校大部分专业已进入一本招生。为进一步提高人才培养质量，学校稳定招生规模，进一步提高生源质量，积极推进整体一本招生。

当选黄河研究会理事单位

2014 年 6 月 10 日，黄河研究会在郑州召开第四次会员代表大会，会议全面总结了 2007 年以来研究会的主要工作及成就，并选举产生了第四届理事会，三峡大学当选理事单位，学校党委副书记田斌当选为理事。

黄河研究会是水利部、民政部和黄河水利委员会领导下的社团组织，主要开展黄河治理开发保护与管理等重大问题研究与学术交流，为维持黄河健康、促进流域经济社会可持续发展作出了重要贡献。

举办《学生违纪处分实施办法》修订学生代表听证会

为增强新修订的《学生违纪处分实施办法》的导向性、针对性、时代性和执行性，实现依法治校、民主管理，2014 年 6 月 11 日，学校举办了学生代表听证会，来自各学院近 60 名学生代表参加。会上，学生处有关负责人对《学生违纪处分实施办法》(草案)逐章、逐条做出讲解，对新修订的部分进行了重点阐述并作举例说明。与会学生代表积极开动脑筋、建言献策，提出了许多意见和建议。整个听证会在严肃而热烈的气氛中进行。

学校《学生违纪处分实施办法》的修订借鉴和参考了省内外 10 余所高校的相关文件，并结合学校实际情况对现行的办法进行了讨论和调研。学校还听取了各学院分管学生工作领导和辅导员的意见。学校相关职能部门的负责人也参加了本次听证会。

获批增列 4 个硕士学位授权点

2014 年 5 月 29 日，国务院学位委员会下发了《关于下达 2014 年审核增列的硕士专业学位授权点及撤销的硕士学位授权点名单的通知》，三峡大学获批增列临床医学、会计、公共管理、材料工程 4 个授权点。至此，学校硕士专业学位授权点达到 6 个类别，工程硕士领域达到 9 个。此次增列硕士学位授权点进一步推动了学校研究生教育布局结构调整，为提高研究生教育质量，更好地满足经济社会发展对高层次应用型人才的需求增加了新的平台。

召开 2014 年党委(扩大)会

2014 年 8 月 26 日，学校召开 2014 年党委(扩大)会。本次会议的主题是：以社会需求为导向，进一步明确学校办学定位，深化学校改革，加快学校转型发展，不断提高人才培养质量和整体办学水平。何伟军作了题为《坚持社会需求导向，全面深化综合改革，不断提高人才培养质量和整体办学水平》的报告。报告全面总结了过去一学年来学校各项工作所取得的主要成绩，深入查找现阶段发展存在的差距和主要问题，分析学校当前面临的形势和任务，明确转型定位，提出了学校全面深化综合改革的总体思路，并就下一学年重点工作进行了部署和安排。报告指出，当前，学校转型的方向是应用型。应用型最重要的内涵是让培养的学生更符合社会的需要，让学校更好地具备服务地方、服务产业的能力，落脚点是提高人才培养质量、增强办学实力、办社会满意的大学。学校将进一步围绕国家和社会重大需求，紧密围绕水利电力行业和地方经济发展需要，加强内涵建设，加快转型发展，细化措施，狠抓落实，促使学校发展再上新台阶。一是推进教育教学改革，全面提升人才培养质量；二是以社会需求为导向，扎实做好学科建设工作；三是推进人事制度改革，不断增强队伍建设水平；四是鼓励科技创新，大幅提升服务社会贡献度；五是准确把脉行业地方发展方向，积极开展"双服务"工作；六是积极开拓渠道，加快开放办学步伐；七是加强内部管理制度改革，不断提升学校管理水平；八是加强党建和思想政治工作，不断提高党建科学化水平。

会议还听取了由研究生院、教务处、学生处、人事处、科技处、财务处、后勤集团、党委宣传部等单位负责人分别作的8个专题报告。与会代表分组进行热烈讨论。8名学院代表在大会上作交流发言。

李建林在总结讲话中指出，本次党委扩大会是学校中层干部换届后的第一次党委（扩大）会，是在学校办学层次和办学水平实现历史性跨越的新形势下研究部署学校全面深化综合改革的重要会议。他强调，以社会需求为导向是现代大学发展的必然要求和选择，是社会评价学校办学水平的重要检验标准，是现代大学发展过程中必须遵循的重要理念。学校全面深化综合改革必须要坚持社会需求导向，要让其落地生根、发芽开花。其核心问题是人才培养体制改革、立德树人。学校在全面深化综合改革中，还要高度重视发展定位和转型发展问题、治理体系和治理能力现代化问题、师德师风建设问题，加强学校党建与思想政治教育工作，深入推进意识形态、理论武装、阵地建设、队伍建设、平安校园、党建保障等六大工程建设，不断巩固党的群众路线教育实践活动成果，为学校发展提供坚实保障。

获批教授职务任职评审资格

2014年8月29日，湖北省职称改革工作领导小组发文，批复同意调整三峡大学高校教师高级职务评审范围。从2014年起，学校高级职务评审委员会即可承担本校内水利工程、土木工程两个学科教授职务任职资格的评审工作。

获批国家自然科学基金委员会重点基金项目

2014年8月，李建林教授牵头申报的"复杂条件下库岸边坡变形破坏机理及防护"项目获 2014 年"国家自然科学基金委员会"重点项目立项资助，这是学校首次在国家自然科学基金委员会获批的重点基金项目。

库岸边坡变形破坏机理及其防护是岩土力学与岩土工程研究的重要课题，本项目以三峡库区蓄水以来发生明显变形破坏迹象的库岸边坡为研究对象，考虑库水、暴雨、冰雪融水、水库地震等主要致灾因素，综合采用地质分析、室内试验、现场试验、室内大型滑坡模型试验以及数值模拟等方法，结合库区十余年的监测资料，开展库岸边坡在复杂条件下的变形破坏机理及防护技术研究。主要研究成果如下：(1)建立了复杂环境下地质灾害动态时空演化模型，实现了区域解剖—局部解剖—点解剖的有机结合，构建了滑坡动态分类体系。(2)基于大量室内及现场试验，考虑水-岩作用、卸荷损伤、岩土体自重应力及流变等多种因素耦合影响，揭示了复杂条件下岸坡岩土体力学特性与损伤演化规律，获得了典型库岸边坡渗流场、应力场、位移场的变化规律。(3)综合室内大型滑坡模型试验和 20 余年的监测资料分析，揭示了在库水位变动与冰雪、暴雨联合作用及高频中低强度水库地震作用下库岸边坡变形破坏机理，阐释了复杂条件下库岸边坡水库地震迁移规律及成因机理。(4)基于以上研究成果，对重大危险性地质灾害的风险因子进行识别和优选，运用熵权理论综合确定评价指标的权重，建立了复杂条件下库岸边坡重大危险性地质灾害的风险决策体系。(5)研发防护能力强且经济实用的支挡结构体系，在此基础上，通过对工程防护体系外观结构的优化设计，结合项目组前期在边坡生态绿化与防护方面的研究成果，集成复杂条件下库岸边坡地质灾害工程防护与生态防护相结合的技术体系。研究成果可为复杂条件下库岸边坡变形破坏机理研究及防护技术研发提供科学依据。(6)发表论文 106 篇，其中 SCI、EI 收录 43 篇，授权发明专利 42 项，出版专著 5 部。培养硕士研究生 33 名，博士研究生 9 名。获得岩石动力学杰出贡献奖 1 项、湖北省科技进步奖二等奖 1 项、全国徐芝纶力学优秀教师奖 1 项、中国航海学会科学技术奖二等奖 1 项。项目超额完成了预定的研究任务，达到了预期研究目标。

以党的十八大、十九大精神为指引，积极响应长江大保护国家战略，继续强化"双服务"发展战略。2014—2022 年，学校承担了大批重大科研项目，石小涛获批国家自然科学基金优秀青年基金项目，李建林、王世梅和黄应平先后获批国家自然科学基金重点类项目；田斌、许文年和黄波林分别承担了国家重点研发计划课题，获批的国家自然科学基金项目达到 431 项。依托这些重大科研项目，开展了高坝大库智能建造与生态环境保护、库区地质灾害防灾减灾、智慧能源与清洁新能源技术、特色生物工程与道地生物医药等方面的研究工作，包括特高拱坝智能化建设理论体系及应用，鱼类行为生态学与过坝技术，暴雨诱发滑坡致灾机理、风险评估与减灾方法，自然水体的水力空化自净作用新途径与规律，水动力型特大滑坡智能互联监测预警技术，西南高山亚高山区工程创面生态修复关键材料制备与优化应用技术，岩溶岸坡岩体劣化与失稳模式等，取得了一批理论创新、技术创新成果，并推广应用到白鹤滩、三峡水利枢纽、南水北调、猴子岩、江坪河等国家重大工程，科研实力和"双服务"能力得到极大提升。以第一完成单位获湖北省科技进步奖一等奖 3 项。同时作为参与单位，"长江三峡枢纽工程"获国家科技进步奖特等奖；"300m 级溪洛渡拱坝智能化建设关键技术"获国家科学技术进步奖二等奖；"水库高坝/大坝安全精准监测与高效加固关键技术"获国家科学技术发明奖二等奖。

与西藏自治区政府、三峡集团签订定向培养协议

2014 年 9 月 2 日，西藏自治区人民政府·中国长江三峡集团公司教育合作暨 2014 级定向委托三峡大学培养新生入学座谈会在拉萨举行。副校长邹坤及学校相关部门负责人、西藏自治区人民政府副主席曾万明、中国长江三峡集团公司副总经理沙先华出席会议。

会上，西藏自治区人民政府、中国长江三峡集团公司与三峡大学现场签订定向培养西藏自治区应届高中毕业生协议。根据协议内容，三峡大学通过全日制定向培养模式，每年定向招收西藏自治区 30~50 名高中毕业生到学校水利、电力、水务、管理及旅游等相关专业就读，学生毕业后到三峡集团公司在藏企业就业。

邹坤代表学校发言时指出，定向培养西藏大学生不仅是三峡大学"订单式"培养人才的开始，更是学校"双服务"工作的深层推进。他表示，学校将针对学生特点，精心制定培养方案，高质量地完成定向培养教育任务，让学生成才，让家长放心，让社会满意。学校也期待以定向培养人才为契机，与三峡集团公司和西藏自治区人民政府有更深层次、多角度的校企合作、跨省合作，在共赢中合作，在合作中发展。

新增两个省级研究生工作站

2014 年 9 月 18 日，省政府学位委员会、省教育厅公布 2014 年新建研究生工作站名单，"三峡大学—黑旋风锯业股份有限公司研究生工作站"和"三峡大学—

中南勘测设计研究院有限公司(宜昌)研究生工作站"获批为 2014 年湖北省研究生工作站。截至目前,学校省级研究生创新基地及工作站已增至 6 个。湖北省研究生工作站的建立,是深化创新基地建设、密切校企合作的新举措,为进一步推进研究生培养机制改革,深化研究生教育综合改革,探索学校教育、企业实践、研究生个人成长新机制,服务湖北经济社会发展开辟了新途径。截至 2022 年 10 月,学校省级研究生创新基地及工作站已增至 20 个。

三峡大学民族学院获授"全国民族团结进步模范集体"称号

2014 年 10 月 1 日,中央民族工作会议暨国务院第六次全国民族团结进步表彰大会上,国务院对 678 个"全国民族团结进步模范集体"和 818 名"全国民族团结进步模范个人"进行了表彰,其中三峡大学民族学院被授予"全国民族团结进步模范集体"称号。三峡大学民族学院是集少数民族预科教育、民族学学科建设和民族学研究于一体的教学科研单位,学院以民族共同繁荣发展、共同团结进步为目标,充分发挥学院智力资源优势和团队力量,积极探索少数民族预科学生嵌入式管理途径和文化适应性教育模式,以上好"四课"(新人入学教育课、民族理论与政策课、预科学生党团课、民族文化实践课)为抓手,将民族团结进步教育与构建和谐校园有机结合,用民族文化感染人、熏陶人、教育人、发展人。

加入联合国学术影响力组织

2014 年 10 月 13 日,联合国学术影响力组织秘书处哈桑·费尔杜斯(Hasan Ferdous)发来信件,祝贺三峡大学校正式成为"联合国学术影响力"组织成员之一并颁发了证书。联合国学术影响力组织(The United Nations Academic Impact,缩写 UNAI)于 2010 年 11 月成立,旨在通过各国高等教育机构之间、高等教育机构与联合国之间的交流与合作,传播和平、合作、发展的理念,宣传国际公认的十项基本原则,涉及文化、教育、平等、环境、可持续发展、全球合作发展和解决争端等领域;使教育成为解决全球问题的引擎,包括通过教育鼓励全球公民意识、促进和平解决冲突以及促进文化间的对话和了解等。该组织为各成员提供了一个有效的消除壁垒的平台和沟通协作的机制,促进了各高校成员间开展更加广泛深入的学术交流。截至目前,联合国学术影响力组织拥有来自 120 个国家和地区的超过 1000 个成员，其中包括北京大学、清华大学、宾夕法尼亚大学、南安普顿大学等世界知名大学。加入联合国学术影响力组织后，学校可使用联合国徽标，组织或参加联合国举办各项教育相关的活动，方便学生和全世界优秀学生深入交流。

与工行三峡分行签订"校园卡"项目建设合作协议

2014 年 10 月 29 日，副校长胡翔勇及校园卡项目建设相关单位负责人、工行三峡分行副行长宋炜等出席签约仪式。胡翔勇表示，本次"校园卡"项目的合作共建，是银行的资金和服务优势与高校资源的有效整合，希望双方以此为契机，进一步拓展合作领域，丰富合作内涵，提升合作层次，真正实现互惠互利、合作共赢。宋炜致词时说，长期以来，工行三峡分行与三峡大学保持着良好的合作关系，工行十分重视此次"校园卡"项目建设，将秉承高度负责的精神协助做好"校园卡"项目建设工作，热忱为三峡大学师生服务，同时为师生提供更多的金融优惠政策。

获批首个博士后科研流动站

2014 年 11 月 7 日，国家人力资源和社会保障部、全国博士后管理委员会联合下发《关于批准新设辽宁大学哲学等 291 个博士后科研流动站的通知》，批准三峡大学新设水利工程学科博士后科研流动站，这是学校获批的首个博士后科研流动站。

博士后制度是培养和造就优秀中青年专业人才的制度，通过在高等院校、科研院所和企业等单位设立博士后科研流动站或博士后科研工作站，招收具有博士学位的优秀青年，在站内从事一定时期科学研究工作。目的是培养适应国家经济社会发展需要和具有自主创新能力的博士后人才队伍，加快国家重点领域和学科发展，促进高层次人才队伍建设。根据国家《博士后事业发展规划》，博士后科研流动站每两年开展一次增设工作。

国家电网公司首次来校遴选定向委培生

2014 年 11 月 24 日，国家电网公司人才交流服务中心组织国家电网新疆、西藏、青海、四川、蒙东电力的相关负责人，来到三峡大学开展国家电网公司高校学生定向培养工作。这是国家电网公司首次在三峡大学遴选定向培养生。

国家电网公司的高校学生定向培养工作是为了落实中央援疆、援藏工作要求，解决国家电网公司所属部分地区供电企业生产一线人才短缺问题的举措。此次国家电网公司在全国范围内选定了包括三峡大学、东北电力大学、上海电力学院三所高校，而三峡大学科技学院则是参与此项工作湖北省内唯一的一所独立院校。本次遴选主要涉及电气工程及其自动化专业 2015 届本科生，通信工程、电子信息工程、计算机科学与技术、机械工程等工科专业 2016 届本科生。经过初步筛选、笔试和面试，最终 2015 届电气工程及其自动化专业共有 64 名学生入围，其中三峡大学有 16 名学生、三峡大学科技学院有 48 名学生；2016 届三峡大学计算机科学与技术、机械设计制造及其自动化、电子信息工程、通信工程等工科类专业共有 57 名学生入围。

获"中国教育和科研计算机网发展 20 年突出贡献奖"

2014 年 11 月 25 日，中国教育和科研计算机网建设 20 周年纪念大会在北京国家会议中心举行，大会表彰了 20 年来作出突出贡献的高校与个人，三峡大学荣获"中国教育和科研计算机网建设 20 年突出贡献奖"。

中国教育和科研计算机网 CERNET 是世界上规模最大的国家学术计算机网络，接入高校和科研机构 2000 多所，三峡大学是 CERNET 三峡城市节点，是湖北省首批接入基于 IPv6 技术的国家下一代互联网主干网 CNGI-CERNET2 省属高校之一。同时，学校凭借坚实的网络与数据服务，为学校乃至宜昌地区教学和科研工作提供了坚实的网络支撑，也为 CERNET 建设作出了突出贡献，提供了理念经验。

三峡大学根据《中国教育现代化 2035》和《教育信息化 2.0 行动计划》的指导要求，以建设"智能化校园"和"数字孪生校园"为中期目标，围绕实施"1113N"策略(1 张网、1 总线、1 朵云、3 中心、N 应用)，重点加强信息网络、平台体系、创新应用和可信安全等方面建设，为学校教育高质量发展提供数字底座。同时，建设以"教学平台"为核心的"互联网+教育"大平台、以"先进计算中心"为基础的科研信息化支撑平台和以"校园大脑智能化决策系统"为重点的融合协同信息化综合平台，争取建成面向校内外，以人为本，虚实场景深度融合，教育资源多元丰富，平台支撑稳固安全，服务保障完善到位为主要特征的现代化智慧大学。

本次获奖，是学校继获 2011 年"全国教育信息化先进单位"、2012 年获批"教育部教育信息化试点单位"以来，学校信息化工作在全国获得的又一殊荣。

获批 21 个省级及以上科研平台

2014 年 12 月 15 日，天然产物研究与利用湖北省重点实验室（三峡大学）与中科院微生物所真菌学国家重点实验室联合成立"神农架微生物所多样性与代谢产物联合实验室"。

学校启动科技创新赋能发展强基计划，通过优化学校科研平台的管理体系，筑牢科研平台，凝练符合产业需求、学科需要、专业对口的研究方向，吸引科研人员组建科研团队进行技术攻关，解决企业的"卡脖子"技术难题。2014—2022 年，共获批 21 个省级及以上科研平台，其中：国家技术转移中心 1 个，国家级引智基地 1 个，省级科研平台 19 个。

省高校"五好"领导班子创建活动考评组来校检查工作

2014 年 12 月 17 日，学校召开"五好"领导班子创建活动考评大会。全体校领导、学校副处级以上领导干部和具有正高职称的教师代表参加了会议。李建林代表学校党委向考评组汇报工作情况时说：学校党委高度重视"五好"班子创建工作，把开展新一轮"五好"领导班子创建活动，作为贯彻落实党的十八大和十八届三中、四中全会精神，全面提升校院两级领导班子综合素质、领导水平、作风形象，推进学校事业发展的重要契机。在"五好"班子创建中，学校党委精心谋划主题，结合学校实际情况，重点开展了"抓学习、谋发展、建机制、强责任、创文明"的主题实践活动，创建工作取得良好实效，有力促进了学校事业发展。会上进行了"五好"领导班子创建活动民主测评和民主推荐本科高校优秀中层干部。

考评组在校期间，详细查阅了学校"五好"领导班子创建工作的相关支撑材料，并前往机械与动力学院实地考察了学院"五好"领导班子创建工作。

2015 年

学校数字展览馆获评"全国高校百佳网站"

2015 年 1 月 6 日，学校数字展览馆获评第七届全国高校百佳网站。

第七届全国高校百佳网站网络评选活动由教育部思政司指导，中国大学生在线承办。共有 29 个省市组织开展相关评选活动，395 所高校参与评比。评选活动期间，专题页面点击量 173 万，网友投票数 974 万，微博阅读量超过 4000 万次。

《三峡大学章程》生效

2015 年 3 月 2 日，学校收到《湖北省教育厅高等学校章程核准书》（第 3 号），标志着《三峡大学章程》依法完成制定、核准程序，核准生效。

学校作为湖北省高校章程建设试点院校，学校党委、行政高度重视章程建设工作。2012 年 4 月，成立《三峡大学章程》起草委员会，严格按照《高等学校章程制定暂行办法》规定的要求开展《三峡大学章程》制定工作。在起草论证过程中，充分发挥师生员工和社会各界代表的积极性，集思广益，群策群力，按计划完成了章程的研究论证、征求意见、教代会讨论、校长办公会审议、党委常委会审定等规定程序，并于 2014 年 10 月报湖北省教育厅申请核准。《三峡大学章程》经湖北省教育厅高等学校章程核准委员会第一次会议评议、教育厅厅长办公会审议核准通过，从 2015 年 3 月 2 日起生效。

《三峡大学章程》分为 11 章 89 条，共 9700 字。作为三峡大学人集体智慧的结晶，章程充分反映了三峡大学的历史渊源、治校经验和发展特色，是党和国家教育方针政策与学校改革发展实际相结合的产物。章程集中体现了学校坚持以服务水利电力行业和湖北经济社会发展为理念，建设水利电力特色鲜明的高水平综合性大学的发展道路与根本要求，是加快完善依法治校、提升学校治理体系和治理能力的重要保证。

原创历史剧《求索》入选"礼敬中华优秀传统文化"特色展示项目

2015 年 3 月 6 日，教育部"礼敬中华优秀传统文化"系列活动评选结果揭晓，三峡大学文学与传媒学院三峡剧社自编原创历史剧《求索》入选首届全国高校"礼敬中华优秀传统文化"50 个特色展示项目之一。

近年来，学校深入贯彻落实中共中央办公厅《关于培育和践行社会主义核心价值观的意见》和习近平总书记关于弘扬中华优秀传统文化有关重要讲话精神，积极推动实施教育部《完善中华优秀传统文化教育指导纲要》，大力加强中华优秀传统文化教育，紧密结合大学精神凝练，深入推进校园文化建设，重视发挥中华优秀传统文化深耕厚培社会主义核心价值观的作用，着力打造形成了一批效果好、影响大、有特色、可推广的品牌活动，对引导学生自觉传承和弘扬中华优秀传统文化，努力培育和践行社会主义核心价值观，起到了积极作用，产生了良好反响。

电气与新能源学院获批全国学术学位研究生课程建设试点单位

2015 年 3 月 11 日，教育部同意批准三峡大学电气与新能源学院为全国学术学位研究生课程建设试点单位。

随着研究生教育改革的深入，研究生培养和课程建设一直是电气与新能源学院研究生教育的重点和方向。学院致力于提升课程教学的主体地位，以研究生能力培养为核心，以创新能力培养为重点，增加研究生方法类、学术实践类和研讨类课程，全面提高研究生的培养质量，为社会培养更多的应用型高级人才。此次获批试点单位既是学院的一个重要成果，又是一个研究生教育发展的重要契机。

在湖北省高校中共有 5 所高校成为全国学术学位研究生课程建设试点单位，分别为武汉大学、三峡大学、华中科技大学、华中农业大学和湖北大学。

省高校网格化管理试点工作推进会在三峡大学召开

2015 年 3 月 13 日，省高校网格化管理试点工作推进会在三峡大学召开。会上，三峡大学和华中师范大学作为试点单位在会上就网格化管理工作开展情况作了重点发言，其他高校作了经验交流。

省委高校工委副书记余学敏在会上充分肯定了华中师范大学、三峡大学等高校网格化管理的前期工作，并对省厅下一阶段推进工作作出部署。他表示，社会管理服务创新是党的十八届三中全会提出的重要举措，省委、省政府对推进高校网格化管理工作做出了重要指示，各试点高校要加大网格化管理工作的推进力度，结合工作实际，切实推进各项工作。要实事求是做好网格化管理的整体推进实施方案，充分整合利用现有的资源，合理设计网格，有效发挥网格教育管理的服务功能。要继续加强试点高校之间的交流和协作，进一步加大对试点高校的服务力度，加强汇报，寻求省委、省政府、地方政府的支持，共同探索和研究，解决大家关心的专业问题。

开办首届国学班

2015 年 3 月 14 日，三峡大学文学与传媒学院举行首届国学班开班典礼仪式。仪式上，伴随着悠扬的传统国乐名曲，首届国学班 35 名学生身着多种款式的汉服，颂拜师帖，行拜师礼，奉拜师茶，沉浸在一派古风古韵的氛围之中。最后，学校党委宣传部部长李敏昌代表教务处、团委、宣传部等与会相关职能部门负责人寄语国学班学生，珍惜大好学习时光，赓续中华五千年文化瑰宝，为国学的弘扬与传播作出自己的贡献。

国学是以儒学为主体的中国传统文化与学术，社会主义核心价值观即是传统国学的继承与升华，国学也是中国梦和民族复兴的魂魄与根基。为了进一步推进试点学院工作，探索人才培养的新路径，在国学备受重视、全社会国学热的大背景下，文学与传媒学院从 2014 级遴选了一批对国学兴趣浓厚且基础较好的学生，依托汉语言文学专业组建国学班。为保证国学教育的质量与效果，学院秉承"厚国学基础，重实践应用"的教学理念，制定了独立的人才培养方案，优化了人才培养条件与环境。推行国学人才培养计划，是文学与传媒学院作为学校试点学院实施人才培养模式改革与创新举措的一部分。

博士服务团工作连续三年获省表彰

2015年3月20日，湖北省第三批"博士服务团"工作总结表彰暨第四批"博士服务团"培训动员会在武昌洪山礼堂召开。三峡大学被湖北省委组织部、共青团湖北省委授予第三批"博士服务团"工作先进单位，医学院张宏岐博士和生物与制药学院郭志勇博士被评为"博士服务团"工作先进个人。湖北省"博士服务团"工作启动以来，学校已连续三次获得表彰。

博士服务团工作是支持西部等地区经济社会发展的重要措施，是培养锻炼优秀人才的有效途径，由中央组织部、共青团中央主管。"博士服务团"服务基层计划始于2011年8月，为湖北省委组织部、省委人才办、团省委共同推出的基层人才智力支持项目，每年从大专院校、大型企事业单位、科研院所、医疗卫生机构选派百名优秀青年博士，赴秦巴山区等4个连片贫困地区挂职锻炼，有力促进了优秀中青年人才向基层和艰苦地区柔性流动。

全国大学生工程训练综合能力竞赛中屡获佳绩

2015年3月，学校首获全国大学生工程训练综合能力竞赛一等奖。

作为一所专业特色鲜明的综合大学，三峡大学的工程素质教育构建了"做中学"的工程能力培养体系。它将必修与选修相结合，大学四年工程训练不断线，确保学生有足够的动手实践时间，其中每个项目最终的成绩都以物化的实际作品为标准。通过将劳动教育与工程训练紧密结合，磨练学生艰苦奋斗的品质和意志。

学校组队参加了由全国大学生工程训练综合能力竞赛组织委员会组织实施的历届全国大学生学科竞赛和全国大学生工程训练综合能力竞赛。截至2021年4月，学校共获得国家级奖励14项，省级奖励89项。

优秀硕士学位论文数量居省属高校第一

2015年4月1日，省学位办公布了2014年全省优秀学位论文评选结果，学校获奖论文创历史最高纪录。在获奖论文中，理学院推荐2篇，获奖2篇，获奖率100%；机械与动力学院推荐5篇，获奖4篇，获奖率80%；生物与制药学院推荐4篇，获奖3篇，获奖率75%；水利与环境学院推荐6篇，获奖3篇，获奖率50%。

湖北省教育厅通报了2014年硕士学位论文抽检结果，学校被抽检的23篇硕士学位论文评审结果均合格，优秀及良好率比例达86.96%，高于全省平均水平（含部属高校）。在硕士学位授权点合格评估中，学位论文抽检结果将作为重要指标。

学位论文质量是研究生培养质量的重要体现，学校采取切实有效措施，抓好论文开题、预答辩、匿名评阅、学术不端行为检测、论文答辩、论文自查等环节，建立健全质量监控体系，不断提高硕士研究生学位论文水平，多项举措提升研究生教育质量，目前已见实效。

获批面向港澳台地区招收研究生资格

2015年4月23日，教育部发文批准，从2015年开始，三峡大学可招收港澳台地区研究生，成为继湖北中医药大学、武汉体育学院后，湖北省属院校中获此资格的高等院校。此次招生资格的获批，对学校丰富招生类型，扩大生源范围，加强与港澳台地区多层次、宽领域的教育交流与合作有着重要意义，有助于全面提升人才培养、科学研究和社会服务水平，增强学校影响力和竞争力。

2015年优良学风建设年活动

2015年5月7日，学校隆重举行2015年优良学风建设年动员大会。田斌、胡翔勇出席会议并讲话。学生处、校团委、大学生素质教育中心、教学视导团等相关部门负责人和各学院分管教学、学工的院领导、辅导员和学生代表参加大会。会议就2015年"优良学风建设年"活动作了总体部署。学校教务处、医学院负责人，教师与学生代表在会上发言。

胡翔勇讲话指出，学风问题是一项永恒、艰巨的系统工程，需要长期建设和积累，学风建设需要全体师生齐心协力共同推进。随着时代的发展，学风建设面临着许多新情况、新特点、新挑战，广大教师要适应知识传播的变革，始终坚持"立德树人"理念，落实"全员育人"机制，研究学生，关心学生，努力引导学生形成正确的世界观、人生观、价值观。学校教务、学工各部门要相互协调，密切配合，共同推进学风建设。

田斌在总结讲话时就学校学风建设提出三点具体要求：一是要形成共识，强化学风建设。学风是一所大学的灵魂和气质，学风建设永远在路上。加强学风建设是全校师生共同的责任和义务。二是相关部门要认真落实学风建设各项工作，细化工作方案，解决突出问题，与"三严三实"专题教育相结合，创造性开展工作，努力提升广大师生参与学风建设积极性、主动性。三是各部门要加强沟通，凝聚共识，形成合力，关爱学生，严格管理。不仅要培养学生的专业知识和技能，更要培养学生的家庭责任感和社会责任感。

开展学校"十三五"规划编制工作

2014年5月，学校高等教育研究所进行了《三峡大学"十二五"规划执行情况的中期回顾》及《三峡大学教育事业"十三五"发展规划前瞻性研究》等课题研究，为三峡大学"十三五"规划的发展路径提供理论参考。2015年5月初，学校正式成立了规划编制工作领导小组，领导小组下设规划编制办公室，专门负责学校总体事业规划的起草工作。设立了规划咨询专家组，由校内、校外相关专家组成。学校初步拟定编写学科、队伍、人才培养等8个专题规划和21个学院及独立核算单位的子规划来支撑学校"十三五"事业发展规划（即"1+8+21"的各层各类规划体系）。5月上旬，学校召开了"十三五"规划编制启动会暨领导小组第一次会议，会议通报了规划编制办公室拟定的《三峡大学教育事业"十三五"规划编制工作方案》，公布了系统结构图、时间表及工作路线图。学校围绕办学理念、发展定位、人才培养、科学研究、队伍建设、教学改革、国际交流与合作、文化建设等内容，先后派出了4个调研组外出调研。学校多次召开碰头会、思路交流会、形势分析会、专家研讨会、总规与专规及相关专规之间的对接会，对学校办学定位、指导思想、关键指标及总体结构等进行探讨，确保总体规划和专题规划相互衔接和统一，以总规指导专规和各子规划。同时学校通过专用邮箱、校园网主页公告栏公开征集师生员工及社会各界对关于"十三五"规划编制的建议及意见。2015 年 8 月底，三峡大学"十三五"规划讨论稿提交学校党委（扩大）会暨"三严三实"专题教育第二次专题研学会上讨论。8 月份，在学校总体规划和专题规划雏形具备的前提下，适时启动了学院和独立核算单位的规划编制工作。要求各单位在学校总体规划和专题规划的目标下，凝练特色，创新发展，制定出符合自身实际的"十三五"规划。经征求校外专家意见、学校"两代会"讨论与征求意见、校长办公会审议、党委常委会审核，"十三五"事业规划于 2016 年 6 月 23 日正式发文，并于 10 月向省教育厅报备。同时也对具体规划指标进行年度分解并公布，为规划的落实提供了量化依据。

2020 年 6 月 16 日，学校召开"十四五"教育事业发展规划编制工作部署会。编制领导小组组长李建林、何伟军出席会议。何伟军要求编制工作专班，加强顶层设计、强化组织领导、实施科学指导，处理好分析规划的时代背景和历史方位、构建合理的规划体系、考虑规划的阶段性特征与主题主线、把握规划执行战略机动等重要问题，按计划高质量完成学校"十四五"规划编制工作。李建林要求进一步做好广泛动员发动工作，系统总结评价"十三五"乃至三峡大学合并组建二十年来取得的成绩、经验和存在的问题，客观评判形势和政策，建立良好的工作机制，统筹协调、科学规划。

校园文化品牌建设取得可喜成绩

2015 年 5 月 18 日，在湖北工程学院召开的湖北省高校校园文化研究会 2015 年工作年会上，对 2014 年度湖北省高校校园文化建设优秀成果和 2014 年度湖北省高校网络文化建设优秀成果进行了表彰，三峡大学获得多项荣誉。其中，《让大学生在"家"中成长成才——三峡大学"家文化"建设的探索与实践》获 2014 年度湖北省高校校园文化建设优秀成果一等奖，三峡大学官方微博、三峡大学数字展览馆分别获 2014 年度湖北省高校网络文化建设优秀成果评选的"十佳博客/微博""十佳专题网站"荣誉称号，三峡大学数字展览馆获单项奖最佳视觉效果奖，党委宣传部王军获 2014 年度湖北省高校网络文化优秀指导教师。由中共湖北省委高校工委、湖北省教育厅举办的"读经典品文化"主题征文大赛评选结果也在会上揭晓，学校参赛作品获一等奖 2 项、二等奖 1 项、三等奖 5 项、优秀奖 1 项，学校获得大赛优秀组织奖。

为了进一步丰富校园文化，弘扬社会主义核心价值观，提高师生的思想道德素质、法治意识和科学文化水平，根据省教育厅有关文件精神要求和学校党政工作要点安排，2014 年 6 月学校党委宣传部、研究生院、学生处、团委在全校启动了以"读经典品文化"为主题的征文活动。学校各单位高度重视、精心组织，截至 2014 年 9 月 10 日，共收到各单位积极推荐的"读经典品文化"征文参赛作品110 余篇。经校内初审，共推荐优秀作品 24 件参加全省"读经典品文化"主题征文大赛。

2015 年 6 月 25 日，湖北电影周落户三峡大学。湖北电影周是由三峡大学与湖北省文学艺术界联合会主办、湖北省电影家协会、三峡大学文学与传媒学院、湖北省电影电视文化研究中心（影视文化与产业发展研究中心）共同承办的大型电影文化活动。旨在更好地宣传湖北影视文化，整合优化资源，打造一个业界与学界互动交流的平台。湖北电影周活动两年举办一届，迄今为止已经成功举办 4届。为了进一步扩大提升电影周在全国范围内的影响力，2019 年经中共湖北省委宣传部批准，设立了湖北电影金鹤奖，该奖系湖北省电影界唯一的综合性奖项，从第三届湖北电影周开始评选并颁奖。湖北电影周以及湖北电影金鹤奖已成为了湖北省文联和三峡大学的品牌文化活动。

近年来，学校深入贯彻落实党的十八大、十八届三中、四中全会精神和习近平总书记系列重要讲话精神，坚持以社会主义核心价值观为引领，创新校园文化建设新思路，拓展校园文化建设的新载体、新形式，校园文化品牌建设取得了可喜成绩。

湖北首家地方立法研究院在三峡大学成立

2015 年 5 月 28 日，宜昌市人大地方立法研究院、三峡大学地方立法研究院举行成立暨揭牌仪式，李建林和宜昌市人大常委会党组书记、常务副主任张建一为两研究院揭牌。

宜昌市人大地方立法研究院是湖北省成立的首家地方立法研究院。这一机构的成立是适应十八届四中全会提出的全面推进依法治国总目标和"四个全面"战略布局的现实需要，也是落实把宜昌建设成为全国地方立法示范市的重要举措。自成立至今，已先后推动完成 14 部地方性法规的发布实施。2019 年，三峡大学地方立法研究院成功编制湖北省人民政府规章《葛洲坝水利枢纽安全保卫规定》，并于 3 月 28 日召开《葛洲坝水利枢纽安全保卫规定》实施新闻发布会。该规定是我国大型水利枢纽安全保卫的第一个地方性立法,其成功编制是宜昌法治建设上的一件大事,对葛洲坝枢纽工程的保卫有重要的里程碑意义,也是学校践行"双服务"办学理念,助力地方政府提升治理体系和治理能力现代化的又一标志性事件。

省内首家创新型大学生创客空间落户三峡大学

2015年8月12日,三峡大学、库X咖啡合作共建"大学生创客空间"签约仪式在宜昌市高新区库X咖啡举行,这是我省首家由高等学府与专业创新创业平台合力打造的创新型"大学生创客空间"。

宜昌"大学生创客空间"由三峡大学图书馆和校团委牵头,借力鄂西首个创新型社会创业孵化平台、宜昌首家纯互联网思维的众筹咖啡馆——库X咖啡进行资源整合建成,位于学校图书馆二楼B区,占地近千平方米。以咖啡馆为载体,为大学生创业者提供低成本、开放式的创业平台为目的,以打通创投产业链,搭建创业者和投资者交流合作的良性渠道为宗旨的大学生创客空间的建成,有效开创了学校学生创新创业新局面。

首届MPA开学

2015年9月10日,学校举办首届MPA开学典礼。典礼上何伟军讲话强调,实现"水利电力特色鲜明的高水平教学研究型大学"的办学目标既需要理、工、医等学科门类,也需要经、管、法等学科,重视公共管理和法学学科是众多世界知名大学发展和崛起过程中的共同经验。他以哈佛大学肯尼迪学院为例,分享了人才培养、科学研究、社会服务、文化传承创新对大学影响力的看法。他鼓励法学与公共管理学院以世界著名大学公共管理学科发展为标杆,在"十三五"期间注重特色发展,锐意进取,继而推动学科、学院、学校更好更快发展。同时他也希望2015级研究生能积极塑造独立思考能力,培养质疑与批评精神,做到理论联系实际,勇于承担社会责任,成为对国家有益有用的高层次、复合型、应用型专门人才。宜昌市政府研究室主任覃进在致辞中勉励各位研究生要坚定理想抱负,注重科学规划;增强学习定力,术业有专攻;联系实际,敢于创新,把自己锻造成为一名优秀的、符合国家和社会发展需要的高级人才。同时他表示将进一步加强政校互通，为拓展研究生教育平台和资源发挥政府应有之力。

获批"十三五"省属高校优势特色学科群立项建设项目

2015 年 9 月 28 日，湖北省教育厅下发《省教育厅关于确定"十三五"省属高校优势特色学科群省级立项建设项目名单的通知》，全省 27 所高校申报的 39 个优势特色学科群获批为省级立项建设项目，三峡大学"水科学与工程"和"电力与新能源"两个学科群获批立项。

参与"东方之星"客轮翻沉事件善后心理援助工作获通报表扬

2015 年 10 月 9 日，湖北省高校工委、湖北省教育厅通报表扬参与"东方之星"客轮翻沉事件善后心理援助工作的高校及个人，22 所高校和 69 名心理健康教育工作者受通报表扬，三峡大学、三峡大学科技学院、三峡大学心理健康教育中心教师王海红、三峡大学科技学院心理健康教育中心教师李杰均名列其中。

2015 年 6 月 1 日晚，重庆东方轮船公司"东方之星"号客轮在长江监利段水域发生翻沉事故。6 月 2 日晚，省委高校工委、省教育厅按照省委电话指示精神连夜部署，从省内高校遴选心理健康教育工作者，组建省教育厅心理援助专家工作队。三峡大学心理健康教育中心教师王海红、三峡大学科技学院心理健康教育中心教师李杰作为第三批队员参与了工作队。自 6 月 3 日至 6 月 13 日，王海红、李杰与其他 60 余名教育工作者一起轮替参与心理援助工作，编印发放心理辅导资料，培训救援工作人员，为一线救援人员开展心理疏导，贴身陪同遇难者家属等，他们的专业、敬业赢得社会各界称赞。省委高校工委、省教育厅对专家工作队的成绩予以充分肯定，并决定对专家工作队的成绩以及各相关高校的大力支持予以通报表扬。

承办第七届全国水力学及水利信息学大会

2015 年 10 月 16 日，学校承办的第七届全国水力学及水利信息学大会开幕。全国水力学及水利信息学大会由中国水利学会水力学专业委员会、中国水力发电工程学会水工水力学专业委员会、国际水利与环境工程学会中国分会共同发起，每两年举办一次，至今已经成功举办了六届。该系列会议已经成为国内水力学届的一件盛事。

大会邀请了5位国内外知名专家作报告，报告内容涉及水工水力学、环境水力学和生态水力学。中国水科院副院长、水工水力学专委会主任刘之平教授深入分析了南水北调中线工程运行控制的技术问题及相应的工程对策。长科院水力学所所长、水利学会水力学专委会副主任黄国兵教授深入剖析了乌东德水电站中的水力学问题。湖北工业大学校长刘德富教授阐述了三峡水库支流水华的机理，为三峡库区支流水华的治理和调控指明了新的方向。南京水科院生态环境研究中心主任陈求稳教授重点介绍了其团队在生态水力学及水利工程生态环境效应模拟与调控方面的最新研究成果。三峡大学特邀美国波特兰大学斯科特（Scott Wells）教授作了有关水库和湖泊水质、水动力数值模拟领域的报告。本次会议收到投稿论文和摘要共计136篇，录用118篇，评选出4篇优秀论文，其中包括三峡大学水利与环境学院石小涛博士的论文《鱼类感知流场的实时解析》。

学习贯彻党的十八届五中全会精神

为了深入学习贯彻党的十八届五中全会精神，根据中共湖北省委统一安排，2015年11月17日，学校举行学习贯彻党的十八届五中全会精神专题报告会。学校特邀湖北省委讲师团成员、湖北省人民政府副秘书长、湖北省人民政府办公厅党组副书记王顺华研究员来校作了题为《共同夺取全面建成小康社会决胜阶段的伟大胜利》的专题宣讲报告。

王顺华从深刻认识党的十八届五中全会《中共中央关于制定国民经济和社会发展第十三个五年规划的建议》的重大意义；准确把握全面建成小康社会决胜阶段的发展大势和战略机遇；全面理解"十三五"时期经济社会发展的指导思想、重要原则和目标要求；切实落实"十三五"时期经济社会发展的基本理念、各项任务和重大举措；充分发挥党的领导这一最大优势、为实现"十三五"规划提供坚强保障；认真贯彻落实党的十八届五中全会精神、不断开拓湖北发展新境界等6个方面，通过鲜活的事例、详实的数据对党的十八届五中全会提出的重要思想观点、重要决策部署进行了全面清晰、权威精准、深入浅出的解读。他充分肯定了三峡大学抢抓机遇的发展成绩。他指出，党的十八届五中全会把创新作为未来五大发展理念之首，具有特别重要的意义。省委、省政府高度重视高校创新创业工作，希望学校以"大众创业、万众创新"工作为抓手进一步提高教育质量，深化人才培养模式改革，加强创新创业教育，完善创新创业工作的体制、机制，不断激发师生的创新创业热情，在科技创新、文化创新、服务社会创新等方面有新的作为和担当。

统一战线工作得到省委统战部、省高校工委的肯定

2015 年 11 月 26 日，李建林作为湖北省省属高校唯一代表参加全国高校统战工作会议。第二次全国高校统战工作会议主要研究高校统战工作面临的新情况新问题，明确当前和今后一个时期高校统战工作的总体思路和目标任务，努力推动高校统战工作取得新进展。中央对此次会议高度重视，中共中央政治局常委、全国政协主席俞正声，中共中央政治局委员、国务院副总理刘延东会见全体代表。中共中央政治局委员、中央统战部部长孙春兰出席第一次全体会议并讲话。

在创建"双一流"的实践中，学校党委始终以强化对统战成员的政治引领为核心，做好民主党派、无党派人士、党外知识分子、港澳台侨和归国留学人员以及民族、宗教等各领域统战工作。学校统一战线工作紧扣凝聚人心这一根本，贯穿思想政治引领主线，突出提质增效，得到省委统战部、省高校工委的肯定。2015 年，卢以品获评"九三学社全国优秀社员"。2016 年，李容获评"民盟中央社会服务先进个人"。2020 年，学校党委统战部获评"全省统战特色工作先进单位"，是全省高校唯一入选单位。2021 年，学校获批省级铸牢中华民族共同体意识研究基地。

创新创业教育工作进入全国第一方阵

2015 年 12 月 1 日，学校成立创新创业教育工作领导小组，指导和推进创新创业教育工作。

学校围绕宜昌市地方经济发展，搭建以水利电力为特色，集教育、孵化、转化、服务"四位一体"的创新创业平台；建立健全高校创新创业体系，进一步整合"政、产、学、研、用"多方资源，努力培养高素质"四创"（创意、创新、创造、创业）人才。以"年年有目标、月月有主题、周周有活动、日日有咨询"为宗旨开展双创活动，持续开展"双创大讲堂""创业政策校园行""创业校友校园行"

等系列活动，成为学校创新创业文化品牌项目。全面推进校、院两级大学生创新创业实践基地和创客空间建设，形成"四擎四驱、星火燎原"双创新格局。以科技创新基地（15800㎡）、文化创意基地（3000㎡）、创业实践基地（3000㎡）、创客社区（500㎡）为载体，为在校大学生和教师创新创业提供全要素、全链条、全生态、全公益、高质量的创新创业平台。全面启动"一院·一基地·一品牌"工程，引入宜昌求索科技孵化器有限公司负责双创基地运营，制定了《三峡大学大学生创新创业基地运行管理办法》，对企业的入驻、日常管理、绩效考核、毕业及退出有明确的要求和规定。定期对入驻企业进行全面绩效考核，保证大学生创新创业基地的企业有良好的创业生态环境。结合国家和省级"大学生创新创业训练计划"，建立了体系完整、特点突出的大学生创新创业资助平台。基地累计培育和孵化了大学生创新创业项目近200项，带动大学生创业就业人数1000余人，参与创业活动和实践的学生总数超过在校人数25%。

"挑战杯"全国大学生课外学术科技作品竞赛和创业计划大赛是由共青团中央、中国科协、教育部、全国学联和地方省级政府共同主办的一项具有导向性、示范性和群众性的全国竞赛活动。多年来，学校积极筹备"挑战杯"竞赛，每年面向学校各学院开展数十次的专项活动座谈会，实现了师生全辐射、学院全覆盖。每年全校参赛师生达千余人，百余件作品进入校级选拔赛；通过校级遴选，最终推报优秀作品参与省赛、国赛角逐。学校始终坚持育人导向，将"挑战杯"参赛过程作为"立德树人"思政课堂，激励学生将青春理想融入新时代发展大潮中。学校获得了2014年"创青春"全国大学生创业大赛移动互联网创业专项赛湖北省赛和全国赛的承办权。省赛阶段，共获得金奖3项，银奖5项，铜奖18项，学校捧得湖北省优胜杯；国赛阶段共获得金奖2项，铜奖3项，取得了学校参加"挑战杯"赛事以来最好成绩。2014—2022年学校共获得国家级银奖1项、省级金奖3项、省级银奖18项、省级铜奖33项，获专项赛国家级金奖2项；获得国家级三等奖4项、省级特等奖1项、省级一等奖2项、省级二等奖20项、省级三等奖24项，获专项赛国家级特等奖1项、国家级三等奖1项。

2014年1月，学校获授"高校服务科技创业联络站"牌。8月，大学生创业基地成功获批省教育厅第三批"湖北省大学生创业示范基地"，并获得基地建设扶持资金。2016年4月，发布《三峡大学关于深化创新创业教育改革的实施意见》，对培养和提升学生创新精神、创业意识和创新创业能力，推动学校人才培养质量及学生社会竞争力的提高发挥了关键指导作用。12月，获批"湖北省校园科技企业创业孵化器"。2017年2月，获批"湖北省深化创新创业改革示范高校"。2018年4月，三峡大学大学生创新创业实践基地正式投入运行。11月，获批"宜昌市创业学院",连续 5 年给予补贴。10 月,复评获批湖北省大学生创业示范基地,并获得基地建设扶持资金。2019 年 10 月,学校创新创业项目首次入选全国大学生创新创业年会。全国大学生创新创业年会是依托国家"大学生创新创业训练计划"开展的一项重要年度性活动,"国创计划"自 2007 年正式实施至今,有近千所高校参与,覆盖理、工、农、医、文、法等 13 个学科门类。2020 年 1 月,成立三峡大学大学生创新中心。10 月 24 日,成立"斯坦福-三峡大学创新创业中心"。斯坦福-三峡大学创新创业中心是由斯坦福大学专业发展中心与三峡大学合作建立,通过引入斯坦福大学的创新创业课程,提高学校双创教师教学能力和水平,丰富创新创业教育教学内容,健全知识结构体系,以此促进学生全面发展,并在高质量发展的前提下,落实教育部有关一流课程、专创融合等创新创业教育发展新思路。12 月 15 日,三峡大学、三峡大学科技学院、三峡职业技术学院、三峡电力职业学院、三峡旅游职业技术学院 5 所高校成立"宜昌市高校双创联盟"。2021 年 1 月,学校获批"湖北省大众创业万众创新示范基地"。6 月,获批"湖北省创业学院"。7 月,获 2020 年高校毕业生就业创业工作典型案例高校。8月,复评获批"湖北省大学生创业示范基地",持续获得基地建设扶持资金。8月,获批"宜昌市大学生创业孵化示范基地"。2022 年 1 月,获批"湖北省大学生创业孵化示范基地"。9 月,获批大学生创业扶持项目 13 项,获 76 万元创业资金支持。学校双创项目"彩云菇——引领乡村振兴"作为湖北省属高校唯一项目入选国家"双创"活动周主会场展示。这是学校创新创业成果首次入选双创周主题展示,也是湖北省属高校唯一一个展示项目。

2022 年 8 月,学校入选首批"国家级创新创业学院建设单位",实现学校创新创业工作国家级载体的历史突破,标志着学校双创教育工作首次进入全国第一方阵。

与宜昌市委宣传部共建文学与传媒学院

2015 年 12 月 5 日,宜昌市委宣传部与三峡大学举行共建三峡大学文学与传媒学院签约仪式,市人大常委会副主任、三峡大学校长助理陈和春,市委宣传部副部长胡智斌在共建协议上签字,力争将三峡大学文传学院建成宜昌市新闻战线优秀人才输送基地,全市宣传思想战线工作者和新闻传播人才的在岗培训基地。市委宣传部将从党的宣传思想工作和新闻事业发展的实际出发,对课程建设提出要求,组织安排学生的教学实践活动,并选派有丰富实践经验和相当理论基础的媒体工作人员到三峡大学文传学院兼职授课。三峡大学则发挥文理工医科兼有的综合学科优势，整合校内资源，实行重点建设，定期开展媒介前沿讲座，举办多样化的研修班、新闻传播专业硕士班等各种形式的职后培训，建设省内一流、国内先进的教学、科研实验室和具有特色的资料室。

获批省级示范实习实训基地和省级实习实训基地

2015 年 12 月 16 日，省教育厅发布《省教育厅关于公布 2014 年度湖北高校省级实习实训基地名单的通知》，学校与湖北工业大学等高校依托湖北省交通投资有限公司建设的"湖北省交通投资有限公司实习实训基地"获批省级示范实习实训基地。2015 年 12 月 16 日，省教育厅发布《关于公布 2015 年度湖北高校省级实习实训基地名单的通知》，学校依托宜昌高新区生物产业园建设的"宜昌高新区生物产业园实习实训基地"获批省级示范实习实训基地；依托国网湖北省电力公司、中国长江电力股份有限公司、宜昌国家高新技术产业开发区建设的"三峡大学电气工程实习实训基地"获批省级实习实训基地。2016 年 12 月 8 日，省教育厅发布《关于公布 2016 年度湖北高校省级实习实训基地名单的通知》，学校依托国网湖北省电力公司、中国长江电力股份有限公司、宜昌国家高新技术产业开发区建设的"三峡大学电气工程省级实习实训基地"获批省级示范实习实训基地；依托华强化工集团股份有限公司、湖北东圣化工集团有限公司、湖北民生生物医药有限公司、五峰赤诚生物科技股份有限公司建设的"三峡大学化学工程与工艺实习实训基地"获批省级实习实训基地。

截至 2021 年底，学校建设有校外实习实训基地 409 个。

党委理论学习中心组学习和民主生活会得到上级肯定

2015 年 12 月 18 日，学校举行党委中心学习组暨校领导"三严三实"专题民主生活会集中学习。

2014—2022 年，校领导班子、处级党员领导干部每年都严格按照要求召开民主生活会。学校党委坚定不移严肃党内政治生活，坚持会前准备充分，建立了民主生活会会议提醒机制。会议召开认真，会上班子成员深入查摆问题，进行党性分析，坚持"团结—批评—团结"的方针，自我批评开门见山、不遮遮掩掩，相互批评真点问题、点真问题，既指出差距不足，又提出改进意见。会后整改明确，不断提高领导班子民主生活会质量。这期间校领导班子还召开了两次巡视整改专题民主生活会。会议召开效果得到上级组织的肯定。

学生食堂获食品安全等级 A 级单位

为严格执行新《中华人民共和国食品安全法》，确保师生饮食安全，提高学校餐饮服务质量，对标"食品安全监督量化分级管理"要求，学校对食堂的基础设施设备进行了改造。2015 年 12 月 28 日至 29 日，宜昌市食品药品监督管理局"A 级食堂评审组"专家一行五人，对校内五大食堂进行 A 级食堂现场评审。考察组对食堂现场和相关资料进行考评，现场检查了食堂卫生、设施设备、食品加工操作流程、食品库房管理、食品储藏、食品留样、餐用具清洗、消毒、保洁、消毒记录、餐饮服务许可证、工作人员上岗证、食品卫生安全资料、台账、索源索证等方面的工作，评审组对学校各食堂的食品安全工作给予了充分的肯定，最终评定西苑食堂、南苑食堂、沁苑餐厅、欣苑餐厅、东苑餐厅五个食堂为"餐饮服务食品安全等级 A 级单位"。各学生食堂门口都悬挂出一个绿色笑脸，就是食堂获得的"餐饮服务食品安全等级 A 级单位"标志。

2016 年

省高校检查考核组来校开展 2015 年两项检查考评

2016 年 1 月 18 日，湖北省高校有关重要工作检查考核第二组在省教育厅副巡视员涂桂辛的带领下，对学校进行了 2015 年落实党风廉政建设责任制、推进惩治和预防腐败体系建设检查考核与党的基层组织建设考核评价等两项检查考评。在检查考核组主持的述责述廉和民主测评大会上，李建林代表学校党委班子述责述廉，并进行个人述责述廉，何伟军进行了个人述责述廉。其他班子成员作了书面述责述廉报告。学校领导班子全体成员、机关各部门负责人、各分党委（党总支）书记及离退休干部代表、教职工代表、学生代表、民主党派人士代表参加测评会，对学校领导班子、领导班子主要负责人、领导班子成员落实党风廉政建设责任制和作风状况进行了民主测评。

考核组还进行了落实党风廉政建设责任制个别谈话，查阅了落实党风廉政建设主体责任和监督责任的档案资料及学校财务账目，现场检查了图书馆党总支落实党风廉政建设责任制情况。

辅导员队伍职业化、专业化、专家化建设工程

2016 年 2 月 25 日，学校启动"辅导员职业能力提升年"活动。作为学校全面

落实《国家教育规划纲要》多措并举的一部分，该活动以"确定专题、专家引领、研讨交流、注重成果"为工作思路，通过职业能力培训、组建研究团队、培育精品项目、"互联网+"学生教育管理工作、辅导员职业技能大赛、先进典型塑造工程等六项措施，持续提升辅导员素质能力。同时辅导员队伍也组建了思想政治教育及对策研究、人际关系与情感问题研究、安全教育与管理研究、职业规划与就业指导研究、中外高校学生事务比较研究、教务管理服务研究、共青团组织活力及学生思想引领研究、学习技能开发与培育研究、中国传统文化与大学生素质教育研究等 9 支研究团队。2020 年 4 月，学校成立 14 个辅导员工作坊。2021 年，学校开展辅导员素质能力大赛。学校持续推进"辅导员队伍职业化、专业化、专家化建设工程"取得了可喜成绩。2020 年 11 月，水利与环境学院辅导员余杨铭获第九届高校辅导员素质能力大赛一等奖。

获"省级文明单位"荣誉称号

2016 年 3 月，学校收到由中共湖北省委、湖北省人民政府颁发的 2013—2014 年度"省级文明单位"荣誉匾牌和证书，成为自全省实施新修订的文明单位创建管理办法后首批被授予"省级文明单位"荣誉称号的单位之一。

长期以来，学校高度重视文明单位创建工作，全校师生始终秉承"求索"校训，共同努力，学校精神文明建设成效显著，先后连续获得了 2007—2008 年度、2009—2010 年度、2011—2012 年度湖北省"最佳文明单位"荣誉称号。

根据 2015 年新修订的《湖北省文明单位创建管理办法》，从本届起，湖北省文明单位评比由原来的每两年改为每三年评选表彰一次，由省委、省政府命名表彰并颁发荣誉证书和匾牌，同时授予"省级文明单位"荣誉称号，不再评选"省级最佳文明单位"，"省级文明单位"即为文明建设的省级最高荣誉。

获"湖北五一劳动奖状"

2016 年 3 月，学校作为湖北省教育系统和高校系统的唯一代表，被评为"湖北省厂务公开民主管理十佳示范单位"，并被省总工会授予"湖北五一劳动奖状"。

学校党委一直高度重视校务公开工作，把校务公开列为"一把手"负责的阳光工程，全校上下形成了"党、政、纪、工齐抓共管"的工作格局。2007 年，学校成功借鉴 ISO9000 标准的原理，制定了《三峡大学校务公开民主管理控制程序》，多方面、全方位推行校务公开工作。2008 年，学校代表在湖北省推行厂务公开工作 10 周年座谈会上作交流发言；2010 年，学校获"全国厂（校）务公开先进单位"。2015 年，在校务公开的基础上，校工会牵头制定了《三峡大学信息公开实施细则》《三峡大学信息公开目录》和《三峡大学信息公开指南》，建立学校信息公开网络平台，建立各职能部门信息公开专人负责工作机制，完善了信息公开制度，进一步扩大了信息公开的范围。学校把不断完善和加强教代会制度纳入校务公开工作的重点，不断增加教代会代表审议、讨论通过的事项，认真履行教代会职权。坚持在教代会上民主评议领导干部、坚持在教代会上审议学校财务工作报告和审计工作报告、推行教代会提案公开答复制度。坚持教代会代表测评校务公开工作，从 2008 年开始到 2016 年，学校连续 8 年对校务公开工作在教代会上进行了测评，职工满意率均在 90% 以上。

开展体育课程改革

为贯彻落实《教育部关于印发〈学生体质健康监测评价办法〉等三个文件的通知》，认真执行《高等学校体育基本工作标准》，经学校第 35 次学位评定委员会审议，决定将学生体质健康测试成绩纳入学士学位授予条件，2016 年 3 月，学校发布《三峡大学关于体质健康测试成绩纳入学士学位授予条件的实施办法》。《办法》从 2015 级本科生开始实施；同年 4 月，教务处将体质测试纳入 2016 年教学工作状态考核指标中，提出明确要求：各学院体质测试参测率达到 100%，合格率达到 70%，其中，2015 级的合格率达到 90%。2017 年春季学期开始，为了进一步促进学生课外主动锻炼，提升学生体质健康状况，《大学体育》课程在"三自主"的基础上实行了"课内外一体化"的考核评价机制。一方面把体质测试的项目纳入课程之中，使其和目前的课程内容充分融合；另一方面以学生的身体素质为核心，将课外锻炼（阳光长跑）、部分体质测试项目纳入大学体育课程考试成绩评定中，与体质测试相结合。学校从 2014 年开始，每年 9 月份在全校范围内开展覆盖全校学生的"三峡大学阳光体育创编大赛"活动，并使之成为参与面最广泛的综合性体育赛事。

大学体育课程的不断改革，促进了学生课外主动锻炼，提升了学生体质健康状况，丰富了校园体育文化。

大学生学习支持中心成立

2016 年 4 月 14 日，三峡大学大学生学习支持中心成立运行。中心以"立德树人，以生为本"为导向，以提高人才培养质量为中心，通过搭建师生互动交流平台，为大学生的个性化学习和发展需求提供延伸的学习空间。中心位于图书馆二楼 B 区，服务内容包括学业咨询、政策咨询、学习沙龙、学习延伸等。

邹坤对中心的成立表示祝贺，并对中心的建设和发展提出了具体要求。他指出，大学生学习支持中心的成立是学校顺应高等教育发展潮流，进一步提高人才培养质量的一种新模式、新举措。他希望学校各有关部门要通力协作、紧密配合，将中心建设成支撑学生个性化发展的平台；要不断创新活动内容和形式，探索出一套行之有效的方法，逐渐由图书馆向全校范围内推广；要大胆实践、积累经验、形成特色，为创新人才培养模式、提高人才培养质量作贡献。

首获"全省征兵工作先进单位"荣誉称号

2016 年 4 月 14 日，在湖北工业大学召开的 2016 年全省高校大学生征兵工作会议上，三峡大学被湖北省教育厅、湖北省征兵办公室授予 2015 年"湖北省大学生征兵工作先进单位"荣誉称号。近年来，学校党委高度重视大学生征兵工作，切实履行党管武装职责，建立健全联合工作机制，通过整合各方资源，形成了良好的工作格局。学校一直坚持"爱、细、严"的工作理念，将爱国主义教育融入大学生的思想教育、党团建设、校园文化建设和成长成才过程中，有效增进大学生爱国爱党爱军的感情，激发大学生献身国防的荣誉感和使命感。2015 年学校共有 58 名大学生奔赴军营。

专业认证评估工作不断推进

2016 年 5 月 3 日，学校土木工程专业接受第四轮评估(认证)。

专业认证是专门性教育评估认证机构依照认证标准对专业人才培养质量状况实施的一种外部评价过程，旨在证明当前和可预见的一段时间内，专业能否达到既定的人才培养质量标准。2006 年起，教育部开始在全国高校开展国际实质等效的工程教育认证。2016 年 6 月，我国加入《华盛顿协议》成为正式成员，工程教育认证体系得到国际认可。2020 年 6 月教育部临床医学专业认证工作委员会正式获得世界医学教育联合会（WFME）医学教育认证机构认定。

学校最早开展专业认证（评估）为 1999 年土木工程专业参加的建设部组织的土木类专业评估。2016 年 5 月学校发布了《三峡大学校内专业认证及评估试点工作方案》，2017 年 6 月发布《三峡大学工程教育认证工作实施方案》，2019 年 5 月发布《三峡大学专业认证（评估）管理办法》，2020 年 10 月发布《三峡大学师范类专业认证工作实施方案》。

2016 年 6 月，教务处组织了全校专业认证及评估培训会，在学校全面启动专业认证工作。目前，学校有土木工程、水利水电工程、水文与水资源、电气工程及其自动化、自动化、临床医学、生物工程、计算机科学与技术、农业水利工程、工程管理通过了专业认证，汉语言文学、英语师范教育专业认证已经接受了专家现场考查：

2016 年 11 月，水利水电工程专业通过认证，有效期 3 年（2015 年 1 月—2017 年 12 月）。

2018 年 6 月，水利水电工程、水文与水资源工程、电气工程及其自动化等 3 个专业通过专业认证，有效期期均为 6 年（2018 年 1 月—2023 年 12 月）。土木工程专业有效期至 2022 年 12 月。

2019 年 6 月，自动化专业通过认证，有效期 6 年（2019 年 1 月—2024 年 12 月）。

2022 年 6 月，生物工程、农业水利工程、计算机科学与技术等 3 个专业通过认证，有效期均为 6 年（2022 年 1 月—2027 年 12 月）。

2019 年 6 月，临床医学专业通过认证，有效期 6 年（2018 年 11 月—2023 年 10 月）。

2022 年 6 月，湖北省教育厅组织联合专家组对汉语言文学、英语专业（师范教育）进行了专业认证考查。

召开 2016 年全面深化综合改革工作推进会

2016 年 5 月 4 日，学校召开全面深化综合改革工作推进会。会上 18 个牵头单位负责人分别汇报了一年多来改革工作的进展情况，分析了薄弱环节、遇到的困难和问题，并提出了下一步工作推进思路。李建林总结讲话指出，今天的推进会是一个非常重要的会议，对各单位交流改革经验、进一步深入推进学校改革发展有着非常重要的作用。改革永远在路上，改革的目的是促进学校的发展，改革的好坏直接关系到学校发展的好坏。他提出四点工作要求：一是各单位要坚持不懈，再接再厉，紧紧抓住"全面"和"深化"两个关键词，不断完善已经完成的工作，抓紧推进正在进行的工作，迅速启动尚未启动的工作；二是各单位要抓住重点，协调推进，以重点工作的推进带动全面工作的落实；三是各级干部要增强六种意识，即改革创新意识、发展意识、担当意识、竞争意识、规范意识和绩效意识；四是推进改革发展要在七个方面多下功夫：在解放思想上下功夫，在提升办学治校能力上下功夫，在改革措施出实招、好招上下功夫，在化解矛盾上下功夫，在增强统筹能力上下功夫，在提升适应能力上下功夫，在凝聚人心上下功夫。

开展"两学一做"学习教育

2016年5月6日，学校召开接受履职尽责督促检查工作动员会，开展"两学一做"学习教育。按照中央决策部署和省委要求，学校党委坚决把开展"两学一做"作为最重要的政治任务"扛起来"，坚决把从严治党的"压力传下去"，将"两学一做"学习教育作为抓好基层党建的重要抓手，提振党员干部精气神、凝聚事业发展磅礴力量。

学校党委发放"两学一做"调查问卷，并形成调查问卷分析报告，制定全校"两学一做"学习教育实施方案，多次召开全校"两学一做"学习教育培训会、推进会。学校党委领导班子坚持集中学习听取"两学一做"专题报告，班子成员以党员身份参加所在党支部学习，并讲授党课。学校各基层党组织不断创新学习教育的方式方法，如生物与制药学院开展的"过政治生日、做合格党员"活动、材料与化工学院"书记、院长带头手抄党章100天"、水利与环境学院邀请全国五一劳动奖章获得者为师生党员现身说法、机械与动力学院教师党员"课间十分讲堂"微党课等。学校党委组织部在其官方微信上开辟"两学一做"专栏，向全校师生党员推送"两学一做"学习教育内容、基层党建工作经验和先进典型。校领导亲自带队，全校各分党委（党总支）督查调研全覆盖，形成书面意见点对点反馈到各分党委(党总支),督导整改,持续推进"两学一做"工作。

2017 年、2018 年学校选送的党建案例《围绕"一二三",争做"四讲四有"合格党员——学院党政主职"一肩挑"试点下的基层党建模式探讨与实践》《以积分纪实管理夯实"两学一做"学习教育》获评全国高校"两学一做"支部风采展示活动工作案例类特色作品。

"互联网+"大学生创新创业大赛成绩不断提高

2016 年 5 月 14 日,学校举行首届"互联网+"大学生创新创业大赛。大赛活动得到了广大师生的积极响应和深度参与。在预赛中全校共征集到 266 个项目,经过形式审查、资格审查及专家评审,共挑选出 31 个项目团队参加校级决赛。本次比赛覆盖了全校 72 个专业,参赛学生既有本科生、研究生,还有毕业生和留学生。这次活动有力地提升了学校参加中国国际"互联网+"大学生创新创业大赛的能力和水平。

中国国际"互联网+"大学生创新创业大赛是由教育部与有关部委共同主办的全国性赛事,旨在深化创新创业教育改革,切实提高大学生的创新精神、创业意识和创新创业实践能力,促进"互联网+"新业态形成,服务经济高质量发展;以创新引领创业、创业带动就业,推动高校毕业生更高质量创业就业。学校自 2015 年 8 月参加第一届中国国际"互联网+"大学生创新创业大赛获 3 项省级奖励之后,连续参加每一届大赛,赛事成绩不断提高,截至 2022 年,已经获得国家级奖励 13 项,省级奖励 60 余项。

大学生学科竞赛百花齐放

2016 年 7 月,在 2013 年 6 月制定的《三峡大学大学生学术科技竞赛管理办法》基础上,学校修订并发布了《三峡大学大学生学术科技竞赛管理办法(修订)》,明确"学科竞赛活动实行分级分类管理。学科竞赛级别分为校级、省(省域)级(简称省级)、国家级(国际级)三种;学科竞赛类别分为 A 类、B 类、C 类三类"。2017 年 1 月召开的三峡大学第五次教学工作会议通过的《三峡大学关于深化本科教学改革的若干意见》中提出"设立本科生学科和科技竞赛专项经费,支持学生参加各级各类大学生学科和科技竞赛活动；创新大学生学科训练与竞赛机制，完善'一院一精品、一专业一赛事'的学科竞赛体系，提高学生受益率"。在此期间，学校建立了较为完善的学生学科竞赛管理体制和工作机制。

为保证年度学科竞赛赛事工作有序开展，教务处每年初组织各学院申报计划举办和参加的赛事项目，审核后列入学校当年学校学科竞赛计划。

学校2014年举办校级学科竞赛25项，2021年举办校级学科竞赛52项。2013年初公布当年参加赛事85项，其中：国家级54项，省级12项，校级19项。2022年公布当年参加学科竞赛赛事273项，其中：国家级173项，省级42项，校级58项。学校组织和参加的学科竞赛逐年增加，学生受益面逐年扩大，获奖数逐年增加。

2014年，参加全国赛事41项，获国家级奖151个，其中，特等奖2个，一等奖49个，二等奖62个，三等奖38个。

2015年，参加全国赛事51项，获国家级奖201个，其中，一等奖43个，二等奖70个，三等奖87个。

2016年，参加全国赛事63项，获国家级奖183个，其中，特等奖3个，一等奖42个，二等奖72个，三等奖66个。

2017年，参加全国赛事63项，获国家级奖282个，其中，特等奖1个，一等奖48个，二等奖130个，三等奖103个。

2018年，参加全国赛事75项，获国家级奖352个，其中，特等奖5个，一等奖51个，二等奖135个，三等奖161个。

2019年，参加全国赛事86项，获国家级奖602个，其中，特等奖6个，一等奖107个，二等奖212个，三等奖277个。

2020年，参加全国赛事65项，获国家级奖515个，其中，特等奖8个，一等奖68个，二等奖162个，三等奖277个。

2021年，参加全国赛事95项，获国家级奖663个，其中，特等奖9个，一等奖97个，二等奖233个，三等奖324个。

在中国高等教育学会"高校竞赛评估与管理体系研究"专家工作组发布的学科竞赛排行榜六轮榜单上，三峡大学每次均上榜，且奖项数量不断增加，排名不断进步。第一轮(2012—2016年)奖项数量81项，得分64.47，位列116位。第二轮(2013—2017年)奖项数量76项，得分63.27，位列142位。第三轮(2014—2018年)奖项数量103项，得分65.31，位列129位。第四轮(2015—2019年)奖项数量213项，得分67.3，位列109位。第五轮(2016—2020年)奖项数量367

项，得分 67.04，位列 110 位。第六轮(2017—2021 年)奖项数量 531 项，得分 68.02 位列 97 位。在全国普通高校大学生竞赛六轮总榜单上，学校奖项数量 613 项，得分 67.34，位列 108 位。

三峡大学教育发展基金会成立

2016 年 8 月 26 日，三峡大学教育发展基金会召开成立大会，省民政厅代表宣读了《基金会准予成立登记行政许可决定书》。大会审议并通过了《三峡大学教育发展基金会章程(草案)》及第一届组织机构名单。李建林当选为三峡大学教育发展基金会首任理事长。三峡大学教育发展基金会是具备独立法人资格的非公募基金会，宗旨是加强学校与校友及社会各界的联系，募集办学资金，提高教育和人才培养质量及学术水平，推动教育事业发展。

何伟军在会议致辞中说，成立三峡大学教育发展基金会，是顺应高等教育发展趋势和现代化发展进程的一项重要举措和有效途径，是学校实现提质进位转型发展、建设水利电力特色鲜明的高水平教学研究型综合性大学的切实保障，也是各界人士、广大校友传递公益爱心、勇担社会责任的迫切需要。他希望各位基金会成员能开拓进取、团结协作，把基金会的各项工作做好做实做出成效，使基金会成为支持学校建设与发展的生力军和重要力量，为学校人才培养质量的提高和办学水平的提升作出更大的积极贡献。

李建林讲话指出要在四个方面形成共识并着力推进：一要加强学习和研究，自觉遵守国家相关法律法规，不断提高政策法规水平，自觉按照基金会章程办事，依法依规开展各项工作；二要正确履行权职，切实以提高教育质量和学术水平、推动教育事业发展为宗旨，围绕学校中心工作，统筹安排好基金会的各项工作，力争在筹措办学资金、改善教学设施、奖助师生、资助创新创业等方面有新举措、新突破；三要认真学习研究高校基金会的先进经验，建立和完善符合学校发展实际、科学规范的基金会组织结构、资金募集机制和管理体系，扎实做好决策、立项、执行、监督等各个环节，确保所有捐赠资金都实实在在地用在学校教育事业发展上，不辜负社会各界对基金会的厚爱和期望；四要大力宣传基金会，广开渠道，发挥所能，让更多热衷于社会公益事业的企事业单位和个人了解学校、了解基金会，打造共建、共享、共赢的渠道和平台，使基金会自身能不断发展壮大，推动经济社会和教育事业的持续发展。

基金会按照协议合理安排工作进度和资金计划，根据工作进度及时向受益者拨付资金；加强过程监督，严格管理捐赠资金使用，提高资金使用效益。截至 2022 年 8 月 31 日，累计接收各类现金捐赠 76,529,542.62 元（其中非定向捐赠 11,039,950 元，定向捐赠 65,489,592.62 元）。

巴楚艺术发展研究中心成果喜人

2016 年 10 月 16 日，"中华美学精神与一带一路民间文艺传承宜昌高峰论坛"在宜昌开幕。论坛吸引了来自中国社会科学院、中国艺术研究院、中央音乐学院、北京师范大学、复旦大学、武汉音乐学院、中国地质大学、武汉理工大学等全国知名高校和科研院所的与会专家 50 余人，他们围绕中华美学精神与"一带一路"上的民间故事、"一带一路"视域下的多民族文化交流、中华美学精神与民间习俗、中华美学精神与民族民间乐舞、中华美学精神与巴楚艺术等专题展开深入讨论和交流。此次论坛由中国民间文艺家协会、湖北省民间文艺家协会、三峡大学联合主办，巴楚艺术发展研究中心和艺术学院共同承办。

巴楚艺术研究中心成立于 2014 年 6 月，目前有 30 余名专职人员，其中包括中央音乐学院"首届英才扶持计划"人选、国家万人计划青年拔尖人才、国家民委民族学研究优秀中青年专家、三峡大学三峡学者多人。研究方向涉及民族音乐学、东西方美学比较、设计伦理、少数民族传统民居、书法创作等多学科多领域。成立以来，中心人员主持国家级项目 10 余项、省部级项目 20 余项；在 CSSCI 期刊发表论文 30 余篇；出版学术专著 20 余部；先后获得中国文联文艺评论奖、中国舞蹈"荷花奖"理论奖、湖北省人文社科奖、中国物流与采购联合会科学技术奖、世界之星包装奖、亚洲之星包装奖等重要奖项。中心积极开展国内外交流与合作，举办了多场国际学术交流活动。中心 2015 年、2016 年、2018 年、2019 年、2020 年、2021 年、2022 年举办 7 届"巴楚艺术发展论坛"；2016 年中心和远安县政府共同承办"同源同祖，同路同行——嫘祖文化论坛"；2018 年中心联合中国少数民族音乐学会举办 2018 中国少数民族音乐学会第十六届年会暨巴楚艺术创新教育学术会议等。经过 8 年的发展，巴楚艺术发展研究中心已经发展成为集政、产、学、研、创一体化，跨学科、综合型、开放流动的研究和公共服务平台，已建设成为省内一流、在全国有良好影响力的湖北省普通高校人文社科重点研究基地。在湖北省教育厅 2022 年湖北省高校人文社会科学重点研究基地评估验收中，在全省 144 个首次接受评估的基地中表现优异，为全省唯一获得"良好"等级以上的综合艺术研究平台。

省委第七巡视组巡视学校

2016 年 11 月 15 日至 12 月 15 日，省委第七巡视组对三峡大学进行了巡视，2017 年 4 月 1 日向学校反馈了巡视意见；随后，省委高校工委将巡视中发现的普遍性、倾向性、突出性问题进行了分类汇总并下发，学校共接到讲政治、党建工作、意识形态、财经纪律、招投标、作风问题、选人用人 7 个方面的问题。学校党委按照要求将 7 个方面问题列为重点，集中 2 个月进行整改。

2017 年 6 月 14 日至 15 日，巡视组对学校开展了回访督查，学校党委按照巡视组回访督查指导意见积极推进后续整改工作。2017 年 8 月 11 日学校党委向省委巡视办汇报整改情况。2017 年 11 月 20 日三峡大学巡视整改工作全部完成，实现见底清零，再次向省委巡视办作了汇报，得到省委巡视办的认可。

首个文科省级研究生工作站挂牌

2016 年 11 月 21 日，湖北能源集团股份有限公司与三峡大学联合申报获批的湖北省研究生工作站在清江大厦湖北清江水电开发有限责任公司十三楼会议室举行挂牌仪式。这是学校首个文科省级研究生工作站。

邹坤表示，该研究生工作站的建立是一个新的契机，双方要通过这个平台加强在水利电力公共事务领域的合作，加强导师之间的交流，培养"双师型"导师，尤其是在 MPA 研究生及培养方面的合作与交流。要把握长江经济带、三峡生态经济合作区等重大战略带来的机会，紧紧围绕水利电力公共事务治理主题挖掘适合双方发展的创新点，通过研究生工作站的建设，推进产教深度融合，培养一批实用型人才，共同推进校企双方的事业发展。湖北清江水电开发有限责任公司副总经理、总工程师张志猛对三峡大学的信任和支持表示感谢，他希望以工作站为平台，借助三峡大学的科教力量，促进公司治理创新。通过工作站与学校老师更深的交流，把平台作为高校已有成果的转化平台。也希望双方进一步加强人才培养合作，提高公司优秀员工的学历层次。他最后表示，建好研究生工作站，具有多赢效应，公司将会按照相关要求给予紧密配合支持。授牌仪式结束后，双方签订了省级研究生项目合作协议。

承办全国高校电气类专业工程教育认证十周年工作研讨会

2016年11月27日，由三峡大学承办的教育部高等学校电气类专业教学指导委员会2016年度第2次工作会议暨全国高校电气类专业工程教育认证十周年工作研讨会召开。中国电工技术学会副秘书长王志华教授作了题为《中国工程教育认证的未来发展》的主题报告。华北电力大学、东南大学、西安交通大学、三峡大学、长沙理工大学、西南交通大学、大连理工大学等学校的教授们就电气类专业认证、教育模式和方法以及专业特色建设作了精彩报告。

获湖北省高校校园文化建设优秀成果一等奖等多项荣誉

2016年12月12日，湖北省高校2016年校园文化工作会暨湖北省高校校园文化研究会上，对2015年全省高校校园文化建设优秀成果、网络文化建设优秀成果进行了表彰，其中，学校报送的《依托和挖掘"宜昌抗战"，以抗战精神砥砺前行——三峡大学以"抗战精神"立德树人的探索与实践》获2015年度湖北省高校校园文化建设优秀成果一等奖；三峡大学索源网（新闻网）获2015年度湖北省高校网络文化建设优秀成果奖"十佳综合性网站"荣誉称号，三峡大学学生处（三峡大学学生处官方微信）获2015年度湖北省高校网络文化建设优秀成果奖"十佳移动公众平台"荣誉称号，党委宣传部余东山、学生处陈胜获2015年度湖北省高校网络文化建设"优秀指导教师"荣誉称号。

近年来，学校深入贯彻落实党的十八大、十八届六中全会精神和习近平总书记系列重要讲话精神，坚持以社会主义核心价值观为引领，创新校园文化建设新思路，拓展校园文化建设的新载体、新形式，校园文化品牌建设取得了一系列成绩和进步。

教职工心理咨询服务中心成立

为进一步关注与维护教职工心理健康，缓解其工作、生活、学习的压力，三峡大学工会设立教职工心理咨询服务中心。2016年12月16日，中心挂牌成立。

该中心采用定期值班与个别咨询相结合的运行方式，安排心理咨询师在教职工心理咨询服务中心值班，接受咨询。聘请若干名具有二级心理咨询师以上资格的人员组成服务队，服务内容主要有：个别心理咨询、不定期心理健康讲座、不定期团体心理训练、心理危机干预（中心根据心理咨询需要）、心理测试（中心根据心理咨询需要）、建立心理健康档案（中心根据咨询情况建立）并重点关注。

2017 年

省委督导组来校检查 2016 年度落实党风廉政建设责任制等有关工作

2017 年 1 月 11 日，以省教育厅副厅长徐雁冰为组长的省委第二十四督导组对学校 2016 年落实党风廉政建设责任制、推进惩治和预防腐败体系建设工作、党的基层组织建设、法治建设绩效进行检查考评。检查考核组和全体校领导、相关单位主要负责人进行个别谈话，了解党风廉政建设工作，并实地走访了电气与新能源学院，对学院党风廉政建设情况进行检查。在图书馆二楼新学术报告厅召开了党风廉政建设责任制检查考核述责述廉及测评大会。徐雁冰对述责述廉和民主测评进行了说明，并对民主测评工作提出了具体要求。李建林代表学校领导班子作了述责述廉报告，从全面履行管党治党主体责任、加强纪律建设、强化执纪问责、带头廉洁自律、狠抓内涵建设等五个方面汇报了学校履行党风廉政建设责任制情况。随后李建林、何伟军分别作了个人述责述廉报告。参会人员对学校落实党风廉政建设责任制、推进惩治与预防腐败体系建设情况和作风状况进行了民主测评。检查考核组充分肯定了学校落实党风廉政建设工作、基层组织建设工作和法治建设工作。

2017 年本科教学质量年

为推进学校双一流建设，提高本科教学质量，做好本科教学工作审核评估评建工作，2016 年 12 月 7 日，学校党委常委会专题研究本科教学工作，确定将 2017 年确定为本科教学质量年。

2017 年本科教学质量年开展了以下活动：

(1)2017 年 1 月 5 日至 1 月 12 日召开三峡大学第五次本科教学工作会议。何伟军作《以本科教学工作审核评估为契机，进一步加强优质本科建设，努力提升人才培养质量》报告，邹坤作本科教学工作审核评估动员报告。会议讨论并通过了《三峡大学关于深化本科教学改革的若干意见》《三峡大学关于课程考核方式改革的指导性意见》《三峡大学关于加强实践教学工作的若干意见》《三峡大学本科教学奖励实施办法》等文件，印发了《三峡大学 2017 年本科教学质量年实施方案》等文件。

(2)开展本科教学工作审核评估评建工作。坚持"以评促建、以评促改、以评促管、评建结合、重在建设"的原则，落实《三峡大学本科教学审核评估工作方案》。规范教学管理，全面梳理并落实校院二级教学管理制度，认真开展"课程教学全面过关"活动。完善学校内部质量保障体系，健全校、院、教研室(基层教学组织)三层次、分职责的教学质量监控体系。针对教学工作薄弱环节，重点落实整改。

(3)深化教学改革，提高本科教学质量。在全校启动大类招生与大类培养改革。推进专业认证工作，完成水文与水资源工程、水利水电工程、电气工程及其自动化专业等 3 个专业工程教育认证。继续推动卓越计划、产业计划的人才培养模式改革，实施一计划一方案制度。全面修订 2017 版人才培养方案。编制完成本科各专业人才培养质量标准。

(4)加强课程改革与建设。结合 2017 版人才培养方案修订工作，全面修订课程教学大纲。进一步推进大学英语、大学计算机课程改革。建设 10 门精品视频公开课、11 门精品资源共享课、23 门在线开放课程。推进"以教为中心"向"以学为中心"课堂教学模式改革。

(5)加强教风学风建设，优化教学环境。加强师德师风宣传教育，促进教师从严执教、严谨治学。严格执行教授为本科生上课制度。加强学生行为规范督导检查，抓好关键环节学风建设，加强学生诚信教育和考风考纪教育。

五人制足球开花结果

2017 年 2 月 27 日，中国足协公布中国 U20 室内五人制足球队 2017 年第一期集训名单，三峡大学 4 名大学生入选 U20 五人制国家队。同时，三峡大学足球队教练员王玮入选中国五人制足球 U20 国家队教练组，担任助理教练员。

三峡大学将足球纳入学校发展战略，取得了不俗的竞赛成绩。在 2014 年室内五人制足球中国足球协会杯决赛中，三峡大学武汉地龙足球队以 6 战全胜的成绩夺得大赛冠军。培养了一大批高水平运动员，连同本次入选队员，先后为中国五人制足球队输送了 17 名队员。2016 年湖北省青少年五人制足球运动发展研究中心在学校挂牌成立。该中心与中国足球协会五人制足球运动发展研究中心在全国 34 所中小学建立了五人制足球推广基地，体育学院足球师生和高水平足球队不定期到这些学校开展培训辅导工作。面向全国承办五人制足球各级教练员培训班 28 期，共培训 700 多名五人制足球初级教练员，其中有 100 人获得亚足联五人制足球 L1 暨教练员资格。学校营造了浓郁的校园足球氛围，建立了三峡大学求索杯五人制足球联赛，成立了红领巾足球社团和五人制足球推广青年志愿者队，2014 年以三峡大学大学足球业绩为切入点面向全校学生开设《足球与足球欣赏》素质拓展课程，2017 年三峡大学大学生足球协会获评全国大学生百佳社团。2014 年 9 月 11 日，学校"五人制"足球队获"中国足球协会杯"冠军。

三峡大学民族学院获湖北省人民政府嘉奖

2017 年 2 月，湖北省人民政府对在我省唐崖土司城址成功申报世界文化遗产过程中作出突出贡献的部分单位和个人予以记功、嘉奖，三峡大学民族学院作为参与此项工作的事业单位获集体嘉奖，民族学院院长黄柏权获事业单位人员嘉奖。

唐崖土司城址是湖北省继武当山古建筑群、钟祥明显陵之后，成功申报世界文化遗产的又一重大成果，是湖北省文化工作的重大突破，对于继承与弘扬荆楚文明、凝聚全省精神合力具有重要的意义。在其申遗过程中，三峡大学民族学院以黄柏权教授为负责人的团队承担了"唐崖土司遗址申报世界文化遗产资料收集整理与研究"课题，研究团队多次深入唐崖土司遗址及有关图书馆、档案馆搜集资料，进行调查和访谈，搜集整理了 10 多万字的资料，汇集成《唐崖土司遗址资料汇编》，并组织撰写了 20 多篇研究论文，为唐崖土司城址申报世界文化遗产奠定了坚实的资料和学术基石。此外，三峡大学民族学院还与湖北省文物局、咸丰县人民政府联合承办了 3 次"唐崖土司学术研讨会"，在《三峡论坛》刊发了两期"土司研究"专辑，拍摄了《远古遗韵——唐崖土司道士度职纪实》纪录片。民族学院的工作受到湖北省文物局、恩施州人民政府、咸丰县委、县人民政府的充分肯定。

本次获奖也是三峡大学民族学院继2014年受国务院表彰后再次获得的政府重要嘉奖。

实施"教学名师培育计划"提升师资队伍教育教学水平

2017年2月，周宜红教授获批"湖北名师工作室主持人"。

2003年湖北省教育厅首次开展湖北名师评选工作，旨在推动形成教师发展共同体，找准教师队伍建设的着力点和突破口，以切实推进我省教师队伍建设。学校积极参与湖北名师的评选工作，于2006年获批首个湖北名师（田斌），此后有4位教授入选湖北名师。从2010年开始实施三峡大学"教学名师培育计划"。2015年，湖北省教育厅开始实施湖北名师工作室评建活动，名师工作室由具备一定社会影响力的知名教师担任主持人，一般应为湖北名师，由一批有发展潜力的优秀教师担任成员。工作室发挥"引领、传承、创新、共享"等功能，是集教学科研、成果辐射、专业发展等职能于一体的教师发展共同体。到2022年底，学校先后有5位教授入选湖北名师工作室负责人暨湖北名师，造就了一批能够发挥骨干示范作用的知名教师和高水平教师，全面提高了教师队伍整体素质，促进了学校师资队伍教育教学水平整体提升。

数字档案馆项目通过验收

2017年3月，三峡大学数字档案馆项目通过验收。该项目遵循档案管理国家级和省级相关要求，以"互联网+"为依托，是学校智慧校园建设的重点工程之一。它与校园网协同，将办公、科技、教务、人事等系统有机集成，建立了具有三峡大学特色的档案管理信息平台，有效地将档案管理工作前移并服务现行工作。该项目设计开发了9个子系统，即《综合档案管理系统》《人事档案管理系统》《电子阅览室系统》《电子档案采集及移交接收系统》《档案利用服务平台》《综合档案管理（涉密部分）》《档案信息门户网站》《触摸屏导读系统》和《档案移动微信服务平台》，基本实现了档案管理"五化"，即接收采集网络化、归档整理智能化、信息存储安全化、查询利用共享化、资源服务个性化，从而将档案馆建成保护原生信息的重要基地、传承学校历史的记忆宝库和创新发展共享的信息源泉。

桃花节引众多媒体报道，网络上掀起"桃花潮"

2017 年 3 月，三峡大学第六届桃花文化节暨"绿色西陵"公益活动开幕，桃花搭台，文化唱戏，吸引上万市民来校游览，纷纷在朋友圈里晒图。桃花文化节举办前一周，《三峡日报》于 3 月 17 日发布《下周末求索溪畔赛歌词》，《三峡商报》于 3 月 23 日刊发《三峡大学桃花节周六启幕，融入异国多民族文化习俗》，中新网、中国网也在 3 月 24 日先后发布《三峡大学第六届桃花节 25 日开幕》的预告消息。3 月 25 日文化节活动当天下午，湖北日报网以图文形式发出了《三峡大学第六届桃花文化节开幕，异域歌舞嗨翻全场》消息。随后几天，中新社两发通稿，先后以文字、图片、视频的形式全方位报道了第六届桃花文化节盛况和学校国际化办学成就。中国网、《三峡日报》、《三峡商报》也相继开展了节后报道。人民网、新华网、未来网等上百家主流新闻网站纷纷转载相关报道，进一步扩大了本届桃花文化节的影响力。

而宜昌以@宜昌发布为代表的大批本土网络大 V 和宜昌微博达人，以微博、微信等平台及时报道本届文化节盛况，在新媒体中刮起了"桃花旋风"，引起众多网友关注，仅微博中"三峡大学桃花节"话题就获得 700 余万的点击阅读量，网友纷纷对学校的桃花美景和多样而精彩的文化活动点赞，并对三峡大学积极响应"一带一路"倡议、大力推进国际化办学道路给予了充分肯定。

务虚会关注大事、集思广益、凝聚发展共识

2017 年 4 月 22 日，学校党委召开 2017 年度务虚会专题研究部署"双一流"建设。全体校领导和相关职能部门负责人参加了会议。会议分四个单元进行。研究生院班子成员、党委（校长）办公室和党委宣传部有关人员列席会议。

何伟军作了题为《破解发展难题、积极推进"双一流"建设》的主题报告。报告围绕"双一流"建设主题，从决策优化与科学发展的角度出发，阐述了"双一流"的重要性和对学校"双一流"建设的再思考，深刻分析了学校"双一流"建设中面临的困境，要求全校要进一步认清形势、理清思路、科学决策，深入思考，探索破解"双一流"建设中的困境和发展难题。

参会人员认真听取了何伟军的报告，一致认为报告分析深刻、很具启发性，

并展开了热烈的交流讨论，以高度的责任感、使命感和主人翁精神为学校争创
"双一流"建言献策、贡献智慧、集思广益，提出了建设性的意见和建议，形成
了共识。

李建林在总结讲话中指出，本次务虚会是在学校"十三五"发展规划实施的
关键之年召开的一次重要会议，目的在于研判形势、集思广益，提高认识、凝聚
共识，形成合力、加快发展。

会议要求，相关职能部门会后要消化、发酵、延伸本次务虚会的集体智慧成
果，结合学校实际情况继续跟进"双一流"研究，思考落实工作，尽快出台《三峡
大学争创"双一流"建设总体方案》，集中民智，充分调动全校师生的积极性和创
造性，破解难题，积极推进"双一流"建设。

学校务虚会自 2011 年开始每年召开，目前已延续 12 年，一般在年初或某一
阶段初期召开会议。务虚会所关注的是学校事业发展全局性、战略性、方向性的
重要问题，旨在围绕学校发展战略，从人才培养、学科建设、科学研究、队伍建
设等各方面工作，谈问题、谋思路、议措施、话发展，充分沟通交流，深入探讨
思考，集思广益，理清思路，提振精神，激发干劲，明确任务目标，凝聚发展共
识，统一思想认识，同时及时梳理转化为具体方案，不断调整完善，落实到各项
工作中。除党委务虚会、校领导班子务虚会、学校务虚会外，也会召开专题的务
虚会，如人才务虚会、党务务虚会、国家基金专题务虚会等，对专题问题进行深
入研究思考，形成共识。

省学位办专家组来校检查优势特色学科群和研究生工作站建设工作

2017 年 4 月 24 日，湖北省学位办调研员张文斌带领来自省教育科学研究院、
武汉工程大学的专家一行 6 人来校实地考察省属高校优势特色学科群和省级研究
生工作站工作。何伟军、邹坤陪同专家组一同实地考察了水科学与工程、电力与
新能源两个省级优势特色学科群相关项目建设工作，并听取了研究生院负责人和
省属高校优势特色学科群和省级研究生工作站项目负责人的工作汇报。经实地考
察、听取汇报、师生访谈以及核查财务相关数据和材料后，专家组认为，学校学
科建设思路清晰，学科群和研究生工作站建设工作成效显著，有特色、有亮点，
同时也指出了工作中存在的一些问题并提出了指导意见。张文斌指出，三峡大学
领导高度重视学科建设，学校学科群建设工作成绩突出、社会美誉度高，希望学
校各相关学院加强项目的精细化管理，学校职能部门加强建设项目的督促和检

查。邹坤代表学校表态，将根据专家组意见，加强各项目整改工作，以一流大学一流学科为目标，进一步凸显学科建设的龙头地位。

首次举办人文素质体验式课程发布会

2017 年 6 月 15 日，教务处和大学生素质教育中心共同召开"用心做好课——2017 年秋季学期人文素质体验式课程发布会"。会上，邹坤讲话指出，本次课程发布会是学校在人文素质教育教学方面的一大创新举措，是深入推进人文素质体验式教学改革所做的积极探索和有效尝试。他要求学校各部门及专业学院深入思考人文素质教育的有效途径，将素质教育嵌入人才培养全过程；希望老师们树立精品意识，用丰富的课程载体推动学生的人文体验和人文践行；希望同学们珍惜大学的养成时机，积极有效地参与体验式课程，主动内化人文修养；希望学校各单位通力合作，加大支持力度，扩大教育受益范围，共同推进学校人文素质教育向纵深发展。发布会围绕着人文素质体验式课程六大类别展开，展示了现阶段人文素质体验式课程规划及建设成果。发布会上还为 2017 秋季学期人文素质体验式课程主讲教师颁发了聘书，设置了"师曲""师读""师说"等环节，让学生近距离地感受名师们的人文魅力，直观地体验课程所蕴含的人文素养。

教学案例入选中国专业学位教学案例中心案例库

2017 年 6 月 15 日，法学与公共管理学院教师朱祥波等提交的《生态保护与经济发展：基层执法部门如何做》入选中国专业学位教学案例中心案例库。中国专业学位教学案例中心由国务院学位委员会办公室指导，教育部学位与研究生教育发展中心牵头建设，各相关专业学位研究生教育指导委员会共同参与，对入选案例的内容和质量标准要求高，评审程序严格，入选中国专业学位教学案例中心的案例代表了当前案例建设的最高水平。案例入选情况是国家专业学位授权审核与评估工作的一项重要考核指标。

水利部部长陈雷肯定三峡大学援藏工作

2017 年 6 月 30 日，水利部第八次援藏工作会议在西藏拉萨召开，田斌代表学校出席会议。会上，水利部党组书记、部长陈雷强调，要深入贯彻落实习近平总书记"治国必治边、治边先稳藏"的重要战略思想和中央第六次西藏工作座谈会精神，扎实做好新时期水利援藏工作，全力开创水利援藏工作新局面，为谱写中华民族伟大复兴中国梦的西藏篇章作出新的贡献。会议期间，陈雷在西藏自治区水利厅接见了田斌并亲切交谈。他对三峡大学"十二五"期间出色完成援藏任务给予了充分肯定，并希望三峡大学发挥水利电力特色学科优势，继续做好"十三五"期间援藏工作。

在拉萨参会期间，田斌还看望了学校援藏干部邹永亮、夏振尧，走访了援藏干部挂职的西藏自治区水利电力规划勘测设计研究院，与研究院就人才培养与输送、科技合作等达成了一致意见。

2017年录取分数线再创历史新高

三峡大学2017年招生录取形势喜人，在全国各省市招生中，录取分数线再创历史新高。截至7月21日，在已经完成录取的21个省市中，三峡大学录取分数线高出该省市一本线40分以上的省市有13个，其中黑龙江省高出64分，河北省高出49分。在湖北省，三峡大学投档线连续7年创新高，理工类投档线高出一本线20分，报考最高分达598分。

三峡大学已在全国实现全面一本招生。火爆的招生形势，源于学校办学目标明确、综合实力增强、社会美誉度提高。学校各项排名均位居湖北省属高校前三位。在武书连2017中国大学自然科学排行榜中，学校位列湖北省属高校第一名；在武书连2017年中国大学排行榜中，学校位列湖北省属高校第二位；在"最好大学网"生源质量排行榜中，学校2016年生源质量名列湖北省属高校前三位。

副省长郭生练率省直部门来学校召开"双一流"专题办公会

2017年8月17日，副省长郭生练率省政府副秘书长刘仲初、省教育厅巡视员严学军、省知识产权局局长张彦林以及宜昌市委常委、宣传部部长王国斌、宜昌市副市长王应华等一行来校，现场召开三峡大学建设一流大学、一流学科专题办公会，帮助学校解决建设过程的实际困难，并对学校的发展提出了指导性意见。

在专题办公会上，李建林汇报了三峡大学发展现状、人才培养、学术水平、发展目标以及学校"双一流"建设规划，并提出了请求省委、省政府给予支持和帮助解决的问题。王应华汇报了宜昌市委、市政府支持三峡大学建设"双一流"的相关情况。王国斌表示，宜昌市委、市政府高度重视三峡大学"双一流"创建工作，将坚持省市共建，从经费、学科建设、协同创新、发展环境和人才队伍建设等方面不断加大对学校支持。

张彦林表示，省知识产权局将全力支持三峡大学，并每年投入500万元支持学校科技创新和知识产权转化，为学校"双一流"建设作出贡献。严学军表示，省教育厅将积极支持三峡大学"双一流"建设，做好服务，助力学校各项工作顺利推进和发展。

郭生练在听取汇报后，充分肯定了三峡大学近年来的发展成绩。他说，三峡大学作为我省省属重点高校，很多学科指标在全省名列前茅，与产业发展的契合度高，在产学研结合方面提供了示范；宜昌市委、市政府为三峡大学创建"双一流"大学提供了强有力支撑，要积极争取省部共建、省市共建，共同推进三峡大学提高综合实力，服务地方发展。他指出，省委、省政府历来高度重视并大力支持高校建设，将继续按照党中央、国务院决策部署和教育部要求，支持三峡大学加快推进"双一流"建设。他希望三峡大学要抢抓机遇、增强信心，加强内涵建设、特色发展，充分利用社会资源办学，进一步提高创新创业水平。他要求三峡大学要与宜昌市深度融合，全力以赴融入宜昌经济社会发展，加强校企合作，将科研成果转化为宜昌经济发展转型成果，为宜昌市的经济社会发展做出更大贡献。同时，他还希望宜昌市委、市政府要进一步从校园环境、资金投入、办学条件、土地划拨和配套设施等方面，加大对三峡大学的支持力度，扎实推进三峡大学创建"双一流"。

召开 2017 年党委（扩大）会

2017 年 8 月 28 日，学校召开 2017 年党委（扩大）会。会议深入学习贯彻习近平总书记"7.26"重要讲话精神，凝心聚力推进学校"双一流"建设。李建林致开幕词指出，当前学校正处于发展的关键节点上，正处于全面深化改革、"十三五"规划深入实施的关键时期。学校面临的改革和发展的任务十分艰巨。同时，国家和湖北省正在统筹推进"双一流"建设，这是学校发展史上难得的一次重大发展机遇。只有抓住机遇，跻身于"双一流"建设行列，才能找到新的发展动力，为学校在新的历史阶段实现更大的发展凝聚力量。他强调，本次会议的主题是"双一流"建设。之所以选择这个主题，不仅因为一流大学、一流学科建设是一项综合的、系统的工作，也是学校各方面工作的集中体现，是学校工作的重中之重。召开本次会议就是希望能够统一思想、凝聚共识，明确下一步的目标和任务。何伟军随后作了题为《进一步增强危机意识，加快推进"双一流"建设，努力提升三峡大学综合办学实力》的主题报告。报告介绍了学校过去一学年的工作进展，分析了当前学校发展面临的主要形势，阐明了"双一流"背景下学校面临的机遇与困境，提出了加快推进学校"双一流"建设的思路和具体举措，并就下一学年重点工作作出了安排和部署。他强调要抢抓机遇，更加注重学校"双一流"的战略制定，突出学科建设的龙头地位，加强体制机制的改革建设，积极争取多方支持，切实推进"双一流"建设，进一步提升三峡大学综合办学实力。

会议听取了教学工作、科技工作、队伍建设、学生工作和党建工作等方面的系列专题报告，分析了学校在"双一流"建设方面的优势和不足，并分别提出了助推"双一流"建设的办法和路径。与会人员围绕大会主题报告和专题报告进行了分组讨论。部分学院及学校精准扶贫工作队主要负责人作了大会交流发言。

李建林最后作总结时强调："双一流"建设最基础的问题是学科，最核心的问题是人才，最关键的问题是学院，最要紧的问题是投入，最重要的问题是机制，最根本的问题是质量。要扎实工作、干出成效，为进入湖北省"双一流"重点建设之列，为学校下一步的发展打下坚实的基础。

获"湖北省全民阅读创先争优先进单位"称号

2017 年 9 月，由于在全民阅读活动中工作突出，三峡大学被授予 2015—2016 年度湖北省"全民阅读创先争优先进单位"。学校高度重视阅读推广工作，每年围绕"4.23"世界读书日和"9.28"孔子诞辰两个时间节点，学校图书馆都要举办为期各一个月的三峡大学阅读推广月和三峡大学"扬帆索源"悦读文化节活动，构成贯穿全年的两条活动主线，形成了"年推广、月推广、周推广、日推广"的阅读推广长效机制。除了常规的阅读推广项目外，还着力打造大学生讲坛、图书漂流、悦读沙龙、名师讲座、峡江夜读、国学话廊、影视观摩等多形式多主题的阅读活动，通过空间改造和服务拓展，打造"品书斋""创客空间""学习诊所"等文化空间和育人平台，架构纸质阅读、电子阅读、立体式阅读、聆听式阅读、参与式阅读、分享式阅读、创作式阅读等全方位阅读体系，有力激发了大学生的阅读兴趣。据不完全统计，学校共开展各类阅读推广活动近200场，参与学生约2万余人次。

召开落实《高等学校马克思主义学院建设标准》现场办公会

2017年10月21日，学校召开落实《高等学校马克思主义学院建设标准》现场办公会。三峡大学马克思主义学院院长、党委书记胡孝红就相关事宜进行了汇报，各职能部门结合《标准》和本部门工作提出了很多好的想法和建议。与会人员就相关问题进行了深入交流和讨论。何伟军强调，加强马克思主义学院建设事关高校办学方向，事关中国特色社会主义事业后继有人，是一项重大的政治任务和战略工程。各部门要突出立德树人根本任务，抓住把思想政治理论课作为重点课程、把马克思主义理论学科作为重点学科、把马克思主义学院作为重点学院这条主线，结合《标准》要求和学校实际开展工作；马克思主义学院要进一步提高政治站位，奋发有为，创新工作，务实重行，不断提高教师的教学能力和学术水平，推进各项工作再上新台阶。

习近平新时代中国特色社会主义思想研究中心成立

2017年10月30日，三峡大学习近平新时代中国特色社会主义思想研究中心正式成立。该研究中心是一个全校共享开放的研究平台，汇集了校内一批马克思主义理论学科和哲学社会科学的领军人物与骨干教师，旨在加强习近平新时代中国特色社会主义思想理论研究和实践创新，引领推动学校哲学社会科学繁荣发展。它的主要任务，一是学习领会把握党的十九大精神，把握习近平新时代中国特色社会主义思想的精髓，对重大理论问题与现实关切开展学术研究和理论探讨；二是承担推动思想政治理论课建设的任务，推动习近平新时代中国特色社会主义思想进教材、进课堂、进头脑；三是推动马克思主义理论学科服务地方社会，建成宜昌地区高端传播平台和宣传教育基地。李建林、何伟军担任研究中心主任，田斌和党委常委、宣传部部长李敏昌担任研究中心副主任。学校计划经过一段时间发展，将该研究中心建成三峡大学和宜昌市高端思想理论智库和湖北省重要的习近平新时代中国特色社会主义思想研究中心。

成为电力行业卓越工程师培养校企联盟首批成员单位

2017 年 11 月，电力行业卓越工程师培养校企联盟成立大会在华北电力大学举行，三峡大学作为首批联盟成员单位受邀派出代表参加会议。该联盟由中国电力企业联合会和华北电力大学发起，由国家电网公司、中国南方电网公司、中国大唐集团公司等 16 家大型能源电力企业以及清华大学、浙江大学、三峡大学等 30 所高校组成。该联盟旨在加强行业企业与大学的合作，加强大学与大学之间的合作，从"单兵作战"向"多元协作""集团作战"转变，形成"校企协同、校校协同、优势互补、资源共享"的电力行业人才培养新格局。三峡大学受邀成为"联盟"的首批高校代表，体现了我国教育界以及电力行业对三峡大学电力特色人才培养的认可。学校代表、电气与新能源学院院长黄悦华教授受邀在大会上作了题为《"创新校企协同路径、彰显电力行业特色"的电气工程专业人才培养模式探索与实践》的专题报告。

三峡大学图书馆列入第一批湖北省古籍重点保护单位

2017 年 11 月，湖北省人民政府颁布《关于公布第一批湖北省珍贵古籍名录和第一批湖北省古籍重点保护单位名单的通知》，正式公布第一批《湖北省珍贵古籍名录》384 部和"全省古籍重点保护单位"10 家，学校图书馆名列其中。图书馆收藏有明清以来线装书 2225 种，共计 11301 册，其中明清古籍 360 种 5379 册，乾隆 60 年（1795 年）以前善本古籍 57 种 926 册，另收藏有比较完备的影印本《四部丛书》《四部丛刊》和《丛书集成》等。图书馆投入人力物力对馆藏古籍采取了必要的保护措施，对馆内古籍的版本形式和知识内容进行综合研究，揭示馆藏古籍的版本价值和学术价值，以便于更好地保护和利用古籍。

获湖北省"生态园林式学校"称号

2017 年 12 月 8 日，湖北省高等学校后勤管理研究会绿化专业部召开的会议上，三峡大学获得湖北省"生态园林式学校"荣誉称号。授牌仪式时，省绿化委员会、省教育厅、省林业厅领导高度赞扬学校对校园绿化建设工作的重视及建设成果。

近年来，学校围绕校园环境建设规划，确定了"因地制宜，布局合理，生态优先，以人为本"的园林绿化基本原则，加大绿化建设投入，坚持植物造景为主，把优美的自然环境与建筑群体和园林艺术融为一体，构建了和谐生态育人环境，打造了山水生态园林式校园，学校绿地率达到75%，校园绿化覆盖率达到95%以上。优美的校园环境现已成为宜昌市的一道亮丽风景线。

2017年4月，湖北省绿化委员会、湖北省林业厅、湖北省教育厅委派的省高等学校后勤管理研究会绿化专业部组成的专家组一行，对学校申报创建湖北省高校"生态园林式学校"工作进行现场评审。专家组通过听取汇报、现场提问、调阅资料、实地查看及沟通交流等方式，对学校园林绿化的工作流程、人员设备、绿化植物种类、环境卫生与相关设施设备等方面进行了全面的技术评审。专家组对学校园林绿化工作的组织管理、植物种植优化配置、绿化覆盖率等方面给予了高度评价。专家组一致认为，学校参评资料翔实，指标完整，效果良好，突出高校生态园林元素，现场评审与实际运行一致，符合评估指标体系中的各项规定，同意通过评审。学校取得综合评价总分95分的好成绩。

通过来华留学质量认证

2017年12月15日，在北京举行的中国高等教育国际化发展状况调查报告发布暨来华留学质量认证工作会上，中国教育国际交流协会发布了"2017中国高等教育国际化发展状况调查报告"和第二批试点院校来华留学质量认证结果，并颁发了认证证书。根据认证结果，三峡大学和浙江大学、山东大学等35所学校通过第二批试点认证。

召开教职工求索恳谈会和座谈会，听取"双一流"建设意见和建议

2017年12月19日，学校召开2017年下半年教职工求索恳谈会，集中听取来自各学院近五年来新引进的博士代表对学校"双一流"建设工作的意见与建议。会上，代表们讲真话、说实情，想大事、谋长远，围绕学校"双一流"建设主题，认真查找当前学校在人才培养、科学研究、社会服务、校园环境建设等方面存在

的短板。大家结合自己在三峡大学的成长经历和各方面实际，就如何深化教学改革、探索多元化人才培养模式、完善教师对教学投入的激励机制、进一步加大资源投入、硬件补短板、软件上水平等提出了一系列建设性的意见和建议。

李建林在听取代表们的发言后对大家提出的中肯意见和建议表示感谢。他表示，学校将对这些意见和建议进行整理归纳，吸纳到学校"双一流"建设举措中去。他还就加强学校"双一流"建设工作提出了三点意见。一是要尊师重教、以德修身，要深刻理解习近平总书记关于全社会都要尊师重教的思想和对做好老师提出的四个"标准"，真正做一名有理想信念、有道德情操、有扎实学识、有仁爱之心的"四有老师"。二是要坚持学习，更新教学理念，转换教学手段，改革教学内容，始终把教学摆在首要位置，认真对待每一堂课，以教为责、以教为乐、以教为荣。三是要加强科研创新，充分发挥教师的聪明才智，努力提升能力，积极开展"双服务"工作。他要求大家担当作为、不断进取，扎实工作、干出成效。

成立于 2006 年的学校留学人员联谊会于 12 月 20 日召开归国留学人员座谈会，了解归国留学人员工作生活状况，听取大家对学校建设和发展的建议以及留学人员联谊会自身建设的意见。来自水利与环境学院等 11 个学院的归国留学人员代表先后发言。大家认为，学校自合并组建以来，办学层次，综合实力不断提升，部分学科走在国内高校前列。同时，大家也对学校在公共平台建设、科研模式创新，海外人才引进以及师资培养等方面提出了建议和意见。

《巴楚医学》创刊

2017 年 12 月，把握"健康中国"战略的契机，三峡大学主办的《巴楚医学》应运而生。其定位是一本针对广大临床及科研工作者而创办的医学综合性学术期刊，内容涵盖基础医学研究进展、医学科研成果及临床实践经验等方面。

《巴楚医学》创刊后于 2018 年 3 月组建编辑部。2018 年 5 月 24 日，成立《巴楚医学》第一届编辑委员会，杨俊任主编。2018 年 6 月《巴楚医学》第 1 卷第 1 期（创刊号）正式出版发行。本刊入库中国知网、万方数据库、维普网、超星数据库和国家科技期刊开放平台；入驻百度学术合作；加入中国高校科技期刊研究会医学期刊专业委员会、中国期刊协会医药卫生期刊分会、湖北省期刊协会、湖北省科学技术期刊编辑学会；是中国医药卫生期刊联盟发起单位和中国高校医学系列期刊；入选 OSID 开放科学计划。

2021年1月，《巴楚医学》以医学百科多媒体为契入点，创办国内医学期刊首个多媒体特色栏目，作为纸刊融媒体出版的先行者，获批中国高校期刊研究会医学期刊专项基金项目和湖北省新闻出版局的期刊发展扶持资金资助项目资助，也得到业界专家学者的高度认可。

2018 年

首获"国家技术发明"二等奖

2018 年 1 月 8 日，在北京人民大会堂举行的国家科学技术奖励大会上，由三峡大学蔡德所教授和哈尔滨工业大学凌贤长教授团队共同完成的"水库高坝/大坝安全精准监测与高效加固关键技术"成果荣获"2017 年度国家技术发明"二等奖。这是继学校获得多项国家科技进步奖之后，首次荣获国家技术发明类别奖励。

蔡德所研究团队与凌贤长团队经过长期深度合作研究，自主发明了一种新型高效土坝堆石坝除险加固注浆材料，创新开发了混凝土坝除险加固的高性能胶黏剂/CFRP 板材及其应用技术，创新开发了混凝土坝运行状态监测的先进装置与技术，建立了混凝土坝运行状态与强震安全评估的理论方法。该项重大成果根本解决了大坝除险加固的技术难题，且大幅度提升了大坝运行状态监测评估的理论水平，并成功应用于数十个工程。

进入湖北省"双一流""国内一流大学建设高校"行列

2018 年 1 月 19 日，湖北省人民政府在武汉召开湖北省高校服务地方发展暨"双一流"建设动员大会。三峡大学被省人民政府列为"国内一流大学"建设高校，同时水利工程、土木工程、电气工程 3 个学科被列为"国内一流学科"建设学科。

会上，省教育厅副厅长黄国斌与宜昌市委常委、副市长刘伟玲签订了关于支持三峡大学建设国内一流大学、国内一流学科省市共建协议，副省长郭生练出席签字仪式。李建林，何伟军和学校有关负责人参加了签字仪式。

省市共同支持三峡大学"双一流"建设，全面提升学校人才培养和科学研究能力，共建区域性科教中心，在水电科学、新材料、磁电子、食品生物医药、精细化工、地质灾害与生态环境、智能装备制造、环保、现代物流、教育、旅游、卫生、智库建设等领域加大对学校支持力度，为宜昌加快建设成为国家区域性中心城市、湖北省省域副中心城市和世界水电旅游名城提供人才保障和智力支撑。

2017年专利申请总量和授权发明专利量双双取得新突破

2018年1月，据学校科学技术处统计，2017年度学校专利申请量创历史新高。至11月，三峡大学师生发明专利、实用新型专利和计算机软件著作权申报总量突破1700件；12月，上述申报总量首次突破2000件，达到2011件。同时，2017年度发明专利授权达到253件，实用新型专利授权993件，计算机软件著作权授权158件，合计达到1404件，亦创历史新高。

省级本科教学工程项目获批数再创新高

2018年2月，湖北省教育厅印发《省教育厅关于公布第四批高校改革试点学院名单的通知》及《省教育厅关于公布2017年度湖北省普通本科高校"荆楚卓越人才"协同育人计划项目名单的通知》，三峡大学生物与制药学院获批省级试点学院，农业水利工程、汉语言文学、旅游管理、广播电视学4个专业获批"荆楚卓越人才"协同育人计划项目，获批数量位居省属高校前列。近年来，学校坚持内涵式发展，不断深化本科教学改革，以各级各类本科教学工程项目为依托，积极推动本科教学改革，全面提升本科人才培养质量。

在全省高校信息公开工作测评中获得优秀

2018年3月，省教育厅发布《关于对2017年全省高校信息公开情况监测结果的通报》，三峡大学信息公开工作被评为"优秀"。

本次监测结果是省教育厅于 2017 年 12 月组织监测组对全省 71 所高校信息公开事项进行网上监测后得出的结果，涵盖了 10 大类 50 种 85 项信息，涉及学校基本信息、招生考试信息、财务资产收费信息、人事师资信息、教学质量信息、学生管理服务信息、学风建设信息、学位学科信息、对外合作交流信息、其他信息等。近年来，学校高度重视信息公开工作，把信息公开工作作为深化综合改革、推进依法治校的重要抓手，作为建设水利电力特色鲜明的高水平教学研究型综合性大学、办人民满意教育的重要手段。

新增 2 个博士点、3 个硕士点、5 个专硕类别

2018 年 3 月 22 日，国务院学位委员会印发《关于下达 2017 年审核增列的博士、硕士学位授权点名单的通知》，学校申报的电气工程、管理科学与工程获批一级学科博士学位授权点，应用经济学、民族学、控制科学与工程获批一级学科硕士学位授权点，法律、教育、体育、汉语国际教育、艺术获批硕士专业学位授权点。

至此，学校已有 4 个一级学科博士点、25 个一级学科硕士点、13 个类别 23 个硕士专业学位点，学科建设取得重大进展，学位授权点结构和布局得到进一步优化，人才培养能力得到进一步提升。

通过普通高等学校教学工作审核评估

2018 年 4 月 16 日，湖北省教育评估院对三峡大学本科教学工作进行审核评估。普通高等学校教学工作审核评估是在我国高等教育新形势下提出的新型评估模式，核心是对学校人才培养目标与培养效果的实际状况进行评价，目的在于推进高校人才培养多样化，强调尊重学校办学自主权，体现学校在人才培养质量中的主体地位。审核评估坚持主体性、目标性、多样性、发展性和实证性的基本原则，实行目标导向、问题引导、事实判断的评估方法，尤其重视被评估学校的教学工作是否达到自己设定的办学定位和培养目标。

三峡大学本科教学工作审核评估专家组一行 11 人于 4 月 16 日至 4 月 20 日对三峡大学进行现场考察。其间，专家组通过校园考察、听课看课、文卷审阅、深

度访谈、基地走访等多种形式，深入全部教学单位、大多数职能部门和相关实践教学基地，对学校本科教学工作进行了多层次、全方位、全面系统深入的考察。

专家组认为，三峡大学对本科教学工作审核评估高度重视，认真贯彻"以评促建、以评促改、以评促管、评建结合、重在建设"的方针，评建目标思路清晰，工作措施切实有力，准备工作规范细致，有力推动了学校本科教学工作，也为专家组进校考察奠定了扎实的基础。专家组认为，三峡大学是 2000 年合并组建的地方综合性大学，水利电力学科背景和行业特色浓厚，医学、经管、人文学科发展前景广阔，通过近 20 年的发展凝练出了以"求索"为校训、以"爱国、自强、求真、创新"为核心的校园精神，形成了良好的校风、教风和学风。学校始终坚持社会主义办学方向，认真贯彻党的教育方针，特别是党的十八大、十九大以来，学校以习近平新时代中国特色社会主义思想为最高遵循，坚持落实立德树人根本任务，坚持依法办学、依法治校，坚持以人才培养为中心，以学科建设为龙头，以内涵发展为路径，以全面深化综合改革为动力，在人才培养、科学研究、社会服务和文化传承创新等方面取得了丰硕的成果，学校整体办学实力、人才培养质量和社会影响力不断提升。近 20 年来，学校致力于服务水利电力行业和地方经济社会发展，向社会培养和输送各类本科专门人才近 10 万人，为水利电力行业和地方经济社会发展作出了重要贡献。总体来看，学校办学定位和人才培养定位符合学校发展历史，符合学校发展现实，符合学校的特色和比较优势，也符合行业发展和区域经济社会发展的需求。学校本科人才培养工作符合审核评估提出的五个"度"的要求，为建设"水利电力特色鲜明的高水平教学研究型综合性大学"，为入选和创建湖北省"国内一流大学和一流学科"建设高校奠定了坚实基础。

专家组也结合学校办学定位、师资队伍建设、专业建设与课程体系建设、教师的教学投入、学生的学习投入等方面的问题，提出了针对性的整改意见和建议。

三峡大学附属仁和医院晋级三级甲等医院

2018 年 4 月 27 日，湖北省卫生和计划生育委员会下发《关于荆州市第一人民医院等 24 家医院评审结果的通知》，三峡大学附属仁和医院晋级三级甲等医院。附属仁和医院建院于 1967 年，是一所集医疗、教学、科研、预防保健、康复于一体的综合性医院，是三峡大学直属附属医院。近年来，医院秉承"崇医尚德、仁和共生"的院训，大力实施"一体两翼"的发展战略，坚持以病人为中心，高度重视医疗质量与安全管理，对医疗服务质量监管坚持精细化、规范化，不断提升医疗服务质量，提升患者及社会满意度，打造精品服务。附属仁和医院2021年6月成立普外科"博士工作站"；2021年8月，被纳入湖北省卫健委业务直管单位；2022年6月，由中国康复医学会心血管疾病预防与康复专业委员会、中华医学会心血管病学分会、中国心脏联盟心血管疾病预防与康复专业委员会公布的《关于通过全国第六批国家标准化心脏康复中心认证医院名单的通知》中，三峡大学附属仁和医院顺利通过评审认证，率先成为宜昌地区首家三甲综合医院的心脏康复中心。

举办青年学习会

2018 年 5 月 11 日，学校举办青年学习会，学习贯彻习近平总书记视察北京大学和在纪念马克思诞辰 200 周年大会上重要讲话精神。本次青年学习会特邀学校党委副书记王建平等与来自全校各个学院的团委书记、学生会主席、团支部书记、学生党支部负责人等青年代表，共同学习讨论习近平总书记重要讲话精神，深入探讨马克思主义。湖北省第四期"青年马克思主义者培养工程"学员杨尚武、土木与建筑学院学生会主席袁畅、国际义工学生代表马艺菲 3 名学生代表结合个人经历，分别从青马学员、学生干部、志愿者的角度畅谈体会，表示要成为坚定的马克思主义者，必须夯实理论基础，坚定不移地贯彻党的路线，积极将马克思主义融入社会实践。4 名教师代表结合学习马克思主义做了发言。理学院团委书记王方方结合学院"青年马克思主义学社"开展情况，介绍了积极为党培育新时代青年马克思主义者的相关做法。王建平在总结讲话时强调，青年学生要坚定理想信念，掌握马克思主义的历史逻辑、理论逻辑和实践逻辑，真正做到"实践出真知""知行合一"。

青年学习会采用 QQ 公众号全程直播，场外同学可全程观看现场学习情况并进行线上交流。

获评湖北省国有资产管理工作优秀单位

2018 年 5 月，湖北省财政厅结合各单位上报的 2017 年资产考评材料、资产管理信息系统及日常资产管理情况，对省直行政事业单位 2017 年资产管理工作进行了综合考评，三峡大学获评湖北省 2017 年国有资产管理工作优秀单位。

学校认真贯彻落实党中央、省委关于国有资产管理的要求，不断夯实资产管理基础，对国有资产实行"国家所有、统一领导、归口管理、分级负责、责任到人"的管理体制。全校二级单位全部配备了资产管理员，并设有分管资产工作的领导，学校每年举办一期资产管理员业务培训班，建立了一支素质优秀的资产管理队伍。学校自合并组建就制定了国有资产管理系列规章制度和实施细则，基本涵盖了资产管理的方方面面，构成了一套较为完善的资产管理制度体系，并制作成工作手册下发到校属各单位。在资产购置、验收、处置等关键环节，建立了监督保障机制，接受学校审计、监察等监督机构的监督和指导。在资产使用环节，建立了定期盘点机制和责任追究机制，坚持一年一次资产清查，通过清查、核对与问责，促进各使用单位强化固定资产管理职责，做到物有人管、账物相符。学校构建了较为完善的资产管理数字化平台，实现了资产账、财务账、财政账三套系统的数据无缝对接。学校非常重视国有资产出租出借公开招租规范化工作，按照省厅批复，实现了在产权交易中心对学校门面房的租赁经营权公开竞拍。

2019 年学校再次获评"湖北省 2018 年国有资产管理工作优秀单位"。

召开 2018 年全面深化综合改革工作推进会

2018 年 6 月 8 日，学校召开全面深化综合改革工作推进会。这是对 2015 年学校印发《三峡大学关于全面深化综合改革的意见》三年来，全校上下扎实推进改革，有力促进学校发展的一次阶段性总结。全体在校校领导出席了会议，19个改革项目牵头部门负责人做了工作汇报。

李建林充分肯定了学校改革取得的成绩。他指出，本次会议就是要再推进、再促进、再深化改革。下一阶段，学校要加大改革力度，加快改革进程。他强调，下一步改革，思想观念要再解放、改革能力要再提高、改革重点要再聚焦、改革力度要再加大，围绕"双一流"建设、本科教学工作审核性评估整改、"三全育人"工作、科技强国战略、人事分配制度、内部管理制度等工作来进行。要处理好深化改革与日常工作的关系、深化改革与重点工作的关系、深化改革与构建氛围的关系、重点突破与系统推进的关系，以改革促进学校教育事业再上新台阶。

何伟军要求全校上下咬紧改革目标，增强改革勇气，发挥"钻"劲、"虎"劲，破解学校发展困境，释放改革红利，提高办学效益，提升办学水平。

湖北省首个华文教育基地落户学校

2018 年 7 月 16 日，由国务院侨务办公室主办，国务院侨务办公室文化司、湖北省人民政府外事侨务办公室、三峡大学、宜昌市人民政府外事侨务办公室承办，湖北省对外友好服务中心协办的"2018 年海外华裔青少年中国寻根之旅湖北三峡与土家文化夏令营"欢迎仪式暨湖北省华文教育基地授牌仪式在三峡大学隆重举行。来自美国、加拿大、德国、西班牙、荷兰等国的近 100 位领队老师和营员参加。湖北省人民政府外事侨务办公室副主任冯细国出席仪式并授牌，副校长黄应平代表学校接牌。

黄应平表示，创建"华文教育基地"、积极服务海外华人华侨子女是三峡大学"十三五"规划的主要发展目标之一。首个"湖北省华文教育基地"落户学校，为海外华裔青少年学习汉语和中华优秀传统文化搭建了一个良好的平台，学校华文教育工作必将得到更好更快发展。冯细国在讲话中表示，中华民族悠久的文化传统是我们海内外中华儿女共同的魂，希望营员们能够珍惜机会、认真参与，将自己的所见所闻、所思所想带回自己所在的国家，推进中华文化与世界各国文化的交流互鉴。电气与新能源学院留学生普莱德（Tabufor Pride Asaanchire）用中文充满激情地朗诵了伟大爱国诗人屈原的《橘颂》，现场反响热烈，让营员们对接下来的学习充满期待。

华文教育是中华民族在海外的"希望工程""留根工程"，也是华人社会最重要的"民生工程"。在校活动期间，营员们将学习传统武术、巴山舞、湖北民歌、剪纸、国画、书法等内容，以此来提高他们学习中文和中华文化的兴趣，增进他们对祖籍国和中华文化的了解和认同。

《三峡大学学报（自然科学版）》入选北大中文核心期刊

2018 年 9 月 7 日，《三峡大学学报（自然科学版）》入编北京大学图书馆《中文核心期刊要目总览》2017 年版（即第 8 版）之"综合性科学技术"类的核心期刊。

《三峡大学学报（自然科学版）》长期坚持建设"土木水电论坛"特色栏目，立足三峡，面向全国，探索创新，注重理论联系实际，为教学、科研、学科建设服务，为国家水利电力建设事业服务。经过 10 余年的发展，水电论坛和土木工程两个栏目的文章数量和质量同步上升，且刊文数量合计超过了 60%。2014 年，学报自然科学版将这两个栏目整合成"土木水电论坛"栏目。2017 年，学报自然科学版将特色栏目细化为 4 个子栏目：水利工程、灾害与防治、土木工程、电力网络。同时，《三峡大学学报(自然科学版)》采取有效措施吸引优质稿源，提高学报影响力；采取多种措施提高刊发的论文质量；加强编辑队伍培训，大力提高队伍素质。《三峡大学学报(自然科学版)》曾多次荣获"中国高校特色期刊"、湖北省"自然科学类高校学报优秀期刊"称号。入编《中文核心期刊要目总览》是学报发展历程中的重要里程碑。

省高校青年教师教学竞赛中屡获佳绩

湖北省第六届高校青年教师教学竞赛于 2018 年 7 月到 8 月在华中师范大学举行，共有 43 所高校 115 名选手参加决赛。9 月 10 日，省教科文卫体工会公布竞赛结果，三峡大学选派参赛的 4 位青年教师中，理学院王飞获理科组一等奖，同时被授予"湖北五一劳动奖章"。这是学校参加省高校青年教师教学竞赛以来，首次实现了一等奖的突破。

为大力弘扬劳模精神和工匠精神，进一步激发高校青年教师更新教学理念、掌握现代教学方法的热情，锤炼青年教师教学基本功，不断提升教学能力和水平，湖北省教科文卫体工会从 2008 年起，以讲好一门课为考量重点，组织全省高校青年教师讲课竞赛，到 2022 年已经举行了八届。三峡大学广泛动员、精心组织，广大青年教师踊跃参赛，确保了每一届都有所斩获并连续获得赛事优秀组织奖。

举办"中国核建文化周"系列活动

2018 年 9 月 10 日开始，学校通过企业文化展览、网络平台、微信公众号等多种方式向全校师生宣传中国核建企业文化及发展成果。其间，被誉为"中核二二钢衬里第一人"的中国核工业建设股份有限公司高级工程师黄年松为师生做了《核工业的发展历史》专题报告，学校与中国核建签订了旨在进一步推动校企双方全方位、深层次合作的战略合作协议，举办了中国核建 2019 届校园招聘会。

中国核建隶属于中国核工业集团有限公司，是国内外享有盛誉的核电工程建设企业，也是国内较早"走出去"承担国际工程和投资业务的中央企业。

校友会、三峡大学合作与发展理事会参与和支持办学

2018 年 10 月 3 日，三峡大学校友会第四次会员代表大会暨三峡大学合作与发展理事会五届一次代表大会在学校召开。来自理事单位的 80 余名代表参加本次会议。会议审议通过了《三峡大学合作与发展理事会章程》，增补李建林、何伟军和宜昌市政协副主席、三峡大学副校长陈和春、三峡大学服务地方社会办公室常务副主任陈池等分别担任理事长、常务副理事长、常务理事和秘书长。

李建林在总结发言时表示，第五届理事会将进一步密切社会联系，通过理事会制度提升学校的社会服务能力，与地方政府、企业事业单位建立长效合作机制；将汲取智慧，扩大决策民主，使办学的利益相关方能够以理事会为平台，参与学校的相关决策；将争取社会支持，借助理事会及其成员，用好社会各方资源，丰富社会参与和支持办学的方式与途径；将接受社会监督，依托理事会引入和健全对学校办学与管理活动的监督、评价，提升自身的社会责任意识。同时，学校也将为理事单位转化科技新成果、提供技术及信息咨询等服务，与全体理事单位共同开创和衷共济、互利共赢的崭新局面。

截至 2022 年 12 月，学校在国内外成立有 95 个校友会，涵盖全国 29 个省、自治区、直辖市，其中国外校友会 3 个，行业校友会 3 个。校友总会推动并搭建了多层面、立体化、传递快捷的交流互动平台，其中微信公众号平台开设有母校记忆、三大校友志、校友文萃、校友企业、校友风采等栏目，展示校友文化，传播校友能量，引领在校青年学生思想。校友会微信公众号平台自运营以来，图文阅读量达到近 30 万人次，充分展示了校友关注、关心、关爱母校建设和发展的极大热情和赤子情怀。此外，校友会还全新推出了《求索·校友通讯》会刊，宣传母校成果和校友近况，营造感情寄托的软性环境。目前，已经出版三期并邮寄给校友及理事单位。学校校友会紧扣学校中心工作，着力加大与校友联系力度。学校领导及校友总会积极与 20 多个省、自治区、直辖市的校友会负责人或校友代表进行了面对面交流，互访省份比例达到 90% 以上。每年的 5 月份和 10 月份定为三峡大学校友活动月，在校友返校期间，与各部门、各学院一起组织开展校友聚会相关的各项活动。

三峡大学合作与发展理事会是参与学校建设、发展与管理的咨询、协商、审

议、监督机构，是实施科学决策、民主监督、社会参与的重要组织形式和制度平台，也是促进学校与社会建立联系与合作、筹措教育发展资金、支持学校建设与发展的非行政性常设机构。理事会由政府主管部门、企事业单位、社会团体代表、学校相关负责人、学术委员会及相关学术组织负责人、教师和学生代表、相关知名人士及学校邀请的其他人员组成。四届一次会议以来，理事会主要成员积极关心支持三峡大学发展，与学校广泛开展合作与交流，整合多方资源，共募集资金1100多万元，接受捐赠物资价值5000多万元，先后与学校签订科技合作项目200余项，科技合作经费达4731万元，同时积极开展爱心捐资助学，大力推进产教融合，将育人用人相结合，促进学校人才培养质量不断提高，为学校事业发展作出了重要贡献。

"王硕朋图书馆"捐赠冠名

2018年10月3日，"王硕朋图书馆"捐赠冠名仪式暨王硕朋励志奖学金颁奖活动在三峡大学图书馆成功举行。

王硕朋是79级水工建筑专业优秀校友，现任广州勤天（集团）有限公司董事长。他在事业成功之时也时刻关心着母校的发展，于2013年在学校设立王硕朋励志奖学金，出资捐赠人民币100万元用于奖励经济与管理学院、水利与环境学院、土木与建筑学院家庭贫困、品学兼优、在专业学习和科技创新两方面取得优异成绩的在校研究生、本科生。截至今年，王硕朋励志奖学金已经评比了6届，累计资助品学兼优的贫困大学生300名。在三峡大学庆祝办学95周年暨本科教育40年之际，王硕朋专程回到母校参加庆典活动。为表达对母校的深切热爱，他再次向三峡大学捐赠人民币500万元，用于支持母校的发展，对母校的蓬勃发展表示热烈祝贺，并祝福三峡大学欣欣向荣、永远年轻，为国家和社会培养更多人才。为感谢王硕朋对母校的大力支持，学校决定将三峡大学图书馆正式冠名为"王硕朋图书馆"，向这位满怀感恩与热忱之心的优秀校友致敬。

李建林代表学校对王硕朋回馈母校的爱心义举表示衷心的感谢。他说，校友在社会上的声誉、贡献是对大学最好的褒奖，也是对学校最大的回报。王硕朋在事业上取得了可喜的成就，不仅贡献于社会，也为母校赢得了良好声誉。更难能可贵的是他心系母校，支持学校建设与发展，更是勇担社会责任的企业家。

王硕朋表示，母校对于自己来说，具有非常深厚的感情和特殊的意义，是母校给予专业知识、教会做人的道理，向母校捐款既是感恩之情也是应有之义。他向三峡大学办学 95 周年暨本科教育 40 周年校庆表示祝贺，感谢母校对各校友所在企业集团的关心，并表示会一如既往地关注母校的发展，竭尽所能为母校发展作贡献。同时，他讲述了自身少年时代艰辛求学时蚕豆换大米的感人故事，激励同学们"奋斗的青春是最美好的"。

捐赠冠名仪式结束后，王硕朋和校领导在图书馆屈原报告厅，为荣获 2018 年度王硕朋励志奖学金的优秀学子颁奖。经济与管理学院、水利与环境学院、土木与建筑学院共计 50 名学生获奖。王硕朋向在场的母校学子发表了深情的演讲。他回顾了在三峡大学难忘的求学经历，并与学弟学妹们分享了自己艰苦的创业历程和成功经验。他表示，"求索精神"是一个人实现自身人生与社会价值的关键，大学生作为国家的栋梁之才，要时刻保持勤奋、努力、谦虚、好学的品质，要有肯吃苦、能吃苦的拼搏精神，不断学习，提升自己的素质和修养，并将远大理想付诸实际去规划实施，才能够抓住成功的机遇，为国家和社会作出更多贡献。随后，他还与现场 200 余名同学进行了互动交流。

获"2018 电力行业国际化人才培养优秀成果"奖

2018 年 10 月，中国电力教育协会公布"电力行业国际化人才培养优秀成果"评审结果，学校申报的"千年菩提树，丝路换新颜：三峡大学电气工程国际化人才培养创新工程"项目从全国 56 项优秀成果中脱颖而出，入选"十佳项目"。

为深入贯彻落实党的十九大精神，服务国家"一带一路"建设，促进电力企业加快国际化人才队伍建设，助力电力"走出去"战略的实施，中国电力教育协会开展了"电力行业国际化人才培养优秀成果"征集活动，学校获批"十佳项目"是依托教育部设立的"丝绸之路"中国政府奖学金，联合国内大型电力企业，支持和鼓励"一带一路"沿线国家优秀青年来校学习和研修工作的最佳展示。此外，学校申报的"三峡大学与英国莱斯特大学合作培养电气工程及其自动化专业本科人才培养项目"获优秀成果奖。

工程学学科进入 ESI 全球排名前 1%行列

据科睿唯安 ESI 数据库(Essential Science Indicators，基本科学指标数据库) 2018 年 11 月 15 日公布的最新数据显示，三峡大学"工程学"学科 ESI 排名进入全球大学和科研机构的前 1%，这是学校 ESI 学科全球排名的历史性突破，标志着学校"工程学"学科步入国际高水平学科行列。

本次 ESI 数据统计区间内（2008 年 1 月 1 日—2018 年 8 月 31 日），三峡大学发表 SCI 论文（只计 article、review 类型）共 2714 篇，总被引频次为 19786 次，在所有进入 ESI 学科排名前 1%的 5757 个科研机构中位列第 3181 位，高被引论文（Highly Cited Papers）16 篇。学校"工程学"学科共发表 ESI 论文 367 篇（其中高被引论文 4 篇），总被引频次 2433 次，篇均被引频次 6.63 次，在所有进入该学科 ESI 排名前 1%的 1399 个科研机构中排名第 1372 位。近年来，学校高度重视学科建设，基础研究水平不断提升，学校科研成果的国际影响力不断提高，"工程学"学科潜势值不断攀升。

ESI 作为基于 Web of Science 核心合集的深度分析型研究工具，每两个月更新公布一次，是基于 SCI（科学引文索引）和 SSCI（社会科学引文索引）所收录的全球 12000 多种学术期刊的 1000 多万条文献记录而建立的计量分析数据库，提供对 22 个学科研究领域中的国家、机构、期刊的科研绩效统计和科研实力排名。ESI 已成为当今世界范围内普遍用以评价学术机构和大学的国际学术水平及影响的重要指标。

《三峡大学学报（人文社会科学版）》入选《中国人文社科期刊》核心期刊扩展版

2018 年 11 月 16 日，中国社会科学评价研究院发布的《中国人文社会科学期刊 AMI 综合评价报告》，《三峡大学学报（人文社会科学版）》入选核心期刊扩展版。

《三峡大学学报（人文社会科学版）》始终牢记"站在理论前沿，追踪学术热点，关注社会现实，刊载最新成果"的办刊宗旨，加强思想政治引领，高度重视选题策划与专家约稿；聚焦专题，扩大专栏的学术影响力；加强编辑队伍建设，致力培养学者型编辑；充分利用网络传播优势，加强网站建设，及时更新最新成果，提高了论文质量保证体系的建设水平。

《三峡大学学报（人文社会科学版）》长期坚持立足三峡，面向全国，探索创新，注重理论联系实际，为学校教学、科研、学科建设服务，办有《三峡文化》《移民研究》等特色栏目。《三峡大学学报（人文社会科学版）》是中国人文社科学报核心期刊、全国高校百强社科期刊，曾多次荣获"湖北省优秀期刊"和"全国地方高校学报名刊"称号。

电气工程专业教师团队入选全国高校黄大年式教师团队

2018年11月22日，李咸善教授带领的电气工程"全国高校黄大年式教师团队"揭牌仪式在仿真楼举行。何伟军、黄应平出席仪式并为团队揭牌。何伟军充分肯定了团队在师德师风、教育教学、科研创新、社会服务等方面取得的成绩，并要求团队成员坚定政治方向，全面贯彻党的教育方针，在当前和今后一个时期切实把深刻学习贯彻习近平总书记重要讲话和全国教育大会精神落到实处。将立德树人全面贯彻到教学科研中，以学生为中心，强化师德师风建设，提高教书育人质量和科研产出成果，努力将团队打造成为具有重要影响力的标杆团队。团队负责人李咸善教授代表团队全体成员表态，团队将在学校党委行政领导下，牢记"心有大我、至诚报国，教书育人、敢为人先，淡泊名利、甘于奉献"这24个字，强化创新意识，提升人才培养质量，用实实在在的教书育人和科研成果交上满意的答卷。

电气工程专业教师团队在李咸善带领下，以严谨认真的科学态度和坚持不懈的钻研精神，致力于大型水电站仿真研究、电力系统运行与控制研究、新能源微电网运行与控制研究。团队先后承担国家"863"、国家自然科学基金、省技术创新重大专项、省科技支撑计划项目等50余项，重大合作项目近400项，解决了梯级水电站优化调度、水电站运行与控制、梯级水电与大规模新能源联合优化运行等重大科技问题，相关成果处于国际先进水平，先后获省部级以上奖励15项。今年1月，该团队成功入选首批全国高校黄大年式教师团队。

2019年5月17日，学校举办青年教师师德师风建设报告会，吉林大学副校长孙友宏等五位报告团成员分别从不同角度、不同侧面，深情讲述了黄大年同志的先进事迹，真实再现了黄大年可歌可泣、可钦可敬的一生。黄大年至诚报国的爱国情怀，教书育人、敢为人先的敬业精神，淡泊名利、甘于奉献的高尚情操感动了现场所有的青年教师。

报告会还邀请了学校荣获首批"全国高校黄大年式教师团队"称号的电气与新能源学院电气工程教学团队负责人、全国优秀教师、湖北省优秀共产党员、湖北省师德标兵李咸善教授，分享了自己早年在法国求学和归国后参与学校建设与发展，致力于电力系统运行与控制研究的经历。作为学校发展的见证者和参与者，李咸善建议广大青年教师要尊重教心，不忘初心，注重自我发展，要把个人发展目标与学校发展目标统一起来，做到认真教书育人、潜心科学研究、积极奉献社会。

加入国际 NICA 实验组

2018 年 11 月，三峡大学获批加入高能物理 NICA（Nuclotron-based Ion Collider fAcility）实验的 MPD（Multi-purpose detector）组，理学院冯笙琴教授等 4 人成为实验组正式成员。NICA 实验是一项国际高能物理和核物理国际重大前沿科学实验项目，设施位于俄罗斯杜布纳（Dubna）联合核子研究所（JINR）。其主要实验目标是研究重离子碰撞过程中形成的高重子密度情况下的强相互作用物质性质，束流能量范围为质心系 3~11A GeV。MPD 为 NICA 实验的两大探测器之一，对高密环境下的奇异粒子、矢量介子和（反）超核的产生机制等研究将发挥重要作用。加入 NICA/MPD 国际实验合作组，为进一步提升三峡大学粒子物理和核物理学科研究水平、开展学术研究合作提供了更好的平台。

获"2017 年度湖北省高校校园文化建设优秀成果"一等奖

2018 年 12 月 25 日，在华中师范大学举行的湖北省高等学校校园文化研究会2018 年年会暨纪念湖北省高校校园文化研究会成立 30 周年学术论坛上，由三峡大学土木与建筑学院报送的校园文化成果《"爱心一元拍"滋养民族团结一家亲》获"2017 年度湖北省高校校园文化建设优秀成果"一等奖，"三峡大学学习园地"获评"湖北省十佳专题网站"，"三峡大学官方微信"获评"湖北省十佳微信公众平台"。王军和冯利娟被评为"湖北省高校网络文化建设优秀指导老师"。国际文化交流学院席敬、赵美玲、柳萍撰写的论文《践行人类命运共同体理念，打造新时代中国特色校园文化——三峡大学国际化校园文化实证研究》获"纪念湖北省高等学校校园文化研究会成立 30 周年学术论坛"一等奖，土木与建筑学院王静、李威、雷勇撰写的《"爱心一元拍"公益活动在校园文化建设中的实践研究》获学术论坛三等奖。

学校长期高度重视校园文化建设，并将此纳入学校"十三五"发展规划和"双一流"建设总体方案。建设过程中，学校紧紧围绕建设"水利电力特色鲜明的高水平教学研究型综合性大学"的办学目标，以争创"双一流"为动力，不断探索大学特色文化建设的新方法、新路径，开创新局面。

举办首届青年学者论坛

2018 年 12 月 28 日，学校举办主题为"智汇宜昌·求索三大"的首届青年学者论坛。来自剑桥大学、牛津大学、伦敦大学、加州大学伯克利分校、慕尼黑大学、芝加哥大学、麦吉尔大学、东京大学、新加坡国立大学、南洋理工大学等世界名校的近 50 名优秀青年学者参加论坛。

王建平代表学校 4 万余名师生员工对与会青年学者和嘉宾表示欢迎。他指出，这次论坛是三峡大学敞开校门，深入推进人才强校战略的一次积极行动。学校坚持党管人才，不断改革完善人才体制机制，为人才提供更多发展机遇和更大发展空间，人才工作成效不断彰显。面对"双一流"建设的宏伟蓝图，诚邀与会学者同学校一起，在"大学与三峡同壮丽，书声和江韵共悠长"的征途上续写三峡大学科教事业新辉煌。

宜昌市委常委、组织部部长汪伟对三峡大学首届青年学者论坛的举办表示祝贺。他强调，宜昌市将坚持不懈走创新驱动发展、人才引领创新之路，进一步加强宜昌市和三峡大学的紧密合作，实现优势互补。宜昌市愿为青年人才落地宜昌提供科学研究、创新创业等方面的政策支持，解决人才生活上的后顾之忧。

黄应平作论坛主旨报告。他说：此次论坛为海内外优秀青年人才近距离、全方位了解三峡大学提供了契机，希望大家通过交流，达成共识，早日加盟三峡大学。学校将以最大的热忱、最实的政策、最优的服务，为青年学者搭建成长平台，为把三峡大学建成水利电力特色鲜明的综合型大学共同奋斗。

首届青年学者论坛按学科领域设 3 个分论坛，青年学者们分别就自己的学科领域、国际学术前沿和热点问题进行了深入研讨。论坛期间，学校还组织开展了学术研讨、实地参观、人才洽谈等活动。39 位学者与学校签订工作意向协议。

省委检查考核组进校开展 2018 年度四项重点工作考核

　　为贯彻落实中共中央办公厅《关于统筹规范督查检查考核工作的通知》精神，对省属高校推进全面从严治党、落实各项目标责任制情况进行检查考核，准确评价领导班子及领导干部言行及表现，2019 年 3 月 4 日，省委第六检查考核组进校对 2018 年度领导班子及领导人员履职尽责、党建、党风廉政建设及法治等四项重要工作进行考核。学校召开干部教师大会，李建林代表学校领导班子述职述廉。他指出，2018 年度学校领导班子全面落实主体责任，深入推进全面从严治党；勇担办学治校重任，学校各项事业发展取得新进展；加强民主管理，凝聚推动科学发展的合力；自觉强化责任担当，深入推进党风廉政建设。校领导班子成员均以书面方式述职述廉。与会人员对校领导班子及领导人员的履职尽责、党建、党风廉政建设、法治工作和 2018 年干部选拔任用工作进行了民主测评和民主评议。会后，省委第六检查考核组以个别访谈、查阅资料、随机抽查核实等形式，对四项重点工作的具体情况进行了系统深入的全面考核。

"三峡智库"揭牌、社会科学诸学科赋能社会发展

　　2019 年 3 月 29 日，"三峡智库"举行揭牌仪式。湖北省人民政府研究室党组

书记、主任覃道明与何伟军共同为"三峡智库"揭牌。省政府研究室社会处、宜昌市委政策研究室、宜昌市政府研究室的领导和嘉宾出席仪式。

三峡智库是三峡大学与宜昌市委政策研究室、市政府研究室共同组建，与省政府研究室协同的特色新型智库。它依托三峡大学优势学科和专业化的研究队伍、与合作单位协同、是符合现代智库建设要求的管理方式和运营模式的新型高校智库。它旨在聚焦三峡区域和水利电力行业，围绕社会发展和改革开放中的热点、难点问题展开针对性研究，为政府和企业提供政策建议和咨询意见。它与中国社会科学院、湖北省委政策研究室、湖北省人民政府研究室、长江水利委员会、三峡集团等机构建立了常态化沟通协作机制，在长江大保护、湖北省乡村振兴、宜荆荆都市圈、区域科技创新、水资源管理、水库移民管理等方面形成了一批咨询成果，获得省部级领导批示 10 余项，提交并获得政府采纳的研究与咨询报告 50 余篇，获得了全国政协副主席万钢等中央领导同志的关注，得到了科技部部长王志刚、湖北省长王忠林等领导同志的批示，对促进省域社会经济发展、流域综合治理等产生了重大影响。

三峡大学社会科学诸学科赋能社会发展，围绕水利行业与湖北省区域经济与社会发展，聚焦长江大保护、长江经济带重大战略，在长江文明、长江文化、长江生态、流域经济与社会发展以及铸牢中华民族共同体意识等领域，注重习近平新时代中国特色社会主义思想在湖北的探索与实践研究。学校建有国家语言文字推广基地，成立了三峡区域经济与社会发展研究中心等 5 个省部级重点研究基地，学校提出的三峡生态经济合作区(三峡城市群)国家战略，写入《国家"十三五"规划纲要》。出版了"武陵文库"《中国土家族大百科全书》《宜昌文化简史》等代表性丛书及著作，获"教育部人文社科优秀成果奖"1 项，"湖北省社会科学优秀成果奖"一等奖 3 项，2014 年被国务院表彰为"全国民族团结进步模范集体"，2016 年被联合国接纳为"联合国学术影响力"组织成员，2017 年，因在唐崖土司遗址成功申报世界文化遗产过程中做出突出贡献，受到湖北省人民政府嘉奖。持续起草论证了《宜昌市黄柏河流域保护条例》等 11 部三峡区域地方性法规。多次参加中宣部、教育部、共青团中央、中央电视台等共同举办的"五月的鲜花——'筑梦青春'全国大中学生文艺会演"，学校足球队多次代表中国参加世界大学生五人制足球锦标赛，创办了"湖北电影周"，助力宜昌"中国诗歌之城"建设，彭红卫等多位教师多次担任央视主讲嘉宾，参与组织了屈原国际文化论坛，加入了长江水利委员会等单位牵头成立的"长江水文化建设联盟"。

召开第六次本科教育工作会议

2019 年 4 月 4 日，学校召开第六次本科教育工作会议。会议分现场观摩和大会报告两个部分进行。在现场观摩阶段，全体与会人员分组参观了学校人文素质教育基地、创新创业教育基地、仿真楼、电气实验楼、电气科学楼，实地体验现代化的教学平台和丰富多彩的人文活动，在新落成的智慧教室亲身感受基于慕课资源的混合式教学模式。

大会上，何伟军在题为《坚持以人为本，加强一流本科建设，全面提升我校本科人才的培养能力和质量》的报告中指出，要深刻领会新时代全国高等学校本科教育工作会议精神，坚持"以本为本"，推进"四个回归"，巩固人才培养的中心地位，彰显本科教育教学的基础地位。他说，人才培养是大学的本质职能，本科教育是大学的根和本，学校应该对标全国教育大会精神实质，针对在本科教育理念、教育教学改革、专业、课程、平台建设、师资队伍建设、投入和条件保障等方面的薄弱环节，进一步落实立德树人根本任务，明确一流本科建设目标，加强专业建设，努力打造一流的本科课堂，完善高层次的协同人才培养机制，加强师资队伍建设，切实加大对本科教育的投入，进一步提升学校本科人才的培养能力和质量。

会议期间，大学生素质教育中心、马克思主义学院、机械与动力学院、电气与新能源学院分别以《分层推进、加强协同，推动双创工作提质升级》《从思政课程到课程思政》《新工科试点学院的构想》《梦想、创新、实干——电气与新能源学院一流本科教育建设》为题进行了交流发言。教务处结合专业建设、课程体系建设、教师教学投入等方面的问题，印制了《推进一流本科建设相关文件（讨论稿）汇编》，作为会议资料下发。

水利部领导会见李建林一行

2019 年 4 月 25 日，水利部部长鄂竟平、副部长田学斌分别会见李建林一行。鄂竟平、田学斌听取学校改革发展和服务水利行业情况的汇报。鄂竟平充分肯定学校改革发展和服务水利行业取得的成绩，阐释水利行业发展的新理念和新思路，对学校水利学科的发展提出了指导意见和新要求。

鄂竟平强调，三峡大学水利学科发展的首要问题是全面贯彻落实习近平总书记关于"节水优先、空间均衡、系统治理、两手发力"的治水思想，要以解决水利重大问题为目标，培养优秀科技人才。学校要瞄准水利事业现在和未来发展的战略需要，既要培养水利行业急迫需要的人才、解决科技问题，更要谋划未来水利行业发展的人才培养和科技服务。要面向水利行业发展需求，及时调整学科专业方向，推进水利人才培养体系的改革，重点着眼水利事业现在和未来的发展培养高素质、强能力、有本领的人才。

田学斌对学校的学科发展、人才培养和科技服务也提出了具体指导意见，并表示水利部将继续支持三峡大学的建设和发展。

通过国家军用标准质量管理体系认证现场审核

在2019年4月13日初审的基础上，5月13日，北京军友诚信质量认证有限公司历时2天，对学校进行二审阶段现场审核。现场审核范围覆盖学校领导层、科学技术处、人事处、实验室与资产管理处、财务处、采购与招标管理中心、土木与建筑学院等7个受审核部门。经现场综合审核，审核专家组认为三峡大学质量管理体系运行基本符合GJB9001C—2017标准要求，学校领导层对质量管理体系建设工作高度重视，各部门认真履行职责、各级员工能够认真按质量管理体系要求开展工作，并具有较强的质量意识。审核组希望学校在后续承担的科研项目流程管理、风险防控等方面进一步完善体系文件和相关记录，不断提升体系运行绩效，为学校军工研发事业发展夯实基础。

国家军用标准质量管理体系是国家质量管理体系的军用标准，由国务院国防科技工业局和装备发展部联合组织实施认证，是民企和高校承担军工生产任务的必备资质之一。学校于2018年11月按照GJB9001C-2017标准建立了国军标质量管理体系，经过贯标、质量体系文件发布、内部审核、管理评审等过程，学校国军标质量管理体系不断完善。

举办"首届三峡风中华诗词节"

2019年6月2日，学校举行首届三峡风中华诗词节——己亥端午诗会。诗会活动由三峡大学文学与传媒学院、孟尝居国学馆等单位联合主办，活动旨在感怀屈原的伟大爱国精神，弘扬中华民族爱国求索的传统，畅想中华民族伟大复兴的中国梦。本场诗会分为诗颂、诗意、诗赞 3 个篇章，由 10 个节目组成，包括诗歌朗诵、国学快板、器乐演奏、情景舞蹈等多种艺术形式。参演者以饱满的热情、恢宏的气度、柔美的舞姿，为现场观众奉上了一场艺术盛宴。

文学与传媒学院院长吴卫华介绍说："守望端午，正是守望中华民族的根。这场以屈原和诗的名义举办的端午诗会，把传统节日的文化内涵和现代生活结合起来，重新唤醒记忆中的端午符号，让现场观众共享文化雅集，同时也有利于把中华传统文化承继下去，让端午的人文精神成为我们心魂中永不逝去的民族仪式"。

加入核能材料产业发展联盟

2019 年 6 月 20 日，国家电投集团科学技术研究院有限公司组织召开的"核能材料产业发展联盟第一届理事会第三次会议暨第一届成员代表大会第三次会议、核能材料产业供需论坛"会议上，三峡大学加入联盟的申请以全票赞成通过。核能材料产业发展联盟（以下简称联盟），是由工业和信息化部指导，国家电力投资集团公司依托国家电投集团科学技术研究院，联合国内外核能材料研究单位、设计单位、大学、企业等具有独立法人资格的机构共同建设面向全国、全行业的，以企业为主体、市场为导向、政产学研用的公益性非法人组织，具有开放性、服务性、中立性和行业前瞻性等特征。加入该联盟将进一步扩大学校社会服务范围，提高学校的社会影响力和知名度。本次会议还听取了联盟理事长所作的理事会工作报告，审议了联盟成员管理办法、副理事长变更申请，观看了联盟网站展示等。各代表单位就核能材料的研究、设计、制造、应用及以后的发展进行了交流。

大学科学与技术贡献排行榜位次居湖北省属高校第一

大学提升科研水平和科技贡献度是"双一流"建设的核心要义。

2019 年 6 月，大学科学与技术贡献 200 强排名公布，湖北省共有 12 所高校进入 200 强，三峡大学紧随华中科技大学、武汉大学等部属高校之后，排名全国高校第 103 位、湖北省属高校第 1 位。

由中关村兰德科教评价研究院主办的"大学科学与技术贡献评价研究报告发布会"在北京召开,发布会上正式推出国内首份大学科学与技术贡献排行榜(2019)。这一排名服务国家战略,强调大学科学与技术贡献应符合新时代经济社会发展、科技创新驱动、高精尖人才涌现等时代潮流。大学科学与技术贡献评价指标体系坚持聚焦中国特色、尊重科研规律、突出核心要素,包括顶级成果、成果转化、高水平成果、领军人才、青年英才、高水平人才6个一级指标和15个二级指标。本排名体系包含了反映高校科技创新能力、科技成果及水平、高科技人才等贡献指标,例如国家三大奖、学校科学技术成果转让金额、学校发明专利授权数量等。评价数据源包括政府网站、国家自然科学基金委员会官网、中国科学院和中国工程院官网、中国知网、高校官网、科学网等。

召开2019年党委(扩大)会

2019年8月24日,学校召开2019年党委(扩大)会,研究加快推进国内一流大学建设步伐。全体校领导,校党委委员、纪委委员,各机关职能部门,各学院、学术委员会,直属、附属单位主要负责人参加了会议。

李建林致开幕词指出,本次党委(扩大)会是学校正处于奋力推进"双一流"建设、实现"十三五"发展规划目标、谋划"十四五"发展规划宏伟蓝图的关键时期召开的一次重要会议。

何伟军作题为《牢记初心使命,增强危机意识,真抓实干,加快推进国内一流大学建设步伐》的大会主题报告。报告简要回顾了学校一学年来的工作情况,分析了学校当前面临的主要形势,指出学校发展存在的问题与危机,提出加快"国内一流大学"建设的主要思路,并对新学期的重点工作进行部署。他指出,高校的"初心"就是培养人才,"不忘初心、牢记使命"就需要我们加快一流大学建设,坚持立德树人,坚守育人初心,突出"以本为本",坚持"四个回归",深刻把握高等教育的发展规律。当前加快学校"国内一流大学"建设的主要思路是:优化顶层设计,统筹推进一流大学建设;注重体制机制构建,提高一流大学建设成效;坚持学术立校,加强学术环境建设;坚持重点突破,提高人才培养质量;坚持开放办学,提升学校国际化水平;突破约束限制,提高一流大学建设的保障水平。他强调,加快一流大学建设步伐是一项任务艰巨的系统工程,关键在于实践,要大力营造讲实干、抓落实的工作氛围,"啃硬骨头""打攻坚战"。

会议还听取了《三峡大学一流本科建设行动计划》等专题报告。与会人员围绕大会主题报告和专题报告进行了分组讨论和交流，部分单位的负责人作了大会交流发言。

李建林作会议总结指出，2020 年是学校接受湖北省"双一流"建设中期检查之年。学校事业发展只有取得更好的成绩，才能在激烈的竞争中立于不败之地。也只有解决了学校事业发展的突出问题，才能以发展成果检视主题教育成效。他就本次党委（扩大）会会议精神传达贯彻工作提出了具体要求。

承办三峡大学主译的国家首部阿拉伯语版能源行业技术规范研讨会

2019 年 9 月 7 日，由水电水利规划设计总院主办、三峡大学承办的《水电工程陡边坡植被混凝土生态修复技术规范》NB/T 35082—2016（阿拉伯语版）（以下简称规范）研讨会在学校召开。李建林在会议致辞中指出，土木与建筑学院边坡防护与生态恢复中心研究团队编制《水电工程陡边坡植被混凝土生态修复技术规范》后，又编译了其英文版标准。邀请国内外专家研讨修改其阿拉伯语标准，是学校积极践行长江大保护和水电技术标准"走出去"的又一项有力的工作。规范制订和翻译工作有效推进了学校"双一流"建设，也为国家"一带一路"倡议做出了贡献。

《规范》研讨会由水电总院可再生能源标准化管理中心副主任李仕胜主持，火箭军翻译队聂剑峰上校担任审查专家组组长，水电总院、火箭军翻译队、装甲兵工程学院、杰济拉大学（University of Gezira）、阿拉扎里大学（Elzaiem Alazhari University）、红海大学（Red Sea University）、麦罗维理工大学（Merowe University of Technology）、苏丹理工大学（Sudan Technological University）以及三峡大学相关代表担任研讨会专家。土木与建筑学院、水利与环境学院、生物与制药学院、国际文化交流学院等部分师生参加了会议。经过与会专家三天的充分研讨，最终形成了该标准的国家能源局征求意见稿。

由三峡大学许文年教授研究团队负责主编的《水电工程陡边坡植被混凝土生态修复技术规范》NB/T 35082—2016（中文版），已于 2016 年 12 月由国家能源局正式发布实施。2017 年经国家能源局批准编译的《Technical code for eco-restoration of vegetation concrete on steep slope of hydropower projects /水电工程陡边坡植被混凝土生态修复技术规范》NB/T 35082—2016（英文版）是能源行业领域湖北省内的首部英文版标准，已于 2018 年 12 月正式发布实施。此次编译的《水电工程陡边坡植被混凝土生态修复技术规范》NB/T 35082—2016（阿拉伯语版）是我国能源行业领域的首部阿拉伯语版标准。

召开国家级一流本科专业申报工作推进会

2019 年 9 月 11 日，学校召开国家级一流本科专业申报工作推进会。会上各学院就申报专业基本情况、申报工作进展及后续工作重点等进行了汇报，并对申报工作中存在的困难和亟需学校解决的问题等进行了深入讨论。教务处介绍了今年以来学校国家级和省级一流本科专业建设情况。截至目前，学校获批省级教学团队 7 个、省级优秀基层教学组织 8 个，同时还推进申报了 20 个省级一流本科专业、申报了 18 个国家级一流本科专业，目前各项工作进展顺利。

何伟军在总结讲话中指出，国家级一流本科专业的建设十分重要，各单位要应急谋远，既确保当前工作稳步推进，又要制定切实可行的建设方案，在申报"双一流"专业的同时，统筹推进专业认证（评估）工作，力争在未来几年内取得更大成绩。他强调，各学院院长和专业负责人作为申报主体和主要责任人，要与相关教指委加强联系，教务处等职能部门要做好协调和督办工作，了解相关信息，掌握评审动态。

开展"不忘初心、牢记使命"主题教育

2019 年 9 月 16 日，学校召开"不忘初心、牢记使命"主题教育动员部署大会。李建林作部署讲话指出，开展"不忘初心、牢记使命"主题教育，是今年全党政治生活中的一件大事，也是历练我们的干部，推进事业发展的大契机。他结合学校实际，代表学校党委就开展好主题教育提出三点意见：一是要深刻认识开展主题教育的重大意义，每一名党员干部都要以高度的政治自觉、思想自觉、行动自觉参与此次主题教育，做好主角，做好当事人，学思用贯通，切实把思想和行动统一到习近平总书记重要讲话精神和党中央决策部署上来；二是认真领会、准确把握根本任务、目标要求，不折不扣对标落实主题教育各项工作，切实做到"理论学习有收获、思想政治受洗礼、干事创业敢担当、为民服务解难题、清正廉洁作表率"；三是要精准实施重要举措，正确处理好"初心和使命""学习和调研""检视和整改""组织和统筹"的关系，高标准高质量推进主题教育取得实效。湖北省委第十一巡回指导组组长骆家宽对学校党委提前谋划、精心组织、周密安

排主题教育各项工作予以充分肯定，并就学校落实主题教育各项任务提出了六点意见：一是紧扣根本任务，持续深化党的创新理论武装；二是坚持系统思维，统筹落实主题教育各项任务；三是坚持目标导向，围绕"五个目标"扎实开展主题教育；四是注重分类指导，落实重点措施，扎实推进主题教育；五是力戒形式主义、官僚主义，坚持以好的作风确保主题教育的实效；六是落实主体责任，突出以上率下扎实促进主题教育。

会议期间，全体人员还观看了纪录片《追寻》，省委巡回指导组参观考察了电气与新能源学院"象牙红"党建情况。

自 5 月底主题教育活动展开以来。学校作为第二批主题教育单位，坚决贯彻落实中央和省委精神，主动跟上第一批主题教育步伐，"先学先改"。今年 7 月，学校党委成立了"不忘初心、牢记使命"主题教育领导小组，开展了面向全校中层干部的系统学习培训。暑期，学校组织了"不忘初心、牢记使命"专题研学班，为学校正式开展主题教育奠定了坚实基础、营造了良好氛围。

获评"2019 年省直部门预算编报工作先进单位"

2019 年 9 月，湖北省财政厅印发通知，对 2019 年省直部门预算编报工作情况进行通报，三峡大学被评为"2019 年省直部门预算编报工作先进单位"。

学校认真贯彻落实省财政关于部门预算编制工作各项要求，紧紧围绕学校中心工作，结合学校发展规划和实际情况，精心组织预算编制工作，预算编制水平连年获得省级主管部门肯定。学校加强预算管理，突出绩效先行的预算绩效管理理念，不断优化财政资金配置效率，为学校事业发展提供了有力的资金保障。

新增 3 个博士后科研流动站

2019 年 10 月，人力资源和社会保障部、全国博士后管委会联合下发《关于批准新设湖南大学哲学等 339 个博士后科研流动站的通知》，经全国博士后管委会专家组评审，人力资源和社会保障部、全国博士后管委会研究决定，批准三峡大学土木工程、电气工程、管理科学与工程 3 个一级学科设立博士后科研流动站。

2019 年湖北省获批新设博士后科研流动站 17 个，其中部属院校 11 个、省属院校 6 个，三峡大学获批学科数居省属院校之首，实现历史性突破。至此，学校博士后科研流动站增至 4 个。

博士后科研流动站是培养创新型人才、提升学科水平和实力的重要平台。此次获批为学校扩大博士后招收规模，稳步提升博士后培养质量，发挥博士后科研流动站作为高层次人才引进"蓄水池"作用，为学校"双一流"建设提供了强力支撑。

获批承办恩贾梅纳大学孔子学院

2019 年 11 月，国家孔子学院总部通知，同意三峡大学承办乍得恩贾梅纳大学孔子学院。2019 年 12 月 7 日，恩贾梅纳大学校长巴卡(Barka)与何伟军签订了学术合作协议。学校积极发挥了办学主体作用，充分调动校内资源，努力把孔子学院办成当地师生与民众学习中文、认识中国的重要平台；践行"聚焦汉语教学、讲好中国故事"的办学宗旨；在满足当地汉语学习需求、培养中文人才的基础上，积极构建中乍人文交流、民间友好互通的平台。恩大孔院已逐步成为乍得民众了解中国的窗口、中乍友谊的桥梁。

2021 年 7 月 23 日，由中国驻乍得大使馆主办，恩贾梅纳大学孔子学院承办，中国石油西非公司赞助的第 20 届"汉语桥"世界大学生中文比赛乍得赛区决赛在恩贾梅纳大学举行。乍得国家电视台等主流媒体对比赛进行了报道。本次比赛是恩贾梅纳大学孔子学院揭牌后举办的第一次重大活动。孔子学院师生们克服新冠肺炎疫情影响，精心筹备两个多月，达到了预期的活动效果。

目前学校是湖北省属高校中招收留学生人数、专业设置和英语授课规模最大的高校，现有来自全球 60 多个国家的留学生 1500 余人，其中包括乍得在内的非洲国家留学生 300 余名。获批承办恩贾梅纳大学孔子学院后，三峡大学与恩贾梅纳大学紧密合作，克服了国际形势和新冠肺炎疫情的严峻考验，取得了丰硕成果，首任中方院长和 2 名汉语骨干教师于 2021 年 2 月抵达乍得开展工作。

"人文社科振兴计划"成效显著

2019 年 12 月 4 日，全国哲学社会科学工作办公室公布了 2019 年度国家社科基金重大项目立项名单，今年共立项 364 个项目，何伟军教授作为项目首席专家申报的"建设'长江三峡生态经济走廊'研究"项目获得立项资助，实现了学校在国家社科重大项目零的突破。

国家社会科学基金（The National Social Science Fund of China），简称国家社科基金，于1986年经国务院批准设立，由全国哲学社会科学工作办公室负责管理，是中国在科学研究领域支持基础研究的主渠道，面向全国，重点资助具有良好研究条件、研究实力的高等院校和科研机构中的研究人员。国家社科基金设有马克思主义·科学社会主义、党史·党建、哲学、理论经济学、应用经济学、政治学、社会学、法学、国际问题研究、中国历史、世界历史、考古学、民族问题研究、宗教学、中国文学、外国文学、语言学、新闻学与传播学、图书馆·情报与文献学、人口学、统计学、体育学、管理学等23个学科规划评审小组以及教育学、艺术学、军事学3个单列学科，已形成包括重大项目、年度项目、特别委托项目、后期资助项目、西部项目、中华学术外译项目等6个类别的立项资助体系。国家社会科学基金还注重扶植青年社科研究工作者和边远、民族地区的社会科学研究。

三峡大学大力实施"学术立校"战略，推行"人文社科振兴计划"。学校于2018年单独成立社会科学处，2022年进一步成立社会科学发展研究院，做好社科振兴谋篇布局，有效开展引领和服务工作，加强有组织科研，着力提升人文社科领域自主创新能力，创新形成基金申报全生命周期理念，探索推进校外知名专家、校内专家团等"一对一"服务机制、青年项目辅助机制和项目预评审机制，初步形成了校内外资源的双驱循环助力。在各项措施有力推动下，学校的国家社科基金申报工作不断取得突破，立项数逐年攀升。2004年首次获批国家社科基金，2016年实现重点项目的突破，2019年取得国家社科基金重大项目的突破，2022年实现中华外译项目的突破，艺术单列、教育单列、后期资助等项目类别也有亮眼表现，近5年国家社科基金年均获批数达到10项以上，获批总量稳居湖北省属高校第2名。

举办首届银杏艺术节

秋末冬至，银杏流金，校园深秋美景如诗如画。2019年12月6日，学校首届银杏艺术节暨魅力金秋摄影与绘画联展开幕。本次活动由校工会、国际合作与交流处、国际文化交流学院、艺术学院联合主办。沿着银杏大道的银杏树下展览了150余幅摄影及绘画作品，其中的摄影作品来自宜昌市著名摄影家所拍摄的中国当代大型水利水电工程的影像，绘画作品则主要出自宜昌市美术协会以及艺术学院教师所作。

开幕式上，参展摄影家代表、第五届宜昌市政协主席李亚隆致辞说，银杏节上展出的摄影作品均来自摄影家的亲身体验和感受，获得了媒体的多项报道，展示出了大国重器的风采。三峡大学的银杏艺术节一定会成为宜昌市民喜爱、师生引以为傲的"名片"。何伟军致辞强调，三峡大学校园四季如画，三月的求索溪畔桃红柳绿，学校举办桃花文化节，多个国家的中外学生同展才艺，几万市民来校共品校园文化之蕴，已成为宜昌市的"名片"。十二月的银杏金碧辉煌，学校举办银杏艺术节，有著名摄影家和艺术家的参与，将成为学校和宜昌市的另一张"名片"，也为三峡大学的校园文化增添了亮丽的色彩。活动的举办帮助三峡大学师生和宜昌市民认识美、发现美、欣赏美、感受美、创造美，希望师生和市民积极参加，将美的感受和体验传播到海内外。开幕式后，众多市民观看了精彩的艺术表演。以银杏为背景的艺术长廊，也吸引了大批师生及市民游览和互相交流。

中国高校专利实力 100 强中排名 65 位

2019 年 12 月，在 2019 粤港澳大湾区知识产权交易博览会上，华发七弦琴国家知识产权运营平台发布了中国高校专利实力 100 强榜单，三峡大学的专利实力得分为 74.53，排名第 65 位，位居湖北省属高校第一。根据榜单，中国高校专利实力 100 强分布于 24 个省级行政地区，超过 70% 的高校位于沿海地区。入围专利实力 100 强高校数量最多的四个省市依次为江苏省、北京市、上海市、陕西省，广东省、湖北省、山东省并列第五。榜单的分析对象为中国内地高校(不含港澳台高校)，数据来源于七弦琴专利评价联盟"专利评价软件"，数据范围包括中国发明专利、中国实用新型专利、中国外观设计专利。

多年来，学校紧跟国家政策导向，以稳定连续的创新鼓励政策，持续促进创新，保护创新，激发了师生创新动力，近几年每年均保持授权发明专利 250 项以上，为学校科技创新和高水平发展奠定坚实基础。

获批国家级学科创新引智基地

2019 年底，科学技术部和教育部联合下发《关于 2020 年度地方高校新建学科创新引智基地立项的通知》，三峡大学申报的"能源和环境材料化学学科创新引智基地"获批立项，实现了三峡大学在国家级国际人才引进平台领域的重大突破，也是三峡大学在"双一流"建设和国际化发展进程中的又一标志性成果。自"能源和环境材料化学学科创新引智基地"入选 2018 年度湖北省"高校学科创新引智培育计划"以来，学校进一步整合各方面资源，加大成建制引进海外高端专家力度，引进了 10 余位海外学术大师和学术骨干，并配备了 40 余名优秀的国内科研骨干，促进了海外人才与国内科研骨干的融合，形成了国际化的学术团队，取得了丰硕的科研成果，为此次获批奠定了坚实的基础。

获授"全省民族团结进步先进集体"称号

2019 年 12 月 20 日，在全省民族团结进步表彰大会上，学校被湖北省人民政府授予"全省民族团结进步先进集体"荣誉称号。

学校紧扣"铸牢中华民族共同体意识，促进辖区各民族群众交流交融"主线，深化民族团结进步创建工作，创新少数民族流动人口服务管理，成立"宜昌市少数民族务工人员语言文化政策教育培训点"，采取线上线下相结合的授课方式，对辖区少数民族进城务工人员开办"双语课堂"，提升少数民族外来务工人员掌握国家通用语言交流能力，将爱国主义和法治教育贯穿于服务少数民族外来务工人员学习、生活全过程并取得实效。

一流本科专业建设取得新成效

开展一流本科专业建设点评选是教育部实施一流本科专业建设"双万计划"的重要内容，是推动"四新"建设、提高高校人才培养能力、实现高等教育内涵式发展的重要抓手。学校提前谋划，通过实施"三峡大学一流本科建设行动计划"，主动对接教育部一流本科专业建设"双万计划"，在教育部计划启动伊始就取得了丰硕成果。学校将进一步加强国家级和省级一流本科专业建设，完善专业建设规划，强化专业特色，推动各建设点在专业改革创新、师资队伍建设、教学资源扩充、质量保障体系规范等方面充分发挥示范辐射作用，推动学校本科人才培养质量持续提升。

2019 年 12 月，教育部公布了 2019 年国家级和省级一流本科专业建设点名单，三峡大学水利水电工程、工程管理、土木工程、电气工程及其自动化、自动化、机械设计制造及其自动化、汉语言文学等 7 个专业入选国家级一流本科专业建设点，水文与水资源工程、环境工程、化学工程与工艺、计算机科学与技术、通信工程、旅游管理、金融学、临床医学、医学影像学、法学、光电信息科学与工程、生物工程、制药工程等 13 个专业入选省级一流本科专业建设点。

2021 年 2 月，教育部办公厅公布了 2020 年度国家级和省级一流本科专业建设点名单，学校的水文与水资源工程、计算机科学与技术、通信工程、金融学、旅游管理、临床医学、药学、数学与应用数学、生物工程等 9 个专业入选国家级一流本科专业建设点，农业水利工程、工程造价、地质工程、材料成型及控制工程、新能源材料与器件、财务管理、广播电视学、英语等 8 个专业入选省级一流本科专业建设点。

2022 年 6 月，教育部办公厅公布了 2021 年度国家级和省级一流本科专业建设点名单，学校的社会体育指导与管理、英语、广播电视学、新能源材料与器件、港口航道与海岸工程、制药工程、财务管理 7 个专业入选国家级一流本科专业建设点，汉语国际教育、物理学、化学、机械电子工程、中医学、护理学 6 个专业入选省级一流本科专业建设点。

获"国家科技进步"特等奖

2020 年 1 月 10 日，2019 年度国家科学技术奖在京揭晓，三峡大学参与的"长江三峡枢纽工程"项目荣获"国家科技进步"特等奖。"长江三峡枢纽工程"项目从工程的构想、勘测、规划、论证、设计、施工到运行，共创造了 112 项世界之最，拥有 934 项发明专利，编制了 135 项《三峡工程质量标准》，获省部级特等奖 2 项、一等奖 7 项。

作为一所有着深厚的水利电力行业背景的高校，三峡大学始终坚持为水利行业服务，长期致力于长江三峡枢纽工程的研究，全程服务三峡工程，为三峡工程的建设和运行提供了坚实的科技支撑。在工程建设中，学校参与了枢纽总体布置方案的研究工作，为航运、发电、泄洪等主要建筑物布设规划、设计；参与了枢纽总体布置方案研究工作，为解决左长 1—5 号坝段深层抗滑稳定性问题做出贡献，减少了开挖量和混凝土回填，避免了过多的抗滑锚固工程量，节约了工程处理费用；通过系统大体积混凝土温控室内试验和数值模拟研究，揭示了混凝土温度场与应力场耦合作用和开裂机理，提出了三峡大坝混凝土抗裂技术措施。基于工程实时采集的施工过程数据，提出了大坝智能建设和动态调控关键技术，并成功应用于溪洛渡等水电工程。学校还参与了三峡工程运行过程中的生态环境的保护研究，参与了三峡工程生态与环境监测系统（神农溪重点站）监测、三峡水库优化运行等研究工作，拓展了三峡工程综合效益。学校全程、全系统参与了三峡库区地质灾害防治工作，在三峡工程论证及前期准备开展的减灾扶贫工作中发挥了重要作用；积极参与后三峡工程建设与咨询工作，研究成果得到国务院三峡工程建设委员会办公室、水利部移民开发局、湖北省移民局等部门的充分肯定。

近年来，三峡大学继续发挥水利电力学科优势，进一步密切与长江三峡集团、水利部长江水利委员会、长江勘测设计研究院、中国能源建设集团等水利电力行业单位合作，以水利等优势学科和研究成果为基础，推动多学科交叉融合，积极贯彻落实习近平总书记关于长江大保护系列重要讲话精神和湖北省委、省政府的相关要求，向现代水利、生态水利、智慧水利转型，在水资源保护、水环境治理、水生态修复方面开展研究，先后成立了长江大保护研究院、三峡智库、河湖长制学院，与校外单位联合参与各类长江大保护相关科技产业联盟，投身化工企业的转型升级研究，破解"化工围江"，打造了一系列服务长江大保护的窗口和创新平台，近 3 年来已将数十项科研成果应用到大保护工程一线，为"长江大保护"作出了新贡献。

化学学科进入 ESI 全球排名前 1%行列

据科睿唯安 ESI 数据库（Essential Science Indicators，基本科学指标数据库）2020 年 1 月 9 日公布的最新数据显示，三峡大学化学学科进入 ESI 全球排名前 1%行列，这是继学校"工程学"之后，第二个进入 ESI 全球排名前 1%的学科。

本次 ESI 数据统计区间内（2009 年 1 月 1 日—2019 年 10 月 31 日），学校总被收录论文 3428 篇，累计被引 29711 次，高被引论文（Highly Cited Papers）39篇。在全球进入 ESI 学科排名前 1%的 6415 个科研机构中位列第 2973 位，较上期提升 35 位。其中，学校"化学"学科共发表 ESI 论文 647 篇，高被引论文18 篇，累计频次 8665 次，篇均被引频次 13.39 次，在所有进入该学科 ESI 排名前 1%的 1298 个科研机构中排名第 1273 位；学校"工程学"学科共发表 ESI论文 507 篇，高被引论文 11 篇，累计频次 3831 次，篇均被引频次 7.56 次，在所有进入该学科 ESI 排名前 1%的 1535 个科研机构中排名第 1252 位，较上期上升 4 位。

近年来，学校抓住"双一流"建设机遇，不断优化学科布局，学科整体水平显著提高。"工程学"和"化学"学科进入 ESI 全球排名前 1%，标志着学校这两个学科步入国际高水平学科行列。

新冠肺炎疫情防控卓有成效

2020 年 1 月 22 日，新冠肺炎疫情来临，学校召开新冠肺炎疫情防控工作专题会议，成立疫情防控工作领导小组，建立了物资管理、生活保障、教师公寓防控、校园环卫消杀保障等八大防控体系，全面开展新冠肺炎疫情防控工作。疫情期间，学校创建六个物资配送群、五个生活食材打包组，搭建物资存放棚、临时配送点，分片分区分户送餐及物资配送，为数千教师公寓住户和大量留校留学生提供生活物资保障，为疫情防控一线工作人员提供餐饮。学校调集人员搞好小区环境消杀、生活垃圾清运等工作。组织党员干部突击队配合改造完成了 1200 间集中隔离医学观察点。到 2021 年底，三峡大学方舱完成 12.97 万人次疫苗接种工作。2020 年 11 月，三峡大学被湖北省高等学校后勤管理研究会评为"湖北省高校学生公寓疫情防控先进集体"。2022 年 8 月，三峡大学附属仁和医院 30 名医护人员参加宜昌市援琼医疗队前往三亚支援海南疫情防控。

首次以线上形式开展阅读推广周活动

2020 年 4 月 23 日，随着开幕活动——书香战"疫"线上阅读马拉松的开启，"4·23"世界读书日暨三峡大学 2020 年阅读推广周活动在全校展开。本次活动主题为"书香助力战'疫'，阅读成就梦想"，旨在为战"疫"期间的全校师生搭建形式多样的阅读平台，提供优质的阅读资源，以阅读温暖人心、提振精神、强化素质，以知识丰富内涵，以读书助力成长。开幕活动共吸引了 670 余名同学参与。线上阅读马拉松借助 QQ 群，为全体参与活动的读者营造了一个安静的阅读道场。参与者在规定时间内阅读指定图书——《中国抗疫简史》，并在指定时间完成读后感的撰写。通过阅读深入了解病毒防治等科学知识，并进一步思考此次疫情所引发的社会、经济、卫生、科技和公共心理等问题，以及个人在其中的责任和作用。2020 年阅读推广周活动是学校首次以线上形式开展的阅读推广活动，是疫情期间特殊条件、特殊背景下的全新尝试。图书馆陆续举办书香战"疫"线上阅读马拉松、"读书点亮生活，照亮人生"读书交流会、"抗疫"共读、生命·战"疫"书评影评征集、"图书馆杯"主题图像创意设计征集活动、QQ 阅读·微书评大赛等多项阅读活动，坚持为广大师生提供丰富的文化活动内容，让读者们在疫情尚未散去的日子里快乐享受阅读盛宴，在书香中共建温暖有力、健康向上的精神家园。

举行"线上"五四表彰暨十大杰出青年颁奖典礼

2020年5月3日，三峡大学学生会B站直播间热闹非凡，15万余名观众在线观看了三峡大学2020年"青春心向党，建功新时代"五四表彰大会暨第17届"十大杰出青年"颁奖典礼，1479名优秀共青团员、773名优秀共青团干部和各类别105个优秀集体受到了表彰。典礼首设特别表彰项目"最美抗疫志愿者"，397名优秀学生和医务工作者获此殊荣。李建林代表学校党委和行政向全校共青团员致以节日问候，向受到表彰的先进集体和个人表示热烈的祝贺，并希望全校团员青年志存高远，苦练本领，迎难而上，争做走在时代前列的奋进者、开拓者、奉献者。

扎实推进"七防工程"、建设平安校园

学校按照上级部门关于平安校园建设的系列要求，紧密结合学校实际，多角度全方位出手，创建平安校园。2020年6月4日，学校获"湖北省平安校园"称号。

学校扎实推进平安校园"七防工程"建设，坚持制订并实施年度消防工作计划，全面落实消防安全责任制。2016年3月15日，成立了学校微型消防站。微型消防站以救早、灭小和"3分钟到场"为目标，为加强校园安全防火工作和消防应急需求所建立。站点从基本灭火器材、防护装备到相关制度的制定一应俱全。实行全天值班制，并担负着防火巡查、消防宣传教育、初起火灾扑救等"一体化"工作，还建设有"消防警示教育室"，每年组织新生参观。学校消防工作防治成效显著，多次获评"宜昌市消防工作先进单位"。

由于中外学生生源多样、文化多元，防毒、禁毒工作紧迫重要，学校始终坚持把毒品预防教育作为禁毒的治本之策，认真履行宜昌市禁毒委成员单位工作职责，着力加强"无毒校园"建设。2021年6月，学校获"荆楚高校禁毒宣传形象大使评选活动"优秀组织奖。

为增强师生反恐防暴意识，提升学校反恐防暴应急能力，构筑坚实的校园安

全屏障，2017 年至今，学校共组织学生举办反恐防暴演练活动 8 次。演练前制定周密演练脚本和预案，精心组织、协同配合。演练制服危害师生人身安全的"危险分子"、示范演示擒拿格斗技能、警犬搜救等项目。部分项目邀请学生参与体验。演练活动均取得预期效果。

信息收集研判是做好安全预防预警工作的关键，学校健全完善信息收集研判工作体系和预警报告机制，"日研判、周会商、月分析"，开展专项调查研究，发现问题及时预警、发现风险及时化解。2001 年至今先后 9 次获"湖北高校信息工作先进单位"称号。

2018 年 8 月，学校报送的典型经验材料《实施"平安志愿者工程"打造平安创建特色品牌》在湖北省综治委校园及周边治安综合治理工作领导小组省级平安校园建设优秀成果年度评选中，获"省级平安校园建设优秀成果"一等奖。

学校紧紧围绕"维护校园安全稳定"总目标，实施校园综合治理。学校成立综合治理常设机构，把安全工作纳入年度党政工作计划，列入领导班子和领导干部年度考核指标体系，工作措施分解落实到人，形成党委统一领导、党政齐抓共管、单位分工负责的运行体系。学校深化"1+N"（以校园为主体，政府职能部门履责和社会力量协作）共建模式，合力建立无缝隙校园安全网络，形成了广大师生共同参与、群防群治的平安创建格局，有效防止群体性事件及重大安全事故发生，师生安全感、满意度得到提升。学校从 2011 年起至今连年被评为"综合治理工作优胜单位"，4 次获评省级"平安校园""安全文明校园"。

召开"双一流"建设中期自评汇报会

2020 年 6 月 4 日，学校召开"双一流"建设中期自评汇报会。学校"双一流"建设领导小组全体成员，教学学院党委书记、院长，一流学科建设学院分管副院长和学科带头人等参加会议。

会上，学科办主任周宜红及水利工程、土木工程、电气工程、基础医学（筹建学科）等四个一流学科建设学院相关负责人分别作了《一流大学建设汇报》和《一流学科建设汇报》。会议报告对照学校"双一流"建设方案，对标目标高校和学科，通过符合度、达成度与显示度自评以及建设投入与产出绩效评价，总结了"双一流"建设所取得的成绩与存在的问题。自评汇报重点突出创新人才培养、人才队伍建设、科技平台建设、科研成果产出、服务湖北成效、优秀文化传承等建设任务，聚焦加强党的领导、完善内部治理结构、实现关键环节突破、构建社会参与机制、推进国际交流与合作等改革任务，深入剖析了建设中存在的差距和问题。学校"双一流"建设领导小组成员对学校"双一流"建设情况进行了评估，并就进一步加快推进"双一流"建设提出了建设性意见。

李建林强调，全校上下要充分认识本次自评工作的重要意义，并以此为契机，进一步提升对"双一流"建设的认识，要有胸怀全局的大局观和时不待我的紧迫感，敢于担当、善于攻坚，确保高质量地完成"双一流"建设任务，实现学校的发展目标。

何伟军充分肯定了学校"双一流"建设的阶段性成绩，指出本次自评工作是对学校"双一流"建设进行阶段性地全面检查，各部门既要清楚看到取得的进展和成效，更要清醒认识存在的问题与差距；要明确下一阶段建设的努力方向，拿出干劲、虎劲和韧劲，放出破解难题的实招硬招，突破资源约束，加快推进"双一流"建设。

当天，学校召开了 2020 年全面深化改革工作推进会。

召开"十四五"教育事业发展规划编制工作部署会

2020 年 6 月 16 日，学校召开"十四五"教育事业发展规划编制工作部署会。编制领导小组组长李建林、何伟军出席会议。

何伟军指出，科学编制"十四五"规划对推进学校"双一流"建设和引领学校事业发展意义重大，各级各部门必须高度重视；要求编制工作专班，加强顶层设计、强化组织领导、实施科学指导，处理好分析规划的时代背景和历史方位、构建合理的规划体系、考虑规划的阶段性特征与主题主线、把握规划执行战略机动等重要问题，按计划高质量完成学校"十四五"规划编制工作。

规划编制办公室常务副主任田启华就《三峡大学"十四五"规划编制工作初步方案》进行了说明，并对编制工作进行了部署。发展规划与学科建设办公室兼"十四五"规划编制办公室主任周宜红传达了省教育厅办公室《关于做好教育事业发展"十三五"规划总结评估和"十四五"规划编制工作的通知》的主要精神。

编制领导小组副组长田斌在讲话中指出，要善于运用战略管理工具，注重找差距、补短板、加强组织重大问题研究、构建数据驱动决策系统，科学做好规划编制工作。

李建林在总结讲话时指出，本次会议开得非常及时，要进一步做好广泛动员发动工作，系统总结评价"十三五"乃至三峡大学合并组建二十年来取得的成绩、经验和存在的问题，客观评判形势和政策，建立良好的工作机制，统筹协调、科学规划，切实做好学校"十四五"教育事业发展规划编制工作。

学校"十四五"规划编制领导小组副组长王炎廷，规划编制办公室主任、副主任及编写小组组长，各专题规划责任单位负责人，各学院院长，相关直附属单位行政负责人等参加了会议。

举行"三峡学者计划"聘任仪式

2020年7月1日，学校举行"三峡学者计划"聘任仪式，首批92位教师入选。何伟军分别与6名入选学者代表签订了聘任协议。入选学者代表彭辉教授表示，入选"三峡学者计划"既是荣誉也是责任，将不辜负学校对青年教师的殷切期望，秉承创新精神，努力承担责任，把压力变动力，保质保量完成聘期目标任务，为学校发展贡献自己的力量。何伟军代表学校对第一批入选"三峡学者计划"的学者表示祝贺。他说，"三峡学者计划"是学校新时期人才体系"求索人才工程"的重要组成部分，体现了更为开放的人才培育理念，坚持"成果导向、协议管理、动态调整"的原则，鼓励优秀青年人才脱颖而出，开启了"求索人才工程"的序幕。学校将陆续启动青年拔尖人才培育计划、学术团队构建计划、教学人才培育工程等系列人才培育计划，从政策层面加大对各类人才的支持力度，进一步调动人才积极性，尤其是激发青年人才的活力，挖掘内部潜力，增加内生动力，为教师队伍的成长营造更加良好的氛围。

学生作品首次入围中国研究生公共管理案例大赛并获总决赛三等奖

2020年8月16日，第四届中国研究生公共管理案例大赛决赛以网络形式开赛，由法学与公共管理学院教师万兰芳博士指导，研究生李召华、刘璐、徐强完成的案例作品《复杂社区的有效治理——以宜昌市嘉明花园小区为例》先后入围100强和32强，并在32支队伍一对一晋级对决中获决赛三等奖。

中国研究生公共管理案例大赛由全国公共管理专业学位（MPA）研究生教育指导委员会主办，是国内公共管理领域最高层次的学科竞赛。参赛对象主要以MPA在读研究生为主，每支队伍3~5人，并配一名指导老师，案例主题为我国当前公共管理、公共政策领域面临的重大或热点问题。

本届大赛全国共有 188 所院校的 1318 支队伍参与比赛。决赛中，30 多位公共管理领域顶尖学者担任了专家评委，50 多位院校评委和上百名 MPA 师生同步参加决赛，1.5 万余名师生通过网络观看了直播。

三峡大学科考队首赴青藏科考

"第二次青藏高原综合科学考察"是由中国科学院和西藏自治区于 2017 年 3 月共同确定，由中国科学院青藏高原研究所牵头，协调全国力量，联合国际伙伴共同展开的一次大型科考活动。三峡大学承担该项目任务之一"亚洲水塔动态变化与影响"的"青藏高原典型河流水源解析及变化趋势预估"专题的研究，旨在揭示高寒地区径流来源、组分及水循环过程，预估气候变化背景下未来雅鲁藏布江流域水资源的变化趋势。2020 年 8 月 19 日，由水利与环境学院教师组成的三峡大学"水资源演变与适应性利用"科考分队一行 10 余人，出发前往雅鲁藏布江上游流域，展开为期 15 天左右的科考工作。

获批"国培计划"示范项目

2020 年 8 月 21 日，教育部教师工作司公布 2020 年"国培计划"示范项目名单，学校申报的"国培综合改革项目（劳动教育）"项目获批。这是三峡大学首次获批"国培计划"示范项目，实现了"国培计划"示范项目零的突破。

国培计划"示范项目"由中央本级财政专项经费支持，教育部直接组织实施。新申报的项目为符合条件的高校开展先行先试、自主创新设计培训的试点项目，全国有 46 所院校（机构）获批。

召开 2020 年党委（扩大）会

2020 年 8 月 26 日，学校召开 2020 年党委（扩大）会，科学谋划"十四五"，推进学校高质量内涵式发展。李建林致开幕词说，本次会议是学校正处于接受湖北省"双一流"中期检查、"十三五"规划收官、"十四五"规划谋篇布局关键时期的一次党委（扩大）会，也是进入常态化疫情防控后的第一次党委（扩大）会，学校面临新的任务。统筹推进常态化疫情防控和学校事业发展，科学编制学校教育事业"十四五"规划暨 2035 年发展纲要，需要大家深入思考，抢抓机遇，锐意改革。

何伟军作题为《科学谋划"十四五"，积极开启新篇章，为加快建成国内一流大学而努力奋斗》的大会主题报告。报告回顾了学校"十三五"及过去一年取得的主要成绩，分析了学校当前面临的主要形势，对学校"十四五"规划（讨论稿）进行说明，并对新学期的重点工作进行部署。他说，回顾"十三五"，学校取得了一系列突出成绩：学校党建与思想政治工作不断夯实，入选湖北省"双一流"重点建设高校行列，获得一批重要"国字号"奖励或项目，获批中西部高校基础能力建设工程，社会声誉和社会影响力进一步提升。"十四五"时期，我们要正确应对新冠肺炎疫情对高教变革带来的影响，强化重塑变革；我们要准确把握国家发展对高教肩负的使命，强调中国特色；我们要从区域发展对高教需求的要求上积极作为，突出创新驱动；要主动对接行业发展对高校科研和人才培养的需求，体现技术创新和教改方式变革。他表示，好的大学，都是好的规划作品。"十四五"时期，学校发展又到了一个新的起点，我们一定要科学编制好学校"十四五"规划。三峡大学教育事业"十四五"规划暨 2035 年发展纲要由一个总规划《三峡大学教育事业"十四五"规划暨 2035 年发展纲要》、九个专题规划和二十个学院、相关直附属单位发展规划及科技学院发展规划构成。

会议还听取了学校"十四五"发展规划中党的建设、人才培养、科学研究与社会服务、国际合作与交流、校园基本建设与信息化建设等 5 个专题报告。与会人员围绕大会主题报告和专题报告进行了分组讨论和交流，提出了许多好的意见和建议。发展规划与学科建设办公室、水利与环境学院、土木与建筑学院、电气与新能源学院、医学院等单位的负责人作了大会交流发言。

李建林最后作总结强调，促进学校事业高质量发展再上新台阶，要进一步深入推进全面从严治党，严格落实意识形态工作责任制，扎实开展学校思想政治工作，加快推进"双一流"和学科建设，全力抓好人才培养中心工作，不断加强人才队伍建设，进一步提升科学研究水平，不断加强对外合作与交流，切实做好风险防范化解与安全稳定工作，统筹推进学校常态化疫情防控与事业发展。

湖北省监委驻三峡大学监察专员办公室揭牌

2020 年 10 月 19 日，李建林、何伟军共同为"湖北省监察委员会驻三峡大学监察专员办公室"揭牌。何伟军宣读了《中共湖北省委办公厅关于全面推行省属高校监察体制改革的通知》《关于三峡大学纪检监察体制改革实施方案的批复》《关于王新祝同志任职的通知》。李建林在揭牌仪式上讲话强调，深化国家监察体制改革，是以习近平同志为核心的党中央着眼加强党对反腐败工作的统一领导作出的重大决策部署，是事关全局的重大政治体制改革。开展高校监察体制改革，有利于将高校行使公权力的公职人员纳入监督范围，实现高校领域监察全覆盖。湖北省监察委员会驻三峡大学监察专员办公室的成立，对学校进一步推动全面从严治党纵深发展向基层延伸，营造风清气正的政治生态，坚持社会主义办学方向，保障落实立德树人根本任务，必将产生积极而深远的影响。他表示，学校党委全力支持、充分保障监察专员办公室的建设和运行，带动学校政治生态持续向好。

学校纪委与监察处合署办公之后，制定了《关于落实党风廉政建设党委主体责任纪委监督责任的意见》《基层党风廉政建设考评细则》《党风廉政建设主体责任办公室和纪委办公室联动机制实施办法》《党风廉政建设监督责任纪实管理暂行办法》《关于加强重点领域重要部门关键岗位监督的实施办法》等，发布了"两个责任"清单和"廉政风险防控"清单，制定发布了《关于加强对"一把手"和领导班子监督的实施办法》，发布了《关于查处诬告陷害行为和为受到失实检举控告的党员干部澄清正名工作办法（试行）》。学校2016年、2021年两次接受省委巡视，纪委牵头认真落实巡视整改，确保巡视问题全部整改到位。纪委制定《关于践行监督执纪"四种形态"的实施办法》《关于党员纪律处分程序的暂行规定》，开展"四项专项整治"，案件查处率达到100%。省纪委对学校信访举报工作做出了"一次性报结率比较高的"的肯定。纪委开展疫情防控、扶贫领域、校内危险化学品安全生产监管、乡村振兴、下基层察民情解民忧暖民心实践活动、酒驾醉驾等专项监督。2021年发布《三峡大学清廉学校建设方案》，逐步构建起干部清廉从政、教师清廉从教、职工清廉从业、学生清廉修身的校园生态。2018年学校纪委被省纪委表彰为"全省信访举报工作业绩突出集体"（高校唯一），学校纪委2019年至2021年连续3年在省纪委年度考核中被评定为优秀。

入选2020年度国家知识产权试点高校

2020年10月，国家知识产权局和教育部联合公布了2020年度国家知识产权试点示范高校名单，三峡大学名列其中。为了贯彻落实党中央、国务院关于强化知识产权创造、保护、运用的决策部署，大力提升高校知识产权能力和水平，按照《国家知识产权局办公室、教育部办公厅关于组织开展国家知识产权试点示范高校建设工作的通知》要求，国家知识产权局、教育部开展了国家知识产权示范高校认定和国家知识产权试点高校遴选工作，共认定国家知识产权示范高校30所，国家知识产权试点高校80所。

三峡大学青年马克思主义者培养工程启航

为贯彻习近平总书记关于青年工作的重要思想，为党培养和输送坚定的马克思主义工作者，三峡大学青年马克思主义者培养工程暨第十一期菁英训练营于2020年11月6日开班。开班典礼上，学生处相关负责人宣读了本期青年马克思主义者培养工程的培养方案。何伟军为训练营授旗并讲话。他希望，青年马克思主义者必须坚定马克思主义信仰、深刻理解马克思主义科学文化素养、具有较高的思想道德品格和涵养。他鼓励广大学员树立远大理想，争做新一代马克思主义接班人。典礼结束，学校党委副书记李红以"做新时代坚定的青年马克思主义者"为主题，为学员们讲授了培训班第一课。

首获"教育部人文社会科学优秀成果奖"

2020年11月17日，教育部公布第八届高等学校科学研究优秀成果奖（人文社会科学）奖励名单，民族学院曹大明教授的研究成果获"教育部人文社会科学优秀成果奖"青年奖，实现了学校在教育部人文社会科学优秀成果奖零的突破。

教育部人文社科优秀成果奖是我国人文社科研究领域官方组织的最高荣誉奖项，每3年评选一次，是教育部为表彰奖励全国高校哲学社会科学工作者所取得的突出成绩，展示高校社科界服务党和国家事业发展的重大理论与实践成果，推动高校加快构建中国特色哲学社会科学的重大举措。

曹大明教授撰写的《重塑"畲人"：赣南畲族的历史记忆与族群认同》是首部全面研究赣南畲族历史记忆与族群认同的著作。该书运用民族学、历史学以及人类学的方法，在梳理赣南畲族历史源流基础上，全面深入地研究了长期被学界忽视的赣南畲族的历史记忆与族群认同，弥补了畲族研究的缺失，拓宽了畲族研究传统视野和研究范式，对铸牢中华民族共同体意识、指导散杂居少数民族的文化建设和社会发展具有较强的现实意义。

档案工作迈进全省档案工作领先行列

学校高度重视档案工作，在制度建设、库房建设、资源建设与开发利用、信息化建设和安全管理等方面都取得了较大成就。2020年11月18日，学校获评"全省档案工作先进集体"。

2014年10月学校档案馆通过国家档案工作规范管理最高级别的档案工作管理规范AAA级复查。按照2016年新办法的要求，2017年经过再次评审，学校被湖北省档案局重新认定为档案工作目标管理"省特级"（"省特级"对应原考评办法中所述的"AAA级"）。

2020年12月3日，湖北省档案局、湖北省档案馆公布了2020年度档案目标管理考评结果，三峡大学获评为"2020年度档案目标管理考评省特级单位"，标志着学校档案工作已迈进全省档案工作领先行列。

获批教育部"创新型人才国际合作培养项目"实施单位

2020年11月19日，学校获批教育部"创新型人才国际合作培养项目"实施单位。该项目由国家留学基金管理委员会设立，旨在更好地服务国家战略、教育领域综合改革以及"双一流"建设。学校近年来年均派出300多名师生赴海外交流学习。这是继学校获批孔子学院奖学金招生资质（2009年）、中国政府奖学金来华留学生招生资质（2013年）、留金委"青年骨干教师出国研修项目"实施单位（2014年）、留金委"优秀本科生国际交流项目"实施单位（2016年）、教育部"丝路奖学金"项目实施单位（2018年）以来获得的又一奖学金项目资质。获批后，学校每年可申报1项新项目，将有助于学校充分发挥学科优势，在人才培养方面开拓新思路，助力学校与世界一流院校、科研院所在优势学科领域进行更加深入系统的合作。

学校来华留学生教育起步于1996年葛洲坝水电工程学院时期。自2000年合并组建以来，来华留学生教育发展迅速。2010年，学校获得湖北省政府授予的"扩大开放先进单位"称号；2011年，获教育部本科临床医学专业（英语授课）来华留学生招生资格；2013年，获招收中国政府奖学金来华留学生资格；2014年，获批成为国家来华留学示范基地建设单位；2017年，通过教育部来华留学质量认证（湖北省属高校首个）；2017年，三峡大学尼泊尔研究中心获批成为教育部备案的国别和区域研究基地；2018年，成为首个也是目前唯一的"湖北省华文教育基地"。目前，学校招收留学生的专业学院扩大至14个，在校生留学生人数超过1500人。学校与50多个国家和地区的160余所高校建立了长期稳定的合作关系。学校设有HSK（汉语水平考试）考点，开办6个中外合作办学和校际合作项目。

全国首个水利电力行业中外人文交流研究院落户三峡大学

2020年11月22日，教育部中外人文交流中心、三峡大学、中国葛洲坝集团股份有限公司三方合作共建"水利电力行业中外人文交流研究院"揭牌仪式暨第一次工作会议在三峡大学举行。何伟军与教育部中外人文交流中心主任杜柯伟、中国葛洲坝集团股份有限公司副总经理黄浩出席仪式，并共同为水利电力行业中外人文交流研究院揭牌。

何伟军表示，水利电力行业中外人文交流研究院的成立，既是贯彻落实党的十九大精神以及《关于加强和改进中外人文交流工作的若干意见》等文件要求，履行新时期高校社会服务和国际交流与合作职能的一个具体行动，也是推动学校"双一流"建设和对外合作交流提质增效的需要。学校将在中心和集团的大力支持下，秉持人文交流理念，紧密结合水利电力行业和企业发展需求，充分发挥学校优势和特色，整合各类相关资源，为我国水利电力行业、企业和标准"走出去"提供政策咨询、智力支持与资源服务，为促进中外人文交流和民心相通，服务中国特色大国外交、"一带一路"建设和人类命运共同体构建做出三峡大学应有的贡献。

杜柯伟建议研究院的建设和发展要提高政治站位，传播人文交流理念，在推动把人文交流理念融入水利电力行业的对外交往中下功夫，做人文交流理念的践行者、研究者、传播者，促进中外民心相通、民间友好；要坚持成果导向，做好顶层设计，紧密结合水利电力行业对外交往发展需要，坚持需求导向、问题导向、目标导向和成果导向，统筹校内外、国内外资源，高起点、高标准做好研究院的规划建设；坚持创新思维，完善工作机制，秉持多元主体、平等协商、合作共赢的治理理念，构建"行业+国别"的研究模式，汇聚学校、企业的各方资源，创新性地开展工作。

黄浩表示,葛洲坝集团一直高度重视人文交流的重要意义,自觉发挥中外人文交流使者和桥梁作用,积极推进跨文化管理,增进中外员工的共识和了解,实现国际业务拓展和国际人文交流的相互促进。他希望在教育部中外人文交流中心的指导与支持下,通过与三峡大学共建水电行业中外人文交流研究院,搭建起政府、高校、企业三方合作的可持续发展平台,为进一步促进提升我国水利电力行业国际发展和中外人文交流水平做出新的更大贡献。

仪式结束后,三方举行了研究院第一次工作会议,讨论并原则通过了理事会章程和第一届理事会组成人员,并就研究院建设发展的路径进行了深入交流讨论,明确了下一步的工作目标和计划。

仪式开始前,杜柯伟作了题为《将人文交流理念融入教育国际合作交流》的专题报告。

获批"湖北省自然科学基金创新群体"

2020年11月24日,湖北省科技厅公布2020年省科技计划项目(第一批)立项名单,土木与建筑学院王乐华教授牵头申报的"深埋地下洞室岩体卸荷效应与应对"研究创新群体获批省自然科学基金创新群体。省自然科学基金创新群体旨在支持以优秀中青年学者为骨干的研究团队,围绕某一重要研究方向开展交叉性、前瞻性的应用基础研究,培养造就具有优异创新能力的人才团队,是目前湖北省基础研究领域影响最大、竞争最激烈的人才团队计划类项目。"深埋地下洞室岩体卸荷效应与应对"省自然科学基金创新群体主要成员有邓华锋、刘杰、王瑞红、王孔伟、许晓亮、杨超、王宇、赵二平等。创新群体在国家战略引领和湖北省地方经济发展需求驱动下,聚焦深地领域建设中存在的关键科学问题与技术难题进行科技攻关,立足人才培养,深化校企合作与科技创新,促进科技成果转化。

三峡大学国防科学技术研究院成立

2020年11月27日,三峡大学国防科学技术研究院举行揭牌仪式,李建林与国防科学技术研究院院长谭新玉为"国防科学技术研究院"揭牌。李建林对国防科学技术研究院的成立表示祝贺。他指出国防科学技术研究院的成立,表明学校在国防科学技术研究方面开辟了新的领域，有利于学校在人才培养、学科建设、科研创新方面的能力提升。他强调，新时代、新思想、新作为，希望国防科学技术研究院在管理工作中发挥更大作用，做好服务工作，帮助老师了解更多的信息，让更多教师、学者积极参与国防科学研究，为科技事业发展做出积极贡献。

六门课程入选首批国家级一流本科课程

2020 年 12 月 4 日，教育部公布首批国家级一流本科课程认定结果，三峡大学《经济学》《电路原理》《电力电子技术》《大学物理 I（二）》《高地应力区深埋软岩洞室开挖及支护虚拟仿真实验教学项目》，以及 2018 年获批的虚拟仿真实验教学项目"核电厂系统与设备虚拟仿真实验项目"被认定为首批国家级一流本科课程，涵盖了线下一流课程、线上线下混合式一流课程、虚拟仿真实验教学一流课程 3 种类型，获批课程数在湖北省省属高校中位列第三。

教育部 2019 年出台《关于一流本科课程建设的实施意见》，全面启动线上一流课程、虚拟仿真实验教学一流课程、线下一流课程、线上线下混合式一流课程、社会实践一流课程五大类一流本科课程的推荐认定工作。提出经过 3 年左右时间，建成万门左右国家级和万门左右省级一流本科课程。学校以此次评审为契机，动员广大教师积极参与，在全面梳理各门课程教学内容的基础上，深入挖掘课程优势和亮点，合理提升学业挑战度，增加课程难度，拓展课程深度，切实提高课程教学质量，努力打造"金课"。学校进一步推进以学生为中心的课程改革，提高教师教学能力，形成多类型、多样化的教学内容与课程体系，全面提升学校课程建设水平和人才培养质量。

文明校园建设硕果累累

2020 年 12 月，中共湖北省委、湖北省人民政府公布了 2017—2019 年度湖北省文明城市、文明村镇、文明单位、文明家庭、文明校园的表彰名单，三峡大学再次获评"文明校园"。

长期以来，学校高度重视文明创建工作。特别是 2020 年中央省市文明创建要求调整后，学校进一步加强体制机制建设，制定《三峡大学文明单位管理办法（修订稿）》和《三峡大学文明单位测评细则》，下发《三峡大学文明校园创建任务清单》，把争创省市两级文明校园、宜昌市文明城市"四连冠"和校内文明单位创建紧密结合起来，坚持将"六好"创建融入"三全育人"综合改革，融入校园疫情防控与"党员下沉社区"，融入法治宣传教育。

在文明校园创建和配合宜昌"文明城市"四连冠创建中，后勤集团上下齐动员、暑期不停工对照标准抓校园环境卫生、氛围营造；保卫处、校园建设与规划处积极开展校园环境整治；学生处、校团委结合新生入学教育开展文明城市创建宣传和疫情防控教育；组织部和各分党委组织 2000 余名党员下沉社区，参加疫情防控和平安志愿者岗值守；法学与公共管理学院积极开展"宪法宣传周"活动并派出师生志愿者支援石板社区文明创建；全校师生齐动员、共参与，共助文明校园建设开花结果，也为宜昌文明城市"四连冠"作出积极贡献并获得宜昌市肯定。

首获高铁联合基金重点基金项目

2020 年 12 月，李建林教授牵头申报的"高速铁路开挖卸荷条件下泥岩松弛-湿胀耦合作用机理与基底微膨胀变形控制技术研究"项目获 2020 年国家自然科学基金委员会——中国国家铁路集团有限公司高速铁路基础研究联合基金重点项目立项资助，这是学校首次在高铁联合基金中获批的重点基金项目。

开挖卸荷条件下泥岩路基持续上拱变形已成为制约我国高铁建设和安全运行的"卡脖子"问题。开挖卸荷作用导致路基泥岩内部宏细观节理裂隙发育是影响其后期湿胀变形的关键所在。基于此，在前期卸荷岩体力学理论与应用研究基础上，从开挖条件下泥岩的卸荷非线性力学特性、卸荷蠕变和松弛力学特性分析入手，研究泥岩路基的开挖卸荷损伤、松弛发育规律及其与地质结构的成生关系；模拟水(大气)及地应力、上覆结构荷载、列车荷载等因素耦合作用，对卸荷损伤泥岩进行系统的力学试验、模型试验及微细观检测分析，揭示开挖卸荷条件下泥岩路基松弛-湿胀耦合作用机理；并以卸荷损伤泥岩的修复和应力控制为要点，结合高铁路基结构特点，由下至上形成一套多层次、多角度的泥岩路基基底微膨胀变形控制集成技术。预期成果旨在从变形机制和控制技术两个方面系统解决泥岩地区高铁路基持续上拱变形问题，对保障高铁线路的安全运行和提升我国高铁建设水平具有十分重要的意义。

《三峡大学学报》连续获评"湖北省优秀期刊"

2021年1月4日，湖北省期刊协会公布了第十一届湖北省优秀期刊奖、第七届湖北省优秀期刊工作者奖评选结果，《三峡大学学报（自然科学版）》和《三峡大学学报（人文社会科学版）》入选"湖北省优秀期刊"。这已是自2008年以来，三峡大学学报连续六届获得这一荣誉。同时，期刊社赵秀丽、薛江、张莉3位编辑获第七届"湖北省优秀期刊工作者"称号。

三峡大学学报多措并举，不断提高办刊质量和水平。（1）围绕国家战略和三峡区域经济社会发展开设新栏目。学报社科版于2019年推出"乡村振兴"新栏目，并迅速建成常设栏目，每年刊发12~18篇稿件，占全年用稿量的10%~15%。责任编辑精心打造这一栏目，每期稿件紧紧围绕乡村产业振兴、乡村人才振兴、乡村文化振兴、乡村生态振兴、乡村组织振兴等进行约稿。学报自科版特色刊文服务"长江经济带"发展，在刊发有重大工程背景的应用型、研究型论文的同时，尤其注重刊发一些为地方中、小型水库、电站建设服务的论文，涉及10多个省、市40多个电站、水库、河流。（2）做好主题策划与出版。学报社科版围绕改革开放40周年、中华人民共和国成立70周年、疫情防控与公共卫生管理、中国共产党成立100周年等，学报自科版围绕"长江经济带"发展、"共抓大保护、不搞大开发"、长江生态环境保护等，专门设置专栏进行专家组稿，做好主题策划，充分发挥学术期刊的思想引领、政治宣传功能,切实发挥社会效益。(3)加大组织优质稿件的力度。调动顾问编委积极性,学报社科版成功向本刊顾问尚永亮、徐勇、俞思念、蓝勇、丁俊萍等知名学者约稿,2019—2021 年共约到 30 余篇知名教授博导稿件。学报自科版约到金峰、康宇、何怡刚、李建林、黄应平等知名学者的稿件。(4)实行栏目主持人制度,加强与国内研究机构的合作。期刊社制定约稿、组稿与主持人责权利制度,邀请知名专家作为栏目主持人,大大提高专栏的影响力。例如学报社科版先后与三峡大学昭君文化研究中心、宜昌市屈原研究中心、湖北省三国文化研究中心等建立密切联系,为"三峡文化研究"栏目的创新性发展提供强大支撑力量。学报自科版先后与长江三峡滑坡国家野外科学观测研究站、三峡库区地质灾害教育部重点实验室、三峡库区生态与环境教育部工程技术研究中心、三峡地区地质灾害与生态环境湖北省协同创新中心、新能源微电网湖北省协同创新中心等建立密切联系,为"土木水电论坛"栏目的创新性发展提供有力支撑。

袁丁"湖北名医工作室"揭牌

2021 年 1 月 12 日,学校举行袁丁"湖北名医工作室"揭牌仪式。黄应平和湖北省第二届医学领军人才工程培养对象暨湖北名医工作室负责人袁丁教授共同为"湖北名医工作室"揭牌。袁丁表示,工作室获批既是荣誉更是责任。名医工作室的建设"要求高、考核严",今后将带领团队围绕中医药振兴发展国家战略,继续发挥自身和团队优势,围绕工作室核心建设任务,开展自主创新研究,加快科技成果转化,实现产学研对接,助力学校学科建设发展。黄应平对名医工作室获批表示热烈祝贺,对医学院和袁丁教授及其团队在医学领军人才和名医培育各项工作取得的成绩表示肯定,希望袁丁进一步凝聚团队力量,形成更多高水平成果,为医学院博士点建设提供学科支撑;与临床有机结合,形成成果转化,推广经验,促进更多拔尖人才不断涌现。要求学校相关职能部门和学院要建立服务体系,形成工作机制,全力支持工作室后期的建设和发展,帮助工作室在中医药学科在专业化发展中形成特色。

湖北省第二届医学领军人才培养工程暨湖北名医工作室负责人项目,旨在激励广大知识分子弘扬爱国奋斗精神、建功立业新时代,培养造就一批引领全省医学创新发展的高层次人才,推进健康湖北建设。

临床医学学科进入 ESI 全球排名前 1%行列

据科睿唯安 ESI 数据库(Essential Science Indicators，基本科学指标数据库)2021年 1 月 21 日公布的最新数据显示，三峡大学"临床医学"学科进入 ESI 全球排名前1%行列，这是继工程学、化学之后，学校第三个进入 ESI 全球排名前 1%的学科。

在本次 ESI 数据统计区间内(2010 年 1 月 1 日—2020 年 10 月 31 日)，三峡大学总被收录论文 4272 篇，累计被引 42433 次，高被引论文(Highly Cited Papers)59 篇。在全球进入 ESI 学科排名前 1%的 6904 个科研机构中，三峡大学位列第 2675 位，较上期提升 27 位。

其中，三峡大学"临床医学"学科新晋 ESI 全球排名前 1%，共发表 ESI 论文473 篇，高被引论文 4 篇，累计频次 3889 次，篇均被引频次 8.22 次，在所有进入该学科 ESI 排名前 1%的 4904 个科研机构中排名第 4786 位。"工程学"学科共发表 ESI 论文 715 篇，高被引论文 16 篇，累计频次 5959 次，篇均被引频次 8.33次，在所有进入该学科 ESI 排名前 1%的 1710 个科研机构中排名第 1070 位，较上期上升 10 位。"化学"学科共发表 ESI 论文 746 篇，高被引论文 20 篇，累计频次 11752 次，篇均被引频次 15.75 次，在所有进入该学科 ESI 排名前 1%的 1418个科研机构中排名第 1153 位，较上期上升 15 位。

新增 9 个国家级一流本科专业建设点

2021 年 3 月 4 日，教育部办公厅公布 2020 年度国家级和省级一流本科专业建设点名单，三峡大学水文与水资源工程、计算机科学与技术、通信工程、金融学、旅游管理、临床医学、药学、数学与应用数学、生物工程等 9 个专业入选国家级一流本科专业建设点，另有农业水利工程等 8 个专业入选省级一流本科专业建设点。至此，学校共获批国家级一流本科专业建设点 16 个，占学校 78 个本科专业的 20.5%；省级一流本科专业建设点 21 个。

教育部自 2019 年开始实施一流本科专业建设"双万计划"，计划在 2019—2021 年建设 1 万个左右国家级一流本科专业点和 1 万个左右省级一流本科专业点。2020 年，共认定了 3977 个国家级一流本科专业建设点(其中，中央赛道1387 个，地方赛道 2590 个)和 4448 个省级一流本科专业建设点。

学校始终坚持"人才培养为本,本科教育是根"的理念,将人才培养放在学校各项工作中的中心地位,将本科教育放在人才培养的核心地位。在教育部实施一流本科专业建设"双万计划"后,学校从战略全局出发,布置了各学院的国家、省和校级一流专业建设工作,在此次一流本科专业建设点报送工作中,教务处根据教育部和省教育厅文件精神超前谋划、积极组织,最终取得了可喜可贺的成绩。学校对照一流专业建设条件,统筹实施国家级和省级一流本科专业建设计划,持续进行专业内涵建设,以一流专业的建设推动各建设点在专业改革创新、师资队伍、教学资源、质量保障体系等方面的示范辐射作用,带动了学校专业建设整体水平不断提升。

国家安全教育和安全工作常抓不懈

2021年4月15日,学校开展"4·15"国家安全教育日主题活动,活动主题是"践行总体国家安全观,统筹发展和安全,统筹传统安全和非传统安全,营造庆祝建党100周年良好氛围"。学校组织开展"光辉历程,保密有我"国家安全教育日主题活动:编印《保密教育宣传读本》,举办庆祝中国共产党成立100周年保密知识竞赛,举行包括"公民保密防谍须知""大中学生国家安全保密须知"等内容的宣传活动;举办"红色保密史,奋斗百年路"专题讲座,组织全校保密工作人员参加保密教育培训在线考试,保卫处微信公众号专题推送涵盖国家安全法律法规、危害国家安全的典型案例及邪教的特征及危害等法规常识,邀请市公安部门为学校专职辅导员开展专题培训,为来自各个学院100余名学生干部、寝室长代表开办专题讲座。主题活动在全校反响热烈,师生们纷纷表示,国家安全就在你我身边,维护国家安全需要我们共同承担。

学校成立有"国家安全人民防线建设领导小组",制定出台安全工作重大决策,定期召开安全和意识形态工作研判会,每年开展"4·15"国家安全教育活动,举办国家安全知识宣讲、国家安全演讲比赛,制作"微"宣传片,建立全方位、多层面网络信息体系链。2004年至今,学校先后5次获宜昌市"国家安全合格单位""国家安全人民防线工作先进单位"荣誉。

打造新媒体思政工作新平台

2021年5月31日,中央宣传部、中央网信办、教育部、共青团中央对重点建设一批优质高校思政类公众号工作进行了部署，公布了"全国首批高校思政类公众号重点建设名单"。三峡大学共青团官方微信公众号"三峡青年"与清华大学、北大青年、中国大学生在线等高校公众号、高校共青团公众号、知识服务类机构公众号共 12 个类型、200 个公众号入选。

12 月 17 日，共青团中央宣传部公布 2022—2023 年度全国高校共青团新媒体重点工作室名单，全国共遴选 73 个高校共青团新媒体重点工作室，湖北省 3 所高校入选，三峡大学团委位列其中。

近年来，学校团委始终坚持思想引领工作主线，全面融入学校"五个思政"工作体系，充分发挥团组织贴近青年学生的优势，开展网络思政工作。三峡大学青年传媒中心是共青团三峡大学委员会指导下从事媒体运营的校级学生组织。以讲述青年故事、传递三峡大学声音为宗旨，以建设全国一流校园媒体为目标，积极推广校团委活动，展示校团委工作风采，曾获评为"全国四星级校园媒体""全国十佳校园媒体"、第五届全国红枫大学生记者节"十佳优秀校园媒体"等。

三峡青年旗下运营的各媒体平台紧密配合、同时发声，形成矩阵效应，为占领网络思想政治教育制高点，多渠道开展大学生思想政治教育发挥了重要作用。《三峡青年》报目前已发行常刊 200 期，特刊 100 余期。"三峡青年"微信公众号累计粉丝近 8 万，单条推文最高浏览量达 4.3 万。"三峡青年"微博现有粉丝 1.4 万，文章平均浏览量均超过 4000 次。"三峡青年"QQ 空间访问量已突破 31 万，共发布原创说说 103 篇。"三峡青年"抖音号共发布 126 条视频，粉丝数量 2.4 万，总获赞数达 44.5 万。"三峡大学"B 站共发布 56 条视频，单条最高播放量为 7640 次。"三峡青年"微信公众号持续发力，加强对青年大学生的政治引导、思想引领、价值引导和文化引领。三峡大学青年传媒中心聚焦内容建设和传播创新，构筑起新媒体矩阵，创作出更为优质的网络文化产品，让青年师生喜欢看、用得上、离不开，把新媒体与学校思想政治教育工作有机结合起来，打造一个高校思政工作的崭新平台和坚强阵地。

庆祝中国共产党成立 100 周年

2021 年 6 月 22 日，学校举行庆祝中国共产党成立 100 周年七一表彰大会暨"光荣在党 50 年"纪念章颁发仪式。学校按照中央决策部署和上级组织要求高质量开展建党 100 周年系列庆祝活动。举办"学党史、悟思想、办实事、开新局"学习班，组织近百名党员干部赴浙江大学和江西干部学院进行集中研学；每月发布主题党日通知，对当月党史学习教育做出具体要求；在全校基层党支部中开展"讲一次专题党课、开展一次实践教学、为群众办一件实事"党史学习教育；实施"党旗引领，百舸争先"工程。制定《三峡大学 2021 年发展党员工作指导性意见》，如期完成全年发展党员计划。"七一"前夕，向老党员、老干部、生活困难党员等发放慰问金。隆重举行三峡大学庆祝中国共产党成立 100 周年七一表彰大会暨"光荣在党 50 年"纪念章颁发仪式，向老党员颁发"光荣在党 50 年"纪念章。

2021 年，学校有 14 个优秀集体和个人受到省级"两优一先表彰"：电气与新能源学院党委被湖北省委授予"全省先进基层党组织"称号；生物与制药学院党委、水利与环境学院水电工程系党支部、机关党委学工团委党支部、后勤集团饮食党支部被省教育工委授予"高等学校先进基层党组织"称号；陈慈发、宋银宏、曹大明、肖贞礼被省教育工委授予"高等学校优秀共产党员"称号；颜俊学、张晓燕、颜莉、胡孝红、苏金明等被省教育工委授予"高等学校优秀党务工作者"称号。全校有 147 个优秀个人和集体获三峡大学"优秀共产党员""优秀党务工作者""先进基层党组织"称号。

创新创业教育学院获评"省级创业学院"

2021 年 6 月 29 日，湖北省人力资源和社会保障厅公布入选 2020 年度省级创业学院的单位名单，三峡大学创新创业教育学院等八家单位位列其中。此次省级创业学院的评定旨在进一步整合创业教育资源，创新创业教育培训模式，搭建集创业教育、创业培训、实习实训、创业苗圃、创业服务等多种功能于一体的创新创业人才培养载体。

长期以来，学校高度重视大学生创新创业工作，整合校内外创新创业资源，始终坚持围绕宜昌市地方经济发展，搭建以水利电力特色，集教育、孵化、转化、服务四位一体的创新创业教育平台，推进创新创业教育内涵式发展，将创新创业教育融入大学生思想政治教育和专业教育，贯穿人才培养全过程，整合"政、产、学、研、用"多方资源，增强学生创新创业意识，提升学生创新创业能力，致力培养高素质"四创"(创意、创新、创造、创业)人才。

给世界级大坝植入温度传感"神经"，助力白鹤滩大坝的智能建设

2021 年 7 月 5 日，全球在建规模最大、技术难度最高的白鹤滩水电站首批机

组正式投产发电。其中，三峡大学水利与环境学院科研人员给这座世界级大坝植入了温度传感"神经"，助力白鹤滩大坝的智能建设。

白鹤滩水电站拦河大坝为混凝土双曲拱坝，最大坝高 289 米，结构复杂，同时面临干热河谷等复杂施工环境，温控防裂面临诸多难题。为此，三峡大学周宜红教授大坝智能建造科研团队以现场问题为导向，集中资源，开展分布式光纤温度监测与预报反馈研究，攻克了特高拱坝测温光纤传感网络优化布置、海量光纤测温数据实时采集、远程传输与存储、大坝施工期混凝土温控措施动态反馈设计、坝体温度场在线重构、温控大数据的挖掘与利用等一系列关键技术难题，有力支撑了白鹤滩大坝"创水电典范、铸传世精品"建设目标的实现。

自 2017 年白鹤滩大坝混凝土浇筑开始，本团队在 7#、11#、17#、19#和 27#5 个典型坝段埋设分布式光纤，进行混凝土温度变化过程的实时监测，并以此为基础，开展混凝土温度预测预警、大坝三维温度场重构、温控方案动态反馈设计等研究，对大坝的施工提出指导性建议。截至目前，光纤埋设总长度约为 8 万米，成活率 100%，形成 2.5 万个温度测点，累计采集温度数据超 2 亿条，为大坝全生命周期开展科研、动态仿真与反馈分析提供了基础数据。在课题研究过程中，提出了光纤测温数据无线远程传输与自动处理新模式，实现了海量光纤测温数据的实时采集、远程传输与存储，提高了数据的流动效率；提出了大坝施工期混凝土温度预报及温控措施反馈设计方法，实现了不同结构、不同部位、不同标号混凝土温度动态预报和预警，预报精度符合率超过 95%，为施工现场大坝混凝土温控方案和浇筑方案制定提供了有力的技术支持；研发了混凝土坝三维温度场分析系统，实现了坝体二维、三维温度场动态展示，助力大坝温度状态健康实时诊断。开展大风、强太阳辐射、寒潮等特殊环境条件与孔洞、冷却水管周边、横缝等特殊结构和部位专项监测试验和反馈分析，提升了大坝混凝土施工薄弱环节的质量管控水平；提出了特高拱坝施工期海量温控大数据分析方法，为混凝土温控方案拟定和质量控制提供了新的技术手段。在上述研究成果的助力下，白鹤滩大坝实现了优质、快速、安全施工，大坝混凝土开浇以来没有产生一条温度裂缝，为按期蓄水发电奠定了基础。该系列技术为工程提供了强有力的技术指导，直接经济效益达 70.2 亿元，也标志着我国掌握了复杂环境下大体积混凝土温控防裂关键技术，促进了水电建设行业的科技进步，进一步提升了我国高坝施工的核心竞争力。

10 名教师获学校"首届本科课堂教学质量卓越奖"

2021 年 7 月 7 日，学校首届本科课堂教学质量卓越奖颁奖仪式在求索报告厅举行。根据《关于表彰三峡大学首届本科"课堂教学质量卓越奖"获奖者的决定》，马克思主义学院教师甘子东、黄河，艺术学院教师黄雪获二等奖；生物与制药学院教师罗华军，马克思主义学院教师朱国庆，体育学院教师吴琼，电气与新能源学院教师郭攀锋，机械与动力学院教师叶喜葱，计算机与信息学院教师王俊英、陈明等 7 位教师获三等奖。校领导为十位获奖教师颁奖。田斌代表学校党委、行政，对获奖教师表示祝贺。他说，希望获奖教师进一步发挥示范引领作用，带领一支队伍、一个教学团队、一个系部，甚至一个学院乃至全校教师共同进步，成为学校课堂教学改革的实践者、引领者和推动者，带动全体教师精于钻研、潜心教学，努力提升教学能力和水平，为不断提高学校本科人才培养质量而努力奋斗。

三峡大学本科"课堂教学质量卓越奖"设一等奖、二等奖、三等奖三个奖项，每学年评选一次，严格评审条件，坚持宁缺毋滥的原则。获一等奖的教师每人奖励 10 万元，获二等奖的教师每人奖励 5 万元，获三等奖的教师每人奖励 1 万元。

获批省级课程思政示范课程

2021 年 7 月 8 日，湖北省教育厅公布 2021 年省级课程思政示范项目名单，三峡大学本科教育课程《电路原理》（电气与新能源学院）、研究生教育课程《施工组织管理与经济》（水利与环境学院）入选。

学校以落实立德树人根本任务为"总统领"，充分发挥思政课程作为关键课程、关键环节的支撑作用，深度挖掘不同专业、不同课程中蕴含的思想政治教育资源，将课程思政融入课堂教学建设全过程，让专业教育与思政教育有机融合、润物无声，使教育教学更有温度、思想引领更有力度、立德树人更有效度。

2022 年 10 月，在第二届"智慧树杯"课程思政示范案例教学大赛中，生物与制药学院罗华军教授选送的案例"高歌猛进——与胃溃疡的斗争"荣获一等奖。获奖案例出自罗华军主讲的中国大学 MOOC《药物的奥秘——谁是药神》，课程集思政性、趣味性、双创性、前沿性于一身，共吸引全国 50 余所高校 7000 余人参与学习，对同学们的科学精神、人格品质、人生观、价值观的培养起到积极的促进作用。

中国生态经济学学会城市生态经济专业委员会学术年会在校举行

2021 年 7 月 10 日，中国生态经济学学会城市生态经济专业委员会 2021 年学术年会暨"长江三峡生态经济走廊建设"研讨会在学校三峡智库会议中心召开。武汉大学、华中科技大学、北京工业大学、三峡大学、重庆市社科院、贵州省社科院等数十所高等院校、科研机构和中国软科学、科技进步与对策等知名期刊杂志社的近百名专家学者参加了本次研讨会。李建林、何伟军和中共中央党校原副校长黄浩涛、中国社会科学院学部委员潘家华、中国生态经济学学会理事长李周、中国生态经济学学会副理事长兼秘书长于法稳等出席开幕式。

开幕式上,李周回顾了中国生态经济学会成立、发展和壮大的历程,结合中国新发展阶段城市人口密集的特点,提出生态经济学的重点正由农村转向城市的判断,并表示,生态是经济的基础,经济与生态发生矛盾时,应优先考虑生态。李建林介绍了三峡大学的学科特色、办学目标以及学校科研人员开展生态经济研究方面的相关情况。黄浩涛在致辞中梳理了人与自然关系的演进与转变,指出城市绿色发展已成为生态文明建设的主战场,认为"双碳"已成为生态经济学研究的热点前沿问题,并表达了对大会取得丰硕成果的期待。大会分主旨演讲和平行论坛两个环节进行。

主旨演讲环节中,潘家华以《需要颠覆性技术创新和发展范式转型》为题讨论了碳中和问题。李周围绕中国绿色发展中的技术和制度创新问题,运用制度经济学产权理论分析了生活废水治理路径创新等12项创新案例,介绍当前的先进绿色发展技术和做法。何伟军以国家社科重大项目为依托,介绍了"习近平生态文明思想"的个人学习体会与长江三峡生态经济走廊建设的研究进展,分享了个人对"习近平生态文明思想"内在逻辑的理解,介绍了"长江生态经济走廊"的宜昌建设实践,并分析了建设"长江生态经济走廊"的现实困境和路径选择。武汉大学吴传清教授指出,三峡地区的绿色发展需要处理好人、地和产业的关系,探索三峡区域绿色转型的路径与经验,以此来破解绿色发展中的人、地矛盾。湖北经济学院秦尊文教授介绍了推动长江经济带发展的十大绿色产业。云南大学文传浩教授提出成立三峡生态新区的战略构想,将三峡区域建设成为国家级发展示范区。

平行论坛有"碳达峰与碳中和""长江经济带生态经济发展""城市与区域绿色发展"三个分会场同时进行,共展开了26场研究报告。各分论坛专家、学者及期刊杂志社的编委进行了深入讨论与点评。

三峡大学主编第二部《生态防护技术规范》获国家能源局颁布实施

2021年7月,许文年教授团队主编的中华人民共和国能源行业标准《水电工程边坡植生水泥土生境构筑技术规范》(NB/T 10490—2021)发布实施。该标准服务于我国水电工程以及各类能源工程影响区域的生态修复工作，是土木与建筑学院积极开展学科建设、贯彻落实习近平生态文明思想，助推能源行业生态修复技术标准、助推生态文明建设的具体体现。本标准包含《生境构筑工艺流程》《坡面预处理与截排水系统》《加筋系统》《植物物种与景观营造》《植生水泥土喷植》《灌溉系统与养护管理》《检验与验收》七大实施细则，规范了60°以下水电工程边坡的植生水泥土生境构筑工程设计、施工与管理。技术以植生水泥土为生境构筑载体，采用湿喷施工工艺，有效实现边坡防护和生态修复的双重功能，解决了现有边坡生态修复技术存在的植被群落演替速度慢、施工工效低等问题，且大大降低了施工成本。该标准与《水电工程陡边坡植被混凝土生态修复技术规范》(NB/T 35082—2016)一起构成了水电工程扰动区裸露边坡生态防护与修复的完整标准体系，将进一步推动和带动一批科技成果转化和推广。这对于进一步提高我国水电工程以及各类能源工程影响区域的生态修复工作能力、提升所在区域生态系统服务功能，特别是实现长江大保护战略具有重要的技术支撑和现实指导意义。

标准自发布实施以来取得了良好的教学、科研、宣传及应用效果，先后获批中国产学研创新成果一等奖、第七届中国国际"互联网+"大学生创新创业大赛国家铜奖，发表论文50余篇，其中SCI/EI收录20篇，授权发明专利20余项，培养硕士研究生99名，博士研究生14名。依托标准，三峡大学与湖北润智生态科技有限公司牵头与江西亿安工程科技有限公司、天津多维建筑工程有限公司、河南恒睿机械制造有限公司、湖北匠艺景观工程有限公司等23家单位成立了"三峡大学润智生态科技产学研联盟"，将技术推广应用于20余省、自治区、直辖市，完成面积逾2000万平方米的工程扰动边坡生态修复。

三峡大学党委书记、校长调整

2021年8月24日，学校召开干部、教师大会。根据省委安排，受省委组织部部务会委托，省委组织部部务委员王发读宣布省委、省政府决定：何伟军任三峡大学党委书记，不再担任三峡大学校长职务；王炎廷任三峡大学党委副书记、校长。宜昌市委常委、组织部部长汪伟出席会议。学校领导班子成员、中层干部和教师代表参加会议。

召开 2021 年党委(扩大)会

2021 年 9 月 1 日,学校召开 2021 年党委(扩大)会。会议深入开展党史学习教育,全面学习贯彻党的教育方针,以"双一流"建设为抓手,强化"双服务",推动学校"十四五"规划的全面实施。

学校党委书记何伟军致开幕词,并作了题为《深入贯彻党的教育方针,全面落实"十四五"规划,加快推进"国内一流大学"建设》的大会主题报告。报告回顾了学校过去一学年取得的主要成绩,分析了当前学校面临的主要发展形势和困境,对深入贯彻党的教育方针、全面落实"十四五"规划提出了明确要求,并强调了下一学年重点工作的安排。他表示,"十四五"期间,要深刻领会习近平总书记关于教育的重要论述的科学内涵和精神实质,准确把握"德智体美劳"五育并举的总体要求,坚持"四为"服务,做到"九个坚持";贯彻落实《深化新时代教育评价改革总体方案》,把破"五唯"作为当前教育评价改革的重心,建立健全"三全育人"工作体系;坚持发展抓公平、改革抓体制、安全抓责任、整体抓质量、保证抓党建,切实落实立德树人根本任务。

会议听取了关于学校科学研究、社会服务和人才培养工作等方面的系列报告。特邀宜昌市副市长王应华作专题报告。王应华表示,大学是城市的灵魂和精神象征。他分析了大学与城市的关系,提出加快三峡大学与宜昌互融共进高质量发展的建议。与会人员围绕大会主题报告和专题报告进行了分组讨论和交流,提出了许多好的意见和建议。部分单位的负责人作了大会交流发言。

何伟军总结讲话指出,必须抓实"十四五"规划的实施推进,这是早日建成高水平综合性大学的作战图;必须坚持系统思维,这是推进"十四五"规划落实的方法论;必须增强干部的主动担当作为,这是取得进步的决定因素;必须筑牢学校安全稳定的基石,这是推进改革、促进发展、维护稳定的基本底线。

校长王炎廷就新学期开学相关工作进行了部署。

国际编号 216319 号小行星被正式命名为"三峡大学星"

由中国科学院紫金山天文台于 2007 年 10 月 10 日发现的、国际编号为 216319 号的小行星,获国际小行星委员会(CSBN)批准,正式命名为"三峡大学星"(英文名：San Xia)，国际天文学联合会(IAU)于2021年9月在《小天体命名公报》中正式发布。"三峡大学星"周期为4.23年，轨道半长轴为2.6倍日地距离，轨道倾角15.9度。三峡大学于2018年6月向中国科学院紫金山天文台提交申请，同年9月，紫金山天文台向国际小行星命名委员会正式推荐，今年三峡大学终获此殊荣。

此前，中国大陆地区有"北京大学星"等12颗以"大学校名"命名的小行星。三峡大学星为中国大陆地区第13颗以大学校名命名的小行星。近年来，三峡大学在天文学领域进行了积极探索，研究团队在自行测量、天文图像处理、宽距双星、银河系结构与演化等方面取得了良好成绩。学校于2018年与中国科学院紫金山天文台合作成立"三峡大学天文与空间科学研究中心"，在联合培养天文与相关学科研究生，互聘专业人员，天文前沿研究等方面积极开展活动。2020年9月，由理学院郑胜教授牵头申报的"基于人工智能的分子云致密结构统计分析"项目获国家自然科学基金天文联合基金重点支持项目立项资助，实现了学校在该类型项目上的"零"的突破。

小行星是目前各类天体中唯一可以根据发现者意愿进行提名，并经国际组织审核批准从而得到国际公认的天体，由于小行星命名的唯一性和永久不可更改性，使得能够获得小行星命名成为世界公认的崇高荣誉，一般只授予对国家经济、社会、天文等事业作出过重大贡献的单位或个人。

获批"第二批国家语言文字推广基地"

2021年9月17日，在第24届全国推广普通话宣传周重点活动中，教育部、国家语委为第二批国家语言文字推广基地代表授牌。邹坤代表学校接受了基地牌匾，实现了三峡大学人文社科类国家级基地零的突破。

为深入贯彻落实习近平新时代中国特色社会主义思想，全面落实全国语言文字会议精神，打造新时代语言文字事业发展支撑力量和特色优势阵地，教育部、国家语委组织开展了第二批国家语言文字推广基地遴选建设工作。经湖北省教育厅、省语委审核推荐，国家语委专家评审、实地考察、综合评议和网上公示，三峡大学被认定为第二批国家语言文字推广基地。同批认定的还有北京师范大学、武汉大学等高校。

三峡大学国家语言文字推广工作坚持以习近平新时代中国特色社会主义思想为指导，贯彻实施《中华人民共和国国家通用语言文字法》和《湖北省实施〈中华人民共和国国家通用语言文字法〉办法》，聚焦国家语言文字事业规划及要求，持续加强语言文字工作机制建设和队伍建设，持续加大投入，优化资源，推动产出，坚定不移推广普及国家通用语言文字，大力传承弘扬中华优秀传统文化，广泛深入地开展语言文字应用研究，强化责任担当并不断提升语言服务能力，为语言文字服务乡村振兴、铸牢中华民族共同体意识贡献力量。

三峡数学研究中心入选中俄数学中心 A 类合作基地立项建设

2021 年 9 月 20 日，中俄数学中心 A 类基地（三峡大学）建设座谈会在学校召开。中俄数学中心主任、中国科学院院士、北京大学博雅讲席教授张继平等与学校相关部门单位、三峡数学研究中心相关负责人参加座谈。何伟军、王炎廷出席会议。

王炎廷简要介绍了学校的基本概况，并对以张继平院士为代表的数学家长期以来的支持，特别是对三峡大学入选中俄数学中心 A 类基地的帮助，表示衷心感谢。张继平介绍了中俄数学中心的建设背景和进展，肯定了三峡大学三峡数学研究中心近年来取得的成绩，并围绕中俄数学中心基地的团队建设、研究项目、中俄数学家访问计划及联合学术会议、青年教师培养等问题作了深入探讨，对基地未来发展提出关键部署，制定了基地建设发展的近期目标，即经过三至五年的努力，成为中国一流代数组合中心。

何伟军表示，三峡大学将全力以赴支持中俄数学中心基地建设，坚定不移地推动数学学科发展。各职能部门要提高认识，思考如何落实各项措施，主动帮忙解决基地建设中的困难，"借智""引智"加快基地研究水平和人才质量培养，推动学校建设国内一流数学学科。依托中俄数学中心，为数学的发展和国家的进步做出重要贡献。

与会代表就中俄数学中心 A 类基地（三峡大学）的建设优势、发展规划与政策保障工作等进行了深入交流。

中俄数学中心成立于 2020 年 6 月 29 日，由北京大学和莫斯科大学牵头，依托数学"双一流"建设联盟，联合国内相关单位和圣彼得堡大学等俄方高校、科研院所共同参与建设。该中心旨在引领数学主流研究发展、培养卓越人才、提高科技创新能力、促进世界范围内数学家的合作与交流。

首获"湖北省高等学校教学成果特等奖"

2021 年 9 月 23 日,湖北省教育厅公布"第九届湖北省高等学校教学成果奖"获奖项目,经省高等学校教学成果奖评审委员会评审,何伟军主持的《新文科卓越人才"五共相长"协同育人体系创新与实践》获"湖北省第九届高等学校教学成果"特等奖。

湖北省高校教学成果奖由湖北省政府颁发,每 4 年评审一次,是湖北省教育领域最高层次的奖励。该成果奖的评选是创新人才培养模式、提高人才培养质量的重要举措,也是检阅学校人才培养工作和教育教学改革成果的集中体现。学校高度重视教学质量提升,鼓励广大教师深入开展教学研究与实践,大力培育优质教育教学成果。学校注重教学成果的创新性、示范性和成效性。即成果应体现高等教育发展的新趋势,反映改革过程中取得的新成就,在教育教学改革方向及设计、论证和实施方面,具有理论引领性与实践创新性;成果在理论和实践上有较大突破,教育理念先进,特色鲜明、优势突出,在全省乃至全国产生积极影响,认可度高,具有示范性和推广价值;成果具有扎实的研究与实践基础,关注实施前后的效果对比,改革方案可操作、可复制、可推广,效果显著。

获批"丝绸之路"中国政府奖学金"优先支持"项目

2021 年 9 月,国家留学基金委发布了 2021—2022 学年"丝绸之路"中国政府奖学金项目获评"优先支持"项目名单。全国共 207 所高校申报,18 所高校获批优先支持项目。三峡大学申报的"土木工程'一带一路'来华留学本科生人才培养"位列其中,是湖北省属高校唯一入选项目,也是继 2017 年首次获批"丝绸之路"中国政府奖学金项目之后,学校在来华留学生教育上的再次突破。自 2017 年招收培养"丝路奖学金"留学生以来,三峡大学在校留学生规模逐年增加。截至 2021 年,学校"丝绸之路"项目共招收留学生 100 余名,来自巴基斯坦、孟加拉、尼泊尔、越南、缅甸、也门、伊朗、蒙古、塔吉克斯坦、乌兹别克斯坦等国家。此次获批"优先支持"项目表明学校在助力"一带一路"倡议中培养的水利电力领域国际化人才质量和水平得到了高度认可。

召开国家社会科学基金申报动员暨教师科研能力提升培训会

2021 年 10 月 17 日，学校举办 2022 年度国家自然科学基金申报动员暨青年教师能力提升培训会议。会议由科学技术处与人事处（教师发展中心）联合组织，设有 1 个主会场及 5 个分会场。科学技术处分析了国家自然科学青年基金获批与人才引进的关联性，生物与制药学院分享了组织基金申报的经验，武汉大学李典庆教授为全体参会人员作了申报国家自然科学基金的专题辅导报告。

王炎廷讲话指出，承担国家自然科学基金是学校创新能力的重要体现和跨越发展的重要支撑，是科研人员坚持"四个面向"、展示科技创新能力的重要体现，对学校发展、学科排名和教师个人发展都至关重要。他要求，全校科研人员树立远大理想，坚定干事创业信念，加强学术能力建设，坚定学术自信，扩大学术圈影响力，盘活人才资源，为高质量发展蓄能。他说，学校将通过"强基计划"和"求索工程"，统筹整合资源，加强对科技和人才工作的投入。

举办"首届生涯规划节"

2021 年 10 月 21 日，由招生及就业指导处、学生处、团委主办，电气与新能源学院承办的三峡大学首届生涯规划节在校内举行。宜昌既济建设有限公司、国网宜昌供电公司、宜昌特锐德电气有限公司、人福医药集团和海康威视 5 家企业的就业指导课程校外导师参加了活动。

生涯规划是大学生至关重要的一课。举办生涯规划节就是让同学们了解并进行职业生涯规划，感悟生涯规划对于心理成长和就业优势形成的重要影响。本次生涯规划节开展"六个一"活动：完成一次自我探索、观看一部生涯电影、聆听一场生涯讲座、参与一次生涯走访、阅读一本规划书籍、制定一份生涯规划。活动让学生们有所感悟和启发，对未来的生涯规划有了一个初步的认识。

首届三峡开放合作论坛在校举行

2021 年 10 月 28 日，首届"三峡开放合作论坛"在三峡大学举行。论坛由中共宜昌市委外事工作委员会办公室、三峡大学国际合作与交流处主办,三峡大学社会科学处、尼泊尔研究中心、希腊及东地中海研究中心、乍得与西非研究中心承办。宜昌市相关市直单位、30余家涉外企业代表,三峡大学中外师生代表汇聚一堂,交流对外开放经验,共商深化政校企合作,实现共赢发展。与会"政、校、企"代表共同签署了《三峡开放合作宜昌倡议》,呼吁加强"政、校、企"合作,发挥国别和区域研究优势,搭建"政府引导、校企合作"的交流平台,为企业发展提供政策指导和智力支撑,为宜昌对外开放事业提供宝贵经验,为构建宜昌对外开放新格局、实现宜昌高质量发展贡献力量。

首届宜荆荆恩大学生创业创新大赛在校举行

2021年10月31日,首届宜荆荆恩大学生创业创新大赛在三峡大学举行。本次大赛以"智汇荆楚·创就未来"为主题,由宜昌人民政府主办,三峡大学创新创业教育学院等单位协办,是2021年全国大众创业万众创新活动周湖北宜昌分会场活动之一。

在致辞中,李红表达了对大赛和创新创业工作的重视与支持。宜昌市委组织部副部长商亮介绍了宜昌"1+4"人才新政,表达了宜昌对人才吸纳与引育不停步的决心,表示要让更多才俊在宜昌成就创业梦想,做宜昌城市发展的"合伙人"。

大赛分为初创组、本科创意组、职教创意组,共有45个团队入围片区赛。大赛以项目路演形式依次进行,采取"5+2"模式,即5分钟项目展示、2分钟现场互动。项目展示环节由选手讲解参赛项目的具体实施计划、项目前景、投资回报及初步成效(实现营业收入、带动就业、实现税收等)。现场互动环节由评委现场询问、点评并当场打分、决出名次。最终,"宜见氢芯——氢燃料电池质子交换膜技术领航者""蜗牛宝宝——心养计划""可承重蓄水道路——城市的地下湖泊""砼上生花——国内领先的生态护坡专家"4个项目胜出,代表宜昌市参加总决赛。

土木工程防灾减灾湖北省引智创新示范基地获批立项建设

土木工程防灾减灾引智创新示范基地由湖北省科学技术厅2021年10月批准建设,依托于三峡大学土木与建筑学院,属三峡大学第3个获批立项建设的湖北省引智创新示范基地。基地由 22 名国内研究人员组成，海外合作人员为来自美国、瑞士、德国、英国、澳大利亚、新西兰、印度和埃及等国家的知名学者 14人，学术大师为美国南加州大学的 Roger Georges Ghanem 教授，通过与海外知名学者的交流合作，促进人才培养和科技创新。示范基地依托湖北长江三峡滑坡国家野外科学观测研究站、三峡库区地质灾害教育部重点实验室和防灾减灾湖北省重点实验室等省部级科研平台，围绕"土木工程防灾减灾"总体研究目标，重点开展岩土力学基本理论及应用、混凝土材料与结构动静力性能和基础设施智能监测与风险评价、工程结构耐久性和地质灾害防灾减灾等五个方面的研究。示范基地自成立以来，凝练方向聚焦关键领域，搭建协同创新团队，拓展多维国际交流合作，完善协调机制和落实管理责任，持续形成"开放、流动、协同、共享"的基地运行机制，着力提升土木工程学科的创新能力，取得一定的成效，产出一批高质量研究成果，提升了三峡大学在土木工程防灾减灾领域的国际影响力和学科水平。

获批土木水利博士专业学位授权点

2021 年 11 月 26 日，国务院学位委员会公布 2020 年审核增列的博士硕士学位授权点名单，三峡大学水利与环境学院、土木与建筑学院联合申报的土木水利获批博士专业学位授权点。此外，力学获批一级学科硕士点，新闻与传播、护理获批硕士专业学位授权点。至此，学校已有 4 个一级学科博士点、1 个博士专业学位授权点、27 个一级学科硕士点、22 个硕士专业学位类别（含 33 个领域）。学位授权点结构和布局得到进一步优化，人才培养能力得到进一步提升。

在 2020 年审核增列工作中，三峡大学是省属高校中唯一获批博士专业学位授权点的学校，土木水利获批博士专业学位授权点，也实现了学校博士专业学位授权点"零"的突破，在"十四五"开局之年，提前完成了博士专业学位授权点突破的规划目标。

材料科学学科新晋 ESI 全球排名前 1%行列

2021 年 11 月 11 日，ESI 数据库更新。本期 ESI 数据统计区间为 2011 年 1 月1 日—2021 年 8 月 31 日，覆盖 10 年 8 个月的 SCI/SSCI 论文信息（统计 ARTICLE

和 REVIEW 类型)。三峡大学"材料科学"学科新晋 ESI 全球排名前 1%行列,成为学校继"工程学""化学""临床医学"之后,第 4 个进入 ESI 全球排名前 1%行列的学科。

本期,三峡大学共发表 SCI/SSCI 论文共 4996 篇,总被引频次为 55990 次,在所有进入 ESI 学科排名前 1%的 7558 个科研机构中位列第 2448 位,较上期提升 12 位。其中,高被引论文(Highly Cited Papers)66 篇,热点论文(Hot Papers)4 篇。"工程学""化学""临床医学"作为学校优势学科,继续保持 ESI 全球排名前 1%。

"材料科学"学科共发表 ESI 论文 525 篇,高被引论文 4 篇,累计频次 7879 次,篇均被引频次 15.01 次,在所有进入该学科 ESI 排名前 1%的 1079 个科研机构中排名第 1060 位。

这是学校进入湖北省"国内一流大学建设高校"以来取得的又一标志性成果,也是学校长期坚持"以学科建设为龙头",紧紧围绕"双一流"建设目标,立足学术前沿、面向世界科技前沿、面向经济主战场、面向国家重大需求方面取得的突出成效。

学校第四次党代会召开

2021 年 11 月 13 日,中国共产党三峡大学第四次代表大会闭幕。大会选举产生新一届党委委员、纪委委员,表决通过关于第三届党委工作报告的决议和第三届纪委工作报告的决议,圆满完成了大会预定的各项议程。王乐华、王炎廷、田野、田斌、主悔、李红、李灿、李东升、李敏昌、何治、何伟军、张成、张锐、张国栋、陈鹏(计算机与信息学院)、欧阳庆芳、易红武、周卫华、周宜红、胡孝红、席敬、黄应平、黄悦华、崔伟、彭辉、谭新玉、薛田良(以姓氏笔画为序)当选为中国共产党三峡大学第四届委员会委员。于庆河、王小宁、李灿、李瑾、易红武、封林、胡绪仁、唐文惠、唐祖爱、董波、谭家齐(以姓氏笔画为序)当选为中国共产党三峡大学第四届纪律检查委员会委员。

大会表决通过了《中国共产党三峡大学第四次代表大会关于中共三峡大学第三届委员会工作报告的决议》。大会认为,报告实事求是地总结了三峡大学第三次党代会以来学校的主要工作和基本经验,客观地指出了学校在事业发展过程中所面临的不足、困难和挑战,明确提出了学校今后一个时期的奋斗目标、发展战略和主要措施,是指导学校未来五年改革发展、加快推进学校"十四五"规划实施、加快建设国内一流大学的纲领性文件。大会高度评价学校第三届党委的工作。九年来，在上级党委的正确领导下，校党委带领全校广大党员和干部群众，紧紧围绕第三次党代会确定的办学方略，同心合力，抢抓机遇，开拓奋进，取得了多个标志性成果，是学校发展史上办学实力提升最快、核心竞争力增强最明显的时期。大会指出，第三届党委"坚持党的全面领导""坚持立德树人""坚持学术立校""坚持需求导向""坚持改革创新"，探索了具有三峡大学特色的科学发展模式，需要在今后的工作中继续坚持并不断完善。大会强调，学校未来五年是深化内涵发展、高质量发展的关键时期，全校上下要深刻认识形势、机遇和挑战，守正创新，要按照"13836"的工作思路，紧紧围绕把学校建设成为"水利电力特色鲜明的国内一流大学"这个目标，追求一流育人质量、一流学术成果、一流社会贡献。坚持"学术立校、需求导向、特色发展"三大发展战略；突出"以党的全面领导为统领的治理体系、德智体美劳全面发展的教育教学体系、'特色+优势+一流'的学科建设体系、引育并举的师资队伍建设体系、基础学科与应用学科协同发展的科研创新体系、对接区域和行业重大需求的社会服务体系、面向开放的国际交流与合作体系、合理有效健全的综合保障体系"八大体系建设；加强"学术型、生态型、智慧型"三型校园建设；做实"抓好党的政治建设、提升宣传思想工作实效、推动基层党建高质量发展、抓好干部队伍建设、坚持推进全面从严治党、营造学校发展的良好氛围"六项保障措施，加快推进学校高质量发展。大会号召，全校各级党组织、广大党员干部要以习近平新时代中国特色社会主义思想为指导，以"功成不必在我"的胸怀和"功成必定有我"的担当，在新一届党委的领导下，团结带领广大师生员工，续写无愧于伟大时代的辉煌篇章。

大会表决通过了《中国共产党三峡大学第四次代表大会关于中共三峡大学第三届纪律检查委员会工作报告的决议》。大会强调，全面从严治党永远在路上，腐败和反腐败斗争依然严峻复杂。各级党组织要坚决扛起全面从严治党主体责任，书记要履行好第一责任人责任，一刻不停推进党风廉政建设和反腐败斗争，营造风清气正的政治生态。

随后，中共三峡大学第四届委员会召开第一次全体会议，会议选举产生了中国共产党三峡大学第四届委员会常务委员会委员和书记、副书记。书记：何伟军；副书记；王炎廷、田斌、李红（女）；党委常务委员会委员（按姓氏笔画为序）：王炎廷、田斌、主悔、李红（女）、李东升、何伟军、张成、张锐、易红武、黄应平、黄悦华。中共三峡大学第四届纪律检查委员会第一次会议，选举易红武任纪委书记，李灿任纪委副书记。

省委第九巡视组对学校党委开展政治巡视

2021年11月15日，省委第九巡视组对三峡大学党委开展政治巡视。2022年3月9日，省委巡视组向学校党委反馈了巡视意见。2022年3月17日，学校成立巡视整改工作领导小组和整改工作办公室，历时9个月，完成了58个面上问题、6个选人用人问题、15个意识形态问题以及28个巡视移交问题线索的整改和查办工作。

通过巡视整改工作，进一步压紧压实了全面从严治党责任，同时，通过查找深层次原因，进一步完善了学校相关体制机制，依法治校得到进一步加强。

学校高举中国特色社会主义伟大旗帜，全面贯彻习近平新时代中国特色社会主义思想，贯彻党的教育方针，坚决落实省委要求，在省委和巡视组的领导和指导下，落实立德树人的根本任务，担负起管党治党办学治校的政治责任；按照建设现代大学制度要求，不断提升学校治理体系和治理能力；按照"双一流"建设要求，不断推进改革发展和提质进位，坚决贯彻落实学校第四次党代会确立的"13836"的总体工作思路及"十四五"发展规划，力争早日建成水利电力特色鲜明的国内一流大学，以更好的整改成效、更大的发展业绩为全面建设社会主义现代化国家、全面推进中华民族伟大复兴贡献力量。

关工委获评全省教育系统关心下一代工作先进集体

2021年11月16日，湖北省教育厅关工委发布通报，表彰全省教育系统关心下一代工作先进集体和先进工作者，三峡大学关工委获先进集体称号，戚道芳、李冬梅分别获全国和全省教育系统关心下一代工作先进工作者称号。

三峡大学关心下一代工作委员会（以下简称关工委）成立于2008年，是以离退休老同志为主体，有在职同志参加，广泛团结和组织热心教育的老专家志愿者参与的，全面关心青少年成长的群众性工作机构。多年来，关工委工作认真贯彻落实党中央关于关心下一代工作的决策部署，充分发挥"五老"在教育引导和关爱保护青少年方面的优势作用，促进青少年成长成才。关工委各项工作立足学校实际，体现群团特色，突出重点亮点，注重工作实效，在帮助青少年成长成才、疫情防控及助力学校"三全育人"等工作中发挥了积极作用，分别于2016年和

2021 年被湖北省教育厅关工委授予"先进集体"称号。

留学生获"全国建设类院校施工技术应用技能大赛"团队冠军

2020 年 11 月，在有全国 171 所建筑类院校共 374 支代表队参加的第五届全国建设类院校施工技术应用技能大赛的总决赛上，学校分别来自巴基斯坦、孟加拉国、加纳的 6 名留学生参赛，由陈兴华、陈灯红两位教师指导，经过激烈角逐，最终 GRACE ADWOA SIDSAYA、FRANCIS CHRISTAIN WOODE 和 MOHAMMAD SALEQUE RAHMAN MASUM 组成的留学生一队获得团队总冠军，ABDULLAH AL NOMAN 获得个人总冠军，同时还获得团队一等奖、个人一等奖和二等奖各 1 项、个人三等奖 2 项。土木与建筑学院依据来华留学生的特点结合多因素分析法，采取"三层次两模块"的实践教学体系，通过参加专业竞赛给留学生奖学金生提供较大的自主学习的时间和空间，调动学生学习的主观能动性，培养他们的学习兴趣和创造性思维能力。

获 2020 年度省级重点科研平台考核"优秀"

2021 年 12 月 6 日，湖北省科技厅公布上一年度省级重点科研平台考核评估结果，三峡大学获 1 个优秀、5 个良好。这是学校科研平台考核评估整体取得的最好成绩，也表示学校在平台管理方面，理顺平台与学院的关系，落实科研人员进平台，以成果为导向，加强平台内部管理的做法取得了明显效果。考核评估结果显示，三峡大学三峡水库生态系统野外科学观测研究站评估结果为"优秀"，湖北长江三峡滑坡国家野外科学观测研究站、水电工程施工与管理省重点实验室、梯级水电站运行与控制省重点实验室、防灾减灾省重点实验室、天然产物研究与利用省重点实验室 5 个平台评估结果为"良好"，共获得补助奖励资金 310 万元。学校围绕国家和地方需求，以落实学校第四次党代会精神和"十四五"发展规划窗口性指标任务为牵引，优化资源分配体系、凝练优势特色方向、夯实成果产出基础，持续提升重点科研平台影响力，为提速增效、高质量推进学校"双一流"建设提供有力支撑。

第五届学术委员会召开首次主任委员会议

2021年12月14日，学校第五届学术委员会召开首次主任委员会议。本届学术委员会主任委员会由9人组成，李建林任主任委员，潘礼庆任常务副主任委员，邹坤、周宜红、许文年、段跃芳、吴卫华、袁丁、李东升任副主任委员，袁丁兼任秘书长。李建林表示，新一届学术委员会要加强学习，要在学术和人才评价、学科建设、发展规划等方面发挥教授治学的作用，在学风建设、学术氛围营造中起到引导和推动作用。要发挥学术委员会委员的学术专长，为学校发展作出更大贡献。

王炎廷在总结讲话中强调，学术委员会要进一步完善学术评价机制，营造良好学术氛围。学校要积极支持学术委员会遵循国家章程依法依规开展工作，进一步完善学术委员会工作条件。加强学术委员会工作宣传，让广大师生了解学术治校、学术治学理念。全体师生要提高认识，了解学术委员会对引领学校学术发展的重要作用。学术委员会要真正起到学术带头作用，为实现三峡大学的发展目标而努力。

颁发首批主讲教师资格证书

2021年12月20日，学校举行首批主讲教师资格证书颁发仪式暨青年教师助课制培养总结会。105位助课制培养青年教师及指导教师参加会议。黄应平、黄悦华为首批获得主讲教师资格的19位青年教师颁发了资格证书。土木与建筑学院鲍浩、医学院韩莉分别代表助课制培养的青年教师和指导教师发言，分享了两年助课和指导工作的经验和体会。

2019年9月学校印发《三峡大学青年教师助课制度实施办法》，助课制是学校青年教师培养的一项重要制度，旨在提升青年教师师德师风素养及教学能力和水平，提高本科教学质量。自2020年1月开始，学校先后将4批共105名青年教师纳入助课制培养，配备指导教师共101人。2021年10—11月，经青年教师个人申请，学院考核推荐，学校专家组考核，首批20名青年教师参与了助课制期满考核，19名青年教师考核合格。

获批国家自然科学基金区域创新发展联合基金重点项目

2021 年 12 月，学校《鄂西山区大型水库复活型滑坡侵蚀致灾机制与生态防控》项目获批国家自然科学基金区域创新发展联合基金重点项目。该项目积极响应了长江大保护战略的国家战略需求，以鄂西山区大型水库复活型滑坡为研究对象，瞄准滑坡前缘长期受到复合水动力侵蚀引起的灾害问题，开展滑坡前缘侵蚀机制、塌岸演化与预测、侵蚀—塌岸—滑坡全过程监测预警与生态防控等研究，为水库岸坡地质环境保护和防灾减灾提供理论指导。该项目采用了野外调查、现场监测、力学试验、模型试验、物理模拟和数值模拟等综合手段，以及工程地质学、灾害学、水力学、土力学、生态学等多学科交叉的理论和方法，运用了系统论和动态演化思想，重点聚焦滑坡"侵蚀—塌岸—复活"依次联动作用过程及链式灾害演化，分别从土体侵蚀、侵蚀引发塌岸、塌岸诱发滑坡三个方面分层次、有重点、多手段地开展研究，旨在全面揭示水库复活型滑坡侵蚀致灾演化机制，进而建立反映滑坡"侵蚀—塌岸—复活"力学机制的数值模型和演化过程动态预测的数值模拟方法。

该项目是团队自 2000 年长期从事"大型水库复活型滑坡和塌岸预测评价以及非饱和土力学应用研究工作"的延续，是对已建立的"考虑降雨及库水位变动的水库滑坡数值分析方法"的拓展。项目自获批以来，已先后赴三峡、丹江口、隔河岩、水布垭等鄂西库区针对水库复活型滑坡进行水动力条件、侵蚀、塌岸、适生植物的野外调查和资料分析，开展了相关实验设备研制。结合前期研究基础，部分研究成果已在 *landslides*、*Bulletin of Engineering Geology and the Environment*、*Natural Hazards*、*Frontiers in Earth Science*、《岩土力学》、《农业工程学报》等国内外高水平期刊发表论文 10 余篇（其中 SCI 收录 7 篇，EI 收录 4 篇），申请了发明专利 3 项，授权软件著作权 1 项。

进入世界大学论文他引前 1000 名行列

2021 年 12 月 28 日，武书连 2021 世界大学论文引用排行榜发布，三峡大学位列世界大学论文他引前 1000 名排行榜第 678 位，居国内高校第 175 位。

论文引用是科学发展的重要行为，是科学研究的一部分，体现了科学发展循序渐进的积累过程。主要由论文参考文献构成的论文引用,直接反映了学术成果间的相关性、依存性、继承性。这一排行榜中统计的论文是各国大学在国际期刊(SCDW 源期刊)上发表的论文。2021 世界大学论文他引排名指全球 7855 所大学不包含本校自引的论文被引排名。在这项指标的竞争中,哈佛大学获得第 1 名、清华大学第 2 名、浙江大学第 3 名。湖北省共有 11 所高校进入排行榜,其中,省属高校 6 所,三峡大学居省属高校前三名。三峡大学工程学、化学、临床医学、材料科学进入 ESI 全球排名前 1%行列,进入 ESI 前 1%学科数量居省属高校第一。4 个 ESI 前 1%学科为引文作出了重要贡献。这既是学校长期坚持学术立校、科技兴校的结果,也反映了三峡大学教师在科研方面取得的成就。

获批水泥基生态修复技术湖北省工程研究中心

2021 年 12 月,湖北省发展和改革委员会下发通知,学校牵头组织申报的"水泥基生态修复技术湖北省工程研究中心"获批认定。中心立足国家绿色低碳产业生态保护与环境治理领域重大技术需求,以水泥基生态修复基材为生境构筑载体,分别从生境基材配比、基材结构稳定及性能提升、施工工艺及效益提升和生态功能过程监测及调控等方面对工程扰动区生境构筑关键技术进行系统研究,形成了新技术、新产品、新设备和新工艺,经过再创新集成工程扰动区水泥基类生境构筑技术体系,丰富发展了生态恢复理论和技术,提升了区域生态修复与重建技术水平;充分发挥了产学研协作模式对技术成果转化的支撑作用,开展人才培养与技术创新,促进了工程开挖扰动与生态环境保护协调发展,保障了区域生态安全和促进绿色可持续性发展。在未来建设期内,该中心将继续围绕国家战略发展和行业发展需求,注重生物岩土与绿色低碳治理技术的研发创新,攻克制约行业发展的关键性技术难题,并通过引进、合作、研发与创新,力争成为生态修复领域有影响的学术高地、行业产业共性技术的研发基地和区域创新发展的引领阵地,为高等学校创新能力的提升做出有益的探索,为实现绿水青山就是金山银山以及"双碳"目标作出应有贡献。

留学生就业形势喜人

2022 年 1 月 11 日，中新网湖北新闻专题报道：国家高新技术企业广东利元亨在三峡大学举办了留学生专场招聘会。来自法学与公共管理学院、电气与新能源学院、计算机与信息学院、机械与动力学院、土木与建筑学院等学院的应届本科留学生毕业生近 50 人参加了招聘会，15 名来华留学生顺利通过面试。面试成功的学生将于春节前赴企业实习。

新年伊始，在中央经济工作会议精神的指导下，我国企业启动双循环加速模式，催生三峡大学留学生就业市场火爆。近期一些国内知名企业，如中国能建、中国电建纷纷进驻学校，面试在校各国留学生，引发了校内国际招聘的小浪潮。随着三峡大学来华留学教育的质量品牌影响力在国内外不断增强，留学生毕业生成为各企业争抢的香饽饽。学校近几届工程专业留学生毕业生被多家跨国中资企业打包录用，企业用人满意度调查达 90% 以上。

近年来，三峡大学高度重视留学生毕业生就业工作，积极开展校企合作，创建了一系列针对来华留学生的实习实践基地，让企业在实习实践环节了解留学生，同时也让留学生领会中国制造的魅力，体会中国制造的实力。"十四五"期间，三峡大学继续扩大来华留学教育的规模，突出水利电力行业的专业特色，打造"留学三大"的品牌。

位列 2022 校友会中国大学排名榜第 145 位

2022 年 1 月 28 日，全国知名第三方大学评价机构艾瑞深校友会网正式发布《2022 校友会中国大学排名》，三峡大学位列全国大学排名第 145 位，较 2020 年位次提升 59 位，较 2021 年位次提升 13 位，稳居湖北省省属高校前三。

该排名评价指标体系由思政教育、杰出校友、教学质量、高层次人才、优势学科专业、科研成果、科研基地、科研项目、社会服务、办学层次、社会声誉、国际影响力等 12 个一级指标构成，以服务国家"双一流"发展战略和提升高校服务国家地方经济社会发展能力为导向，涵盖了中国高校核心职能的 700 多项评测指标。

艾瑞深研究院作为有良好公信力的第三方大学评价咨询研究机构，自 2003 年以来，已连续 20 年发布校友会中国大学排名榜单。其相关评价数据均来自国家权威部门、第三方权威机构、企事业单位、新闻媒体和高等院校等对外公开的权威数据和客观数据。

《三峡大学"十四五"发展规划及 2035 年远景目标纲要》明确学校中长期发展目标为努力建设成为水利电力特色鲜明的国内一流大学。全校师生在学校党委、行政的坚强领导下，在社会各界的大力支持下，深入贯彻落实学校第四次党代会精神，按照"13836"总体工作思路，以主动担当尽责的精神持续推进学校内涵式发展，努力实现学校的"弯道"赶超和争先进位，为水利电力行业和地方经济社会发展作出更大贡献。

作品入选首届全国高校"百佳心理微电影"

2022 年 3 月 7 日，首届全国高校心理微电影(心理短视频)优秀作品展公布"百佳心理微电影"获奖名单，三峡大学心理微电影作品《如何拯救网抑云?》位列其中。

该活动由中国心理学会心理危机干预工作委员会主办。《如何拯救网抑云?》借由当下的网络热词"网抑云"的谐音，由此展开对当代大学生群体普遍存在的精神压力大、在夜深人静时思考人生的现象进行讲述，警醒我们关注自己的心理健康和精神世界。视频通过歌曲来展现角色的内心，进行情绪的转折，内容简约，意蕴丰富。

学校历来重视学生心理健康教育工作，坚持开展丰富多彩的心理健康教育活动并不断创新形式和优化内容。心理微电影比赛在学校已经连续举办了五届，参赛队伍逐年增多，影响日益广泛，目前已经发展成为三峡大学心理健康普及宣传的一个品牌阵地，有效提升了全校学生的心理健康意识和水平。

"五共相长"协同培养新文科卓越人才

2022 年 3 月 22 日，《中国教育报》发表署名文章：《三峡大学"五共相长"协同培养新文科卓越人才》。文章说：新时代如何协同培养新文科卓越人才，是我国高等教育必须要答好的时代答卷。湖北省教育部门相继组织实施战略性新兴（支柱）产业人才和"荆楚卓越人才"协同育人计划项目，三峡大学以立项的 5 个文科专业协同育人计划为牵引，坚持价值共创、资源共享、能力共建、品格共塑、多元共治，开展了持续 10 年的探索实践，形成了"五共相长"的新文科卓越人才协同育人体系，为湖北省"荆楚卓越人才"协同育人质量工程和全国新文科建设提供了实践样本和经验遵循。

第一，价值共创。强调生产者和消费者通过价值网络互动实现价值的共同创造、共同分享。育人的过程就是教学相长的过程，因而也是价值共创的过程。新文科育人理念首先要回答"共创什么价值"这一问题，重中之重就是要牢牢把握新文科育人的价值导向性，核心就是要用社会主义核心价值观引领新文科建设，以习近平新时代中国特色社会主义思想为指导。其次是以文化人、以文培元重构育人共同体，在育人方案、育人资源、育人能力、育人文化和育人机制等方面集成创新，推动学生从教育接受者到育人参与者、学校从教学实施者到育人组织者、社会从人才使用者到育人协同者的"三个转变"，教学相长、产教融合实现价值共创。再其次是价值共创的结果促进学生和教师实现共同发展。若要学生德智体美劳全面发展，教师自身德智体美劳全面发展是前提，只有德智体美劳全面发展的教师才能实施德智体美劳全面育人。

第二，资源共享。打破学科专业壁垒，实现育人要素的交叉融合融通。专业、课程、师资是高校必不可少的三大育人要素，这些育人资源又隶属于各二级学院，如何发挥一流专业、一流课程和教学名师的引领作用，跨学院共建共享育人资源是破题之策。为此，三峡大学整合资源打造"1+4+N"协同育人平台，"金专"夯基，"金课"示范，名师领衔，全校成立课程思政教学研究中心强化思政育人能力，组建人文素质教学基地、求索学院、创新创业学院和工程训练中心等 4 个机构，提高跨学科跨专业育人水平，与 N 家校外基地实施实践教学—实习实训—就业创业"全链条"协同育人，实行"金融+大数据""旅游+文化创意""广播电视+互联网""法学+外语"专业改造，跨学院实施课程、学生和教师"一体化混合班"教学，交叉融合融通打造文科"金专"。

第三，能力共建。建立健全学生、学术、学科一体化发展的文科教育体系。为此，三峡大学紧扣"一带一路"建设以及长江经济带发展和"双碳"战略，服务湖北经济社会高质量发展，聚焦应用型文科人才培养。广泛开展与行业协同育人，教师与学生全员结对，教学与管理全过程协作，专业与行业全方位融合，学校与社会全方面呼应，实施"课堂教学导入—实践教学历练—学科竞赛运用—创新创业实操"进阶式"全链条"育人。学生全员参与、导师全程指导、行业全案演练，把学生推到进阶式自主学习、自信求索、全面发展的主阵地，把教师引向挖掘中国特色育人新材料、创新中国特色育人新方式的主战场，把社会纳入协同育人和用人的主渠道。校企合作、教研结合、产教融合、教学相长提升了新文科育人与社会需求的适配度。

第四，品格共塑。把立德树人全面融入"求索"校训和课内外教学各环节，深挖"爱国、自强、求真、创新"精神内涵和新时代育人素材，推进"学术型、生态型、智慧型"校园建设，打造"立德树人 求索育才"校本特色文化品牌，营造科学与人文精神相融合的校园文化氛围。坚持用"五个思政"巩固育人成果，推动习近平新时代中国特色社会主义思想进教材、进课堂、进头脑，办好"三峡青年"新媒体平台和"聚力工作室"，开展"求索论坛"系列大讲堂和"国旗下的讲话"主题教育，不断提升新文科修身铸魂、治国理政、培元育才、美人化人的育人功能，扩大以文化育人培元的受益面。

第五，多元共治。大力推进智慧校园建设，建立大数据平台，实行"一张网"治理，畅通学校—学生—社会协同育人渠道。基于大数据全过程开展教师和学生、教学与管理、学校与用人单位的双向评价反馈机制，把德智体美劳培养目标达成度和经济社会发展契合度作为考量指标，做到思政统一领导、监测统一反馈、事项统一管理，提高了网格化服务水平和线上办公效率，增强了"三全育人"的现代治理能力。

守正创新，踔厉奋发。经过 10 年坚持不懈的改革创新与持续改进，三峡大学新文科卓越人才协同育人取得了重大突破，获批了 3 个国家级别和 4 个省级一流本科专业建设点、5 门国家级别和 9 门省级"金课"，培养了一批德才兼备的新文科卓越人才，打造了一支才高行洁的新文科师资队伍，蓄积了一股创新发展的协同育人后劲。学校先后获评"全国高等教育信息化建设先进单位""服务湖北经济社会发展先进高校"等荣誉称号。

应邀出席宜昌"3·30"国际人才节的校友返校

2022 年 3 月 29 日，桃花盛开，桃李归来。应邀出席宜昌"3.30"国际人才节的三峡大学校友们回到母校重温美好时光，畅谈奋斗历程，寄语学校和宜昌高质量发展。沐浴着和煦的阳光，校友们集中参观了春意盎然的美丽校园、校史及教学科研成果展览馆，并在鲜花烂漫的求索溪畔合影留念。王炎廷发表了热情洋溢的致辞，他说，学校的发展离不开广大校友的倾力相助和共同拼搏。将进一步借助校友的力量推进学校不断提质进位，校友的学术造诣、管理经验、精神风范，是学校的宝贵财富和骄傲，衷心希望校友们助力学校"双一流"建设，支持宜昌高质量发展。

学校为 2 名校友分别举行了聘任仪式。王炎廷为中国工程院院士胡亚安颁发了三峡大学"荣誉教授""博士生导师""三峡库区地质安全保障与生态环境保护省部共建国家重点实验室（筹）主任"聘任证书，为中央电视台文艺节目中心总策划、总导演秦新民颁发了三峡大学"荣誉教授"聘任证书。受聘后，胡亚安站起身深深地鞠了一个躬，表达对母校的感谢之情。他激动地说，尽管求学时办学条件不很优越，但母校提供了非常好的课程实践和社会实践的机会，培养了他吃苦耐劳、求真务实、勇于探索、永不放弃的求索精神。自己见证了母校和宜昌的高速发展，母校"十四五"发展蓝图、宜昌"六城五中心"发展目标令人振奋。要发挥自己的优势，为母校"双一流"建设助力，为宜昌高质量发展贡献力量。秦新民发表感言说："是母校培养我养成了读书的习惯和守正创新的精神，感谢母校对校友们的呵护和关注、激励和鞭策。"云南云能电力工程有限公司董事长王俊昌，重庆致路沥青有限公司董事长李巨光，江苏中新瑞光学材料有限公司董事长陈珂珩，中国医学科学院、北京协和医学院长聘教授，国家杰出青年基金获得者张宏冰等也都表达了对母校的感谢之情。王俊昌再次向母校捐赠 50 万元。

与兴发集团联合举办"合作与发展大会暨第四届科技论坛"

2022 年 4 月 11 日，三峡大学——兴发集团合作与发展大会暨第四届科技论坛在学校举行，推进落实双方前三届科技论坛会议成果，汇报"十四五"研发计划项目对接进展情况，深入交流探讨项目合作细节，着力解决兴发集团实际生产中遇到的技术瓶颈问题，进一步巩固和推进战略合作事宜。兴发集团党委副书记、监事会主席、工会主席易行国，股份公司副总经理王杰、李少平、刘畅，股份公司总经济师任联才，股份公司总工程师彭亚利、郑光明，三峡大学领导王炎廷、黄应平、陈和春、李东升等出席会议。

开幕式上，易行国以《校企合作 携手共进》为题作了主题报告，系统介绍了企业发展情况及"十四五"发展规划，梳理回顾了企校合作情况及合作所取得的积极成效，并就下一步持续深化合作提出了建议。

材料与化工学院周昌林副教授、生物与制药学院方艳芬教授、电气与新能源学院杨学林教授、文学与传媒学院王前程教授分别汇报了"甲基三氯硅烷副产物综合利用及光扩散剂应用""草甘膦废液资源化转化技术与应用""高容量锂离子电池硅基负极材料""昭君文化研究进展"等前期对接项目的进展情况。兴发集团相关部门及中心负责人、技术总工一致认为这些项目具有较好的创新和应用前景，建议加快推进。

大会设立七个分论坛，来自兴发集团管理部门、研发中心和子公司的 80 多位核心技术负责人和高级研究人员与学校材料与化工学院、生物与制药学院、水利与环境学院、电气与新能源学院、土木与建筑学院、机械与动力学院、经济与管理学院等师生一起研讨，双方与会人员对所涉项目课题的关键技术问题、后期研究计划和项目合作开展等进行了深入交流，就部分技术创新项目达成了合作意向。

王炎廷指出，高校和企业都是创新的主体，具有协同创新的内在动力和各自的资源优势，双方联合举行合作与发展大会暨第四届科技论坛，就是要通过"优势互补、资源共享"的友好合作，实现"互惠互利、共同发展"。他强调，校企双方都要加大对人才培养、科学研究、社会服务等的投入，紧密合作，携手共进，以能落地的"产学研用"项目合作为抓手，把兴发集团和三峡大学产业人才联合培养打造成校企合作新样板，一起为服务国家发展战略作出新的贡献。

兴发集团是全国最大的精细磷化工企业和三峡库区最大的移民迁建企业，是集化工、水电、矿山、旅游、贸易、金融、物流七大产业于一体的综合性大型企业集团，位居中国企业 500 强第 478 位，湖北企业 100 强第 14 位。

获批教育部第一期供需对接就业育人项目

2022 年 4 月 11 日，教育部高校学生司公布了第一期供需对接就业育人项目立项名单，学校获批 13 个就业育人项目，获批数量位居湖北省高校前列。

该项目是为落实党中央、国务院"稳就业""保就业"决策部署，深化产教融合、校企合作，推动人才培养与就业有机联动、人才供需有效对接，教育部高校学生司组织有关用人单位和高校实施供需对接的就业育人项目。经高校申请、用人单位申报、专家审核、立项单位信息核查后确定。学校获批的 13 个就业育人项目是学校与长城汽车股份有限公司、深信服科技股份有限公司、中交一公局集团有限公司、中建八局华南建设有限公司、南京诺唯赞生物科技股份有限公司等企业对接的合作项目，涵盖装备制造、信息通信与互联网、建筑地产、科技服务、医药卫生、教育、公共管理与服务等行业，项目内容涉及就业实习基地项目与定向人才培养培训项目两种类型。

学校历来高度重视毕业生就业工作，强化校企协同、就业育人，学校以此次项目合作为契机，进一步加强行业对接，深化产教融合、校企合作，推动人才培养与就业的有机联动，全面推进毕业生就业工作。

与五峰土家族自治县共建武陵中药产业研究院

2022 年 4 月 20 日，学校与五峰土家族自治县共建的武陵中药产业研究院揭牌。作为武陵山区的"天然药库"，五峰显著的垂直气候带谱、适宜的弱酸性土壤为中药材生长提供了得天独厚的自然条件。该县将中药材产业作为特色优势产业重点打造，先后出台《五峰土家族自治县中医药大健康产业发展规划》《五峰县现代中药农业产业园发展规划》等文件，聚焦生态种植、科技研发、龙头培育、产地加工，先后与国药中联、劲牌持正堂药业、马应龙药业等一批龙头企业签订《中药材产业战略合作协议》。截至 2021 年，该县中药材总种植面积达 35.48 万亩，总产量达到 5.12 万吨，农业产值达到 8.19 亿元。

武陵中药产业研究院将立足于武陵山区中药材产业链的发展需求，重点开展区域优势道地中药材五倍子、天麻、黄精、淫羊藿、白三七、木瓜、独活、玄参、重楼等品种的种质资源收集保存、品种培育、良种繁育技术和功能性产品的研发，同时进行重要道地品种的绿色种植模式和种植标准的研究与试验。

参加金砖国家民间社会组织"云"交流

2022 年 4 月 22 日，由中国民间组织国际交流促进会主办、湖北省民间组织国际交流促进会承办的"加强公共卫生合作，团结抗击疫情"研讨会在武汉举行，来自金砖国家的民间社会组织代表，围绕如何加强公共卫生合作进行了线上交流。三峡大学作为唯一高校代表在会上分享了合作经验。

陈和春围绕"金砖国家民间社会组织加强公共卫生合作，团结抗击疫情"主题做了交流发言，就三峡大学与金砖国家开展国际教育的情况进行了简要介绍，并着重讲述了学校与金砖国家成员印度开展医学留学生教育的历史、现状和发展成果，分享了印度留学生 Patel 在疫情暴发初期选择留在中国、通过所学医学知识为身边人提供力所能及的帮助、与中国人民共同面对这场疫情的抗疫故事，展示了这些留学生们立志努力学好专业知识、做一名优秀医生的精神风貌。

通过此次会议的"云"交流，加深了金砖各国对三峡大学医学国际教育的了解，对于促进学校与金砖国家间进一步加强国际医学教育合作具有重要意义。

三峡大学与金砖各国的教育合作历史悠久，学校与俄罗斯阿穆尔州立大学、莫斯科法律财经大学、印度韦娜雅卡大学、印度金德尔全球大学、南非茨瓦尼理工大学、巴西米拉斯矿业大学等高校签署了合作交流协议，在印度克拉拉邦建有三峡大学印度中文学校以及印度校友会。学校自 2004 年开始有规模、成建制地招收来自印度等国的临床医学专业本科层次来华留学生，现有印度籍学生 315 人，就读于临床医学、土木工程、电气工程及其自动化、自动化、行政管理、机械设计制造及其自动化、药学等专业。截至 2022 年 4 月，已毕业印度籍学生 467 人。此外，学校为安琪集团俄罗斯公司培养了俄罗斯籍员工近百人，并常年招收来自俄罗斯和南非的留学生。中国新闻网、湖北日报、长江新闻号等媒体对此进行了关注和报道。

何伟军捐赠 40 万元设立三峡大学"求索青年教师教学奖"

2022 年 5 月 13 日，三峡大学"求索青年教师教学奖"设立暨捐赠仪式在学校举行。学校党委书记何伟军教授将获得的"宜昌市十大杰出人才"奖金 40 万元全部捐赠给学校，用于设立三峡大学"求索青年教师教学奖"。王炎廷和副校长黄悦华、学校党委常委张成出席捐赠仪式。

仪式上，教务处负责人介绍了三峡大学"求索青年教师教学奖"实施办法，黄悦华代表学校与何伟军签订捐赠协议。

何伟军表示，本次当选"宜昌首届十大杰出人才"，这个荣誉属于三峡大学，是对三峡大学事业发展的肯定。感谢宜昌市委、市政府和社会各界对三峡大学的支持和认可，感谢师生员工对自己的信任和支持。

王炎廷对何伟军把全部奖金捐赠用于设立青年教师教学奖表示敬意和感谢。他说，该笔捐赠用于设立青年教师教学奖，有着深刻的意义，有助于激发广大教师追求卓越，激励广大教职员工献身学校教育事业、为争创一流大学作出贡献。

"宜荆荆恩"高校产业知识产权联盟成立

2022 年 5 月 25 日，学校发起的由三峡大学、长江大学、荆楚理工学院、湖北民族大学等 8 所院校组成的"宜荆荆恩"高校产业知识产权联盟成立。联盟以知识产权为纽带，以知识产权创造、保护、应用为基础，共同促进知识产权保护工作，旨在推动高校的知识产权运用与发展，为促进高校科技成果的转移转化提供支持。

联盟成立会议现场，举行了"宜荆荆恩"高校产业知识产权联盟揭牌仪式，并审议通过《"宜荆荆恩"高校产业知识产权联盟章程》，就知识产权体系、专利导航、高价值专利组合培育、专利开放许可机制和联盟理事会工作机制等联盟建设的关键问题和未来运行开展交流。

黄应平说，宜昌市是国家知识产权示范城市，三峡大学是国家知识产权试点高校。作为联盟发起单位，三峡大学将发挥综合性多学科优势、平台优势和人才优势，提升自身科技成果的质量和转化数量，更好地服务地方产业发展。

《三峡晚报》专题报道三峡大学多个研究团队

《三峡晚报》2022 年 5 月 28 日发表专题报道《政产学研融合，助力宜昌发展》，报道了三峡大学多个研究团队：

（1）三峡大学电气与新能源学院智慧能源装备及运行规划技术研究团队，应用人工智能、数据驱动以及电力电子与电力变换等先进技术，用国际领先的研究成果攻克了新能源大规模接入电网的关键技术。此项技术已在湖北电网规划、建设、运维等多个领域应用，正向全国推广。在另一个当前电力行业关注的风口，电网能源管理从粗放型迈向精细化、智能化，研究团队提出了市场化背景下未来配电网智慧综合能源建设关键技术研究及应用顺利通过中期审查。

（2）三峡大学电气与新能源学院的杨学林团队立足宜昌丰富的磷矿、石墨烯等特色资源，率先在渝东鄂西区域开展新型动力与储能电池关键材料研究。团队积极探索宜昌矿产资源精深加工工艺，拓展其在新能源电池材料领域的应用路径，目前已在锂离子电池磷酸铁锂正极材料和石墨(硅)基负极材料、钠离子电池磷基正极材料和煤基负极材料方面取得了系列创新性研究成果。团队先后与欧赛电池、睿赛电池、宇隆新能源等宜昌本土企业开展深度合作，通过技术创新，团队以钢铁企业酸洗废液为原料制备电池级磷酸铁，在企业转化并建成年产 5000 吨电池级磷酸铁生产线，近三年为企业新增销售收入超过 9000 万元。

(3)宜昌市人民政府文化旅游产业顾问、曾在远安县挂职担任副县长近 2 年的三峡大学经济与管理学院黄华副教授和他的团队考察、实践的足迹遍布宜昌各个乡村。黄华提出了"嫘祖故里 诗画远安"县域旅游宣传口号，得到了社会各界的认可，远安接待游客人数和旅游收入逐年增长。团队编制《鸣翠谷旅游区总体规划》《宜都市文化旅游业发展"十四五"规划》《远安县文化旅游业发展"十四五"规划》等旅游规划 20 多部。撰写了 10 多篇社情民意信息，《关于对省外游客实施暑期感恩优惠、拉动湖北省文旅产业复苏的建议》等一大批建议获得采纳。2020 年 4 月，团队创新推出的《"宜旅乐"健康旅游推荐指数》，为游客恢复出游信心、了解 A 级景区开放信息提供了精确参考。宜旅乐健康旅游推荐指数为省内首创，将文旅、卫健、交通、气象、环保等部门与全市 42 个 A 级景区相关的游客流量、天气、交通、环保等相关基础数据归集，建立健康旅游推荐指数形成模型，含推荐值、疫情风险、交通建议、环境等。通过滚动宣传、持续播报，让游客放心出游。在 2020 年全省惠游湖北活动期间，宜昌接待人数居全省第二，旅游业市场逐步走出低迷的状态。

(4)三峡大学农水团队成立于 2011 年，十余年深耕全市小微水体整治、柑橘产业用水保障，取得丰硕成果。小微水体的水质恶化，一度成为水生态文明建设的"盲点"和"难点"。团队在东风渠泉河水库管理处设立试验基地，常年开展小微水体治理工作，创新开发的"固化微生物+水生生物"组合的小微水体生态修复综合调控技术，破解了死水难治困局，该技术处于国际领先水平。团队编制的《小微水体信息采集技术导则》于 2022 年年底正式发布。全市柑橘产业用水保障也是团队最为关心的课题。在宜昌市水利和湖泊局等单位的大力支持下，团队在长江两岸建立了研究及应用示范推广基地逾百亩，样品取样数千次，数据分析数万条，研发了一系列具有优良流体动力特性的灌溉滴头，编制了宜昌市地方标准柑橘灌溉定额。该项科研成果受到广泛好评，并被收录进《宜昌年鉴 2022》。团队持续推进"产教融合"，把课程搬到田间地头，让乡村基地"活起来"，培育更多农业水利专业人才。

（5）三峡大学国土空间规划与优化利用团队，在全市建立多个乡村振兴教学实践基地，多次深入乡镇开展村庄规划编制知识讲座，指导编制实用、好用、管用的乡村规划。团队成员参与夷陵区、远安县、兴山县等地乡村国土空间规划，编制的樟村坪镇董家河村村庄规划作为夷陵区试点全区推介，分乡镇普溪河村村庄规划等获宜昌市优秀规划设计一等奖。

（6）三峡大学工程结构耐久性与低碳建筑材料科研团队，自 2017 年 4 月起，对全省 50 多个乡镇进行了农村房屋调查，编制了《湖北省农村居住建筑 C 级危房加固维修技术导则（试行）》，从技术上指导农村房屋改造加固。团队先后为远安县等 4 个县区编制了当地的农村房屋加固维修技术手册，为农村房屋改造加固进行了技术指导和示范；在我省规范农村住房建设、保障工程质量安全、建设美丽乡村的工作中做出了科技工作者应有的贡献。

大学生就业创业税费服务站揭牌成立

2022 年 6 月 9 日，国家税务总局宜昌市税务局和三峡大学携手开展"春雨润苗"走进三峡大学专场活动，围绕"青春当奋起、税收支持你"主题，依托高校资源平台，立足税收职能作用，为广大有志青年就业创业积极提供税收支持和帮助，以"春风化雨"滋润"创业之苗"。张成出席会议并为"大学生就业创业税费服务站"揭牌。

张成对学校现状、建设目标以及创新创业教育发展进行了介绍。他表示，学校将以此次"春雨润苗"活动为契机，持续打造创新创业升级版，大力营造创新创业氛围，不断提升师生创新创业意识和能力，激发创业创新活力，提高人才培养质量，为"高质量创新创造，高水平创业就业"增添青春力量。本项活动也是 2022 年全国大众创业万众创新活动周的预热活动。

宜昌市税务局第二分局为三峡大学送上"首席服务联系卡"和服务资料，有关负责同志表示，税务局作为服务高校毕业生的前沿阵地，将聚焦毕业生创业就业需求，当好税收政策宣传员、税费服务辅导员、税校合作联络员，发挥好桥梁和纽带作用。

仪式结束后，三峡大学第 35 期双创大讲堂开讲，特邀宜昌市税务局稽查局一线工作人员，结合当前系列税费优惠政策，为广大就业创业学子讲授了一堂生动活泼的就业创业税费知识启蒙课，现场解答涉税（费）问题。三峡建行普惠金融经营中心有关人员为毕业生们讲解金融知识，送上了创业资金支持的"大红包"。

学校自组建以来，坚持"双服务"（服务水利电力行业、服务地方经济社会发展）的服务面向，坚持以"四个满意"（学生满意、家长满意、用人单位满意、社会满意）为就业工作目标，以社会需求为导向，深化教育教学改革，不断推进人才培养模式改革，突出人才培养特色，提高人才培养质量，加大就业工作力度，大力开拓就业市场，多措并举，着力打造毕业生满意的"就业工程"，有效地促进了毕业生充分就业、高质量就业。学校毕业生就业情况一直保持良好态势，学校就业率和就业质量均居省属高校前列，人才质量受到社会各界的普遍肯定。

2014 年 7 月，学校获评"2014 年度全国毕业生就业典型经验高校"。2021 年 10 月，学校入选"全国高校毕业生就业能力培训基地"。

开展"一下三民"实践活动

2022 年 6 月 16 日，学校"下基层察民情解民忧暖民心"（一下三民）实践活动全面展开，13 位校领导同上一门思政课。

"三峡工程作为人类历史上最宏伟的水利工程，作为'国之重器'，是中华民族伟大复兴史的'见证者'、是国家自立自强史的'亲历者'、是中国共产党执政兴国史的'记述者'。我的父母都是三峡工程的建设者，我很小的时候跟着他们来到了宜昌……"何伟军站在讲台，以这样的开场白开始了这堂形势与政策课。何伟军从自己的亲身经历开始，结合许多历史人物、优秀校友及生动案例详细讲解了三峡工程的历史意义与中华民族伟大复兴、三峡大学与三峡工程等内容，近 2 个小时的授课，旁征博引、生动有趣，课堂不时响起笑声与掌声。

王炎廷为同学们讲了《传五四精神，做时代新人》的形势与政策课。他以五四运动 100 年来，中国青年一代又一代接续奋斗、砥砺前行，用青春之我创造青春之中国、青春之民族的故事勉励同学们发扬五四精神，以实现中华民族伟大复兴为己任，不辜负党的期望、人民期待、民族重托，不辜负这个伟大的时代。

近期，走上讲台的还有校领导李红、易红武、主悔、黄应平、陈和春、黄悦华、李东升、张锐、张成、李敏昌等，他们分别为不同学院、不同专业的 2000 余名学生讲授形势与政策课。

这是三峡大学深化思想政治理论课改革创新，推进习近平新时代中国特色社会主义思想进头脑、进课堂、进教材的又一创新举措。校领导们根据自己的研究领域，结合分管工作和自己的马克思主义理论素养、人生阅历等，将理论与实践相结合，用鲜活的案例带领同学们学习形势与政策，深刻理解习近平新时代中国特色社会主义思想，受到了学生们的欢迎。为了讲好课，校领导们与马克思主义学院思政课教师"一对一"结对备课，从教学资料的收集、辅助资料和视频的整理、课件的制作、师生互动环节的设计、课堂内容的设计等方面，对每一个细节认真准备、反复打磨，力求完美呈现。

自5月31日学校召开党员干部"下基层、察民情、解民忧、暖民心"实践活动动员部署会后，三峡大学党员干部闻令即动，纷纷下基层察民情，用实际行动解民忧暖民心。一个多月以来，开展了访企拓岗促就业、毕业生与企业家面对面求索恳谈会、学生关爱餐等系列实事项目，将党的温暖、省委的关怀送到广大师生身边。全体校领导带头制定个人项目，深入食堂、教室、实验室、师生家庭、行业企业，广泛开展谈心谈话、工作调研。截至6月底，何伟军到基层联系点5次，王炎廷到基层联系点4次，其他班子成员到各自基层联系点共17次，收集问题13个，领办实事项目13件，并形成"我为师生办实事跟踪单"，其中即领即办，把问题解决在师生家门口、寝室门口的事项5件，已全部完成。党委组织部召开全校各分党委（党总支）组织员会议，对相关工作在操作执行方面进行再部署再安排，确保各二级单位党员干部准确领会精神，有序推动落实。全校30个分党委、党总支积极行动，结合实际研究本单位的活动计划和具体实施办法，切实推进"三联三帮"，广泛开展我为师生办实事工作。学校在了解到毕业生对学校食堂感情很深，希望在毕业之际吃到自己喜欢的饭菜的情况后，按照网络投票结果，将学生们最喜欢的十大菜品，在毕业餐上一一兑现，给即将成为校友的学生们留下了难忘的母校情。为了促进学生就业问题，截至6月17日，学校领导班子走访企业达53次，举办毕业生与企业家面对面求索恳谈会，帮助126名相关专业毕业生成功就业，帮助189名低收入家庭学生顺利就业。

通过前期工作，学校初步形成党委班子的问题清单、任务清单、效果清单，对清单中的落实长江大保护战略、教职工老旧小区充电桩规划及配置、学生关爱餐等3个问题，均已逐步解决。学校把实践活动与学习贯彻省第十二次党代会精神深度融合，与推进学校中心工作、重点工作，与应对化解各种风险挑战相结合，统筹推进，以取信于民的实际成效迎接党的二十大胜利召开。

召开2022年人才工作会议

2022年6月30日，学校召开2022年人才工作会议。宜昌市委常委、组织部部长汪伟,校领导何伟军、王炎廷、易红武、黄应平、张锐、李敏昌出席会议。本次会议以习近平新时代中国特色社会主义思想为指导,贯彻落实中央、湖北省委人才工作会议精神,全面总结回顾学校人才工作的主要成绩,深入分析当前人才工作面临的形势与任务,总结经验,寻找差距,研究确定今后一段时期的人才工作思路,进一步优化人才工作顶层设计,对全面实施人才强校战略做出科学谋划和部署。

汪伟代表宜昌市委组织部、市委人才办致辞,对人才工作会议的召开表示热烈祝贺。他指出,科技自立自强是国家强盛之基、安全之要;科技创新,一靠投入,二靠人才。这次会议,既是一次激荡创新思维、探寻科技前沿的人才盛会,更是服务新发展格局、推进校地融合发展的谋篇之举。汪伟充分肯定了三峡大学办学成就,为宜昌"人才强市"战略提供了强有力的科技支撑和智力支持,并希望三峡大学继续聚焦关键核心技术,加强技术研发攻关,推动宜昌新技术新产业发展,携手共创宜昌奔腾跃动的美好未来。

王炎廷作了题为《聚焦要素,提升效能,不断开创我校人才工作新局面》的主题报告。他指出,国以才立、校以才兴,要紧紧围绕学校第四次党代会确定的建设目标,准确把握学校人才队伍建设所面临的机遇和挑战,分析当前人才工作存在的明显短板与问题,进一步理清工作思路,凝聚改革动力,瞄准关键领域,整合校内外资源,优化人才队伍发展的体制机制,以更大力度集聚培育优秀人才,以最大限度激发人才创新活力,提升人才效能。要以识才慧眼、爱才诚意、用才胆识、容才雅量、聚才良方去创造性推进学校人才工作,让三峡大学成为群英荟萃的发展高地。

何伟军总结讲话指出,要提高认识,增强使命感,牢固树立强烈的人才意识,充分认识人才资源是第一资源、人才优势是第一优势、人才工作是第一工作,进一步加大人才队伍建设力度,进一步提升人才工作水平。要找出差异,增强紧迫感,正视当前存在的问题和短板,不遗余力、不拘一格、不惜代价、不留遗憾引育人才,尤其是高端人才的引育工作,主动出击、有效突破,要主动作为,增强责任感,抓好"一把手"工程,压实院系主体责任,当好人才"店小二",重视青年科研工作者建功立业的黄金时期,"揭榜式"培养,"团队式"培育,进一步创新思路,完善人才评价制度,激发队伍活力。

会上,何伟军为阚如良湖北名师工作室授牌,王炎廷与部分人才项目获批的青年人才签约。材料与化工学院院长谭新玉、电气与新能源学院副院长唐波、经济与管理学院院长田野、生物与制药学院院长杨昌英,先后围绕学院人才工作进行了经验分享。青年拔尖人才代表杨正健教授分享了个人成长和学术发展的心得和体会。

学生发明的"希萌腹部出血辅助定位专家"进入临床试验

2022 年 7 月 15 日,《湖北日报》报道"三大学子发明填补临床医学空白"。报道称,由三峡大学水利与环境学院水利水电工程专业 2022 届毕业生管秋实带领的"希萌"团队跨越到临床医学领域,研发出国内首款帮助医生赢得抢救时间的腹部出血辅助定位芯片——"希萌腹部出血辅助定位专家"。"希萌"涉及计算流体力学、高性能计算、计算机图像、临床医学等四个专业,它针对医院的腹部出血诊断治疗运用场景写出算法公式,再将公式转化成代码写入芯片植入医院的多普勒超声机,采用流体压力的测算,帮助医生确定血管的出血点。从 2020 年开始,"希萌"进行了四轮临床试验,目前正在北京、广东、江苏三地四家三甲医院进行四期临床试验,诊断准确率达到 89.97%。"希萌"临床试验中有一车祸患者腹部大量出血,通过传统诊断手段未能查出,医生使用"希萌"找到了血管薄弱部位隐患出血点,患者成功获救。

在此前举行的第五届"中国创翼"创业创新大赛湖北省选拔赛暨 2022 年度"才聚荆楚·创立方"宜昌市大学生创新创业大赛上,"希萌腹部出血辅助定位专家"获得一等奖。"希萌"团队现有 14 个人,包括财务管理、视觉影像等,前期已投入 200 多万元,主要来自政府扶持的创业基金。团队计划待临床试验数据进一步完善后,向相关部门申报投入临床。

本科招生录取位次全面提升

截至 2022 年 7 月 28 日,学校完成除上海市之外 30 个省(自治区、直辖市)的本科招生工作,学校在大部分省份录取位次稳步提升,生源质量进一步提高。在湖北,今年学校物理普通类录取线 526 分,历史普通类录取线 533 分,与省内对标高校录取分差和位次均大幅拉近。物理普通类录取平均分 539 分,一分一段位次 36279 位,较去年提升 2438 位,升幅占所在批次的 4.1%;历史普通类录取平均分 540 分,一分一段位次 10263 位,较去年提升 981 位,升幅 7.3%。物理类录取最高分 592 分,首次进入全省 1 万位。今年学校在湖北招生专业组中,非专项物理组专业数 32 个,其中 24 个专业录取线位次较去年提高,非专项历史组总专业数 13 个，其中 11 个专业录取线位次较去年提高，总体增长率达 77%。

学校在外省录取分位次也得到全面提升。北京、天津、山西、内蒙古、吉林、黑龙江、安徽、山东、河南、广西、重庆、四川、贵州、云南、陕西、甘肃、青海、宁夏 18 个省、自治区、直辖市均有所提升。例如天津市物理组提升 13552 位次、江苏省物理组位次提升 12930 位、安徽省理工位次提升 11643 位、广东省中外合作办学组位次提升 6575 位、内蒙古文史类位次提升 2268 位等。

学校 2022 年招生录取工作再上新台阶，其根源是学校综合实力和社会影响力的不断提升，体现了学校第四次党代会以来系列改革决策的效能。学校根据近年招生及就业数据，研判社会和产业需求，进一步优化专业结构，将招生专业(类)优化调整到 48 个；学校各部门、各学院通力合作持续加强"求索英才基地"交流互动，建成智慧阳光招生平台，加大网络宣传力度。志愿填报期间，校领导带领百余支招生宣传队伍奔赴各地，直接面对考生和家长接受咨询，为学校人才培养质量、就业质量和社会声誉打下了坚实的基础。

位列全国医学院校第 51 位 湖北省属第一

2022 年 8 月 4 日，中国医学科学院权威发布了 2021 年度中国医学院校科技量值(STEM)报告。中国医学科学院自 2019 年首次探索医学院校 STEM 研究，以期基于评价活动引领医学院校学科发展，助力医学科技创新。2021 年度中国医学院校 STEM 涵盖了全国有研究生招生资格的 110 所独立医学院校和设立医学学科的综合性大学(不包括军队医学院校)，三峡大学医学院位列第 51 位，在湖北省属院校中位列第一。同时也发布了中国医学院校五年总科技量值(ASTEM)，三峡大学医学院位列第 66 位，在湖北省属院校中亦位列第一。

三峡大学医学教育的历史最早可追溯至 1923 年的中国博医技士专门学校，与湖北公医专科学校合并后，经历了武昌医学专科学校、宜昌医学高等专科学校、湖北三峡学院医学院、三峡大学医学院几个发展阶段。2000 年三峡大学合并组建以来，医学教育得到快速发展。为贯彻落实《国务院办公厅关于加快医学教育创新发展的指导意见》和《湖北省人民政府办公厅关于加快医学教育创新发展的实施意见》精神，按照《三峡大学关于加快医学教育创新发展的实施方案》，进一步以"大国计、大民生、大学科、大专业"的新定位推进医学教育改革创新发展，服务健康中国建设，学校完善医学管理体制机制，成立医学部统筹医学教育，进一步推进医教研协同发展，以新医科统领医学教育创新，优化学科专业结构，体现"大健康"理念和新科技革命内涵。在持续推进临床医学、医学影像学等优势专业建设工作的同时，瞄准大健康产业，主动参与并推进三峡区域医疗中心建设，进一步加强护理学、中医学、药学、预防医学等医学专业建设，学校调整医学教育管理体制机制，医学部进一步实质化运行，同时组建基础医学院和健康医学院。形成了医学部统筹协调，基础医学院、健康医学院、三峡大学附属中心人民医院、三峡大学附属仁和医院、三峡大学人民医院等 11 所附属医院，以及宜昌市第三人民医院、宜昌市疾病预防控制中心、宜昌市优抚医院(精神卫生中心)等 20 家教学医院共同参与的人才培养体系。

党委理论学习中心组举行扩大学习会，打造校地共生共荣新标杆

2022 年 8 月 24 日，为了贯彻落实习近平总书记考察湖北重要讲话精神、湖北省第十二次党代会的决策部署，学校党委理论学习中心组扩大学习会在水科学与工程楼长江报告厅举行，何伟军主持会议，中共宜昌市委副书记、市长马泽江应邀作宜昌高质量发展专题报告。

马泽江题为《历史上的宜昌与新时代的发展》的报告，围绕"回望过去，宜昌从哪里来；审视现在，宜昌该怎么干；展望未来，宜昌向哪里去；携手打造校地共生共荣的新标杆"展开，全方位展示了宜昌发展脉络和未来前景。

马泽江回顾了宜昌历史沿革，深入阐述新发展阶段宜昌的地位、责任、优势和使命，重点就强产兴城、能级跨越、立足自身优势、抢占发展赛道等发展新目标，聚焦培育绿色化工、生物医药、装备制造、新一代信息技术、清洁能源产业六大领域，力争 5 年内工业总产值突破 1 万亿元、GDP 突破 8000 亿元，为落实省第十二次党代会部署的"建设长江大保护典范城市"新目标新使命，全力探索宜昌可学可鉴可信的山水城市高质量发展新模式。马泽江强调，大学因城市而兴，城市因大学而盛，希望三峡大学与宜昌紧密携手、同向发力，共克创新难题、共促人才留宜、共引高端人才、共建三峡智库，共同打造校地共生共荣的新标杆。市委、市政府将一如既往支持三峡大学发展，在办好百年校庆、建设"双一流"高校等方面鼎力合作。

在主持会议时，何伟军表示，长期以来，宜昌市委、市政府始终高度重视并支持三峡大学的建设与发展。王立书记和马泽江市长多次到学校调研和现场办公，帮助学校解决发展中面临的实际困难，特别是在大学路绕行建设、市财政投入、医教研协同发展等方面给予三峡大学大力支持。市政府还专门下发了《关于

支持三峡大学百年校庆的专题会议纪要》，这是市委、市政府给三峡大学师生送的一个"大礼包"。下一步，我们要进一步提升办学水平，增强服务宜昌高质量发展的能力；要全面了解宜昌，深度融入宜昌，力争为宜昌建设长江大保护典范城市作出新的更大的贡献。

市政府党组成员卢斌，学校领导、校党委委员、纪委委员以及全体中层领导干部、教授博士代表共计 300 余人参加了本次学习。

近 40 名博士教授助力宜昌市筑堡工程建设

2022 年 9 月 1 日，宜昌市召开小区点状治理工作推进会，市委常委、组织部长汪伟，市委常委、副市长刘丰雷出席会议，副校长李东升受邀出席会议并讲话。

为纵深推进宜昌市筑堡工程建设，深入贯彻国家关于加强基层治理体系和治理能力现代化建设意见的文件精神，宜昌市在城区各街道筛选出了 20 个问题较为突出、区级解决难度较大的小区实行市级提级管理，每个小区安排一名包联市级领导，聘请 1 名治理顾问和 1 名社区规划师，下派 2 名脱产常驻干部。应宜昌市委、市政府邀请，三峡大学共派出 36 位博士教授出任基层治理顾问和社区规划师，涉及法学与公共管理学院、马克思主义学院、文学与传媒学院、土木与建筑学院、艺术学院共 5 个学院，专业方向主要包括党建与基层治理、法治与矛盾调解、城市文化与社区营造等。

会上，汪伟、刘丰雷、李东升为受聘教师颁发聘书。三峡大学法学与公共管理学院教师、社会学博士、硕士研究生导师万兰芳作为受聘代表发言，他说："三峡大学人喝着宜昌的水，吃着三峡的饭，得积极入世干点宜昌的事，扎根基层把脉会诊找准现实社会真问题，理论与实践相结合探索解决问题真方法，脚沾泥土胸怀人民做出下'接地气'上'通天线'的真研究，用好现实丰富经验素材，讲好宜昌发展精彩故事。"

李东升表示，开学之初市长马泽江应邀在三峡大学党委扩大会上做专题报告，提出了双方如何"共克创新难题、共促人才留宜、共引高端人才、共建三峡智库"这四个问题。此次学校应邀全面派出城市街道基层治理顾问和社区规划师，是及时回应马泽江市长"四问"的务实之举，也是三峡大学积极践行服务宜昌党委政府与地方经济社会发展的战略所在。此次受聘的博士教授们全面深入宜昌市下属各区各街道各小区，既为大家立足现实研究真问题提供了田野基地，也为各位学以致用寻求解决真问题创造了广阔舞台。李东升希望受聘教师努力克服各种困难，积极参与和支持宜昌市筑堡工程建设；扎根基层研究真问题，为提升基层治理效能打造宜昌治理品牌提供高质量咨询服务；注重团队作战，各学科教师之间加强交流协作，在各级党委、政府的指导和支持下积极践行，为宜昌市打造一批可参观、可总结的在国内有一定影响力的样板和试点。

首批"人文社科振兴计划"（揭榜挂帅）项目签约

2022 年 9 月 13 日，学校举行"人文社科振兴计划"（揭榜挂帅）项目签约仪式，何伟军、李东升出席。社会科学发展研究院负责人代表学校分别与团队负责人签订任务合同书。仪式后与会学者座谈交流。

李虎教授提出科研是强校之核，是向未知挑战的过程，青年学者在学校提出的"13836"学科发展总思路中，要勇闯敢闯"无人区"。袁亮副教授表态会将压力转化为动力，保质保量完成任务。经管学院副院长张雄林表示，学院将积极加强科研氛围营造，第一批揭榜挂帅的科研人员更应增强使命感，发挥好榜样的带头作用、标杆作用。

李东升指出，"揭榜挂帅"是学校实现人文社科振兴的里程碑。构建三峡大学新发展格局下学科科技发展先行区，就是要打造大水利、大电气、大健康、大服务四个先行区，哲学社会科学在"大服务"中要发挥很大的作用。要做有组织的科研，明确窗口性指标任务，就必须大力推行揭榜挂帅制度，实现"五聚一重"的目的，即"聚焦引领学者、聚焦大成果、聚焦大项目、聚焦区域服务、聚焦特色文化和重视智库建设"。

何伟军强调了学校大力发展人文社科的必要性与紧迫性，他指出人文社科在三峡大学国内一流综合大学建设中发挥着极端重要的作用。他认为当前学校的人文社科整体发展态势良好，有基础、有历史、有进步，同时也有短板、有危机。"人文社科振兴"计划要"打基础管长远"，面对当前挑战，我们需要加强顶层设计，加大落实力度和支持力度，创新构架成果评价新体系，励精图治，振兴人文社会科学。最后，他鼓励签约学者要应对压力，迎难而上，以身作则，完成任务。

三峡大学"人文社科振兴"计划包括"揭榜挂帅"和"雏鹰培育"两个层次。本次"揭榜挂帅"项目包括了国家社科基金重大项目（含滚动资助项目）、重点项目、省政府一等奖等核心指标要素，拉开了三峡大学"人文社科振兴"计划序幕，具有更广范围的"雏鹰培育"项目近期即将推进落实。

"三峡·天问大讲坛""三峡·求索大讲坛"启动

2022 年 10 月 10 日，何伟军和王炎廷共同为"三峡·天问大讲坛""三峡·求索大讲坛"揭牌。宜昌市科技局局长危爱民出席活动。

首场学术报告会邀请到学校 1983 届杰出校友、中国工程院院士、通航建筑专家胡亚安，他通过线上为师生作题为"高坝通航关键技术与绿色水运发展"的精彩学术报告。他指出："科技是国家强盛之基，创新是民族进步之魂。作为一名科技工作者，要以与时俱进的精神、革故鼎新的勇气、坚韧不拔的定力，面向世界科技前沿、面向经济主战场、面向国家重大需求、面向人民生命健康，把握大势、抢占先机，直面问题、迎难而上，肩负起时代赋予的重任，努力实现高水平科技自立自强！"报告最后，胡亚安院士给母校送上了祝福："华章待启，盛举共襄，母校百年华诞在即，衷心祝愿母校桃李满园、日新月异！在建设'水利电力特色鲜明的国内一流大学'的壮丽征途中再创新的辉煌！"

王炎廷表示，衷心感谢胡亚安院士对母校的关心和支持。他指出，"三峡·天问大讲坛"和"三峡·求索大讲坛"既是纪念三峡大学办学 100 年暨本科教育 45 周年的一件喜事，也是推动学术立校、科技强校的一件大事。最后，他对大讲坛提出三点希望：一、坚持质量标准；二、打造学术精品；三、加强校院共建。

危爱民对大讲坛的举办表示热烈的祝贺。他在讲话中谈到，要以市长马泽江提出的"共克创新难题、共促人才留宜、共引高端人才、共建三峡智库"为指引，下一阶段在"推动愿景落地、推动成果产出、推动打造示范"方面下更大功夫。

"三峡·天问大讲坛""三峡·求索大讲坛"是由学校宣传部、科技发展研究院和社会科学发展研究院共同策划的高端学术品牌。"三峡·天问大讲坛"意在聚焦学术前沿，探讨学科发展，激励科技人员聚焦"卡脖子"技术领域，解决企业技术难题，从而产生学术创新引领效应。"三峡·求索大讲坛"致力于打造学校人文社科学术第一品牌，秉屈子精神，循行吟之道，立足学术研究前沿，关注科学发展走向，邀学界泰斗，集学术名家，在守正创新中助推科技事业发展。

大型（15 米级）混凝土 3D 打印机研发成功

2022 年 10 月 25 日，学校举行自主研发的"大型（15 米级）混凝土 3D 打印机"首发仪式。王炎廷在仪式上致辞。他对大型混凝土 3D 打印团队积极响应学校号召，以大型混凝土材料性能研究积累为基础，瞄准快速化建造、工业化建造、数字化建造的广阔市场，另辟蹊径、扎实研究、潜心研发，在 15 米级混凝土 3D 打印技术方面取得新突破表示祝贺。指出该科研成果为学校服务乡村振兴、服务水利水电智能建造提供了又一利器。同时希望研发团队继续努力，加强推广应用，并不断完善功能，力求系统的先进性、智能化。同时充分发挥团队优势，举一反三，产出更多更高水平科研成果，研发更多先进产品，更好地服务行业和服务社会。接着，王炎廷、李东升、宜昌市住房和城乡建设局副局长叶帮斌共同为大型(15 米级)混凝土 3D 打印机开机合闸。

6 月 25 日，《湖北日报》报道了三峡大学团队研制出混凝土 3D 打印机。报道称，3D 打印混凝土技术是集成计算机图形学、机械零件设计制作、装配工艺、自动化控制、精密数控、混凝土材料、流体力学等多学科交叉的技术。实现 3D 打印混凝土，在楼房、大坝等基础设施建设领域的成熟运用，可在替代建筑工人、缩短建造周期、降低成本同时保证稳定的质量。为了让 3D 打印技术走向工程应用，三峡大学李洋波团队从 2018 年开始开展混凝土 3D 打印技术攻关，2019 年从小型的桌面级混凝土 3D 打印机开始，探索三维模型切片软件和数字化控制软硬件研发。技术攻克后，2021 年开始研发 2.5 米级的混凝土 3D 打印机。经过至少上千次试验，反复开展材料挤出试验和辅助设备调试，成功实现打印机挤料均匀、喷嘴行进与挤料同步，走位更加精确。团队克服经费不足和人员不足等困难，经过五年的攻坚，成功研制出了这台具有全部自主知识产权的、打印成品表面细腻、平整度高的混凝土 3D 打印机样机。

据了解，这台大型(15 米级)混凝土 3D 打印机是目前国内最大的单体混凝土 3D 打印机，标志着学校在智能建造领域研究迈上新台阶。

"宜优 9 号"矮秆高产高粱新品种发布

2022 年 11 月 6 日，学校自主研发的"宜优 9 号"矮秆高产高粱新品种发布会在枝江市举行。李东升、张锐和宜昌市政府一级巡视员王应华、宜昌市农业农村局局长刘新平、宜昌市科学技术局局长危爱民、宜昌市农业科学研究院院长胡光灿、枝江市副市长黄爱民、湖北楚园春酒业有限公司副总经理刘凤春等领导出席发布会。

王应华、李东升、刘凤春在首发仪式上致辞。王应华、李东升共同为国家知识产权试点示范高校三峡大学成果转化基地揭牌。出席领导一起参加"宜优 9 号"矮秆高产高粱新品种开镰仪式,并参观了实验基地。

在致辞中,王应华向新品种的发布表示热烈祝贺。对三峡大学坚持"双服务",融入宜昌经济社会发展,支撑宜昌科技创新表示衷心感谢。李东升指出"宜优 9 号"矮秆高产高粱新品种为学校服务乡村振兴、服务宜昌建设长江大保护典范城市,提供了又一个利器。该新品种在"矮秆、高产、高品质"等方面推动国内酿酒高粱品种向前迈了一大步,标志着学校在高粱种质创新与推广应用领域再上新台阶。刘凤春讲到楚园春酒业与三峡大学的合作由来已久,通过试酿,"宜优 9 号"出酒率和白酒品质已得到广泛认可,未来有信心将其打造成宜昌的"茅台"。

"宜优 9 号"矮秆高产高粱新品种是学校"科技创新赋能发展"计划的重要成果,也是科技发展研究院和生物与制药学院联合开展有组织科研的又一标志性成果。张德春教授团队长期致力于高粱种质创新和新品种培育,经过十余年的研究探索,培养出多个优质酿酒高粱新品种,具有产量高、出酒率高,白酒品质好、再生性好、本地适应性好等"两高三好"的特点,在支持乡村振兴、宜昌特色农业和三峡酒业高质量发展、黄河滩涂治理与生态修复等方面显示出广阔应用前景。

人民日报、新华网、中新网、湖北日报等多家媒体均对发布会作出报道。

湖北省副省长、宜昌市委书记王立到校宣讲党的二十大精神

2022 年 11 月 17 日,湖北省副省长、宜昌市委书记王立到学校宣讲党的二十大精神,推动党的二十大精神入脑入心。王立与师生代表交流互动,一起学习党的二十大精神。他强调,要全面学习、全面把握、全面落实党的二十大精神,引导广大师生紧跟时代步伐,让青春在新征程的火热实践中绽放绚丽之花。

会上,何伟军介绍了学校学习宣传贯彻党的二十大精神的情况。他表示,三峡大学党委坚决扛牢政治责任,坚持把学习宣传贯彻党的二十大精神作为首要政治任务抓紧抓实抓好。一是高度重视,组织有力,学校各级党组织总动员,组织数万名师生集中收看党的二十大开幕会,把学习贯彻党的二十大精神推向深入。二是及时行动,真学实学,组织师生收看教育部党组书记、部长怀进鹏所作的党的二十大精神宣讲,特邀党的二十大代表、兴发集团党委书记、董事长李国璋来校宣讲,校领导带头走进课堂开展宣讲,学校党委专题研究加强思政课建设,启动干部集中轮训,组织骨干教师参与学校和宜昌市理论宣讲,把学习贯彻党的二十大精神进一步推向深入。三是线上线下,浓厚氛围,开通"深入学习贯彻党的

二十大精神专题网""喜迎二十大""学习二十大"专栏，校内各宣传平台发布 200 余篇稿件，将深入学习贯彻党的二十大精神与深化文明创建、共创文明典范城市相结合，使网上网下、课堂内外成为学习党的二十大精神的重要阵地。四是凝心聚力，促进发展，与远安续签校地合作协议，与兴发、宜化等龙头企业加强校企合作，用党的二十大精神激发新动能、开辟新赛道。同时，来自材料与化工学院、文学与传媒学院、水利与环境学院的师生代表结合自身实际畅谈学习党的二十大精神的体会。

王立指出，党的二十大是在全党全国各族人民迈上全面建设社会主义现代化国家新征程、向第二个百年奋斗目标进军的关键时刻召开的一次十分重要的大会，是一次高举旗帜、凝聚力量、团结奋进的大会。要充分认识党的二十大的历史地位和重大意义，深刻领会党的二十大的主题，深刻领会过去 5 年的工作和新时代 10 年的伟大变革，深刻领会开辟马克思主义中国化时代化新境界，深刻领会新时代新征程中国共产党的使命任务，深刻领会党的二十大作出的一系列战略部署，深刻领会坚持党的全面领导和全面从严治党的重大部署，深刻领会发扬斗争精神、增强斗争本领、坚持团结奋斗的时代要求，深刻把握"教育、科技、人才是全面建设社会主义现代化国家的基础性、战略性支撑"的重要论述，用青年听得懂的方式把习近平新时代中国特色社会主义思想说明白，把中国特色社会主义制度的优越性讲清楚，引导广大师生切实把思想和行动统一到党的二十大确定的各项任务上来。

王立强调，党的二十大报告鲜明提出"以中国式现代化全面推进中华民族伟大复兴"，"人与自然和谐共生的现代化"是中国式现代化的五大特色之一，为我们推动高质量发展提供了战略指引。全市上下正聚焦省委对宜昌提出的加快建设"山水辉映、蓝绿交织、人城相融"的长江大保护典范城市目标，坚定不移做优主城、做美滨江、做绿产业，努力在长江生态环境保护修复、城与山水和谐相融、产业绿色发展、美好环境与幸福生活共同缔造等方面成为全国典范。希望三峡大学积极参与宜昌经济社会发展，将学校专业设置与地方主导产业发展紧密结合起来，抓好科研成果转化，为宜昌典范城市建设贡献更大力量。

王立指出，青年是希望，是未来。当代青年生逢其时，施展才干的舞台无比广阔，实现梦想的前景无比光明。三峡大学党委要进一步提振广大师生的精气神，让"求索"校训成为全校师生的精神坚守，引导广大学生立大志、树壮志，将自己的命运同国家民族的命运紧紧联系在一起，树立正确的世界观、人生观、价值观。广大学生要坚定理想信念，练就过硬本领，敢于拼搏、善于创新，学会做人、学会做事。一所大学办得好不好，关键看有没有一支好的教师队伍。广大教师要坚持立德树人，增强言为士则、行为世范的自觉，争做"四有"好老师，培养更多富有时代精神、适应社会发展的高素质人才。

何伟军表示，王立副省长的宣讲报告政治站位高，结合宜昌发展实际，内容丰富，对学校进一步宣传贯彻落实党的二十大精神有重要的指导意义。全校上下要深刻领悟"两个确立"的决定性意义，坚决做到"两个维护"，努力推动高质量发展，为湖北建设教育强省、科技强省、人才强省作出应有的贡献。

何伟军教授向档案馆捐赠珍贵档案材料

2022 年年底，湖北省十二届政协委员何伟军教授将 2018 年至 2022 年连续 5 年出席省政协会议、省第十二次党代会、省委干部工作会议等重要会议的出席证、代表履职手册、会议指南等珍贵物品捐赠给学校档案馆，档案馆进行登记编号并存入档案专库。

何伟军 2013 年当选为湖北省第十二届人大代表，2018 年当选为湖北省第十二届政协委员，在担任省人大代表期间，积极参加省人大组织的各种学习调研活动。每年都提交建议，为湖北经济社会发展建言献策，5 年共提交了 9 份建议，均被人大受理，相关省直部门均予以解决、答复、积极回应。

何伟军提交的建议，内容主要集中在三个方面：区域均衡发展、高等教育和高校财政投入问题。

区域均衡发展问题：2007 年，何伟军从事三峡现代物流中心相关研究，注意到在中西部地区存在一个经济发展"空档"。之后，在中央提出长江中游城市群、成渝城市群后，何伟军教授逐渐发现在长江中游城市群、成渝城市群之间，近一千公里的区域，在增长极极化作用下，区域各种资源被周围城市群大量吸收，形成经济"塌陷区域"。如果长此以往，没有一个相应的政策支持发展，这一区域将会被边缘化。何伟军认为要抵消极化效应，这一区域应存在一个次增长极。2014 年 5 月，何伟军组织经管学院、法管学院的教授学者开始了三峡城市群的研究，并发表了《以现代化特大城市的姿态担当三峡城市群崛起的脊梁》等一系列文章，引起了社会和学术界的广泛关注。田强教授、许倍慎博士等也陆续发文《打造三峡城市群助推长江经济带一体化发展》《三峡城市群的功能定位与战略布局》，三峡大学的"三峡城市群研究团队"也得到了宜昌市委、市政府的大力支持和高度肯定。2015 年 1 月 31 日，时任湖北省委书记李鸿忠参加了省人大十二届三次会议宜昌代表团的讨论，在围绕省政府工作报告的讨论中，何伟军作了关于三峡城市群的专题发言，并建议："希望省委、省政府能更加重视三峡城市群的建设，将其纳入省级发展战略，并积极地支持，力争上升为国家战略。"李鸿忠认真听完何伟军和其他代表的发言后，对三峡城市群的论证研究作了 16 个字的评价："精神可嘉、士气可鼓、论证可信、前景可期"，并亲自提议将"三峡城市群的建设"写进省政府工作报告。就这样三峡城市群建设的构想上升为省级发展战略。之后，又经过各方的努力，三峡生态经济合作区（三峡城市群）的建设写入了《中华人民共和国国民经济和社会发展第十三个五年规划纲要》，正式成为国家发展战略。

高等教育问题：2016 年 1 月在省人大十二届四次会议上，何伟军联合宜昌代表团另外两名代表，一起提出关于加强省域副中心城市"一流大学、一流学科"建设的建议，建议将地处省域副中心城市宜昌的三峡大学列入湖北省"国内一流大学、国内一流学科"建设行列。2017 年 1 月在省人大十二届五次会议上，何伟军又联合宜昌代表团 4 名代表，一起提出了关于将三峡大学列入湖北省"双一流"重点建设行列的建议。两次建议都受到了省委、省政府的高度重视。2018 年 1 月，三峡大学成功入选湖北省"双一流"重点建设高校行列。

对省属高校的财政投入问题：2016 年 1 月在省人大十二届四次会议上，何伟军提出了关于改进预算方式，加大省属高校财政性投入的建议。2017 年 1 月在省人大十二届五次会议上，何伟军又提出了关于加大对省属高校投入、提高生均综合定额拨款标准的建议。

三峡大学办学 100 年暨本科教育 45 周年系列活动正式启动

致敬百年求索，奋进一流征程。2022 年 11 月 18 日上午，三峡大学办学 100 年暨本科教育 45 周年系列活动启动仪式在学校长江报告厅隆重举行。受副省长、市委书记王立的委托，宜昌市委常委、宣传部部长周正英代表宜昌市委、市政府出席启动仪式。学校领导、校友代表、战略合作企业代表、师生代表满怀喜悦齐聚一堂，共同开启学校办学 100 年暨本科教育 45 周年系列活动。

由刘芳、肖劲松、雷小东老中青三代教师生动演绎的《百年求索向一流》校庆预告片拉开了活动的序幕，预告片中，三峡大学坚持与时代同呼吸、与民族共命运，扎根中国大地，深耕荆楚沃土，坚持求索奋进的百年历史通过三位老师讲述展现在观众面前。

何伟军致词对出席仪式的领导和嘉宾表示热烈欢迎。他回顾了学校 100 年来的办学历史。他指出，办学 100 年暨本科教育 45 周年系列活动，既是对学校百年发展历程的全面回顾、发展经验的全面总结、发展成就的全面展示，也是学校面向未来发展的一项重要部署、一次重要契机、一份重大宣言，对所有三峡大学人具有特殊的意义。希望通过举办系列活动，进一步增强全体师生校友的凝聚力、认同感和爱校荣校情怀，进一步提升学校的社会影响力和贡献度，不断推动学校事业实现高质量发展。

周正英代表宜昌市委、市政府向学校表示热烈祝贺。

王炎廷发布《三峡大学办学 100 年暨本科教育 45 周年系列活动第一号公告》。学校将以"百年求索路，奋进新征程"为主题，本着简朴、务实的原则举行系列学术、文化、校友等活动。学校邀请师生校友于明年金秋，聚首峡江之畔，赓续师友情谊，共同庆祝办学百年，开启新的奋斗征程。

学校党委常委、宣传部部长张锐介绍了《三峡大学办学 100 年暨本科教育 45 周年系列活动筹备工作方案》。在为期一年的时间里，学校将陆续开展 40 余项校级活动和百余项院级活动，努力将系列活动办出"学术范""人文味""校友情""节俭风"，为师生奉上学术盛会、文化盛会、创新盛会。

"全球校友校旗传递"活动在全球校友祝福短片中开启，世界各地校友代表通过视频方式为母校送上祝福，欢乐、幸福、激动、热切洋溢在每个校友的脸上。王炎廷将手中的校旗传递给校友代表、长江设计集团有限责任公司党委书记、董事长杨启贵，诚邀全球校友共话三大百年征程，畅想三大美好未来。

杨启贵回顾了在学校求学时的难忘经历，表达了对母校深厚感情和浓浓谢意，号召广大校友多回学校走一走、看一看，在学校高质量发展新征程道路上作出新的贡献，并预祝学校办学 100 年暨本科教育 45 周年庆祝活动取得圆满成功。

陈和春代表学校与长江设计集团有限公司、华为技术有限公司、中国十五冶金建设集团有限公司代表签署战略合作协议。双方表示今后将进一步深化合作，协同联动，共谋校企合作新格局。

在何伟军、王炎廷、周正英、杨启贵、合作企业代表的见证下，三峡大学办学 100 年暨本科教育 45 周年系列活动专题网正式发布，标志着办学百年系列活动正式启动。

仪式最后，在场嘉宾与三峡大学艺术学院师生齐唱校歌《求索》。在优美激昂的旋律声中，三峡大学人回望青春、感悟初心、展望未来，决心在母校新的辉煌征程中，扎根三峡沃土，厚植爱国情怀，为实现中华民族伟大复兴的中国梦作出新的更大的贡献。

附　录

1. 三峡大学历届校领导名录（2000.6—2022.12）

姓名	职　务	任职时间
陈少岚	三峡大学党委书记	2000 年 6 月—2005 年 8 月
刘德富	三峡大学党委副书记、副校长（主持行政全面工作）	2000 年 6 月—2001 年 9 月
	三峡大学副书记、校长	2001 年 9 月—2007 年 1 月
	三峡大学党委书记、校长	2007 年 1 月—2007 年 6 月
	三峡大学党委书记	2007 年 6 月—2011 年 6 月
李建林	三峡大学校长助理	2000 年 9 月—2001 年 9 月
	三峡大学党委常委、副校长	2001 年 9 月—2007 年 6 月
	三峡大学党委副书记、校长	2007 年 6 月—2011 年 9 月
	三峡大学党委书记	2011 年 9 月—2021 年 7 月
何伟军	三峡大学校长助理	2003 年 12 月—2007 年 3 月
	三峡大学党委副书记	2007 年 3 月—2012 年 3 月
	三峡大学党委副书记、校长	2012 年 3 月—2021 年 8 月
	三峡大学党委书记	2021 年 8 月—现在
王炎廷	三峡大学党委常委	2012 年 7 月—2012 年 11 月
	三峡大学党委常委、副校长	2017 年 9 月—2021 年 8 月
	三峡大学党委副书记、校长	2021 年 8 月—现在
杨　锋	三峡大学党委副书记	2000 年 6 月—2001 年 9 月
雷森策	三峡大学党委副书记兼纪委书记	2000 年 6 月—2003 年 5 月
	三峡大学正校级调研员	2003 年 5 月—2005 年 7 月
石亚非	三峡大学副校长	2000 年 6 月—2005 年 9 月
	三峡大学党委副书记	2005 年 9 月—2007 年 6 月
	三峡大学党委副书记兼纪委书记	2007 年 6 月—2008 年 11 月
	三峡大学党委副书记	2008 年 11 月—2015 年 5 月
	三级职员	2015 年 5 月—2015 年 7 月
焦时俭	三峡大学党委常委、副校长	2000 年 6 月—2012 年 3 月
	三峡大学正校级干部	2012 年 3 月—2013 年 12 月

姓名	职务	任职时间
袁洪	三峡大学党委常委、副校长	2000 年 6 月—2007 年 6 月
	三峡大学正校级调研员	2007 年 6 月—2008 年 6 月
高进仁	三峡大学正校级调研员	2000 年 6 月—2003 年 11 月
汪仲友	三峡大学正校级调研员	2000 年 6 月—2001 年 11 月
曾维强	三峡大学正校级调研员	2000 年 6 月—2003 年 2 月
黄利鸣	三峡大学校长助理	2000 年 9 月—2001 年 9 月
	三峡大学副校长	2001 年 9 月—2002 年 4 月
马萍	三峡大学校长助理	2001 年 10 月—2003 年 5 月
	三峡大学党委副书记	2003 年 5 月—2003 年 12 月
胡翔勇	三峡大学校长助理	2001 年 10 月—2003 年 5 月
	三峡大学副校长	2003 年 5 月—2016 年 8 月
	三峡大学副校长、三级职员	2016 年 8 月—2017 年 2 月
	三级职员	2017 年 2 月—2019 年 5 月
邹坤	三峡大学校长助理	2003 年 6 月—2007 年 3 月
	三峡大学党委常委、副校长	2007 年 3 月—2021 年 11 月
	三峡大学副校长	2021 年 11 月—2022 年 1 月
游敏	三峡大学校长助理	2003 年 6 月—2008 年 10 月
	四级职员	2017 年 8 月—2020 年 7 月
骆家宽	三峡大学党委副书记	2003 年 8 月—2003 年 9 月
	三峡大学党委常委、纪委书记	2003 年 9 月—2005 年 7 月
谭志松	三峡大学党委常委、副校长	2007 年 6 月—2012 年 6 月
	三峡大学正校级干部	2012 年 6 月—2014 年 6 月
王新祝	三峡大学党委常委、纪委书记	2008 年 11 月—2019 年 7 月
	三峡大学党委常委、纪委书记、三级职员	2019 年 7 月—2020 年 7 月
	三峡大学党委常委、纪委书记、三级职员、湖北省监察委员会驻三峡大学监察专员	2020 年 7 月—2020 年 12 月
	湖北省监察委员会驻三峡大学监察专员、三级职员	2020 年 12 月—2021 年 2 月
	三级职员	2021 年 2 月—2021 年 10 月

姓名	职　务	任职时间
田　斌	三峡大学校长助理	2009 年 1 月—2011 年 1 月
	三峡大学党委常委、副校长	2011 年 1 月—2012 年 6 月
	三峡大学党委副书记	2012 年 6 月—现在
黄应平	三峡大学校长助理	2009 年 1 月—2012 年 6 月
	三峡大学党委常委、副校长	2012 年 6 月—现在
主　悔	三峡大学党委常委、副校长	2012 年 11 月—2022 年 8 月
	三峡大学党委常委、副校长、三级职员	2022 年 8 月—2022 年 11 月
	三级职员	2022 年 11 月—现在
陈和春	三峡大学校长助理	2014 年 1 月—2015 年 5 月
	三峡大学校长助理、四级职员	2015 年 5 月—2017 年 2 月
	三峡大学副校长	2017 年 2 月—现在
黄　浩	三峡大学校长助理	2014 年 4 月—2015 年 5 月
	三峡大学校长助理、四级职员	2015 年 5 月—2017 年 5 月
王建平	三峡大学党委常委	2015 年 11 月—2017 年 11 月
	三峡大学党委副书记	2017 年 11 月—2020 年 7 月
李　红	三峡大学党委常委	2017 年 2 月—2019 年 7 月
	三峡大学党委常委、四级职员	2019 年 7 月—2021 年 10 月
	三峡大学党委副书记、四级职员	2021 年 10 月—现在
李敏昌	三峡大学党委常委	2017 年 2 月—2019 年 7 月
	三峡大学党委常委、四级职员	2019 年 7 月—2021 年 11 月
	四级职员	2021 年 11 月—现在
秦防修	三峡大学党委常委、总会计师	2017 年 3 月—2021 年 10 月
易红武	三峡大学党委常委、纪委书记、湖北省监察委员会驻三峡大学监察专员	2020 年 12 月—现在
黄悦华	三峡大学党委常委、副校长	2021 年 10 月—现在
李东升	三峡大学党委常委、副校长	2021 年 10 月—现在
张　锐	三峡大学党委常委	2021 年 11 月—现在
张　成	三峡大学党委常委	2021 年 11 月—现在

2. 三峡大学现有单位机构设置名录

（1）党群部门

序号	单位名称	序号	单位名称
1	党政办公室（保密办公室）	7	工会
2	政策研究与法规室	8	学生处（学生工作部、研究生工作部、武装部）
3	纪委（监察专员办）	9	团委
4	党委组织部（党校）、机关党委	10	保卫处（保卫部）
5	党委宣传部（党委教师工作部）	11	老干部工作部（离退休工作处）
6	党委统战部（社会主义学院）		

（2）行政部门

序号	单位名称	序号	单位名称
1	发展规划与学科建设办公室	8	招生及就业指导处
2	研究生院	9	社会服务与对外合作办公室
3	教务处（求索学院）	10	医学部
4	科技发展研究院（国防科技研究院）	11	财务处
5	社会科学发展研究院	12	审计处
6	人事处（人才工作办公室）	13	校园规划与建设处
7	国际合作与交流处（港澳台事务办公室）	14	设备与资产管理处

（3）学院

序号	单位名称	序号	单位名称
1	水利与环境学院	4	材料与化工学院
2	土木与建筑学院	5	电气与新能源学院
3	机械与动力学院	6	计算机与信息学院

序号	单位名称	序号	单位名称
7	经济与管理学院	15	生物与制药学院
8	基础医学院	16	外国语学院
9	健康医学院	17	艺术学院
10	文学与传媒学院	18	体育学院(体育部)
11	田家炳教育学院(高教所)	19	国际学院(与国际合作与交流处合署办公)
12	马克思主义学院	20	民族学院
13	法学与公共管理学院	21	创新创业学院(大学生素质教育中心)
14	理学院	22	继续教育学院(职业技术学院)

（4）教辅单位

序号	单位名称	序号	单位名称
1	图书馆	5	期刊社
2	信息技术中心(智慧校园建设办公室)	6	档案馆
3	采购与招标中心	7	后勤保障服务部(资产经营公司)
4	分析测试中心		

（5）其他单位

序号	单位名称
1	学术委员会

（6）独立二级法人单位

序号	单位名称
1	附属仁和医院
2	科技学院

3. 三峡大学现有专业设置一览表（2022 年）

序号	学科门类	学科大类	专业代码	专业名称	修业年限	学位授予门类	学院
1	02 经济学	0203 金融学类	020301K	金融学	四年	经济学	经济与管理学院
2		0204 经济与贸易类	020401	国际经济与贸易	四年	经济学	经济与管理学院
3	03 法学	0301 法学类	030101K	法学	四年	法学	法学与公共管理学院
4		0303 社会学类	030302	社会工作	四年	法学	法学与公共管理学院
5	04 教育学	0401 教育学类	040104	教育技术学	四年	理学	计算机与信息学院
6			040107	小学教育	四年	教育学	田家炳教育学院
7		0402 体育学类	040201	体育教育	四年	教育学	体育学院
8			040203	社会体育指导与管理	四年	教育学	体育学院
9	05 文学	0501 中国语言文学类	050101	汉语言文学	四年	文学	文学与传媒学院
10			050103	汉语国际教育	四年	文学	文学与传媒学院
11		0502 外国语言文学类	050201	英语	四年	文学	外国语学院
12			050204	法语	四年	文学	外国语学院
13			050207	日语	四年	文学	外国语学院
14		0503 新闻传播学类	050302	广播电视学	四年	文学	文学与传媒学院
15	07 理学	0701 数学类	070101	数学与应用数学	四年	理学	理学院
16			070102	信息与计算科学	四年	理学	理学院
17		0702 物理学类	070201	物理学	四年	理学	理学院

续表

序号	学科门类	学科大类	专业代码	专业名称	修业年限	学位授予门类	学院
18	07 理学	0703 化学类	070301	化学	四年	理学	生物与制药学院
19			070303T	化学生物学	四年	理学	生物与制药学院
20		0710 生物科学类	071001	生物科学	四年	理学	生物与制药学院
21			071004	生态学	四年	理学	生物与制药学院
22		0712 统计学类	071201	统计学	四年	理学	理学院
23	08 工学	0802 机械类	080202	机械设计制造及其自动化	四年	工学	机械与动力学院
24			080203	材料成型及控制工程	四年	工学	机械与动力学院
25			080204	机械电子工程	四年	工学	机械与动力学院
26			080213T	智能制造工程	四年	工学	机械与动力学院
27		0804 材料类	080405	金属材料工程	四年	工学	材料与化工学院
28			080414T	新能源材料与器件	四年	工学	材料与化工学院
29		0805 能源动力类	080501	能源与动力工程	四年	工学	机械与动力学院
30		0806 电气类	080601	电气工程及其自动化	四年	工学	电气与新能源学院
31			080602T	智能电网信息工程	四年	工学	电气与新能源学院
32		0807 电子信息类	080701	电子信息工程	四年	工学	计算机与信息学院
33			080703	通信工程	四年	工学	计算机与信息学院
34			080705	光电信息科学与工程	四年	工学	理学院
35			080714T	电子信息科学与技术	四年	工学	计算机与信息学院

序号	学科门类	学科大类	专业代码	专业名称	修业年限	学位授予门类	学院
36		0808 自动化类	080801	自动化	四年	工学	电气与新能源学院
37		0809 计算机类	080901	计算机科学与技术	四年	工学	计算机与信息学院
38			080905	物联网工程	四年	工学	计算机与信息学院
39			080906	数字媒体技术	四年	工学	计算机与信息学院
40			080910T	数据科学与大数据技术	四年	工学	计算机与信息学院
41		0810 土木类	081001	土木工程	四年	工学	土木与建筑学院
42			081004	建筑电气与智能化	四年	工学	电气与新能源学院
43		0811 水利类	081101	水利水电工程	四年	工学	水利与环境学院
44	08 工学		081102	水文与水资源工程	四年	工学	水利与环境学院
45			081103	港口航道与海岸工程	四年	工学	水利与环境学院
46		0813 化工与制药类	081301	化学工程与工艺	四年	工学	材料与化工学院
47			081302	制药工程	四年	工学	生物与制药学院
48			081304T	能源化学工程	四年	工学	材料与化工学院
49		0814 地质类	081401	地质工程	四年	工学	土木与建筑学院
50		0822 核工程类	082201	核工程与核技术	四年	工学	机械与动力学院
51		0823 农业工程类	082305	农业水利工程	四年	工学	水利与环境学院
52		0825 环境科学与工程类	082502	环境工程	四年	工学	水利与环境学院
53		0828 建筑类	082801	建筑学	五年	工学	土木与建筑学院
54			082802	城乡规划	五年	工学	土木与建筑学院
55		0830 生物工程类	083001	生物工程	四年	工学	生物与制药学院

续表

序号	学科门类	学科大类	专业代码	专业名称	修业年限	学位授予门类	学院
56	10 医学	1002 临床医学类	100201K	临床医学	五年	医学	基础医学院
57			100203TK	医学影像学	五年	医学	基础医学院
58		1004 公共卫生与预防医学类	100401K	预防医学	五年	医学	健康医学院
59		1005 中医学类	100501K	中医学	五年	医学	健康医学院
60		1007 药学类	100701	药学	四年	理学	健康医学院
61		1011 护理学类	101101	护理学	四年	理学	健康医学院
62	12 管理学	1201 管理科学与工程类	120102	信息管理与信息系统	四年	管理学	计算机与信息学院
63			120103	工程管理	四年	管理学	水利与环境学院
64			120105	工程造价	四年	管理学	水利与环境学院
65		1202 工商管理类	120201K	工商管理	四年	管理学	经济与管理学院
66			120202	市场营销	四年	管理学	经济与管理学院
67			120204	财务管理	四年	管理学	经济与管理学院
68			120206	人力资源管理	四年	管理学	经济与管理学院
69		1204 公共管理类	120401	公共事业管理	四年	管理学	法学与公共管理学院
70			120402	行政管理	四年	管理学	法学与公共管理学院
71		1206 物流管理与工程类	120601	物流管理	四年	管理学	经济与管理学院
72		1207 工业工程类	120701	工业工程	四年	工学	机械与动力学院
73		1209 旅游管理类	120901K	旅游管理	四年	管理学	经济与管理学院

续表

序号	学科门类	学科大类	专业代码	专业名称	修业年限	学位授予门类	学院
74	13 艺术学	1302 音乐与舞蹈学类	130201	音乐表演	四年	艺术学	艺术学院
75			130202	音乐学	四年	艺术学	艺术学院
76			130205	舞蹈学	四年	艺术学	艺术学院
77		1303 戏剧与影视学类	130309	播音与主持艺术	四年	艺术学	文学与传媒学院
78		1304 美术学类	130401	美术学	四年	艺术学	艺术学院
79		1305 设计学类	130502	视觉传达设计	四年	艺术学	艺术学院
80			130503	环境设计	四年	艺术学	艺术学院

4. 三峡大学招生、毕业生统计一览表

(1)三峡大学普通本专科毕业、招生人数一览表

年度	毕业人数		招生人数	
	本科	专科	本科	专科
2000	1331	804	3596	1057
2001	1473	239	3847	1182
2002	1763	470	5207	1768
2003	2482	969	5052	1996
2004	3649	1477	5652	2327
2005	4155	1577	5731	2082
2006	5428	2208	6265	3013
2007	4469	1794	4358	1024
2008	4572	1952	4690	1248
2009	4473	2501	4853	1262
2010	4318	986	5171	391
2011	4369	1539	5888	299
2012	4580	240	6260	410
2013	4886	379	5968	103
2014	5340	292	5787	101
2015	5768	404	5377	40
2016	5898	96	5439	0
2017	5461	93	5218	0
2018	5287	47	5280	0
2019	5122	6	5460	0
2020	5452	0	5632	0
2021	5097	0	5871	0
2022	5193	0	6107	0

（2）三峡大学研究生招生、毕业人数一览表

2001—2022 年研究生录取数据统计一览表

年份	硕士						博士			合计
	全日制			非全日制			全日制			
	合计	学术学位	专业学位	合计	学术学位	专业学位	合计	学术学位	专业学位	
2001	57	57								57
2002	77	77								77
2003	172	172								172
2004	203	203								203
2005	231	231								231
2006	284	284								284
2007	330	330								330
2008	408	408								408
2009	536	530	6							536
2010	613	524	89							613
2011	720	518	202							720
2012	796	515	281							796
2013	855	509	346							855
2014	916	485	431				6	6		922
2015	976	440	536				8	8		984
2016	1007	457	550				11	11		1018
2017	1062	465	597	286	44	242	11	11		1359
2018	1165	500	665	284	30	254	22	22		1471
2019	1265	542	723	285	30	255	36	36		1586
2020	2011	764	1247	285	30	255	49	49		2345
2021	2198	782	1416	285	30	255	61	61		2544
2022	2301	829	1472	285	30	255	87	62	25	2673
合计	18183	9622	8561	1710	194	1516	291	266	25	20184

2004—2022 年研究生毕业数据统计表

年份	博士		合计	硕士		合计	总计
	全日制			非全日制	全日制		
2004					72	72	72
2005					122	122	122
2006					135	135	135
2007					205	205	205
2008					235	235	235
2009					309	309	309
2010					309	309	
2011					382	382	382
2012					517	517	517
2013					619	619	619
2014					717	717	717
2015					763	763	763
2016					841	841	841
2017	1	1			838	838	839
2018	3	3			926	926	929
2019	6	6		100	962	1062	1068
2020	7	7		276	1035	1311	1318
2021	11	11		164	1137	1301	1312
2022	7	7		222	1268	1490	1497
总计	35	35		762	11392	12154	12189

（3）三峡大学来华留学生招生、毕业人数一览表

年度	招生数据						毕业人数一览表				
	本科	硕研	博研	进修生	短期团组	招生总数	本科	硕研	博研	进修生（结业）	毕（结）业生总数
2000	0	0	0	1	0	1	0	0	0	1	1
2001	0	0	0	5	0	5	0	0	0	5	5
2002	0	0	0	8	0	8	0	0	0	8	8
2003	0	0	0	10	0	10	0	0	0	10	10
2004	201	0	0	7	0	208	0	0	0	7	7
2005	113	0	0	16	0	129	0	0	0	16	16
2006	84	0	0	7	0	91	0	0	0	7	7
2007	22	0	0	0	0	22	0	0	0	0	0
2008	32	0	0	14	0	46	0	0	0	14	14
2009	1	0	0	0	62	63	1	0	0	0	1
2010	103	0	0	0	0	194	24	0	0	0	24
2011	41	0	0	89	0	130	104	0	0	89	193
2012	66	0	0	9	0	75	107	0	0	9	116
2013	170	0	2	60	0	232	78	0	0	60	138
2014	157	5	4	48	0	214	53	0	0	48	101
2015	178	0	5	17	0	190	67	0	0	17	84
2016	183	4	7	14	0	208	62	2	1	14	79
2017	222	7	2	81	47	359	86	4	4	81	175
2018	166	7	6	137	109	425	61	2	1	137	201
2019	169	17	7	94	182	469	128	5	1	94	228
2020	94	31	9	17	0	151	104	6	9	17	136
2021	53	32	7	317	0	409	170	7	1	317	495
2022	53	34	5	345	0	437	160	11	1	317	489

（4）三峡大学继续教育招生、毕业人数一览表

年度	成人高等教育						自学考试高等教育			
	招生数			毕业数			注册人数		毕业数	
	高升专	专升本	高升本	高升专	专升本	高升本	专科	本科	专科	本科
2000	2640	1304	／	263						
2001	1582	1637	115	273						
2002	2985	1160	251	388		272				
2003	2089	1336	210	929	5	1207				
2004	2362	1115	255	1579	1	1816				
2005	2049	2047	283	1984		1732				
2006	1951	2087	341	160		958	0	319	0	29
2007	2685	2582	345	2598	5	2308	0	1829	0	213
2008	2599	1778	424	1754	1935	84	486	2963	0	782
2009	3078	2164	270	1478	1999	276	1042	4228	0	1065
2010	3134	3000	272	2006	1723	49	361	4476	15	2242
2011	3354	3188	43	3650	2641	301	379	5744	90	2206
2012	2431	3566	42	3854	3224	274	535	5958	170	2726
2013	2767	3301	18	2914	2800	9	829	3932	292	2659
2014	2884	2519	7	2939	3034	363	723	2873	493	3108
2015	2238	2335	34	2360	3430	217	721	2290	613	2591
2016	2053	2722	61	2560	3131	238	749	2257	658	1698
2017	2263	3614	170	2588	2412	49	568	2267	713	1024
2018	2162	3341	80	2098	2263	28	117	1363	282	1003
2019	2769	4161	146	1997	2584	14	66	2207	260	1120
2020	2009	4377	202	2195	3388	8	35	1493	131	728
2021	2286	4937	207	2105	3328	28	0	1437	56	623
2022	1931	5264	285	2657	3941	51	0	1202	30	294

（5）三峡大学科技学院招生、毕业生人数一览表

年份	招生数			在校生数			毕业生数		
	合计	本科	专科	合计	本科	专科	合计	本科	专科
2000	175	0	175	175	0	175	0	0	0
2001	433	287	146	617	287	330	0	0	0
2002	896	391	505	1464	684	780	0	0	0
2003	1092	631	461	2374	1309	1065	126	0	126
2004	1790	1239	551	3945	2618	1327	122	0	122
2005	1942	1323	619	5291	3663	1628	549	260	289
2006	2158	1469	689	6400	4571	1829	997	533	464
2007	2520	1597	923	7810	5585	2225	1069	557	512
2008	2618	1689	929	8673	6110	2563	1770	1173	597
2009	2722	1834	888	9400	6640	2760	1926	1244	682
2010	3053	2194	859	10059	7352	2707	2367	1440	927
2011	3297	2467	830	10769	8161	2608	2586	1642	944
2012	3339	2573	766	11724	9254	2470	2392	1495	897
2013	3257	2471	786	12439	10027	2412	2510	1670	840
2014	2772	2216	556	12340	10219	2121	2878	2061	817
2015	2883	2273	610	11794	9819	1975	3284	2547	737
2016	2774	2322	452	11217	9589	1628	3216	2445	771
2017	2383	2040	343	10652	9242	1410	3051	2514	537
2018	2402	2099	303	10324	9214	1110	2762	2181	581
2019	2598	2100	498	10222	9074	1148	2592	2140	452
2020	2856	2517	339	10843	9415	1428	2490	2142	348
2021	2663	2377	286	10728	9373	1355	2712	2415	297
2022	3018	2703	315	10677	9488	1189	3047	2573	474

注：招生数为当年报到人数

5. 三峡大学教职工中各级党代会、人代会、政协委员名录

(1)历届湖北省党代会代表

中共湖北省第九次代表大会代表　　　刘德富　王新祝

中共湖北省第九次代表大会代表　　　李建林

中共湖北省第九次代表大会代表　　　李建林

中共湖北省第九次代表大会代表　　　何伟军

(2)历届各级人大代表

时　间	代　表
全国人大代表	
第六届全国人大代表(1983—1987年)	张光明
第七届全国人大代表(1988—1992年)	张光明
第八届全国人大代表(1993—1997年)	张光明
第九届全国人大代表(1998—2002年)	黄利鸣
湖北省人大代表	
第五届（1977年）	张光明
第六届(1983年)	侯文理　崔传礼
第七届(1988年)	李　桦　侯文理　崔传礼
第十届(2003—2007年)	刘德富
第十一届(2008—2012年)	李建林　李志英
第十二届(2013—2017年)	何伟军　李志英
第十三届(2018—2022年)	李志英
宜昌市人大代表	
第九届(1981—1983年)	黎廷芳　崔传礼
第十届(1984—1987年)	黎廷芳　崔传礼　戴之材
第十一届(1988—1991年)	崔传礼(副主任)　黎廷芳(常委)
新第一届人大代表(1992—1996年)	何业枞(常委)
第二届人大代表(1997—2002年)	黄利鸣(常委)　邓　青　胡生生
第三届人大代表(2002—2007年)	陈和春(常委)　刘建新　孙俊梅

续表

时　　间	代　　表
第四届人大代表（2007—2012 年）	陈和春（常委）
第五届人大代表（2012—2017 年）	陈和春（副主任）
第六届人大代表（2017—2022 年）	董方敏（常委）
第七届人大代表（2022 年—现在）	谭新玉（常委）

区人大代表		
届　　次	西陵区	伍家岗区
第一届（1987—1991 年）		何业枞　马素洁
第二届（1991—1994 年）		何业枞
第三届（1994—1999 年）	李长菊	刘先哲
第四届（1999—2004 年）	周德聪（常委）张亚雄　陈和春	肖方祥　简道林
第五届（2004—2007 年）	卢以品（常委）张亚雄　田　斌　周宜君	骆社丹
第六届（2007—2011 年）	卢以品（常委）张明望　刘锦程	李志英（常委）
第七届（2011—2016 年）	卢以品（常委）李　灿　张明望	李志英（常委）
第八届（2016—2021 年）	卢以品（常委）李　灿　刘敬辉　吴　超	邹学军
第九届（2021 年—现在）	黄　华（常委）胡绪仁　徐　丹　潘爱国 杨　柳　舒凡娣	邹学军

（3）历届各级政协委员

湖北省政协委员	
第六届（1988—1993 年）	何业枞
第八届（1998—2003 年）	陈少岚　谭德福　王辑信　余传虎
第九届（2003—2008 年）	黄利鸣（常委）　周德聪　胡翔勇　陈少岚
第十届（2008—2013 年）	刘德富　周德聪
第十一届（2013—2018 年）	胡翔勇　陈和春
第十二届（2018— 2023 年）	何伟军　陈和春　董方敏

宜昌市政协委员	
第六届 （1978—1981 年）	崔传礼（常委）
第七届 （1981—1984 年）	崔传礼
第八届 （1984—1988 年）	高其昌
第九届 （1988—1992 年）	陈仁琪（副主席）　高其昌（常委）　黄大全　胡生生
新第一届 （1992—1997 年）	王宗生（常委）　胡生生　周德聪　黄利鸣
新第二届 （1997—2002 年）	常委：黄利鸣　余传虎　王辑信　刘建新 委员：石亚非　李于善　张永红　王曙亚　周德聪　陈成杰
新第三届 （2002—2007 年）	常委：周德聪　刘建新　郑小燕　辛雅莉　张永红 委员：许文年　胡晓琼　李于善　容善华　卢训丛　张忠寿　赵大友
新第四届 （2007—2012 年）	常委：周德聪　刘建新　郑小燕 委员：赵建华　张明望　卢训丛　赵大友　容善华　黄昌富　魏雪梅 　　　王艳林 增补：李建国　卢以品　董希婢　袁宏川　黄柏权
新第五届 （2012—2017 年）	常委：黄柏权　周德聪　卢训丛　盛德乔　卢以品 委员：阎　颖　黄　华　陈　池　黄昌富　袁宏川　李志英　何正权 　　　廖湘辉　陈发菊　刘朝奇　魏雪梅
新第六届 （2017—2022 年）	副主席：陈和春 常委：卢以品　陈　池　盛德乔　陈发菊　黄柏权 委员：李　红　袁　丁　黄　华　田亚洲　何正权　袁宏川　黄文峰 　　　廖湘辉　李桂媛　谭　潇
新第七届 （2022 年—现在）	副主席：陈和春 常委：卢以品　李立军 委员：骆东平　黄　华　黄利红　何正权　黄　丽　田海俊　黄文峰 　　　陈　述　葛政委　欧阳庆芳

续表

	区政协委员		
届次	西陵区	伍家岗区	夷陵区
第一届（1987—1991 年）		王辑信（副主席）	
第二届（1991—1994 年）		王辑信（副主席）	
第三届（1994—1999 年）		王辑信（副主席）	
第四届（1999—2004 年）	李光春（常委） 阮荣华	焦新生 汪 敏	
第五届（2004—2007 年）	赵大友（常委） 姜 袁 阚如良 涂国保 李志坤	王武兴	
第六届（2007—2011 年）	廖湘辉（常委） 姜 袁 张忠寿 陈宇京	王武兴 余捍东	第五届（2016—2021 年）葛政委
第七届（2011—2016 年）	廖湘辉（常委） 黄文峰 沈艳军	程 杰 余捍东	
第八届（2016—2021 年）	沈艳军 李立军 周 军 田海俊 谭 潇 黄东升	余捍东 王志会	
第九届（2021 年—现在）	沈艳军 周 军 陈海燕 梁宏伟 吕育财	王志会 胡 斌	

6. 三峡大学中民主党派组织一览表

党派名称		成立时间	历任主委
中国国民党革命委员会	三峡大学支部委员会	2007 年 6 月	黄柏权 李桂媛 葛政委
中国民主同盟	三峡大学委员会	2004 年 11 月	刘建新 陈和春 沈艳军 骆东平
中国民主建国会	三峡大学基层委员会	2006 年 11 月	董希婢 陈 池 李立军 罗丽娜
中国民主促进会	三峡大学支部委员会	2002 年	张明望 贾孔会 田亚洲 黄利红

续表

党派名称		成立时间	历任主委
中国农工民主党	三峡大学总支委员会	1993 年 10 月	赵长林　张忠寿　盛德乔 何正权　黄文峰
九三学社	三峡大学支社	2002 年 1 月	赵大友　廖湘辉　黄正伟 田海俊

7. 三峡大学合作与发展理事会名录

序号	单位名称	
1	湖北省人民政府	理事长
2	湖北省教育厅	副理事长
3	宜昌市人民政府	副理事长
4	湖北省水利厅	副理事长
5	中国长江三峡集团	副理事长
6	水利部长江水利委员会	副理事长
7	水利部黄河水利委员会	副理事长
8	水利部淮河水利委员会	副理事长
9	水利部珠江水利委员会	副理事长
10	水利部松辽水利委员会	副理事长
11	中国电力建设集团	副理事长
12	中国能源建设集团	副理事长
13	中国核工业建设股份有限公司	副理事长
14	中国科学院紫金山天文台	副理事长
15	北京国宏华安能源投资有限公司	副理事长
16	青岛特锐德电气股份有限公司	副理事长
17	广州勤天集团	副理事长
18	湖北清能投资发展集团有限公司	副理事长
19	中国地质调查局武汉地质调查中心(中南地质科技创新中心)	副理事长
20	中国长江电力股份有限公司	常务理事

序号	单位名称	
21	湖北兴发化工集团股份有限公司	常务理事
22	国网吉林省电力有限公司	常务理事
23	国网福建省电力有限公司	常务理事
24	国网黑龙江省电力有限公司	常务理事
25	国网重庆市电力公司	常务理事
26	长江设计集团有限公司(长江水利委员会长江勘测规划设计研究院)	常务理事
27	长江水利委员会长江科学院	常务理事
28	水利部长江水利委员会水文局	常务理事
29	中水北方勘测设计研究有限责任公司	常务理事
30	上海勘测设计研究院有限公司	常务理事
31	中国电建集团北京勘测设计研究院有限公司	常务理事
32	中国电建集团华东勘测设计研究院有限公司	常务理事
33	中国电建集团成都勘测设计研究院有限公司	常务理事
34	中国电建集团中南勘测设计研究院有限公司	常务理事
35	中国电建集团贵阳勘测设计研究院有限公司	常务理事
36	中国电建集团昆明勘测设计研究院有限公司	常务理事
37	贵州省水利水电勘测设计研究院	常务理事
38	西藏自治区水利电力规划勘测设计研究院	常务理事
39	中国水利水电第一工程局有限公司	常务理事
40	中电建建筑集团有限公司(中国水利水电第二工程局有限公司)	常务理事
41	中国水利水电第三工程局有限公司	常务理事
42	中国水利水电第四工程局有限公司	常务理事
43	中国水利水电第五工程局有限公司	常务理事
44	中国水利水电第六工程局有限公司	常务理事
45	中国水利水电第七工程局有限公司	常务理事
46	中国水利水电第八工程局有限公司	常务理事
47	中国水利水电第九工程局有限公司	常务理事

序号	单位名称	
48	中国水利水电第十工程局有限公司	常务理事
49	中国水利水电第十一工程局有限公司	常务理事
50	中国水利水电第十二工程局有限公司	常务理事
51	中国电建市政建设集团有限公司(中国水利水电第十三工程局有限公司)	常务理事
52	中国水利水电第十四工程局有限公司	常务理事
53	中国水利水电第十五工程局有限公司	常务理事
54	中国水利水电第十六工程局有限公司	常务理事
55	湖北汉江众智科技服务有限公司	常务理事
56	广东省水电二局	常务理事
57	广东省水电三局	常务理事
58	安琪酵母股份有限公司	常务理事
59	杭州湾上虞经济技术开发区管理委员会	常务理事
60	云南云能电力工程有限公司	常务理事
61	宜昌人福药业有限责任公司	常务理事
62	稻花香集团	常务理事
63	湖北枝江酒业股份有限公司	常务理事
64	宜昌市中心人民医院	常务理事
65	深圳市深水水务咨询有限公司	常务理事
66	深圳岩土工程有限公司	常务理事
67	广东城华工程咨询有限公司	常务理事
68	广州巴玛环境保护有限公司	常务理事
69	鑫鼎集团	常务理事
70	宜昌和鼎工程咨询有限公司	常务理事
71	湖北清江水电开发有限责任公司	理事
72	中国能源建设集团广西水电工程局有限公司	理事
73	中国四海工程公司重庆有限公司	理事
74	武汉中科瑞华生态科技股份有限公司	理事

序号	单位名称	
75	招商银行股份有限公司宜昌分行	理事
76	中国银行股份有限公司三峡分行	理事
77	宜昌三峡制药有限公司	理事
78	中国联合网络通信有限公司宜昌市分公司	理事
79	中国移动通信集团湖北有限公司宜昌开发区分公司	理事
80	中国电信股份有限公司宜昌分公司	理事
81	神农架国家公园管理局	理事
82	宜昌市农业科学研究院	理事
83	宜昌亚太医院	理事
84	国网湖北省电力有限公司咸宁供电公司	理事
85	三川德青工程机械有限公司	理事
86	黑旋风锯业股份有限公司	理事
87	湖北国昌建设工程有限公司	理事
88	湖北唐人科技有限公司	理事
89	宜昌兆峰自动化仪表有限公司	理事
90	南京华诺石墨有限公司	理事
91	迅达集团湖北迅达工业科技有限公司	理事
92	宜昌长机科技有限责任公司	理事
93	宜昌船舶柴油机有限公司	理事
94	宜昌经纬纺机有限公司	理事
95	宜昌市燕狮科技开发有限责任公司	理事
96	宜都市华阳化工有限责任公司	理事
97	湖北用芯物联科技有限公司	理事
98	湖北昌耀新材料股份有限公司	理事
99	湖南新大陆生态建设有限公司	理事
100	东珠生态环保股份有限公司	理事
101	湖北三峡农村商业银行股份有限公司	理事

8. 三峡大学校友会名录

序号	名　　称	类　别
1	三峡大学校友会安徽省校友分会	省、自治区、直辖市级校友分会
2	三峡大学校友会北京市校友分会	省、自治区、直辖市级校友分会
3	三峡大学校友会福建省校友分会	省、自治区、直辖市级校友分会
4	三峡大学校友会甘肃省校友分会	省、自治区、直辖市级校友分会
5	三峡大学校友会广东省校友分会	省、自治区、直辖市级校友分会
6	三峡大学校友会广西壮族自治区校友分会	省、自治区、直辖市级校友分会
7	三峡大学校友会贵州省校友分会	省、自治区、直辖市级校友分会
8	三峡大学校友会海南省校友分会	省、自治区、直辖市级校友分会
9	三峡大学校友会河北省校友分会	省、自治区、直辖市级校友分会
10	三峡大学校友会河南省校友分会	省、自治区、直辖市级校友分会
11	三峡大学校友会湖北省武汉市校友分会	省、自治区、直辖市级校友分会
12	三峡大学校友会湖南省校友分会	省、自治区、直辖市级校友分会
13	三峡大学校友会吉林省校友分会	省、自治区、直辖市级校友分会
14	三峡大学校友会江苏省校友分会	省、自治区、直辖市级校友分会
15	三峡大学校友会江西省校友分会	省、自治区、直辖市级校友分会
16	三峡大学校友会辽宁省校友分会	省、自治区、直辖市级校友分会
17	三峡大学校友会内蒙古自治区校友分会	省、自治区、直辖市级校友分会
18	三峡大学校友会宁夏回族自治区校友分会	省、自治区、直辖市级校友分会
19	三峡大学校友会青海省校友分会	省、自治区、直辖市级校友分会
20	三峡大学校友会山东省校友分会	省、自治区、直辖市级校友分会
21	三峡大学校友会山西省校友分会	省、自治区、直辖市级校友分会
22	三峡大学校友会陕西省校友分会	省、自治区、直辖市级校友分会
23	三峡大学校友会上海市校友分会	省、自治区、直辖市级校友分会
24	三峡大学校友会四川省校友分会	省、自治区、直辖市级校友分会
25	三峡大学校友会天津市校友分会	省、自治区、直辖市级校友分会
26	三峡大学校友会西藏自治区校友分会	省、自治区、直辖市级校友分会

序号	名　称	类　别
27	三峡大学校友会云南省校友分会	省、自治区、直辖市级校友分会
28	三峡大学校友会浙江省校友分会	省、自治区、直辖市级校友分会
29	三峡大学校友会重庆市校友分会	省、自治区、直辖市级校友分会
30	三峡大学校友会福建省福州市校友分会	市级校友分会
31	三峡大学校友会福建省龙岩市校友分会	市级校友分会
32	三峡大学校友会福建省南平市校友分会	市级校友分会
33	三峡大学校友会福建省宁德市校友分会	市级校友分会
34	三峡大学校友会福建省莆田市校友分会	市级校友分会
35	三峡大学校友会福建省泉州市校友分会	市级校友分会
36	三峡大学校友会福建省三明市校友分会	市级校友分会
37	三峡大学校友会福建省厦门市校友分会	市级校友分会
38	三峡大学校友会福建省漳州市校友分会	市级校友分会
39	三峡大学校友会广东省东莞市校友分会	市级校友分会
40	三峡大学校友会广东省佛山市校友分会	市级校友分会
41	三峡大学校友会广东省广州市校友分会	市级校友分会
42	三峡大学校友会广东省江门市校友分会	市级校友分会
43	三峡大学校友会广东省深圳市校友分会	市级校友分会
44	三峡大学校友会广东省中山市校友分会	市级校友分会
45	三峡大学校友会广东省珠海市校友分会	市级校友分会
46	三峡大学校友会贵州省遵义市校友分会	市级校友分会
47	三峡大学校友会海南省海口市校友分会	市级校友分会
48	三峡大学校友会海南省三亚市校友分会	市级校友分会
49	三峡大学校友会河北省保定市校友分会	市级校友分会
50	三峡大学校友会河北省石家庄市校友分会	市级校友分会
51	三峡大学校友会河北省唐山市校友分会	市级校友分会
52	三峡大学校友会湖北省荆门市校友分会	市级校友分会
53	三峡大学校友会湖北省十堰市校友分会	市级校友分会

序号	名 称	类 别
54	三峡大学校友会湖北省天门市校友分会	市级校友分会
55	三峡大学校友会湖北省襄阳市校友分会	市级校友分会
56	三峡大学校友会湖北省孝感市校友分会	市级校友分会
57	三峡大学校友会江苏省常州市校友分会	市级校友分会
58	三峡大学校友会江苏省淮安市校友分会	市级校友分会
59	三峡大学校友会江苏省连云港市校友分会	市级校友分会
60	三峡大学校友会江苏省南京市校友分会	市级校友分会
61	三峡大学校友会江苏省南通市校友分会	市级校友分会
62	三峡大学校友会江苏省苏州市校友分会	市级校友分会
63	三峡大学校友会江苏省泰州市校友分会	市级校友分会
64	三峡大学校友会江苏省无锡市校友分会	市级校友分会
65	三峡大学校友会江苏省宿迁市校友分会	市级校友分会
66	三峡大学校友会江苏省徐州市校友分会	市级校友分会
67	三峡大学校友会江苏省盐城市校友分会	市级校友分会
68	三峡大学校友会江苏省扬州市校友分会	市级校友分会
69	三峡大学校友会江苏省镇江市校友分会	市级校友分会
70	三峡大学校友会辽宁省丹东市校友分会	市级校友分会
71	三峡大学校友会辽宁省沈阳市校友分会	市级校友分会
72	三峡大学校友会山东省德州市校友分会	市级校友分会
73	三峡大学校友会山东省聊城市校友分会	市级校友分会
74	三峡大学校友会山东省威海市校友分会	市级校友分会
75	三峡大学校友会浙江省杭州市校友分会	市级校友分会
76	三峡大学校友会浙江省湖州市校友分会	市级校友分会
77	三峡大学校友会浙江省金华市校友分会	市级校友分会
78	三峡大学校友会浙江省丽水市校友分会	市级校友分会
79	三峡大学校友会浙江省宁波市校友分会	市级校友分会
80	三峡大学校友会浙江省绍兴市校友分会	市级校友分会

序号	名　　称	类　别
81	三峡大学校友会浙江省台州市校友分会	市级校友分会
82	三峡大学校友会浙江省温州市校友分会	市级校友分会
83	三峡大学校友会浙江省新安江市校友分会	市级校友分会
84	三峡大学校友会湖北省当阳市校友分会	宜昌市地区校友分会
85	三峡大学校友会湖北省五峰土家族自治县校友分会	宜昌市地区校友分会
86	三峡大学校友会湖北省兴山县校友分会	宜昌市地区校友分会
87	三峡大学校友会湖北省宜都市校友分会	宜昌市地区校友分会
88	三峡大学校友会湖北省枝江市校友分会	宜昌市地区校友分会
89	三峡大学校友会湖北省秭归县校友分会	宜昌市地区校友分会
90	三峡大学校友会湖北省宜昌市新闻界校友分会	行业校友会
91	三峡大学校友会武汉医学校友分会	行业校友会
92	三峡大学校友会长三角能源分会	行业校友会
93	三峡大学校友会美国校友分会	国外
94	三峡大学校友会尼泊尔校友分会	国外
95	三峡大学校友会水利与环境学院孟加拉留学生校友分会	国外

9. 三峡大学田径运动会记录一览表

(1) 三峡大学男子田径记录表(公体组)

项目	单位	姓名	成绩	时间
100 米	医学院	李文涛	11.4	校第九届田径运动会
200 米	土木学院	卢　俊	22.5	校第五届田径运动会
800 米	经管学院	余瑞东	2:06.2	校第三届田径运动会
1500 米	机械学院	刘远康	4:23.4	校第五届田径运动会
5000 米	电气学院	韩正常	16:53.2	校第五届田径运动会

项目	单位	姓名	成绩	时间
4×100 米接力	校田径队		44.35	2010 年省大运会
4×400 米接力	校田径队		3：39.21	2011 年省大运会
跳高	经管学院	韩建杰	1.85 米	校第四届田径运动会
跳远	经管学院	李 扬	6.41 米	校第三届田径运动会
三级跳远	经管学院	李 扬	13.48 米	校第五届田径运动会
铅球	医学院	Mohammedshareeff KP	12.14 米	校第十八届田径运动会
铁饼	土木学院	吴凌丞	27.66 米	校第三届田径运动会
标枪	经管学院	张永彬	46.75 米	校第四届田径运动会
110 米栏	科技学院	杨春晖	15.7	校第十九届田径运动会

（2）三峡大学女子田径记录表（公体组）

项目	单位	姓名	成绩	时间
100 米	文学与传媒学院	张晶晶	13.4	校第七届田径运动会
200 米	理学院	杨巧玲	28.9	校第四届田径运动会
400 米	理学院	杨巧玲	1：06.8	校第三届田径运动会
100 米栏	经管学院	李 琳	17.6	校第二届田径运动会
4×400 米接力	校田径队		4.35	省大学生田径运动会
4×100 米接力	科技学院		57.3	校第十九届田径运动会
跳远	医学院	廖 雁	4.72 米	校第四届田径运动会
三级跳远	医学院	廖 雁	9.72 米	校第四届田径运动会
铅球	艺术学院	彭晓舸	9.53 米	校第二届田径运动会
铁饼	艺术学院	彭晓舸	25.05 米	校第三届田径运动会
标枪	土木学院	杨俊晓	23.85 米	校第五届田径运动会
后抛实心球	文学与传媒学院	王 洋	15.91 米	省大学生田径运动会

后　记

　　为了反映三峡大学办学 100 年、本科教育 45 年的不平凡历史，学校决定在三峡大学合并之初编写的《三峡大学校史》的基础上，对"史迹钩沉"（1923—2000年）部分进行修订；对"史绩新萃"（2000—2022 年）部分进行续编。2022 年 6 月，学校成立了"三峡大学校史编修组"，由宣传部、档案馆、老干部工作处共同负责该项工作。编修组成立后，在学校党委、行政领导下，认真讨论研究，确定了编写体例；依据《三峡大学大事记》拟定了编写方案和编写大纲；在此基础上，广泛收集资料、完善提纲并认真组织编写，于 2022 年年底形成初稿。2023 年年初，广泛征求各方面的意见，进行修改，终成此稿。

　　在编写过程中，党委负责同志多次召开专题研究会、推进会，指导编修工作；学校各单位、各部门、各学院给予了大力支持：党（校）办在提供 2000 年至2021 年《三峡大学大事记》的同时，还提供了《三峡大学年鉴》；党委宣传部提供了 2000 年至 2022 年《三峡大学报》合订本；档案馆在查阅资料方面提供了技术、人力、物资支持，这为校史编撰奠定了坚实的基础。人事处、教务处、科技发展研究院、社会科学发展研究院、研究生院、国际合作交流处、学生处、团委、社会服务与对外合作办公室、后勤保障部、保卫处、校园规划与建设处、党委统战部等部门、单位和学院对编写大纲的完善提出了建设性的意见，对条目的撰写提供了大量翔实、准确的材料。附录部分分别由党（校）办、党委组织部、党委统战部、人事处、教务处、科发院、社发院、招生与就业指导处、社服办、体育学院提供。在此期间，宣传部做了大量组织、协调、督办、整理工作，在此一并表示衷心感谢，并将参与资料提供、校史编撰的人员名单附录于下，为文以志并表谢忱：

王　星	王　艳	王方方	王春双	卢　悦	冯　伟	冯利娟	吕　芳
仲　慧	任　强	刘　婧	李　芮	李　克	李冬梅	李德朝	杨晓明
杨梓航	肖慧莲	吴　芳	吴曼曼	余　征	余雪梅	邹文娜	汪　飞
沈　晶	宋雨熙	张晓燕	张雄林	陆盛妮	陈　可	陈　刚	陈云龙
陈肖飞	陈剑彪	陈媛媛	罗　蓉	郑皓元	赵　琦	赵　玮	赵美玲
胡时金	胡海蓉	姜　华	晋久平	顾　峥	唐　婧	黄宇新	曹丹丹
章光华	梁小龙	鲍秀丽	翟小红	颜俊学	潜晓林	魏　耘	

三峡大学校史编修组

2023 年 3 月